Erich W. Gniffke
Jahre mit Ulbricht

Erich W. Gniffke

Jahre mit Ulbricht

Mit einem Vorwort von Herbert Wehner

Verlag
Wissenschaft
und Politik
Köln

© 1966 bei Verlag Wissenschaft und Politik · Köln
Reprint 1990
Einband- und Umschlaggestaltung Rolf Bünermann
Gesamtherstellung Werbedruck Zünkler, Bielefeld 11
Printed in Germany · ISBN 3-8046-8753-9

Inhaltsverzeichnis

  7 Vorwort von Herbert Wehner

 13 Berlin, Sommer 1945 – Ereignisse, Hoffnungen und Erwartungen
 93 Wie es zur Vereinigung von SPD und KPD in der Zone kam
171 Das erste Jahr im Zentralsekretariat der SED
231 Wachsende Probleme, Sorgen und Enttäuschungen
283 Meine letzten Monate in der SED-Führung

359 Nachwort von Gert Gniffke

    Anhang

364 Brief Erich W. Gniffkes an die »Partei neuen Typus«
373 Personenregister

Vorwort

Mit diesem Vorwort löse ich ein Versprechen ein. Ich gab es Erich W. Gniffke, als er mir sagte, er möchte gern, daß seine Erinnerungen mit einem Vorwort von mir erscheinen. Damals ahnte ich nicht, daß ich seine Niederschrift erst würde lesen können, als sie endgültig war. Ich hoffte, mit ihm noch manches Gespräch führen zu dürfen. Die Gespräche, die ich mit ihm gehabt hatte, waren lange Zeit überschattet gewesen von seinem Schmerz über die Schwierigkeiten, auf die er immer wieder stieß, wenn sein Name in Gegenwart des einen oder anderen Sozialdemokraten fiel, der in den kritischen Jahren von 1945 bis 1948 Gniffkes Schicksal nicht geteilt hatte. Mir ist zwar keiner bekannt geworden, der Erich W. Gniffke Unehrenhaftigkeit nachgesagt oder vorgeworfen hätte, aber es dauerte sehr lange, ehe einige Männer, die hervorragend am Widerstand der Berliner Sozialdemokraten gegen die Einverleibung der SPD in die von den Kommunisten dirigierte Sozialistische Einheitspartei beteiligt gewesen waren, ihr Einverständnis gaben, Erich W. Gniffke wieder Gelegenheit zu geben, als einfaches Mitglied der Sozialdemokratischen Partei Deutschlands politisch tätig zu werden. In dieser Zeit, die ihm sehr schwer war, lernte ich Erich W. Gniffke persönlich kennen. Ich habe von ihm kein böses Wort gegen Sozialdemokraten gehört, die 1945 bis 1948 in Berlin oder den damaligen westlichen Besatzungszonen mit Kurt Schumacher zusammen die sozialdemokratische Gegenposition zu dem in die »Einheitspartei« führenden Weg des Zentralausschusses der SPD im sowjetisch besetzten Teil Deutschlands wählten und hielten. Er betrachtete diesen von ihm selbst mitverantworteten Weg als ein Verhängnis und wollte nichts anderes als Verständnis für die Zwangslagen, in die er und seine Gefährten durch die Umstände, unter denen sich die Spaltung Deutschlands vollzog, geraten waren. Seine Erinnerungen sind ein Versuch, diese Zwangslagen darzulegen.

Es kann und wird nicht ausbleiben, daß dieser oder jener Satz oder ganze Abschnitte der Erinnerungen Erich W. Gniffkes für andere Zeitgenossen zu Stichworten werden, ihre eigene Darstellung oder Auslegung bekanntzugeben. Eine solche Erörterung eines schicksalsschweren Zeitabschnitts unserer neueren Geschichte könnte für unsere Zukunft vielleicht hilfreich werden, zweierlei vorausgesetzt:
1. Daß man sich nicht hinter mehr oder weniger offiziellen Dokumenten und Darstellungen verschanzt.
2. Daß man sich ebensowenig schont, wie Erich W. Gniffke es mit sich selbst getan hat.
Erich W. Gniffke hat sich selbst nicht geschont. Das darf man sagen, auch wenn man als Leser manches oder gar vieles anders bewertet, als er es in seiner Niederschrift tut. Erich W. Gniffke hat sich nicht anheischig gemacht, letzte Erklärungen zu geben. Das Verhalten seines langjährigen Schicksalsgefährten Otto Grotewohl hat selbst er sich nicht in jeder Phase restlos erklären können. Manche seiner Vermutungen oder von ihm später entdeckte Zusammenhänge sind aufschlußreich genug. Es ehrt Gniffke, daß er es verschmäht hat, nachträgliche Erkenntnisse in die Darlegung des Ablaufs der Geschehnisse zu mischen oder zum Maßstab für die Schilderung zu machen. Er ist nicht selbstgerecht gewesen und hat versucht, anderen gerecht zu werden. Das ist, zusammengenommen, sehr viel für einen, der Akteur war und dabei doch eine Rolle in einem Stück gespielt hat, in dem andere die Kulissen bewegt und die Drähte gezogen haben.
Wer sich die Zeit nimmt, nach der Lektüre von Erich W. Gniffkes Erinnerungen über die Jahre nachzudenken, die sie beleuchten, der wird nicht nur manches besser verstehen, sondern auch manches für die Zukunft lernen. Ich will nicht versuchen, in diesem Vorwort eine Art Leitfaden für die Lektüre dieser Erinnerungen zu geben. Das verbietet mir der Respekt vor dem Mann, der den Mut gehabt hat zu schreiben, was er erlebt und getan, und damit auch dem Urteil des Lesers zu unterwerfen, was er unterlassen hat. Aber ich weiß, daß Erich W. Gniffke gehofft hat, ein Vorwort von mir könnte dazu beitragen, seine eigenen Erinnerungen und Erfahrungen in die aktuelle Diskussion über die Deutschlandpolitik und die Aufgaben der Sozialdemokratie in unserer Zeit einzuführen. Nicht etwa deshalb, weil ich seine Auffassungen in den kritischen Jahren 1945 bis 1948 geteilt hätte, sondern weil ich die Gegenseite kenne, der er und seine damaligen Gefährten nicht gewachsen waren, und weil ich aus dieser Kenntnis der Gegenseite – die Erich W. Gniffke erst sehr allmählich und durch schmerzliche Erlebnisse erworben hat – zu Erkenntnissen über die Notwendigkeiten sozialdemokratischer Politik gekommen bin, die es der kommunistischen Gegenseite verwehren, sich sozial-

demokratischer Substanz als Rohstoff für kommunistisch dirigierte Politik zu bemächtigen. Erich W. Gniffke hat, als er im Geltungsbereich des Grundgesetzes sich eine solide Existenzgrundlage geschaffen hatte, in stiller und unaufdringlicher Weise viel getan, was anderen geholfen hat, am sozialen Ausbau unseres demokratischen Gemeinwesens mitzuwirken. An seiner Bahre hat mancher davon Zeugnis abgelegt.

Ich werde seine forschenden Augen und seine tastenden Fragen nicht vergessen. Sein Rechenschaftsbericht ist der Bericht eines Mannes, der zeigen will: So ist es geschehen, und meine Kräfte haben nicht ausgereicht, es besser zu machen; schließlich mußte ich aufgeben, um nicht zu verderben.

Das Dilemma, in das Erich W. Gniffke und seine sozialdemokratischen Schicksalsgefährten der kritischen Jahre 1945 bis 1948 geraten waren, wäre nicht zu verstehen, würde man es allein durch die nachdrückliche politische Einmischung der sowjetischen Besatzungsmacht in die inneren Verhältnisse Deutschlands zu erklären versuchen. Die politische Aktivität der sowjetischen Besatzungsorgane war zweifellos für die Tragödie der zum Aufbau einer demokratischen Ordnung bereitwilligen Kräfte bestimmend, aber diese Aktivität konnte sich einiger Voraussetzungen bemächtigen, die auf deutscher Seite gegeben waren. Das Erlebnis der Unterdrückung während der braunen Diktatur hatte viele Gegner des Nazi-Regimes einander nahegebracht und Vorstellungen über grundlegend andere Parteienverhältnisse, als sie vor und während der Nazi-Diktatur geherrscht hatten, entstehen lassen. Die politischen Instrukteure der sowjetischen Besatzungsorgane bedienten sich dieser Vorstellungen, ehe sie von den Deutschen selbst hatten geklärt werden können. Der Wunsch nach der politischen »Einheit der Arbeiterklasse«, der bei vielen in der Zeit der Ohnmacht unter dem braunen Terror und vor dem Hintergrund der selbstmörderischen Zersplitterung im Vorstadium der Nazi-Diktatur die Bedeutung einer Erlösungsformel angenommen hatte, wurde von den sowjetischen Polit-Instrukteuren und ihnen besonders eng verbundenen kommunistischen Parteileuten zu einem Ansatzpunkt für den zunehmenden moralischen und physischen Druck gemacht, den die sowjetische Besatzungsmacht – unbehindert von den anderen Besatzungsmächten – ausübte. Verklärte Erinnerungen an die alte Sozialdemokratie der Zeit vor dem Ersten Weltkrieg, die das trübe Bild der Spaltung bis zum blutigen Ende verdrängen sollten, taten ein übriges, um eine Sehnsucht nach der »alten Partei« – der einheitlichen Partei – zu einem Wunschtraum werden zu lassen, hinter dem die handfesten Instrumente der auf die Alleinherrschaft zusteuernden »Sozialistischen Einheitspartei« einsatzbereit gemacht wurden.

Die Staatsvorstellungen der Theorien von Marx waren – ungeachtet der Erfahrungen aus der Zeit der Weimarer Republik – nach wie vor eher hemmend als fördernd für eine den sozialdemokratischen Traditionen und der sozialdemokratischen Ideenentwicklung gemäße realistische Praxis. Mit leninistischer Dialektik und stalinistischen Daumenschrauben ließen sich diese Staatsvorstellungen gegen radikaldemokratische Utopien manipulieren und praktizieren, ohne daß deren Verkünder überhaupt zum Zuge kommen konnten. Die Sozialdemokraten alter theoretischer Schule waren unter den in der sowjetischen Besatzungszone herrschenden tatsächlichen Machtverhältnissen jenen Kommunisten ausgeliefert, die sie am angeblich gemeinsamen marxistischen Ursprung einerseits und am vorgeblich gemeinsamen Ziel andererseits zu packen verstanden. Viele Kommunisten, die entweder unter der grausamen Praxis der braunen Diktatur oder aus eigener Einsicht in die Wirklichkeit der roten Diktatur in deren Entwicklungen während der zweiten Hälfte der dreißiger Jahre zu guten Vorsätzen für eine demokratische Revision ihrer kommunistischen Vorstellungen gelangt waren, haben teils im Rausch verliehener »Macht« und teils einfach unter dem Druck des siegreichen großen Bruders ihre guten Vorsätze verdrängt oder vergessen, oder sie sind zerbrochen worden.

Obwohl in den Jahren 1945 und 1946 noch nicht Mauer, Minenfelder und Schießbefehl den sowjetisch besetzten Teil Deutschlands vom übrigen Deutschland trennten, wußten selbst die politisch aktiven Personen in den verschiedenen Zonen weit weniger voneinander, als notwendig gewesen wäre, um zu einem einigermaßen übereinstimmenden Handeln gelangen zu können. Kurt Schumachers tiefschürfende Erkenntnisse über den demokratischen Staat zum Beispiel waren für die sozialdemokratische Ideenentwicklung von fundamentaler Bedeutung und hätten Anlaß und Stoff zu eingehenden Grundsatzdiskussionen der deutschen Sozialdemokraten in allen Besatzungszonen werden müssen; etwa die Sätze:

»Wir können uns nicht in die Spintisiererei einer klassenlosen Gesellschaft, eines erträumbaren Effekts hineinbegeben, von dem wir nicht wissen, wann und in welchem Umfang sich diese Dinge realisieren lassen... Die Demokratie ist der Staat, und der Staat, der in Europa leben kann, das ist die Demokratie, und jede andere Form lehnen wir ab.«

Derselbe Kurt Schumacher, der nach dem Kriege mahnend erklärt hatte, »daß nur ein demokratisches Deutschland möglich ist und jede Art von inneren Reservaten gegenüber der Idee der Demokratie die denkbar größte Gefährdung der deutschen Zukunft bedeutet«, hatte von der inneren Beschaffenheit der Sozialdemokratischen Partei eine

klare Vorstellung, die jedes weltanschauliche Monopol ausschloß. Er sagte:
> »Es ist gleichgültig, ob jemand durch die Methoden marxistischer Wirtschaftsanalysen, ob er aus philosophischen oder ethischen Gründen oder ob er aus dem Geist der Bergpredigt Sozialdemokrat geworden ist. Jeder hat für die Behauptung seiner geistigen Persönlichkeit und für die Begründung seiner Motive das gleiche Recht in der Partei.«

Es ist tragisch, daß die tatsächlichen Machtverhältnisse im besetzten Deutschland die Verständigung zwischen führenden Sozialdemokraten über die grundlegenden Fragen ihres politischen Wirkens so weitgehend erschweren, wie es damals der Fall gewesen war. Schumacher wußte genau, worauf es ankam, um politisch »nicht in die Wurst gehackt« zu werden. Aber wußte er genug darüber, womit die unter den besonders komplizierten Verhältnissen der sowjetischen Besatzungszone lebenden Exponenten der Sozialdemokratie psychologisch zwingend ins Gespräch gezogen werden konnten? Kurt Schumacher hat die Sozialdemokratie in den von den Sowjets nicht besetzten Teilen Deutschlands zu der historischen Tat befähigt, sowohl die kommunistische Offensive abzuschlagen, als auch Umarmung, Penetration und Infiltration durch die Kommunisten abzuwehren. Er hat den in die SED einverleibten Sozialdemokraten im sowjetischen Besatzungsgebiet ein politisches Leucht- und Orientierungsfeuer gegeben. Wahrscheinlich ging es über menschliche Kraft, in dem von vier Mächten besetzten und innerlich zerrissenen Deutschland, in dem der »Sozialdemokratismus« zum Prügelknaben unter verschiedenen Vorzeichen gemacht wurde, die in die Gewalt der sowjetischen Machtapparate geratenen Sozialdemokraten als politische Kraft zu retten. Die anderen demokratischen Parteien haben in diesem Prozeß ebenfalls zahlen müssen: Ost-CDU und Liberal-Demokraten wurden zu entseelten Figuren an den Drähten der kommunistischen Prokuristen der Sowjets.

Kurt Schumacher wußte, was er sagte, und war gerecht, wenn er in seiner Rede vor dem ersten Nachkriegsparteitag der Sozialdemokratie in dem nicht von den Sowjettruppen besetzten größeren Teil Deutschlands sagte, die Sozialdemokraten im Westen ließen sich »nicht dumm machen«. Die Sozialdemokraten im Osten hätten »sich auch nicht dumm machen lassen, aber sie sind stumm gemacht worden«. Wie das Schritt für Schritt geschehen konnte, das können wir unter anderem aus Erich W. Gniffkes Erinnerungen erfahren. Zwangslagen erzeugen Anpassung und weiter um sich greifende Zwangslagen. Mancher, der zu drängen meint, wird bedrängt und gedrängt. Wer sich darauf einläßt – oft, weil er meint, nicht anders zu können oder

zu dürfen –, andere auszuschalten, wird selbst ausgeschaltet, während er noch meint, selbst zu schalten.
Ist das alles schon oder nur Vergangenheit? Nicht wenige der in Gniffkes Erinnerungen genannten Personen sind noch heute tätig. Die SED übt in dem zur »DDR« proklamierten abgetrennten Teil Deutschlands die politische und administrative Alleinherrschaft aus, bedient von den Marionetten der sogenannten Blockparteien. Das politische Ringen um das Recht auf Selbstbestimmung für das ganze deutsche Volk ist noch nicht in die wirklich entscheidenden Runden gelangt. Die Bundesrepublik Deutschland steht weiter in der Verpflichtung, dem ganzen deutschen Volk zu helfen, seine Einheit in Freiheit zu vollenden, um als gleichberechtigtes Glied in einem vereinigten Europa dem Frieden der Welt dienen zu können.
Was Erich W. Gniffke, dem der Tod die Feder aus der Hand genommen hat, in seiner nüchternen Art über die Methoden berichtet hat, mit denen unter besonderen Umständen die Mitgliedschaft einer großen Partei von der Minderheit einer kleinen vergewaltigt wurde, das behält seine schauerlich aktuelle Bedeutung. Daß er, ohne sich dabei selbst zu schonen, diesen Vorgang in den Zusammenhängen nachgezeichnet hat, die er überblicken konnte, sollte ihm gedankt werden.

August 1966 *Herbert Wehner*

Berlin, Sommer 1945
Ereignisse, Hoffnungen und Erwartungen

Die ersten Russen meines Lebens – Mein Kampfgefährte Otto Grotewohl – Auffangstelle Bülowstraße 7 – Antrittsbesuch im Berliner Magistrat – Erste Mißklänge – Der Zentralausschuß der SPD wird gegründet – Die KPD und Walter Ulbricht – Der erste SPD-Aufruf – Ulbricht, Ackermann und der »gemeinsame Ausschuß« – Neugründung der Gewerkschaften – Neue Enttäuschungen – General Bokow und die sowjetischen Politoffiziere – Besuch bei Marschall Shukow – Umzug in die Dresdner Bank – Arbeitsaufteilung im SPD-Zentralausschuß – Gründung von CDU und LDP – Wilhelm Pieck und der Antifa-Block – Westliche Truppen in Berlin – Tulpanow, Major Romm und der Kulturbund – Die »überparteilichen« Massenorganisationen – Hunger, Krankheit und »Pajoks« – Die Länderverwaltungen werden geschaffen – Meine erste Fahrt durch die Zone – Wie sich die Potsdamer Konferenz auf uns auswirkte – Die zensierte Grotewohl-Rede – Hinter den Kulissen des SPD-Zentralausschusses – Die Bodenreform – Die »Hermes-Schreiber-Affäre« – Kreuz und quer durch die Zone – Enttäuschungen in Sachsen – Bei General Kotikow in Sachsen-Anhalt – Verbitterung in Thüringen – Meine Schlußfolgerungen – Unser Parteiorgan »Das Volk« – Wieder bei General Bokow – Die Situation im September 1945

Die letzten Wochen des Krieges erlebte ich im Keller eines Hauses in Groß-Glienicke-Aue, einer Berliner Vorortsiedlung zwischen Glienicker und Sakrower See.
Seit Ende April waren wir von jeder Verbindung mit Berlin abgeschnitten, es gab kein Telefon mehr, keinen elektrischen Strom, kein Verkehrsmittel. Vereinzelt tauchten noch Flüchtlinge auf — Volkssturmmänner, die sich in Zivil bis hierher durchgeschlagen hatten. Von ihnen erfuhren wir, daß Hitler und Goebbels Selbstmord verübt hatten.
In dem Waldgebiet zwischen den Seen hatte eine SS-Formation Stellungen ausgehoben. Hier war es noch zu schweren Kämpfen gekommen.

Die ersten Russen meines Lebens

Erst zwei Tage nachdem die Stalinorgeln verstummt waren, wurden wir — meine Frau, meine Schwägerin und ich — in unserem Versteck entdeckt. Zwei sowjetische Offiziere drangen in unser Haus ein. Sie hatten getrunken, waren aber zunächst ganz freundlich, sangen russische Lieder, schließlich die »Internationale«, in die wir mit einstimmten. Aber dann sprach einer der Offiziere die berüchtigten Worte aus: »Frau komm.« Für uns war dies das Signal, aus dem Keller auf die Straße zu flüchten — einer Offizierssstreife direkt in die Hände. Einem der Offiziere, der ein wenig Deutsch sprach, wies ich mich als ehemaliger Häftling aus. Ich sagte ihm, weshalb wir auf die Straße gelaufen waren, und bat, uns zum Kommandanten zu führen. Die beiden Störenfriede wurden aus dem Keller geholt. Alle zusammen traten wir dann den Marsch zum

Kommandanten an. Wir mußten im Vorzimmer warten, bis die Patrouille ihre Meldung gemacht hatte, dann wurden wir vorgelassen. Auch dem Kommandanten wies ich mich als Widerstandskämpfer aus, schilderte kurz das Vorgefallene und erbat Schutz für die Frauen und mich.
Nachdem ein Dolmetscher dem Kommandanten, einem Oberst, meine Worte übersetzt hatte, schien dieser einen Augenblick zu überlegen. Dann erteilte er einen Befehl. Die Offizierspatrouille erschien, dazu noch zwei Soldaten mit Maschinenpistolen. Der Oberst erhob sich, ließ uns durch den Dolmetscher sagen, daß wir zu unserem Keller vorangehen mögen, er werde mit seiner Begleitung folgen. Am Ziel angelangt, wandte er sich an mich und radebrechte: »Krieg grausam, Deutsche in Stalingrad Sohn erschossen, drei Meter von Vater. Aber jetzt Krieg kaputt, Hitler kaputt, du Genosse.« Dabei umarmte und küßte er mich impulsiv. Er verabschiedete sich sogleich wieder. Zurück ließ er die beiden bewaffneten Rotarmisten.
Am Abend überbrachte ein Dolmetscher eine Bescheinigung, nach der unser Keller und wer in ihm wohnte, unter den Schutz der »Roten Armee« gestellt war.
In den von ihren Besitzern verlassenen Wochenendhäusern unserer Siedlung waren noch Lebensmittel und Schnapsvorräte versteckt, die von den Rotarmisten sehr schnell aufgespürt wurden. Die Folge waren wüste Trinkgelage mit all ihren scheußlichen Begleiterscheinungen. Die Frauen der Nachbarschaft suchten und fanden Zuflucht in unserem Keller. Es sprach sich schnell herum, daß man hier sicher war. So meldeten sich alsbald auch Männer, die ihre antifaschistische Einstellung bekundeten. Wir wählten einen Ausschuß, verschafften uns von der Bürgermeisterei Ausweise, die uns zur Beschlagnahme von Lebensmitteln berechtigten. Wir schlachteten ein paar verwundete Pferde, die sich auf dem Gutshof fanden, und so brachten wir langsam die Versorgung der Bewohner wieder in Gang.
Mich zog es mit aller Gewalt von Glienicke fort in die Stadt. Dazu benötigte ich einen Propusk. Als er mir endlich ausgehändigt wurde, machte ich mich sofort auf den Weg. Es war am 8. Mai 1945.
Es wurde eine Wanderung durch ein Chaos. Ich wanderte durch den Wald zur Sakrower Fähre. Die war während der Kampfhandlungen versenkt worden, aber der Fährmann lebte, und gegen Tabakwaren oder Lebensmittel setzte er Fußgänger in seinem Boot über die Havel. Dem Wald am jenseitigen Ufer in Richtung Wannsee hatten erbitterte Kämpfe tiefe Wunden geschlagen. Unbeerdigt lagen hier zwischen zersplitterten und verkohlten Baumstämmen Leichen russischer und deutscher Soldaten, dazwischen Pferdekadaver. Ein widerwärtiger süßlicher Verwesungsgeruch lag über dem Gelände. Das

ganze Gebiet war übersät mit zurückgelassenen Handgranaten, Gewehren, Panzerfäusten, Pistolen, Koppeln und Seitengewehren.
Ich war froh, als ich die Potsdamer Chaussee und bald auch Wannsee erreicht hatte. Auf der Straße von und nach Potsdam herrschte reges Treiben. Karawanen von Kinderwagen und Handkarren waren in beiden Richtungen unterwegs. Viele Fremdarbeiter hatten sich zu Fuß auf den Weg in ihre Heimat gemacht, in entgegengesetzter Richtung zogen Evakuierte heim in die Stadt. Dazwischen wanderten, einzeln und in Gruppen, Häftlinge, noch in ihrer KZ- oder Gefängniskleidung. An ausgebrannten Pkws, Lkws und Panzern vorbei wanderte ich weiter, an Menschen, die im Straßengraben eine Ruhepause eingelegt hatten oder auch nur da saßen, weil sie kein Ziel mehr hatten, weil sie ihre Angehörigen, mit denen sie gemeinsam die Flucht begonnen hatten, irgendwo verloren hatten.
Es war ein trostloses Bild, das sich mir bot, überzogen von der grauen Patina des Straßenstaubes. Aber dann, als ich in Zehlendorf angelangt war und von der Hauptstraße abbog, hörte und sah ich von alledem nichts mehr. Im Ithweg, an dem mein Haus lag, hatte ich meine Tochter mit ihrer Familie zurückgelassen. Als ich mich jetzt dem Haus näherte, sah ich meine fünfjährige Großtochter auf einem Dreirad herumkurven — ein Bild des Friedens.
In Zehlendorf wie in anderen Bezirken hatte die sowjetische Kommandantur eine Zivilverwaltung eingesetzt und einen Herrn Wittgenstein zum Bürgermeister ernannt. Wegen der räumlichen Ausdehnung des Bezirkes waren Unterverwaltungen eingerichtet worden. Unterbezirksvorsteher in unserem Distrikt war Sepp König, ein Sozialdemokrat, bei dem ich mich gleich meldete. Er stellte mir ein Fahrrad zur Verfügung, und gemeinsam radelten wir zum Zehlendorfer Rathaus, um Herrn Wittgenstein zu besuchen, der uns über die ersten politischen Maßnahmen der Roten Armee unterrichtete.
Am 4. Mai hatte Marschall Shukow den Generaloberst Bersarin zum Stadtkommandanten von Berlin eingesetzt. Dessen Befehl Nr. 1, den ich schon an vielen Stellen angeschlagen gesehen hatte, bestimmte Berlin zum Sitz der Sowjetischen Militäradministration Deutschlands (SMAD), außerdem verfügte er die Auflösung der NSDAP mit allen ihren Gliederungen, ordnete an, daß alle kommunalen Betriebe, Krankenhäuser, Lebensmittelgeschäfte und Bäckereien unverzüglich ihre Arbeit zur Versorgung der Bevölkerung aufzunehmen hätten, daß Banken zu schließen, alle Safes zu versiegeln und daß Waffen, Munition, Sprengstoffe, Radioempfänger und -sender, Fotoapparate, Kraftfahrzeuge, Treib- und Schmierstoffe binnen 72 Stunden abzuliefern seien.

Zwischen 22 Uhr und 8 Uhr war eine Ausgangssperre verhängt, der Betrieb von Vergnügungsstätten, Restaurants und Gaststätten sowie die Abhaltung von Gottesdiensten war bis 21 Uhr erlaubt. Das Leben schien sich also langsam zu normalisieren.
Ich hatte ein Büro in der Bülowstraße, ganz in der Nähe des Nollendorfplatzes. Dieses Ziel steuerte ich zunächst an, um festzustellen, ob die Räume die Kampfhandlungen der letzten Tage überstanden hatten. Zudem erwartete ich, dort Nachrichten von politischen Freunden vorzufinden.
In Schöneberg, zu dessen Verwaltungsbezirk die Bülowstraße gehörte, waren zwei Bürgermeister eingesetzt worden, der Kommunist Grändorf und der Sozialdemokrat Wendland.
Ganz in der Nähe des Schöneberger Rathauses, in der Koburger Straße, hatte 1933 nach seiner Entlassung durch die Nazis der frühere Betriebsratsvorsitzende vom Zentralverband der Angestellten, Ziegler, eine Druckerei aufgemacht. Er wurde später von Freunden und auch von mir reichlich beschäftigt. Bei ihm stellte ich jetzt mein Fahrrad unter. Er führte mich zu Bürgermeister Wendland. Dieser wollte frühzeitig mit der Sammlung der alten SPD-Mitglieder beginnen und hatte deshalb eine Anzahl von Parteifreunden zu einer Sitzung geladen, die in den nächsten Tagen im Schöneberger Rathaus stattfinden sollte. Er forderte mich auf, an dieser Sitzung teilzunehmen und auch Freunde mitzubringen. Ich dachte sofort an Otto Grotewohl, der in der Motzstraße, ebenfalls im Bezirk Schöneberg, wohnte. Als ich den Hof des Hauses betrat, sah ich Grotewohl dort inmitten der versammelten Hausbewohner stehen und reden. Er hatte also bereits wieder eine Führungsaufgabe übernommen – diesmal als Hausobmann.

Mein Kampfgefährte Otto Grotewohl

Otto Grotewohl und ich waren bereits seit den zwanziger Jahren befreundet. Unsere Wohnungen in Braunschweig lagen nahe beieinander, so daß auch unsere Familien miteinander verkehrten. Grotewohl, damals Landesvorsitzender der SPD, und ich als Gauführer des »Reichsbanners Schwarz-Rot-Gold« arbeiteten als Führer der »Eisernen Front«, der Abwehrorganisation gegen den Nationalsozialismus, eng zusammen. Als Grotewohl nach der »Machtergreifung« Hitlers aus seiner Stellung als Präsident der Landesversicherungsanstalt gejagt wurde – einige Jahre zuvor war er braunschweigischer Innen- und Volksbildungs-, dann Justizminister und bis 1933 auch Reichstagsabgeordneter gewesen –, siedelte er nach Hamburg über. Diese

Entscheidung fiel nach einem Überfall der SS auf das im Volksmund »Rotes Schloß« benannte »Volksfreund«-Gebäude. Hier waren außer der Druckerei und dem Zeitungsverlag auch die Büros der SPD und vieler Gewerkschaften untergebracht. Bald nach dem 30. Januar 1933 hatte die SS das Haus besetzt und aus allen Büros Akten und Bücher auf die Straße geworfen. Auch einer der Gewerkschaftssekretäre war bei dieser Gelegenheit zum Fenster hinausgeworfen worden. Als ihr Zerstörungswerk beendet war, wurde das Haus in eine SS-Kaserne und etliche Zimmer in Folterkammern verwandelt.

Einige der Spitzenfunktionäre, darunter Grotewohl und ich, waren der ersten Terrorwelle ausgewichen. In der Nähe von Helmstedt trafen wir uns, um uns über unser weiteres Tun schlüssig zu werden. Einige Freunde entschieden sich für die Emigration, Grotewohl und ich für ein Verbleiben in Deutschland. Grotewohl übersiedelte nach Hamburg, ich nach Berlin.

Die Braunschweiger Herdfabrik »Heibacko« hatte mir den Alleinverkauf ihrer Erzeugnisse für das Reichsgebiet übertragen. So richtete ich in größeren Städten Verkaufsbüros ein. In Hamburg setzte ich Grotewohl, der sich mit der Herstellung von Postkarten nach eigenen Entwürfen und mit dem Malen von Bildern mehr schlecht als recht durchgeschlagen hatte, als Bezirksvertreter ein. Seine Verkaufstätigkeit, die mit Kochvorführungen in Restaurants und Gasthöfen, insbesondere auch auf dem flachen Lande, verbunden war, verlief recht erfolglos. Um die Vorzüge des Herdes im besten Licht erscheinen zu lassen, mußten schwungvolle Reden gehalten werden. Das konnte Grotewohl ausgezeichnet. Aber wenn es dann darum ging, den Abschluß zu tätigen, fehlte ihm die erforderliche Härte. Es war nicht zu leugnen: Als Verkäufer war Grotewohl eine Niete.

Auch ein Fischversandgeschäft, das ich ihm einrichtete, krankte bald an seinem mangelnden Geschäftssinn.

So nahm ich Grotewohl schließlich zu mir nach Berlin und beschäftigte ihn bis zu unserer Verhaftung im August 1938 in meinem Büro. Nach unserer Entlassung, sieben Monate später, erhielten wir von der Gestapo die Auflage, uns geschäftlich zu trennen. Grotewohl fand durch Vermittlung eines Freundes eine Anstellung in einer Bäderbaugesellschaft. Wir trafen uns jedoch privat nach wie vor an mehreren Tagen der Woche.

Auch der Kreis, der illegal weiter gegen das Naziregime arbeitete, hatte sich damals in meinem Büro Bülowstraße 7 allmählich wieder eingefunden, bis auf wenige, die sich nach unserer Verhaftung zurückzogen.

Einem Stellungsbefehl zur Flak kam ich nicht nach. Ich tauchte in Groß-Glienicke unter. Auch Grotewohl war seiner Einberufung zum

»Volkssturm« nicht gefolgt, sondern hielt sich in Berlin versteckt. Erst nach dem Einmarsch der Russen hatte er seine Wohnung wieder aufgesucht. Es waren schlimme Wochen vergangen, seit wir uns nicht mehr gesehen hatten. Nach unserer ersten, herzlichen Begrüßung berichtete er mir lachend seine Erlebnisse mit den Russen. In seinem Haus befand sich ein an eine Weinhandlung vermieteter Keller. Die Rotarmisten hatten dieses Lager natürlich sofort entdeckt. Am meisten interessierten sie die dickbauchigen Sektflaschen, deren Inhalt sie »Bum-Bum-Wasser« nannten. Doch bevor sie wagten, von dem prickelnden Naß zu trinken, mußten sich alle Männer des Hauses, auch er, an die Wand stellen und den Inhalt der Flasche kosten. Der wohlschmeckende Sekt hätte vergiftet sein können. Die an die Wand gestellten Männer waren von den Russen zuvor als in Zivil gekleidete Wehrmachts- oder Volkssturmmänner verhaftet worden. Aber nach etlichen Stunden gemeinsamen Konsums von Bum-Bum-Wasser waren allesamt betrunken, die Rotarmisten und ihre Häftlinge. Und so trennten sie sich schließlich in bestem Einvernehmen.

Auffangstelle Bülowstraße 7

Grotewohl begleitete mich die wenigen Schritte zu meinem Büro in der Bülowstraße. Hier fanden wir Nachrichten von meinen Angestellten und etlichen Freunden vor, die uns wissen ließen, daß sie ihre Besuche wiederholen wollten. Grotewohl übernahm für die nächsten Vormittage den Auffangdienst. Ich selbst bewerkstelligte inzwischen meinen Umzug von Glienicke in mein Zehlendorfer Haus.
Als ich nach einigen Tagen wieder in der Bülowstraße eintraf, war mein Büro einigermaßen hergerichtet. Es wurde bereits lebhaft die Frage diskutiert: Was nun, was tun?
Grotewohls erstes Auftreten in der von Bürgermeister Wendland einberufenen Versammlung war so eindrucksvoll, daß der Kreis der Genossen, die sich in meinem Büro trafen, ständig wuchs. Viele Spitzenfunktionäre aus der SPD und den Gewerkschaften von vor 1933 fanden sich dort ein, so der Vorsitzende des Allgemeinen Deutschen Gewerkschaftsbundes (ADGB), Theodor Leipart, die ADGB-Vorstandsmitglieder Carl Volmershaus und Hermann Schlimme, der Vorsitzende des Metallarbeiterverbandes, Alwin Brandes, der zu der illegalen Gniffke-Grotewohl-Gruppe gehörende frühere Waldenburger Polizeipräsident Richard Wende. Ehemalige Spitzenfunktionäre des Allgemeinen freien Angestelltenbundes (AfA-Bund) waren zahlreich vertreten, darunter Bernhard Göring, Helmuth Lehmann und Dr. Otto Suhr, ebenso ehemalige Reichstags- und preußische Land-

tagsabgeordnete, wie Engelbert Graf, Werner Luft, August Karsten, Friedrich Ebert, Otto Meier, Toni Wohlgemuth, Karl Litke u. a. Viele auch später bekanntgewordene Männer waren dabei, wie der ehemalige Vorwärts-Redakteur Gustav Klingelhöfer, der erste nach 1945 gewählte Berliner Oberbürgermeister Dr. Ostrowski, der spätere Präsident des Berliner Abgeordnetenhauses, Otto Bach, ferner Dr. Walter Menzel, der spätere Innenminister von Nordrhein-Westfalen und Schwiegersohn des ehemaligen Reichs- und preußischen Staatsministers Carl Severing.

Viele kamen auch »nur mal so vorbei«, um zu fragen, was nun eigentlich geschehen solle. Wir, die wir regelmäßig zusammenkamen, konnten diese Fragen allerdings auch nicht beantworten.

Wir hatten wenig Kenntnis von dem, was die Siegermächte, insbesondere die Sowjets, mit uns vorhatten. Wie werden die Sowjets uns Sozialdemokraten begegnen? Wie werden sie die Schuldfrage behandeln? Welchen Standpunkt sollen wir einnehmen? Diese Frage schien uns zunächst die wichtigste zu sein, auf die eine Antwort gefunden werden mußte. Nach lebhaften Diskussionen kristallisierte sich schließlich ein Standpunkt heraus, den wir folgendermaßen formulierten:

> »Die NSDAP, mit ihr aber auch die Vertreter der Hochfinanz und der Großindustrie, sind schlechthin schuldig. Das Deutsche Reich als Staat und das deutsche Volk als Staatsvolk können verantwortlich gemacht werden. Das ist das Recht des Siegers. Aber die politisch organisierte Arbeiterschaft darf nicht im gleichen Sinne als schuldig erklärt werden, denn sie hatte sich innerlich Hitler nie gebeugt.«

Täglich trafen wir zusammen. Jeder brachte Nachrichten mit, die wir begierig aufnahmen. Vieles hatte sich in diesem Krieg und durch ihn verändert. Zu den Siegermächten gehörte die Sowjetunion. Die kommunistischen Parteien aller Länder hatten einen großen Vormarsch angetreten. Im Mai 1943 war die Komintern aufgelöst worden. In Frankreich und Italien hatten sich die Kommunisten bei Kriegsende koalitionsfreudig gezeigt. Sie bildeten gemeinsam mit bürgerlichen Parteien Koalitionsregierungen. Alle solche Nachrichten wurden gesammelt und diskutiert. Aber auch solche, die uns die Besucher aus den einzelnen Stadtbezirken überbrachten. Danach hatten sich in einigen Bezirksverwaltungen Sozialdemokraten und Kommunisten zur Zusammenarbeit gefunden, in anderen war den Kommunisten der Kamm so mächtig geschwollen, daß sie jede Mitarbeit von Sozialdemokraten abwiesen. Im neugebildeten Magistrat von Groß-Berlin saßen jedoch Mitglieder ehemaliger bürgerlicher Parteien, Sozialdemokraten und Kommunisten zusammen.

Antrittsbesuch im Berliner Magistrat

Wir wollten uns Klarheit verschaffen, als wir zu dritt, Otto Grotewohl, Engelbert Graf und ich, am 14. Mai den Weg zum Stadthaus antraten.
Engelbert Graf, ein anerkannter Geopolitiker, war seit 1903 Mitglied der SPD bzw. zwischendurch der USPD. Von 1909 bis 1914 hatte er sich als Redner des sozialdemokratischen Zentralbildungsausschusses betätigt. Bis zum Tode des marxistischen Schriftstellers Franz Mehring gehörte er zu dessen engem Freundeskreis. Nach dem Ersten Weltkrieg leitete Graf zunächst die sozialistische Heimvolkshochschule Schloß Tinz bei Gera, von 1921 bis 1933 unterstand ihm das gesamte Bildungswesen im Deutschen Metallarbeiterverband einschließlich der Wirtschaftsschule in Bad Dürrenberg.
Von 1928 bis 1933 war Graf Reichstagsabgeordneter für den Wahlkreis Leipzig. Er hatte immer auf dem äußersten linken Flügel der Partei gestanden, wechselte bei der Auflösung der USPD jedoch nicht zur KPD hinüber, sondern kehrte zur SPD zurück.
Er hatte stets enge Beziehungen zur Sowjetbotschaft unterhalten und war von dieser mehrfach mit Gutachten, beispielsweise über die Wasserwege Polens, die polnischen Waldbestände und über Rohstoffgrundlagen für eine Zementindustrie in Polen und im Baltikum, beauftragt worden. Bis 1933 war er zudem Mitglied der »Gesellschaft der Freunde der Sowjetunion«.
Auch mit der Familie Pieck war er zeitweise freundschaftlich verbunden gewesen. Das vor allem war der Grund, weshalb wir ihn mitnahmen. Er sollte uns bei Arthur Pieck, dem Sohn des KPD-Vorsitzenden, einführen, der im neugebildeten Magistrat für die Personalpolitik zuständig war*. Die übrigen Magistratsmitglieder waren uns nur namentlich bekannt, so der ehemalige deutschnationale Reichsminister Andreas Hermes und der berühmte Arzt Geheimrat Sauerbruch. Mehr als ein Begriff war uns jedoch Josef Orlopp. Ihm galt daher in erster Linie unser Besuch. Das alte Berliner Rathaus in der Königstraße war zerstört, ebenso das Stadthaus. Der neue Magistrat war daher in dem relativ gut erhaltenen Gebäude der städtischen Feuersozietät in der Parochialstraße installiert worden.

---

* Später erfuhren wir, daß man von sowjetischer Seite Vorwürfe gegen Graf erhob. Er hatte seit 1933 in der Deutschen Allgemeinen Zeitung (DAZ) als geographischer Mitarbeiter wiederholt auch über die Sowjetunion geschrieben. Diese Artikel waren von den Sowjets gesammelt und uns später für ein Untersuchungsverfahren zur Verfügung gestellt worden. Graf hat sich dann bei der Urabstimmung im März 1946 für die SPD entschieden.

Josef Orlopp war 1926 von Essen aus in den Hauptvorstand des Gemeinde- und Staatsarbeiter-Verbandes nach Berlin berufen worden. Der SPD gehörte er bereits seit 1910 an, ging 1919 zur USPD, 1922 zur KPD, schloß sich nach der Wiederzulassung der Parteien zunächst wieder der SPD an und wechselte schließlich zur SED hinüber. Während seiner Essener Zeit war er ehrenamtlich als Beisitzer im Verwaltungsgericht in Düsseldorf, als Mitglied des Provinziallandtages und als Stadtverordneter tätig gewesen. Orlopp war mit einem sehr praktischen Verstand ausgerüstet. Ihn interessierte auch später nur die praktische Arbeit. Für ideologische Finessen fehlte ihm jedes Verständnis. Stets blieb er ruhig und sachlich. Sein ganzes Wesen strahlte rheinische Gemütlichkeit und Behäbigkeit aus.
Als wir sein Zimmer betraten, saß er vor einer Kiste, die ihm als Schreibtisch diente. Auf unsere Frage, wie er zu dieser Kiste gekommen sei, erzählte er: Am 4. Mai habe ihn ein Mann in seiner Wohnung aufgesucht, der sich ihm als ehemaliger kommunistischer Reichstagsabgeordneter vorgestellt habe. Sein Name: Walter Ulbricht. Er sei, so habe dieser ihm erzählt, vom Stadtkommandanten beauftragt worden, antifaschistische Fachkräfte für den Aufbau einer neuen Stadtverwaltung ausfindig zu machen. Etwa 24 Stunden später seien einige russische Offiziere in seiner Wohnung erschienen. Wahllos hätten sie aus diesem Haus und den Nachbarhäusern etwa 50 Männer und Frauen in den Flur seiner Wohnung zusammengeholt. Ein Offizier habe die ahnungslosen und besorgten Leute gefragt, ob sie mit einer Wahl Orlopps zum Stadtrat für Handel und Handwerk einverstanden seien. Die Versammelten hätten zugestimmt. Damit war er »gewählt«.
Bereits am 6. Mai sei er, zusammen mit den anderen »gewählten« Mitgliedern des neuen Magistrats, dem Stadtkommandanten, Generaloberst Bersarin, vorgestellt worden.
Orlopp kannte sich innerhalb des Magistrats noch wenig aus. Den Oberbürgermeister Dr. Arthur Werner hatte er nur anläßlich der Vorstellung kennengelernt. Als Schlüsselfigur trat dagegen Karl Maron, der stellvertretende Oberbürgermeister, auf. Er sprach Russisch. Neben seinen Diensträumen befand sich ein Verbindungsbüro zum Kommandanten, das mit russischen Offizieren besetzt war.
Nachdem wir mit Orlopp vereinbart hatten, daß er fortan mindestens einmal wöchentlich an den improvisierten Sitzungen unseres »Ausschusses« teilnehmen sollte, leitete er uns weiter zu Maron.
Im Gespräch mit Orlopp hatten wir uns ad hoc entschieden, bei Maron als Vertreter des »Vorbereitenden Ausschusses der SPD« aufzutreten, obwohl uns noch nicht klar war, was wir »vorzubereiten« gedachten.

Wir wurden von Maron sehr freundlich, ja geradezu herzlich empfangen. In seinem Vorzimmer saßen einige russische Offiziere, die nach kurzer Vorstellung aufbrachen. Während wir bei ihm saßen, kamen wiederholt andere Offiziere zu ihm. Karl Maron, den wir zum erstenmal sahen, wirkte wie ein gutmütiger Athlet. Wir sagten ihm das und erfuhren, daß er gebürtiger Berliner und Funktionär der Arbeiter-Sportbewegung gewesen sei. Seit 1935 habe er in Moskau gelebt. Jetzt sei er von Walter Ulbricht, der von der KPD beauftragt worden sei, beim Aufbau einer demokratischen Verwaltung mitzuhelfen, für seine Aufgabe vorgeschlagen worden.

Wir fragten, welche Vorstellung er von dem Aufbau einer »demokratischen« Verwaltung habe. Lächelnd gab er zur Antwort: Wenn er von einer demokratischen Verwaltung spreche, meine er nichts anderes als das, was auch wir darunter verständen. Der Auftrag, den Ulbricht von der Militärverwaltung erhalten habe, gehe in die gleiche Richtung. Davon würden wir uns gewiß sehr bald überzeugen können. Er glaube, daß Ulbricht gern mit uns Kontakt aufnehmen werde, zumal wir ihm seine Aufgabe wahrscheinlich sehr erleichtern könnten.

Maron fragte uns, ob wir noch andere Magistratsmitglieder kennenlernen wollten. Mit dem Hinweis auf Engelbert Graf bejahten wir die Frage. Wir wollten Arthur Pieck besuchen, um uns nach dem Befinden seines Vaters zu erkundigen. Während der Unterhaltung trat ein Zivilist ins Zimmer, der sich zunächst russisch mit Maron unterhielt und uns dann als der Genosse Otto Winzer vorgestellt wurde, der die Abteilung Volksbildung leite. Auch Winzer war, wie sich in der Unterhaltung herausstellte, Berliner. Er war jedoch im Aussehen und in seiner Art das Gegenteil von Maron, wortkarg und nur verhalten liebenswürdig. Wir vermuteten in ihm einen Dogmatiker. Später, als wir ihn näher kennengelernt hatten, wurde dieser erste Eindruck etwas gemildert.

Inzwischen hatte Maron uns telefonisch bei Pieck angemeldet, und Winzer übernahm es, uns zu ihm zu führen. Bei Arthur Pieck überließen wir zunächst Engelbert Graf die Unterhaltung. Beide tauschten Erinnerungen aus. Sein Vater, so bemerkte Arthur Pieck, befinde sich noch in Moskau, seine Ankunft in Berlin sei nicht vor Juli zu erwarten.

Wie bei Maron und Winzer, boten wir auch Pieck die Mitarbeit von Sozialdemokraten in der Kommunalverwaltung an und verabredeten, daß einige Mitglieder des ZK uns am 17. Mai, mittags 12 Uhr, in unserem »Aktionsbüro« in der Bülowstraße besuchen sollten. Zu der vereinbarten Zeit warteten wir jedoch vergeblich. Die Zeit verstrich, ohne daß einer der Genossen erschienen wäre.

Der 17. Mai 1945 war übrigens der Tag, an dem der von den Sowjets eingesetzte Magistrat offiziell der Öffentlichkeit vorgestellt wurde, nachdem jedes Magistratsmitglied sich schon 14 Tage zuvor in die Geschäftsführung eingearbeitet hatte. Oberbürgermeister war der parteilose Dr. Arthur Werner.
Von den 18 Stadträten gehörten neun der alten KPD an.

Erste Mißklänge

Inzwischen erreichten uns zum Teil sehr mißliche Nachrichten von Differenzen, die sich in den Bezirksverwaltungen zwischen KP-Kadern und unseren Funktionären ergeben hatten. Überall nahmen die Kommunisten fast alle Schlüsselstellungen ein. Wir erhielten Besuche aus der näheren und sogar aus der weiteren Umgebung Berlins. Manche der Besucher hatten weite Fußmärsche zurückgelegt. Sie berichteten, daß die Kommunisten bereits mit einer Mitgliederwerbung begonnen und das Gerücht verbreitet hätten, daß es nur die KPD als einzige Partei der Werktätigen geben werde.
Alle Besucher wollten Auskünfte von uns haben, die wir nicht geben konnten, weil wir selber nur wenig und zum Teil Widersprechendes wußten. Wir sahen daher nur eine Möglichkeit, zu kompetenten Informationen zu gelangen: die Zusammenkunft mit den Genossen vom ZK der KPD mußte zustande kommen. Wir setzten diesmal eine richtiggehende Einladung auf, die Graf und ich bei einem zweiten Besuch bei Arthur Pieck übergaben. Wieder wurde ein Termin vereinbart, wieder wurde er ohne Absage von der KPD nicht eingehalten. Erst am 29. Mai, als wir unseren Besuch zum drittenmal wiederholten, jedoch Pieck nicht antrafen, verriet uns sein Sekretär, daß Walter Ulbricht eine Nachricht hinterlassen habe. Er werde selber in den nächsten Tagen zu einer Zusammenkunft einladen.
Wir tappten weiter im dunkeln und konnten uns nicht erklären, warum die Kommunisten sich nicht bei uns sehen ließen.

Der Zentralausschuß der SPD wird gegründet

Der Treffpunkt Bülowstraße war inzwischen nicht nur in Berlin, sondern auch weit über Berlin hinaus bekanntgeworden. Dafür sorgten in erster Linie zwei unserer politischen Freunde: Toni Wohlgemuth, die wie ich aus dem Grenzgebiet Ost- und Westpreußens stammte, und Otto Meier, beide ehemalige preußische Landtagsabgeordnete.

Anfang Juni, kurz nach unserm ersten Besuch im Stadthaus, brachte Otto Meier die Gruppe Fechner—Weimann—Germer zu uns.
Fechner und Weimann berichteten, daß der Parteivorstand der SPD 1933 einen »Ausschuß für die Lenkung des Widerstandes«, bestehend aus zwölf Mitgliedern, eingesetzt habe. Diesen Ausschuß, dessen einzige überlebende Mitglieder sie beide seien, brauche man jetzt ja nur zu ergänzen, um wieder eine aktionsfähige Körperschaft der Partei zu haben.
Da wir uns bei unserem ersten Besuch im Stadthaus als »Vorbereitender Ausschuß« bezeichnet hatten, hielten wir es aber für besser, diese Bezeichnung zunächst beizubehalten. Fechner, Weimann und Germer wurden als Mitglieder in den Ausschuß aufgenommen.
Auch ein Gewerkschaftsausschuß hatte sich bereits zusammengefunden. Er stand unter Führung des früheren AfA-Sekretärs Bernhard Göring und des ADGB-Vorstandsmitgliedes Hermann Schlimme. Beide hatten sich schon bisher an der Arbeit unseres Ausschusses beteiligt und galten als dessen Mitglieder. Sie hatten bereits enge Verbindung mit dem Mitglied des Zentralkomitees der KPD, Hans Jendretzky, aufgenommen, der ihnen eröffnet hatte, daß die Zulassung der Gewerkschaften in Kürze zu erwarten, mit einer Zulassung von Parteien jedoch nicht so bald zu rechnen sei.
Wir waren daher nicht wenig überrascht, als am 10. Juni 1945 durch Befehl Nr. 2 des Marschalls Shukow nicht nur die Gewerkschaften, sondern auch die Parteien zugelassen wurden.
Mit dieser Entscheidung waren die Sowjets den westlichen Militärregierungen um Monate zuvorgekommen — eine Tatsache, die in jeder Beziehung weitreichende Folgen haben sollte.
Nun galt es, so schnell wie möglich die Lizenzierung der Partei zu beantragen. Der Andrang zu meinem Büro nahm sprunghaft zu, weil jeder Altfunktionär dabeisein wollte, wenn die Partei zu neuem Leben erstand. Der Kern der Führungskräfte konstituierte sich jetzt als »Zentralausschuß der Sozialdemokratischen Partei Deutschlands«. Ihm gehörten an:
Gustav Dahrendorf, Max Fechner, Karl Germer, Erich W. Gniffke, Bernhard Göring, Otto Grotewohl, Hermann Harnisch, August Karsten, Käte Kern, Helmuth Lehmann, Karl Litke, Fritz Neubecker, Otto Meier, Josef Orlopp, Hermann Schlimme, Richard Weimann und Toni Wohlgemuth. Auf Vorschlag Dahrendorfs wurde aus diesem Ausschuß ein geschäftsführender Vorstand, bestehend aus drei gleichberechtigten Vorsitzenden: Fechner, Gniffke und Grotewohl, und drei Beisitzern: Dahrendorf, Lehmann und Neubecker, gebildet.
Otto Meier wurde beauftragt, den Lizenzantrag bei der Kommandantur einzureichen.

Wie er am nächsten Tage berichtete, hatte man ihn »großartig« empfangen und zu einem Umtrunk eingeladen. Erst in der Nacht sei er nach Hause gefahren worden.

Die KPD und Walter Ulbricht

Nur einen Tag nach dem Erlaß des Befehls Nr. 2, am 11. Juni 1945, erschien ein Aufruf der KPD, unterzeichnet von 16 Funktionären, die fast alle von 1933 bis 1945 in die Sowjetunion emigriert waren. Das erstaunlichste an diesem Aufruf war die Feststellung, daß der Weg, Deutschland das Sowjetsystem aufzuzwingen, falsch wäre, da er nicht den gegenwärtigen Entwicklungsbedingungen in Deutschland entspreche. Vielmehr schrieben die entscheidenden Interessen des deutschen Volkes in der gegenwärtigen Lage für Deutschland einen anderen Weg vor, und zwar den Weg der Aufrichtung eines antifaschistischen, demokratischen Regimes, einer parlamentarischen Republik mit allen demokratischen Rechten und Freiheiten für das Volk.
Der Aufruf wirkte auf uns eher verwirrend als klärend. Hatten wir schon nicht damit rechnen können, daß die Sowjets die Entwicklung eines demokratischen Parteilebens so frühzeitig gestatten würden, so überraschte uns noch viel mehr ein kommunistischer Aufruf, der nicht kommunistisch, noch nicht einmal sozialistisch war. Die Probleme, die in diesem Aufruf umrissen worden waren, hätten von einer Mittelstandspartei nicht anders formuliert werden können.
Am folgenden Tage, dem 12. Juni, fand im großen Saal des Berliner Stadthauses die Zusammenkunft von Vertretern der geplanten »antifaschistisch-demokratischen« Parteien (SPD, KPD, CDU, LDP) statt, zu der Ulbricht eingeladen hatte.
Er erläuterte das Programm, wie es in dem Aufruf angedeutet war, und sprach vom Zusammenwirken aller antifaschistisch-demokratischen Kräfte und Parteien. Bei voller Selbständigkeit sollten sich die Parteien in einem Block zusammenfinden, um dort gemeinsam praktische Aufgaben in Angriff zu nehmen – ohne jede Ideologie, nur mit dem Ziel, die Schutthaufen zu beseitigen und Wirtschaft und Verwaltung in Gang zu bringen. »Das erscheint doch alles sehr vernünftig, ja?« fügte er in seinem singenden Tonfall hinzu.
Ob vernünftig oder nicht, davon konnten wir uns zunächst noch kein rechtes Bild machen. Uns interessierte vor allem der Mann. Er wirkte etwas unbeholfen, linkisch, und seine Rede, in sächsischer Mundart und mit hoher Fistelstimme vorgetragen, mit dem stereotypen, fragenden »Ja« am Ende fast jeden Satzes, ein wenig

komisch, beinahe gemütlich. Seine Barttracht, mit der er offenbar Lenin kopieren wollte und die ihm später den Beinamen »Der Spitzbart« eintrug, befremdete uns ein wenig.
Nachdem Ulbricht geendet hatte, ergriff Dahrendorf das Wort für die SPD.
»Die neue Sozialdemokratische Partei verbindet nichts mit der letzten Phase der politischen Praxis der alten Sozialdemokratischen Partei. Es verbindet sie auch nichts mit der Emigrantenpolitik. Niemand im Ausland ist berechtigt, für die Sozialdemokratische Partei zu sprechen. Die neue Linie ergibt sich aus dem Vermächtnis der zahlreichen und besten Toten, die auch aus dem Lager der SPD das Opfer ihres Lebens gebracht haben.
Die Sozialdemokratische Partei will die politische und, wenn es sein kann, die organisatorische Einheit der Werktätigen in Stadt und Land. Wir sind rückhaltlos bereit, über den Vollzug dieser Einheit insbesondere mit unseren kommunistischen Freunden zu sprechen. Es darf sich nicht wiederholen, daß die Gegner der Demokratie die Demokratie wieder für ihre Zwecke benutzen.«
Wir wunderten uns, daß Ulbricht mit keinem Wort auf das in Dahrendorfs Rede enthaltene Angebot einging.
Am Nachmittag desselben Tages erschien jedoch ein Kurier bei uns, der eine Einladung Ulbrichts zu einer Konferenz im Stadthaus am 19. Juni überbrachte. Uns wurde nahegelegt, fünf Vertreter zu entsenden, da auch das ZK der KPD mit fünf seiner Mitglieder vertreten sein werde.
Noch eine Überraschung brachte der nächste Tag: Am 13. Juni erschien (im DAZ-Format) die erste Nummer der kommunistischen »Deutschen Volkszeitung« mit einem Leitartikel von Wilhelm Pieck, in dem dieser sich für die baldige »Einheit aller Schaffenden« einsetzte.
Das kam alles etwas plötzlich über uns. Wir mußten jetzt schnell handeln. Mein Büro war für die zu übernehmenden Aufgaben zu klein, außerdem war der Bürobetrieb noch nicht organisiert. Selbst die Mitglieder des Zentralausschusses standen für die notwendigen Organisationsaufgaben nicht zur Verfügung. Die meisten hatten hauptamtliche Aufgaben in den Gewerkschaften, in der kommunalen Verwaltung und den kommunalen Betrieben übernommen. Auch Otto Grotewohl war inzwischen in den Bezirksstadtrat von Schöneberg eingetreten und fiel für Organisationsaufgaben der Partei völlig aus.
Meine Büroangestellten, die beide sozialdemokratischen Familien entstammten, übernahmen gemeinsam mit August Karsten den Publikumsverkehr. Der Buchdrucker Ziegler hatte in wenigen Stunden

Sammellisten gedruckt, die rasch verteilt wurden und von einem Tag zum anderen mit ansehnlichen Beträgen gezeichnet zurückkamen. Das an der Straßenfront meines Büros angebrachte Firmenschild wurde heruntergeholt; ein Maler fand sich, der es neu beschriftete. Nur wenige Stunden waren vergangen, da prangte an der Fassade die neue Inschrift: »Sozialdemokratische Partei Deutschlands«. Damit war mein aus sieben Räumen bestehendes Geschäftslokal zum ersten Parteibüro der wiedererstandenen SPD geworden.

Der erste SPD-Aufruf

Nachdem die KPD ihren vermutlich schon in Moskau vorbereiteten Aufruf herausgegeben hatte, wollten wir mit nicht zu großem Abstand folgen. Unter meinem Vorsitz wurde ein Programmausschuß gebildet, dem Otto Grotewohl, Gustav Dahrendorf, Helmuth Lehmann, Gustav Klingelhöfer, Karl Germer und der Jurist Kleinkamp, der spätere Vizepräsident der Zentralverwaltung für Justiz, angehörten.
Unser Aufruf sollte nur wenige programmatische Forderungen enthalten. Neben Germer und Kleinkamp hatten auch Grotewohl, Lehmann und ich Entwürfe ausgearbeitet. Es blieb uns dreien nun nichts anderes übrig, als in Klausur aus diesen Entwürfen einen einzigen auszuarbeiten. Wir waren uns einig, daß die Schuldfrage zwar angesprochen, aber nicht so prononciert gestellt werden sollte, als wäre das ganze deutsche Volk mitschuldig geworden.
Wir begannen unseren Aufruf mit den Sätzen:
»Das deutsche Volk muß die Kosten der faschistischen Hochstapelei bezahlen!
Ehrlose Hasardeure und wahnwitzige Machtpolitikaster haben den Namen des deutschen Volkes in der ganzen Welt geschändet und entehrt.
Schweigend und voll Ergriffenheit senken wir unsere Fahnen vor unseren Johannes Stelling, Rudolf Breitscheid, Julius Leber, Wilhelm Leuschner und vor den tausendfachen Opfern aus allen Parteien, Konfessionen und Gesellschaftsschichten des deutschen Volkes, die der blutgierige Faschismus verschlungen hat. Aber all diese Opfer an Gesundheit und Blut, Hab und Gut in der illegalen Arbeit haben es leider nicht vermocht, die satanische Organisation der Unterdrückung zu beseitigen.«
Mit diesen Feststellungen wollten wir uns den Rücken freihalten für die Verhandlungen mit den Besatzungsmächten und nicht zuletzt gegenüber der KP-Führung.

Wir forderten Demokratie in Staat und Gemeinde, Sozialismus in Wirtschaft und Gesellschaft. Unter Bezugnahme auf den KP-Aufruf vom 11. Juni erklärten wir unsere ausdrückliche Bereitschaft zur Zusammenarbeit mit allen Gleichgesinnten zur Aufrichtung eines antifaschistischen, demokratischen Regimes in Deutschland.
Und zur Frage der Einheit der Arbeiterklasse hieß es, daß wir den Kampf um die Neugestaltung auf dem Boden der organisatorischen Einheit der deutschen Arbeiterklasse führen wollten, weil wir darin eine moralische Wiedergutmachung politischer Fehler der Vergangenheit erblickten.
Dieser Aufruf wurde am 15. Juni, vier Tage nach Erscheinen des KP-Aufrufs, veröffentlicht.
Nicht ohne Einfluß auf unsere Arbeit an der programmatischen Erklärung blieben die Erfahrungen, die wir in der Vergangenheit gemacht hatten, vor allem die Erklärung des sozialdemokratischen Parteivorstands in Prag vom Januar 1934, in dem festgestellt worden war, daß sich Wesen und Aufgaben der deutschen Arbeiterbewegung durch die Machtergreifung der Nazis geändert haben. In der Erklärung heißt es: »Die Differenzen in der Arbeiterbewegung werden vom Gegner selbst ausgelöscht. Die Gründe der Spaltung werden nichtig. Der Kampf zum Sturz der Diktatur kann nicht anders als revolutionär geführt werden. Ob Sozialdemokrat, ob Kommunist, ob Anhänger der zahllosen Splittergruppen — der Feind der Diktatur wird im Kampf durch die Bedingungen des Kampfes selbst der gleiche sozialistische Revolutionär.
Die Einigung der Arbeiterklasse wird zum Zwang, den die Geschichte selbst auferlegt.«
Gustav Dahrendorf, der nach dem 20. Juli 1944 zu acht Jahren Zuchthaus verurteilt worden war, berichtete, daß Wilhelm Leuschner eine politische und organisatorische Einheit der Arbeiterklasse gefordert habe. Wenige Tage vor seiner Hinrichtung habe er ihm das Wort »Einheit« zugerufen. Dahrendorf betrachtete diese letzten Worte seines Freundes als ein Vermächtnis, das zu erfüllen er als seine Aufgabe ansah. Auch Helmuth Lehmann, der ebenfalls unmittelbar aus seiner Tegeler Haftzelle zu uns gekommen war, trat dafür ein, in dem Aufruf den Willen zur Herstellung der politischen und organisatorischen Einheit der Arbeiterparteien zum Ausdruck zu bringen.
Max Fechner und ich vereinbarten eine Aufteilung unserer Aufgabengebiete. Danach sollte Fechner als Berliner sich zunächst einmal um die organisatorischen Aufgaben in Berlin kümmern, während ich mich der Zone annehmen wollte. Auf den Bezirksstadtrat Grotewohl mußten wir dabei verzichten. Er wurde jedoch einhellig

zum Sprecher der Partei bestimmt, wenn Erklärungen in der Öffentlichkeit abzugeben und zu begründen sein würden.
Zum 17. Juni ließen wir eine Einladung zu einer Funktionärskonferenz an alle Stadtbezirke ergehen. Obwohl die Frist sehr kurz gesetzt war, folgten ihr fast 2 000 ehemalige SPD-Funktionäre in den »Luckauer Hof«. In diesem Haus hatte die SPD schon vor 1933 häufig Funktionärsversammlungen abgehalten. Jetzt konnte der große Saal die Menge der Besucher nur fassen, weil die Bestuhlung im Raum fehlte. Viele sahen sich hier nach den Jahren der Verfolgung, der Illegalität und der Anonymität zum erstenmal wieder. Das war ein Wiedersehen, ein Händeschütteln, ein Umarmen!
Die angegebene Zeit für den Beginn der Versammlung war längst überschritten. Niemand merkte es. Wir im Präsidium waren jedoch nervös. Wir hatten die Versammlung einberufen, ohne die Genehmigung der Besatzungsmacht abzuwarten. Für die Erteilung der Genehmigung war der sowjetische Stadtkommandant, Generaloberst Bersarin, zuständig, der einen Tag zuvor bei einer Motorradfahrt tödlich verunglückt war. Die Entscheidung lag nun bei seinem Vertreter. Würde er sie rechtzeitig treffen?
Endlich brachte ein Kurier die schriftliche Genehmigung. Wir atmeten auf. Max Fechner eröffnete die Versammlung mit einer Totenehrung. Er verlas eine lange Liste mit den Namen von Sozialdemokraten, die unter der Hitler-Diktatur ihr Leben hatten lassen müssen. Aller Augen wurden feucht. Frauen und Männer schluchzten. Keiner schämte sich der Tränen.
Zum Schluß gedachte Fechner auch des tödlich verunglückten Generalobersts Bersarin.
Zu der Trauer um die Toten gesellte sich aber auch das Gefühl des Glücks, bei der Wiedergeburt unserer Partei dabeisein zu dürfen.
Dann trat Otto Grotewohl an das Rednerpult. Den meisten Berlinern war er unbekannt. Er begründete den Aufruf vom 15. Juni. Er vermochte die Versammlung bald in seinen Bann zu ziehen. Immer häufiger wurde er von Beifallsbezeigungen unterbrochen. Grotewohl war wieder der Versammlungsredner von ehedem, der nicht nur den Verstand, sondern auch das Gefühl ansprach. Wieder erwies er sich als Meister des Wortes, und wieder verstand er es, sich in die Herzen der Menschen hineinzureden:
»Das höchste und wertvollste Gut der Arbeiterklasse ist die Einheit. Unbefleckt und rein wollen wir sie einst in die Hände der nachfolgenden Generation legen, damit sie uns nicht später den Vorwurf macht: Ihr habt euch in großer Stunde klein gezeigt.«
Der Beifall am Schluß seiner Rede wollte kein Ende nehmen. Fechner stellte den Anwesenden die Mitglieder des Zentralausschusses

vor und erbat ihre Zustimmung, den Zentralausschuß als Führungsgremium der Partei anzusehen. Sie wurde einstimmig erteilt. In dem stolzen Gefühl, die Stunde der Wiedergeburt miterlebt zu haben, trennten sich die Teilnehmer der Versammlung nur zögernd. Es war, als wollte jeder diesen Augenblick so lange wie möglich ausdehnen und auskosten.

Ulbricht, Ackermann und der »gemeinsame Ausschuß«

Am 19. Juni 1945 trafen wir, wie verabredet, zum erstenmal mit den Vertretern des Zentralkomitees der KPD zusammen. Jetzt lernten wir ihren Wortführer Walter Ulbricht unmittelbar kennen. Von den Kommunisten waren Ulbricht, Ackermann, Geschke, Jendretzky und Winzer anwesend. Unsere Delegation bestand aus Grotewohl, Dahrendorf, Lehmann, Meier und mir. Was wir bisher über Ulbricht erfahren hatten, war unterschiedlich; die meisten, die ihn schon vor 1933 gekannt hatten, schilderten ihn als einen verschlagenen, skrupellos und energiegeladen auf sein Ziel hinsteuernden Menschen.
Bei seiner Rede im Stadthaus war er uns noch als gemütlicher Sachse erschienen, etwas unbeholfen, an seinem Konzept klebend, stockend und mit falscher Betonung ablesend; nun mußten wir dieses Bild während der Verhandlung sehr schnell revidieren. Hier stand uns kein Partner gegenüber, mit dem man verhandeln konnte, sondern ein Gegner. Wir fanden sein Organ nicht mehr gemütlich, sondern unangenehm. Er sah keinen von uns an. Sein kalter Blick huschte unstet von einem zum anderen. Wenn er sich zu einem Lächeln zwang, so glich sein Gesicht einer Maske. Seine Augen lächelten nie mit. Wir gerieten in eine immer stärkere Gereiztheit, die wir kaum noch verbergen konnten. Um diese Verhandlung so rasch wie möglich zu beenden, stimmten wir seinen Argumenten schließlich zu.
Walter Ulbricht machte uns zunächst klar, daß er die sofortige Gründung einer einheitlichen Arbeiterpartei ablehne. Die vorzeitige Bildung einer einheitlichen Arbeiterpartei ohne vorherige Klärung der ideologischen Fragen würde bald zu einem erneuten Auseinanderfallen führen, war seine Meinung.
Dann ging er zu einer vorsichtigen Kritik an unserem Gründungsaufruf über. Während in dem Gründungsaufruf der KPD das Wort Sozialismus überhaupt nicht vorkam, hatten wir »Demokratie in Staat und Gemeinde, Sozialismus in Wirtschaft und Gesellschaft« gefordert. Dies schien Ulbricht nicht zuzusagen. »Ihr wollt den

Sozialismus einführen. Wie soll das angesichts der ideologischen Verwüstung, die bis tief in die Reihen der Arbeiterklasse geht, vor sich gehen?«
Für Ulbricht war zu diesem Zeitpunkt die Frage des Sozialismus nicht opportun. »Nicht der Sozialismus steht auf der Tagesordnung, sondern die Demokratie«, meinte er. »Die Arbeiter müssen zunächst den konsequenten Kampf um die Demokratie führen und können sich auch nur in diesem Kampf einigen.«
Hier schaltete sich Otto Grotewohl ein: »Einverstanden«, sagte er, »aber dann wollen wir gleich jetzt die Frage erörtern: Habt ihr andere Vorstellungen von der Demokratie und vielleicht auch vom Sozialismus als wir?« Ulbricht wich aus: »Die KPD hält es für falsch, bestimmte Maßnahmen der kommunalen Wirtschaftsführung bereits als Sozialismus zu bezeichnen. Sie mögen radikal sein, haben aber mit Sozialismus nichts zu tun.«
Die ganze Atmosphäre war unerfreulich. Auch Ackermann vom Zentralkomitee der KPD hatte offenbar das gleiche Gefühl wie wir und schlug deshalb vor, zu einer Vereinbarung über die Zusammenarbeit zu kommen. Ulbricht meinte, daß zwei Genossen, je einer von jeder Partei, gleich ein Exposé ausarbeiten sollten. Die Wahl fiel auf Anton Ackermann und mich. Wir setzten uns im Nebenzimmer an die Arbeit, während nebenan weiter diskutiert wurde.
Auf diese Weise kamen Ackermann und ich zu einem ersten privaten Gespräch. Ich fragte ihn, was die KPD eigentlich mit dem Schuldbekenntnis des gesamten Volkes, also einschließlich aller jener Kräfte, die sich den Nazis nicht unterworfen haben, bezwecke? Solle damit eine bestimmte Deutschlandpolitik der Sowjets untermauert werden? Ich wies ihn darauf hin, daß die Zahl jener, die sich nicht unterworfen, ja selbst die Zahl derer, die aktiv Widerstand geleistet haben, nicht gering gewesen sei.
»Wir werden es schwer haben«, antwortete Ackermann, »einen deutschen und einen sozialistischen Standpunkt festzulegen und zu verteidigen.« Erstaunt sah ich Ackermann an und fragte gedehnt: »Wir?« — »Ja, wir, und zwar wir gemeinsam«, war seine Antwort. Wir hatten Kontakt zueinander gefunden.
Dann zog Ackermann einen schon fertigen Entwurf für die zu treffende Vereinbarung aus der Tasche. Wie gut sie immer alles vorbereiteten! Nach einigen Änderungen, die ich vorschlug, legten wir diesen Entwurf dann dem Ausschuß vor, der ihn auch akzeptierte.
Diese Vereinbarung betonte den festen Willen beider Parteien zur aufrichtigen Zusammenarbeit und sah die Bildung eines gemeinsamen Arbeitsausschusses vor, der aus je fünf Vertretern der beiden Zentralstellen bestehen sollte. Dieser Ausschuß sollte eine enge Zu-

sammenarbeit bei der Liquidierung der Überreste des Nazismus und beim Wiederaufbau des Landes gewährleisten und mit den anderen Parteien Vereinbarungen über die Bildung eines festen Blocks treffen; er sah gemeinsame Veranstaltungen beider Parteien vor und schließlich gemeinsame Beratungen zur Klärung ideologischer Fragen. Den Organisationen beider Parteien in allen Bezirken, Kreisen und Orten wurde nahegelegt, ebenfalls gemeinsame Arbeitsausschüsse zu schaffen und in gleicher Weise zusammenzuarbeiten wie die obersten Parteigremien.

Nachdem wir endlich unterschrieben hatten und die Treppen hinabstiegen, faßte Grotewohl mich unter und sagte: »Ein gefährlicher Bursche, dieser Ulbricht, der wird uns noch zu schaffen machen.« Ich erwiderte: »Ich habe den Eindruck, daß bei ihm jedes Wort eine andere Bedeutung hat als im normalen Sprachgebrauch.«

Die Berichterstattung über das Gespräch mit den Kommunisten vor dem SPD-Zentralausschuß hatte Otto Grotewohl übernommen. Während er sich auf eine Zusammenfassung des Ergebnisses beschränkte, schilderte Otto Meier den Verlauf der Zusammenkunft. Daß Ulbricht sich wie ein Schulmeister benommen habe, und zwar wie ein höchst unangenehmer, daß er aufreizend wirke, weniger durch das, was er sage, als wie er es sage.

Ich berichtete von meiner Begegnung mit dem KP-Ideologen Anton Ackermann, der wesentlich sympathischer als Ulbricht und kein sturer Dogmatiker sei.

Nach kurzer Aussprache wurde die mit den KP-Vertretern getroffene Vereinbarung vom Zentralausschuß einstimmig gebilligt. Überall herrschte eine ehrliche Bereitschaft, die »Einheit der Arbeiterklasse« herbeizuführen. In allen Versammlungen und Zusammenkünften der Mitglieder wurde diese Frage mit Begeisterung bejaht. Und auch bei uns im Zentralausschuß waren alle, trotz der Abneigung gegen Ulbricht und sein mißliches Auftreten, positiv dazu eingestellt.

Am 25. Juni hatte das Zentralkomitee der KPD seine Berliner Funktionäre ins »Kolosseum« eingeladen. Auf dieser Versammlung, zu der wir Beobachter entsandt hatten, verkündete Ulbricht zunächst die Notwendigkeit,

»... alle antifaschistisch-demokratischen Kräfte in allen Teilen des Reiches zu entwickeln und — die nationale Einheit Deutschlands zu erhalten und zu sichern«.

Zur Lösung der dringendsten Aufgaben entwickelte er ein Zehn-Punkte-Aktionsprogramm, das eine Reihe einschneidender Maßnahmen vorsah. So zum Beispiel die vollständige Liquidierung der Überreste des Hitlerregimes, die Wiederbegründung der freien Gewerkschaften sowie der antifaschistischen demokratischen Parteien, die Schaffung demokratischer Selbstverwaltungsorgane in Kreisen, Bezirken und Ländern, die Enteignung des Vermögens der Nazibonzen und Kriegsverbrecher, Liquidierung des Großgrundbesitzes und Übergabe des Grund und Bodens an die Bauern, die Übergabe aller lebenswichtigen Betriebe in die Hände der Selbstverwaltungsorgane und schließlich Anerkennung der Pflicht zur Wiedergutmachung aller Schäden, die durch die Hitleraggression den anderen Völkern zugefügt worden waren.

Dieses Aktionsprogramm sollte nach Ulbrichts Ausführungen als Grundlage dienen, einen Block der antifaschistischen demokratischen Parteien zu bilden. Als Beispiele solcher Parteien nannte er »die Kommunistische Partei, die Sozialdemokratische Partei, die Zentrumspartei und noch andere«.

Wir vom geschäftsführenden Vorstand der SPD waren sehr gespannt darauf, ob es in dieser Funktionärsversammlung eine Diskussion geben und wie diese verlaufen werde. Uns war zu Ohren gekommen, daß schon vor der offiziellen Zulassung der Partei erhebliche Differenzen aufgetreten wären zwischen den rasch entstehenden Gruppen ehemaliger Funktionäre und den plötzlich in großer Zahl aus der Sowjetunion auftauchenden Emigranten, Differenzen, deren Schlichtung viel Mühe bereitet hätte. Das sollte mit ein Grund dafür gewesen sein, daß der vereinbarte Termin für die von uns gewünschte Zusammenkunft nicht eingehalten werden konnte.

Es war so etwas wie eine Gehirnwäsche der Altkommunisten veranstaltet worden, an der sich nicht nur die aus der Emigration Zurückgekehrten beteiligt hatten, sondern auch in großem Maßstab Vertreter des NKWD.

Die meisten Kommunisten, die in Deutschland geblieben waren und die sich nun in allen Stadtteilen zu Gruppen zusammenfanden, waren ideologisch beim Jahr 1933 stehengeblieben. Das kam auf verschiedene Weise zum Ausdruck. Für einen kleinen Teil von ihnen waren beispielsweise die Sozialdemokraten immer noch »Sozialfaschisten«, die es zu bekämpfen galt. Der größere Teil jedoch, angeführt von den Kommunisten, die für ihre Gesinnung in KZs und Gefängnissen gelitten hatten, wünschte eine Erneuerung der Partei — aber nicht in Richtung der sowjetischen KP. Viele von ihnen waren, ebenso wie wir Sozialdemokraten, erschüttert über das Verhalten der Rotarmisten, denen bei Plünderungen und Vergewaltigungen weder Klassen- noch Parteizugehörigkeit irgend etwas bedeutete. Kommunistische Gruppen, die sich den Sowjetstern als Zeichen ihrer Gesinnung ins Knopfloch gesteckt und ihre Wohnungen mit roten Fahnen geschmückt hatten, erlebten böse Enttäuschungen.

Das Tragen des Sowjetsterns wurde verboten. Wer sich nicht an dieses Verbot hielt, lief Gefahr, verhaftet zu werden. Die Gruppen, die sich in den Bezirken konstituiert hatten, wie das »Komitee Freies Deutschland« in Wilmersdorf, wurden aufgelöst. Aus diesem Grund herrschte in den ersten Wochen auch unter den Kommunisten, soweit sie nicht Emigranten waren, häufig die gleiche antisowjetische Stimmung wie allgemein in der Bevölkerung.
Ulbricht ignorierte vieles, was ihm an Mißstimmung bekannt wurde. Eines aber erwähnte er nicht ungeschickt:
»Zu dem Aufruf der KPD hat es, wie das in einer Demokratie auch selbstverständlich sein sollte — selbstverständlich, ja? —, kritische Äußerungen gegeben. Viele fragten, warum nicht gleich eine einheitliche Arbeiterpartei geschaffen wurde, ja? Niemand wußte besser als wir, daß das Schicksal des Volkes von der Initiative der Arbeiterklasse abhing. Zudem hat gerade die Kommunistische Partei schon immer die Spaltung als das größte Unglück bezeichnet. Um die Arbeiterklasse zu einen, müssen aber zuerst wichtige Voraussetzungen geschaffen werden. Was Klassenbewußtsein ist, nun, das wißt ihr — ja? Ihr wißt auch, daß dies während der Nazizeit weitgehend verschüttet wurde, ja? Nun, das muß erst wiederhergestellt werden — ja? Große Teile der Vorhut sind im Naziterror umgekommen. Die Arbeiterfunktionäre hatten in dieser Zeit auch keine Möglichkeit, sich wissenschaftlich fortzubilden. Die Weiterentwicklung der wissenschaftlichen Theorie des Marxismus-Leninismus ist ihnen unbekannt geblieben. Viele Funktionäre der Sozialdemokratie schleppen noch den Ballast reformistischer Denkweise mit sich herum. Aber nicht nur etwaige Rechtssozialisten. Lenin hat einmal gesagt, daß es eine Periode geben kann, in der es unstatthaft ist, sich auf die alte Schablone zu beschränken. Das trifft heute auch auf die Kommunisten zu — ja? Es gibt unter Sozialdemokraten sehr unterschiedliche Tendenzen. Wir können das an dem Beispiel ablesen, das uns die italienische Arbeiterschaft gibt. Da ist Saragat, der noch den Prinzipien von Koalitionsregierungen alten Stils verhaftet ist, und es gibt aufrechte Sozialdemokraten wie Nenni, der den Kampf führt zur Ausnutzung aller Möglichkeiten für die Entfaltung einer Volksdemokratie.«
Die Funktionärskonferenz am 25. Juni zeigte jedenfalls, daß die Emigranten die Partei inzwischen fest in der Hand hatten. Es gab keine nennenswerte Diskussion, und von den anfänglichen Differenzen war nichts mehr zu spüren.

Neugründung der Gewerkschaften

Nach einer Auskunft, die Bernhard Göring von Jendretzky erhalten hatte, war nach der Zulassung der politischen Parteien in Kürze auch mit der Genehmigung zur Wiederbegründung der Gewerkschaften zu rechnen. Darüber gab es im Gründungsausschuß der SPD lebhafte Debatten. Um die Bedeutung dieser Frage zu verstehen, ist ein Rückblick auf die Vergangenheit erforderlich. Die im Allgemeinen Deutschen Gewerkschaftsbund (ADGB) zusammengeschlossenen freien Gewerkschaften waren ehemals dem Internationalen Gewerkschaftsbund (IGB) angeschlossen gewesen, der seinen Sitz vor 1933 viele Jahre in Amsterdam hatte und darum auch »Amsterdamer Internationale« genannt wurde. Trotz der Spaltung der politischen Arbeiterbewegung in Deutschland in SPD und USPD, die auch eine Spaltung der Sozialistischen Internationale in zwei politische Büros zur Folge hatte, hatten die gegensätzlichen politischen Richtungen dennoch immer an der Einheit der Gewerkschaftsbewegung festgehalten. Eine Ausnahme machten die Kommunisten. Im Sommer 1920 wurde in Moskau die sogenannte »Rote Gewerkschafts-Internationale« (RGI) gegründet. In Deutschland hatten die Kommunisten danach sehr unterschiedlich taktiert. Verschiedene Versuche der Bildung kommunistischer Gewerkschaften blieben ohne Erfolg. Die Parole »Raus aus den Gewerkschaften und hinein in die Roten Verbände« wurde von den Arbeitern nicht befolgt. Erst in den Jahren von 1929 bis 1933, hervorgerufen durch die Weltwirtschaftskrise, gelang den Roten Gewerkschafts-Organisationen ein größerer Einbruch. Sie konnten eine Reihe von Streiks inszenieren, von denen der Streik der kommunalen Berliner Verkehrsgesellschaft, BVG, der bekannteste war. Da die freien Gewerkschaften den statutenwidrig zustande gekommenen Streikbeschluß nicht anerkannten, bildeten die RGO-KPD-Vertreter eine gemeinsame Streikleitung mit der Betriebsräteorganisation der NSDAP.
Über all diese Dinge einer verfehlten kommunistischen Taktik, die nach Auffassung vieler Sozialdemokraten die sogenannte Machtergreifung Hitlers mit ermöglicht hatte, wurde bei uns sehr ausführlich gesprochen.
Göring und Schlimme berichteten, daß sie bei ihren Zusammenkünften mit Hans Jendretzky all diese Fragen zur Sprache gebracht hätten. Jendretzky hätte jedoch mit dem lahmen Hinweis abgewehrt, beide Arbeiterparteien hätten Fehler gemacht und man müsse nunmehr aus den Fehlern der Vergangenheit lernen. Im »Weltgewerkschaftsbund« habe man durch den Zusammenschluß sämtlicher Gewerkschaften die Konsequenzen gezogen. Aber auch die Sowjets

und ihre Alliierten würden dafür sorgen, daß es in Zukunft keine kommunistische RGO, aber auch keine christlichen oder Hirsch-Dunkerschen Organisationen, sondern nur noch eine Einheitsgewerkschaft gebe.

Auch in dieser Frage übernahm, längst in Moskau vorbereitet, die KPD mit Ulbricht die Führung. Am 15. Juni war im Stadthaus ein vorbereitender Ausschuß zusammengetreten, dem Vertreter aller früheren gewerkschaftlichen Richtungen angehörten. Dieser Ausschuß wandte sich mit einem Aufruf an die ehemaligen Gewerkschaftsfunktionäre, in dem es u. a. hieß:

»Die neuen Freien Gewerkschaften sollen unter Zusammenfassung aller früheren Richtungen in ihrer Arbeit eine Kampfeinheit zur völligen Vernichtung des Faschismus und zur Schaffung eines neuen demokratischen Rechtes der Arbeiter und Angestellten werden.«

Ulbricht berief die Gewerkschaftler zum 17. Juni 1945 zu einer Gründungsversammlung in den großen Saal des Stadthauses. 579 Funktionäre aller Richtungen folgten dem Ruf. Der Versammlung wurde ein vorläufiges Statut vorgelegt, das wesentliche Punkte einer später zu beschließenden Verfassung vorwegnahm, so vor allem die Aufteilung der Gewerkschaften in Industriegewerkschaften, die in ihrer Geschäftsführung völlig selbständig sein sollten.

Darüber hinaus bekannten sich alle Sprecher in der Gründungsversammlung zu der Notwendigkeit, die alten Wirtschaftsführer, die Deutschland zweimal in eine politische und wirtschaftliche Katastrophe gestürzt hatten, zu entmachten und das Mitbestimmungsrecht der Gewerkschaften auch in einer kapitalistischen Wirtschaftsordnung durch eine Demokratisierung der Wirtschaftsorgane durchzusetzen.

Auch in der Diskussion, an der sich von der KPD Roman Chwalek, von der SPD Hermann Schlimme, Otto Brass und Bernhard Göring, von den ehemaligen christlichen Gewerkschaften Jakob Kaiser und von den Hirsch-Dunckerschen Gewerkschaften Ernst Lemmer beteiligten, kam dieser einheitliche Wille überzeugend zum Ausdruck. Jakob Kaiser sagte u. a.: »Die wenigen Augenblicke, die ich hier zu euch sprechen kann, werden zu den Minuten meines Lebens gehören, für die ich nie den Dank vergessen werde. Am Beginn unseres Weges steht die lang erwartete Einheit der Gewerkschaftsbewegung. Die Kraft der vereinten Gewerkschaften wird mit ehernen Schritten heute durch Berlin, morgen jedoch durch ganz Deutschland schreiten.«

Und Ernst Lemmer fügte hinzu: »Die Einheit der deutschen Gewerkschaften kann durch nichts mehr gebrochen werden.«

Die Versammlung schloß mit dem einmütigen Bekenntnis:
»Beweisen wir der Welt, daß die geeinte Arbeiterschaft — durch die Vergangenheit belehrt, ihrer besten gewerkschaftlichen Tradition bewußt — gewillt ist, ein antifaschistisches Bollwerk zu schaffen; daß sie entschlossen ist, sich mit ganzer Kraft einzusetzen für die Schaffung eines demokratischen Deutschland, für ein friedliches Zusammenleben mit anderen Völkern.«

Neue Enttäuschungen

Inzwischen war der Parteiaufbau vorangeschritten. Meine Büroräume reichten nicht mehr aus, um die wachsenden Abteilungen und Referate des Zentralausschusses zu beherbergen. Wir zogen deshalb in die Ziethenstraße um, wo Grotewohl in seiner Eigenschaft als Bezirksstadtrat für uns ein Haus hatte sicherstellen lassen. In der Bülowstraße blieb nur August Karsten als Hauptkassierer zurück.
Besonders wichtig erschien uns, die Berliner Parteiorganisation schnell zu verselbständigen. Mit der Leitung dieser Organisation wurde Hermann Harnisch betraut. Er berief die Vorstände sämtlicher Stadtbezirke zu einer ersten Zusammenkunft, die am 25. Juni stattfand, dem gleichen Tag, an dem auch die KP-Funktionäre von Groß-Berlin zum ersten Mal tagten.
Obwohl erst zwei Wochen vergangen waren, seit die Partei ihre Arbeit aufnehmen durfte, gab es viel zu berichten. Ich schilderte die Verhandlungen mit den Vertretern des kommunistischen ZKs und betonte, daß es nur natürlich sei, wenn die in Jahrzehnten entstandenen Unstimmigkeiten in dieser ersten Besprechung noch nicht ausgeräumt werden konnten. Dann ging ich auf die Klagen ein, die uns zu Ohren gekommen waren. Da wurden bei der Besetzung von Verwaltungsstellen und -funktionen Sozialdemokraten vielfach ausgeschaltet und Kommunisten einseitig bevorzugt. Und zwar nicht etwa nur Altkommunisten, sondern auch solche, die erst jetzt ihr Parteibuch erhalten hatten. Daß sich unter diesen Leuten viele Opportunisten befanden, war klar. Wir waren nicht gewillt, untätig zuzusehen, wie sie den Sozialdemokraten, die Verwaltungspraxis besaßen, vorgezogen wurden. Ich berichtete, daß wir diese Mißstände zur Sprache gebracht hätten, daß man Fehlgriffe nicht abgestritten und versprochen habe, sie rückgängig zu machen. Bei der Erläuterung des gemeinsamen Aktionsprogramms hob ich besonders die Bedeutung von Punkt 5 — Klärung ideologischer Fragen als Voraussetzung der Herstellung einer Einheit — hervor. Die Kommunisten hatten in ihrem Aufruf verkündet, daß es falsch wäre,

das sowjetische System in Deutschland einzuführen. Dieser Auffassung stimmten wir ohne Vorbehalt zu. Wir müßten daher besonders aufmerksam darüber wachen, daß sich bei den Einigungsbestrebungen keine fremde Weltanschauung zwischen die Partner drängt, die uns den Blick für den besonderen und eigenen Weg einer deutschen Arbeiterbewegung trübt.

Schließlich gab Otto Meier einen Bericht über den geplanten Aufbau einer sozialdemokratischen Presse, in dem er sich in der Hauptsache darauf beschränken mußte, alle Schwierigkeiten aufzuzählen, die sich einem solchen Vorhaben noch entgegenstellten. Obgleich die Sowjets den Kommunisten bereits am 13. Juni die Lizenz für eine eigene Zeitung erteilt hatten, warteten wir noch immer auf eine solche Genehmigung.

In der Diskussion, an der sich Funktionäre aus allen Kreisvorständen beteiligten, wurde deutlich, daß die anfängliche Begeisterung einer Verbitterung gewichen war. Der »Fall Stimmig« wurde als typisch für die zahlreichen Ärgernisse mit den Kommunisten erwähnt. Der Sozialdemokrat Stimmig war bereits vor 1933 Bürgermeister in Berlin-Lichtenberg gewesen. Er war auch jetzt vom Kommandanten wieder zum Bürgermeister ernannt, dann aber auf Drängen der Kommunisten mit der Begründung abgesetzt worden, Sozialdemokraten, die die Politik der SPD vor 1933 gebilligt hätten, seien für eine öffentliche Verwaltung nicht mehr tragbar. Auch in den Außenbezirken stellten sich dem Zustandekommen der kommunalen Verwaltungen große Schwierigkeiten entgegen. Hier wurden Sozialdemokraten überhaupt nicht zugelassen. Sogenannte »Antifa-Ausschüsse« waren gebildet worden, in die sich jedoch nicht selten kriminelle Elemente eingeschlichen hatten.

General Bokow und die sowjetischen Politoffiziere

Die Errichtung der SMAD war Anfang Juni 1945 vor sich gegangen, zu einer Zeit, als wir noch keine Vergleichsmöglichkeiten mit den anderen Besatzungsmächten und ihren Truppen hatten. Die Arbeit des ersten Aufbauens, die Zulassung von Partei und Gewerkschaft, die Aufrufe, Funktionärsversammlungen usw. hatten uns kaum zur Ruhe kommen lassen. Die Sowjets wurden von der Bevölkerung weniger als Befreier denn als Besatzungsmacht hingenommen — eine Folge der wenig erfreulichen Begleitumstände der Besetzung. Wir Sozialdemokraten gerieten dadurch in einen gewissen Zwiespalt. Nach zwölf Terrorjahren hätten wir die Sowjets allzugern als Freunde angesehen. Aber auch für uns waren sie zunächst die Sieger, von denen

wir nicht wußten, wie sie sich gegenüber Antifaschisten im allgemeinen und uns Sozialdemokraten im besonderen verhalten würden.
Als wir am 21. Juni zum ersten Mal eine Einladung zu einer Unterredung bei der Sowjetischen Militäradministration erhielten, hatten wir daher keine Ahnung, was uns erwarten würde und wie wir uns zu verhalten hätten. Die SMAD-Zentrale, zu der wir bestellt waren, befand sich in Lichtenberg. Auch Ulbricht hatte in dieser Gegend seine Wohnung, gemeinsam mit Lotte Kühn, seiner Lebensgefährtin und späteren Frau. Was lag näher, als sich bei Ulbricht einige Ratschläge zu holen?
Ulbricht riet uns, Lotte Kühn als Dolmetscherin mitzunehmen, die nicht nur über politische Erfahrungen verfügte, sondern der auch die russische Mentalität ausreichend bekannt sei, um uns nützlich zu sein.
Wir nahmen das Angebot gern an und machten uns gemeinsam auf den Weg zum Sitz der SMAD in einem beschlagnahmten Mietshaus in der Berliner Straße von Berlin-Lichtenberg; wir, d. h. Fechner, Grotewohl, Dahrendorf, Meier und ich, dazu Lotte Kühn.
Im ersten Zimmer hatten wir einem Hauptmann und einem Oberleutnant unsere Personalien anzugeben, im zweiten einem Major einige Fragen zu beantworten. Ein dritter Raum diente als eine Art Wartezimmer.
In allen Räumen standen außer den Schreibtischen auch noch die von den Wohnungsinhabern zurückgelassenen Möbel — Klaviere, Büfetts, Plüschsofas und ähnliches Mobiliar.
Wir mußten fast eine Stunde warten, bis endlich ein General in hellblauer Uniform, sehr ähnlich der Uniform eines deutschen Fliegeroffiziers, erschien. Er murmelte seinen Namen, aber so undeutlich, daß wir ihn nicht verstehen konnten. Zu unserer Überraschung begann er die Unterhaltung in deutscher Sprache. Viel später erfuhren wir, daß wir damals mit dem Botschafter Semjonow gesprochen hatten. Inzwischen hatten wir uns gut kennengelernt und fragten ihn, warum er uns bei der ersten Unterredung nicht gesagt habe, wer er sei.
Er antwortete, daß er seinen Namen absichtlich unverständlich gemurmelt habe, um sich zunächst unerkannt mit deutschen Sozialdemokraten, die ihm vorher noch nie begegnet waren, unterhalten zu können. Für ihn sei der erste Eindruck einer neuen Bekanntschaft immer sehr entscheidend.
Während wir uns mit ihm unterhielten, öffnete ein Offizier die Tür zum Nebenzimmer und bat uns einzutreten. In diesem Zimmer befand sich eine lange, T-förmige, mit rotem Tuch drapierte Tafel, wie wir sie von nun an in sowjetischen Diensträumen noch oft zu

sehen bekommen sollten. Wir befanden uns im Dienstzimmer vom Chef des Stabes, Generalleutnant Bokow. Lotte Kühn nannte uns sehr deutlich seinen Rang und Namen. Der General stellte uns dann die Offiziere seiner Begleitung vor; darunter auch den Chef des Informationsamtes bei der SMAD, Oberst Tulpanow. General Bokow — wir hatten fortab oft mit ihm zu tun —, eine große, schlanke, sehr gepflegte Erscheinung, begegnete uns außerordentlich liebenswürdig. Er lächelte gern und oft. Ein Goldzahn, der dann sichtbar wurde, betonte gewissermaßen noch die Heiterkeit, die sein Wesen ausstrahlte.

Zu Beginn der Unterredung wies er darauf hin, daß zwischen den Alliierten Einigkeit darüber bestehe, sehr bald eine einheitliche deutsche Verwaltung zu schaffen. Eine parlamentarische Demokratie scheine die für Deutschland angemessene Regierungsform zu sein. Dabei sollte aber die Parteienzersplitterung der Weimarer Zeit tunlich vermieden werden. In der sowjetisch besetzten Zone, kündigte General Bokow an, würde sogleich damit begonnen werden, Länder-Zivilverwaltungen einzurichten. Die SMAD habe sich bereits nach geeigneten Persönlichkeiten umgesehen. Dabei hätte man Dr. Steinhoff als Präsident für Brandenburg, Höcker für Mecklenburg und Dr. Friedrichs für Sachsen vorgesehen — drei Sozialdemokraten, die uns wahrscheinlich gut bekannt seien. Für Thüringen und die Provinz Sachsen werde man bald ebenfalls geeignete Leute finden, allerdings wolle man in diesen Ländern auf bürgerliche Kandidaten zurückgreifen.

Als er fragte, ob wir mit seiner Auswahl einverstanden seien, gab ich zur Antwort, daß wir darüber ohne Rückfrage bei unseren Freunden nicht ohne weiteres entscheiden könnten. »Mir wäre es lieber gewesen«, fügte er hinzu, »wenn in Mecklenburg Carl Moltmann, der in Schwerin seinen Wohnsitz hat, mit dieser Aufgabe betraut worden wäre. Und was Thüringen anbelangt, so würden wir es bedauern, wenn dort ein Mitglied einer bürgerlichen Partei Präsident würde. Thüringen war von jeher überwiegend sozialdemokratisch. Dieser Tatsache haben selbst die Amerikaner Rechnung getragen, indem sie Dr. Hermann Brill, der schon vor 1933 führend in der Sozialdemokratie Thüringens tätig war, als Regierungspräsident eingesetzt haben.«

Es war verblüffend, über wie genaue Kenntnisse die SMAD bei den Personen verfügte, die von den westlichen Besatzungsmächten eingesetzt worden waren.

Nachdem General Bokow halblaut ein paar Worte mit Oberst Tulpanow gewechselt hatte, erklärte er, daß Dr. Brill in Thüringen eine neue Partei propagiere.

»Ist Ihnen das ›Buchenwalder Manifest‹ bekannt?« fragte er uns. Und als wir verneinten: »Das ist das Programm der neuen, von Dr. Brill propagierten Partei.«
»Man muß die Spaltung überwinden«, fügte er hinzu, »und eine neue verhindern. Stalin hat gesagt, ›die Hitler kommen und gehen, aber das deutsche Volk bleibt bestehen‹. Ich bin beauftragt, die Antifaschisten zu unterstützen, damit sie eine neue demokratische Ordnung schaffen können. Darum möchte ich gern Ihre Wünsche kennenlernen.«
Wir nannten ihm einige Dinge, die uns vordringlich erschienen: Personenkraftwagen und Brennstoff, damit wir in die Zone und auch nach Westdeutschland reisen könnten. Vor allem aber die Genehmigung zur Herausgabe eines sozialdemokratischen Publikationsorgans.
General Bokow sagte zu, unsere Wünsche bald zu erfüllen.
Anschließend waren wir zum ersten Mal Gast der sowjetischen Militärregierung. Semjonow, Tulpanow und andere Offiziere wechselten mit uns die ersten Trinksprüche.
Es war alles für uns ungewohnt, seltsam, ja amüsant. Wir aßen Kaviar und tranken Krimwein, Sekt und Wodka.
Wieder und wieder stießen wir mit unseren Gastgebern an. Auf diese Weise gerieten wir bald in eine sehr gehobene Stimmung. Wir blickten voll Zuversicht in die Zukunft. Trotz unserer Euphorie erkannten wir aber, daß der Oberst Tulpanow ein sehr wichtiger Mann war, auf den wir achten mußten. Er war groß und schlank, auf einem kurzen Hals saß ein birnenförmiger, völlig kahler Schädel, was seinem Aussehen etwas Clownhaftes verlieh. Seine messerscharfe Intelligenz sollten wir später noch oft erfahren.
Als wir uns schließlich verabschiedeten, kündigte man uns an, daß wir in wenigen Tagen auch dem Marschall vorgestellt werden sollten.
Schon zwei Tage später wurden wir von einigen sowjetischen Offizieren zu diesem Besuch abgeholt.

Besuch bei Marschall Shukow

Marschall Shukow empfing uns in seiner am Müggelsee bei Köpenick gelegenen Residenz.
Auch Marschall Shukow hielt, wie die meisten sowjetischen Offiziere, gern Reden. Er begann mit einer ausführlichen Analyse der Entstehung des Zweiten Weltkrieges, sprach von der geplanten Expansion des Faschismus und zählte die Opfer auf, die das sowje-

tische Volk gebracht hat, um die Aggression niederzuschlagen. Auch er zitierte das Stalinwort von den Hitler, die da kommen und gehen (es war damals an unzähligen Anschlagtafeln im gesamten sowjetischen Besatzungsgebiet, mit roter Schrift auf hellblauem Grund — einer sehr beliebten Farbkomposition — zu lesen), um schließlich zu betonen, daß die Alliierten es als ihre Aufgabe ansehen, in den vom Faschismus befreiten Gebieten die verlorengegangenen demokratischen Freiheiten wiederherzustellen. Der Marshall, mittelgroß, breitschultrig, mit guten ernsten Augen, machte einen sympathischen Eindruck. Er habe, so fuhr er fort, einen sehr persönlichen Wunsch. Wir sollten in ihm nicht nur einen Vertreter einer Siegermacht sehen, sondern in erster Linie einen Freund des deutschen Volkes, vor allem der deutschen Arbeiterklasse, der er helfen wolle. Karl Marx und Friedrich Engels, denen die internationale Arbeiterschaft unendlich viel verdanke, seien Deutsche gewesen. Und mit allen Deutschen, die diese großen Söhne ihres Vaterlandes verehren, fühle er sich aufs engste verbunden. Er wisse auch, daß die Not in Deutschland sehr groß sei, sie sei es aber, durch die Schuld der Nazi-Aggression, nicht nur in Deutschland, sondern in ganz Europa. »Sagen Sie den Arbeitern, daß ich alles daransetzen werde, damit es in der sowjetisch besetzten Zone sehr bald keine Arbeitslosigkeit mehr geben wird.«
Wir waren stark beeindruckt. Otto Grotewohl versicherte in unser aller Namen, daß wir bestrebt sein werden, uns der angetragenen Freundschaft würdig zu erweisen.
Marschall Shukow stellte dann viele Fragen, auch nach der Stimmung in der Bevölkerung. Ermutigt durch sein freundschaftliches Gebaren gab Otto Meier einen sehr realistischen Bericht. Er schilderte den Einmarsch der Roten Armee, die Erwartungen und Hoffnungen, die die Antifaschisten auf die Befreiung gesetzt hatten, und wie die Goebbelssche Hetzpropaganda abgelehnt worden sei. Um so bitterer sei dann die Enttäuschung beim Einmarsch der sowjetischen Truppen gewesen. Er schilderte die Vergewaltigungen, die Plünderungen und die vielen anderen Übergriffe, welche die Bevölkerung in Schrecken versetzt hätten. Und noch heute, zwei Monate nach Kriegsende, sei die Unsicherheit auf den Straßen, ja selbst in den Wohnungen immer noch sehr groß. Der Marshall hörte schweigend zu. Er stritt nichts ab und beschönigte nichts. Er wies nicht einmal auf die Greueltaten der SS in den Oststaaten hin. Er gab nur zu bedenken, daß solche Geschehnisse ihre Ursachen haben müssen, zu denen, wenn auch nicht ausschließlich, die Demoralisierung der Soldaten durch die lange Dauer des Krieges gehörte. Die Rote Armee sei gut diszipliniert gewesen. Auch heute sei sie im

großen und ganzen intakt. Es seien immer nur einzelne, die aus dem Rahmen fielen, die hemmungslos seien. Aber er greife durch und schrecke selbst vor Erschießungen nicht zurück.
Wir gewannen Vertrauen zum Marschall. Wir hatten das Empfinden, daß er sich nicht gegen uns und gegen den Aufbau der SPD stellen würde.
Und bevor wir, wie bei solchen Anlässen üblich, zum Essen eingeladen wurden und Trinksprüche austauschten, kam Marschall Schukow von sich aus auf ein Gespräch, das wir inzwischen mit Oberst Tulpanow geführt hatten. Tulpanow hatte uns über den Verlauf der künftigen Sektorengrenzen unterrichtet und dabei angeregt, die Mitglieder des Zentralausschusses sollten ihren Wohnsitz in den Ostsektor verlegen.
Der Marschall hielt von diesem Vorschlag offenbar nicht viel. »Die Politik der Alliierten wird und kann nur eine einheitliche Politik sein. Die Reichshauptstadt wird von allen vier Mächten besetzt werden. Kein Stacheldraht wird die Sektoren gegeneinander abgrenzen, die Berliner werden sich überall frei bewegen können. Darum ist es auch unwichtig, wo der einzelne wohnt, ob im britischen, amerikanischen, französischen oder sowjetischen Sektor.«
Das Gespräch mit Marschall Schukow hatte den »menschewistischen« Alpdruck von uns genommen. Wir glaubten, einen menschlich guten Kontakt zum Chef der Sowjetischen Militäradministration gefunden zu haben.
In diesem Sinne berichteten wir auch im Zentralausschuß. Dabei löste unsere Mitteilung besondere Freude aus, daß der Marschall zugesagt habe, die Ausschreitungen der durch den Krieg demoralisierten Soldaten abzustellen und dabei notfalls mit strengsten Bestrafungen vorzugehen.

Umzug in die Dresdner Bank

Wenige Tage nach dem Besuch bei Marschall Schukow, am 26. Juni 1945, wurden Grotewohl, Fechner und ich zu General Bokow gerufen, bei dem wir auch Oberst Tulpanow trafen. Vor ihnen auf dem Tisch lag eine Karte von Groß-Berlin, auf der die künftigen Sektorengrenzen eingezeichnet waren.
Diesmal wurde das Thema der Verlegung unserer Wohnungen in den sowjetischen Sektor nicht berührt, wohl aber auf die Notwendigkeit hingewiesen, unsere Parteibüros im sowjetischen Sektor zu installieren. Bokow betonte, daß der Befehl Nr. 2 sich nur auf das sowjetische Besatzungsgebiet beziehe. Die westlichen Besatzungs-

mächte seien bisher dem sowjetischen Beispiel einer Zulassung der
Parteien noch nicht gefolgt. Der Sitz der Parteien könne daher auch
nicht im westlichen Besatzungsgebiet liegen.
Dagegen konnten wir nichts einwenden.
Bereits am nächsten Tage lud man uns zu einer Rundfahrt ein, auf
der uns verschiedene Projekte gezeigt wurden. So das beschädigte
Verwaltungsgebäude der Dresdner Bank in der Behrenstraße, das
unbeschädigte Tischlervereinshaus in der Wallstraße und ein Fa-
brikgebäude auf einem Hinterhof in der Greifswalder Straße.
Das Haus in der Wallstraße sagte uns am meisten zu.
Am 28. Juni war jedoch Wilhelm Pieck in Begleitung von Rudolf
Herrnstadt und Fred Oelßner aus Moskau in Berlin eingetroffen.
Auch ihm hatte man das Haus in der Wallstraße gezeigt, und der
gelernte Tischler war so begeistert von der gediegenen Holzarbeit
in den Räumen des Tischlervereinshauses, daß er dieses Gebäude für
das ZK der KPD wünschte und erhielt, während uns das Fabrik-
gebäude in der Greifswalder Straße angeboten wurde. Das lehnten
wir ab. Am Sonntag, dem 1. Juli, wurden wir wiederum zu General
Bokow beschieden, der uns nunmehr das Gebäude der Dresdner
Bank zuwies. Am nächsten Morgen bereits fuhren drei sowjetische
Transportwagen in der Ziethenstraße vor, Rotarmisten luden Möbel
und Akten auf und beförderten sie in die Behrenstraße. Das beschädigte Gebäude wurde als Befehlsbau im Großeinsatz instand gesetzt. Monatelang wimmelten etwa 200 Handwerker in Wolken von
Kalkstaub und mit großem Getöse durch das Haus, in dem wir
inmitten all der Turbulenz unserer schwierigen Aufgabe nachgehen
mußten.

Arbeitsaufteilung im SPD-Zentralausschuß

Nur Otto Grotewohl, der weiterhin seiner Arbeit als Bezirksstadtrat
im Rathaus Schöneberg nachging, merkte von alledem nicht viel.
Er gab seine Tätigkeit in Schöneberg erst auf, als Ordnung in das
Haus in der Behrenstraße eingekehrt war. Dazu gehörte, daß Abteilungen und Referate eingerichtet und besetzt werden mußten. An
Mitarbeitern mangelte es sehr bald nicht, Räume standen ausreichend
zur Verfügung. Auch die Berliner Organisationen erhielten endlich
ausreichend Platz zugewiesen. Die Bezirksorganisation Brandenburg
mit Fritz Ebert als Sekretär fand in der Behrenstraße ebenfalls ihr
erstes Unterkommen.
Es gab ein Referat für Kommunalpolitik, das Dr. Ostrowski leitete,
August Karsten hatte die Kassen- und Vermögensverwaltung über-

nommen; das Frauensekretariat wurde unter die Leitung von Louise Schroeder gestellt. Toni Wohlgemuth, Käte Kern und Annedore Leber, die Witwe von Julius Leber, waren ihre Mitarbeiterinnen. Die Abteilung Gewerkschafts- und Genossenschaftspolitik leiteten Erich Lübbe und Carl Volmershaus. Carl Volmershaus war ein alter Gewerkschaftsfunktionär und zuletzt vor 1933 Berliner Bezirksleiter des ADGB. Erich Lübbe war Betriebsratsvorsitzender im Siemenskonzern gewesen. Das Jugendsekretariat übernahm Fritz Schreiber, der sich schon vor 1933 bei den Jungsozialisten bewährt hatte.

Zur wichtigsten Abteilung wurde die Abteilung Wirtschaft, die sich bald eigenmächtig »Abteilung für Wirtschaft und Politik beim Zentralausschuß der SPD« nannte und unter Gustav Klingelhöfers Leitung stand. Seine Mitarbeiter waren Otto Bach, der jetzige Stadtverordnetenvorsteher von West-Berlin, und Kurt Schmidt. Diese Abteilung wurde für die weitere Parteientwicklung besonders wichtig, weil in ihr die Entwürfe für die Reden gefertigt wurden, soweit sie Grundsatzfragen behandelten. In dieser Abteilung wurde die erste Analyse über den Weg der Partei erarbeitet, die den Zentralausschuß wochenlang beschäftigte.

Gustav Klingelhöfer war vor 1933 Wirtschaftsredakteur beim »Vorwärts« gewesen. Er stammte aus Bayern, wo er nach 1918 in enge Verbindung mit Ernst Niekisch getreten war.

Ernst Niekisch, der schlesische Arbeitersohn, hatte eine bewegte politische Laufbahn hinter sich, die ihn, der den Lehrerberuf ergriffen hatte und später zum Journalismus überwechselte, zunächst zur SPD, dann zur USPD, wieder zurück zur SPD und schließlich zur Altsozialen Partei führte. Während des Hitler-Regimes betätigte er sich als Führer der nationalbolschewistischen Widerstandsbewegung, wurde 1937 wegen Hochverrats verhaftet und vom Volksgerichtshof zu lebenslänglich Zuchthaus verurteilt. Nachdem er, nahezu erblindet, 1945 aus dem Zuchthaus Brandenburg befreit worden war, trat er zur KPD über und übernahm die Leitung der Volkshochschule in Wilmersdorf.

So wechselnd seine Parteizugehörigkeit auch gewesen war, in zwei Dingen war er sich immer treu geblieben: in seiner Ostorientierung und in seiner antinazistischen Haltung. Schon 1921 hatte er im Bayrischen Landtag beantragt, Hitler als lästigen Ausländer auszuweisen. 1932 veröffentlichte er die Schrift: »Hitler, ein deutsches Verhängnis«, und 1936 richtete er an Mussolini eine Warnung vor einem Bündnis mit Hitler.

Aus dem Zuchthaus kam er nach Berlin. Hier fanden er und Gustav Klingelhöfer wieder zusammen. Gemeinsam arbeiteten sie an einer Analyse über die politische Orientierung der SPD. Sie enthielt auch eine Analyse der weltpolitischen Situation, in der die Sowjetunion wesentlich positiver beurteilt wurde als die Westmächte. Das umfangreiche Dokument schloß mit der Feststellung: »Das deutsche Volk muß sich neu orientieren; aus seiner Lage heraus gibt es nur eine Orientierung, die Orientierung nach dem Osten.« Grotewohl hielt es für besser, dieses Dokument zunächst einmal fortzuschließen. Auch Fechner und ich waren dieser Ansicht.

Die wöchentlichen Sitzungen des Zentralausschusses beschäftigten sich mit allen aktuellen Fragen, die in jeder Woche auftraten. In der ersten Zeit ging es dabei vornehmlich um Organisationsfragen und die Errichtung einer sozialdemokratischen Presse in Berlin und im übrigen Teil Deutschlands, wie insgesamt alle Fragen nie einseitig auf die sowjetisch besetzte Zone, sondern stets auf Gesamtdeutschland bezogen und beurteilt wurden. Der Zentralausschuß hielt sich für legitimiert, als Sprecher der SPD für das gesamte Reichsgebiet aufzutreten und organisatorische Vorarbeiten zu leisten.

Die Gespräche des Aktionsausschusses von SPD und KPD fanden abwechselnd bei uns in der Behrenstraße oder bei den Kommunisten in der Wallstraße statt. Während es bei den Sitzungen des Zentralausschusses, trotz mancher Meinungsverschiedenheiten, stets kameradschaftlich zuging, herrschte in den Zusammenkünften mit der KPD von Anfang an eine unbehagliche, von Mißtrauen durchsetzte Atmosphäre.

Hier trafen Spitzenfunktionäre als Verhandlungspartner zusammen, in deren politischer Vergangenheit schwerwiegende Auseinandersetzungen nicht gefehlt hatten. Zuviel bittere Erfahrungen waren uns noch im Gedächtnis haftengeblieben. Konnte das jetzt alles anders werden? Konnten wir dem neuen Partner trauen? Wir hatten auch jetzt schon wieder manch trübe Erfahrungen machen müssen. Waren das alles nur Mißverständnisse? Das ständige Gefühl, auf der Hut sein zu müssen, ließ eine echte Ungezwungenheit im Verkehr miteinander nicht recht aufkommen.

Gründung von CDU und LDP

Auf der bürgerlichen Seite hatte inzwischen der ehemalige deutschnationale Reichsminister Dr. Andreas Hermes die Initiative zur Gründung einer neuen Partei ergriffen. Auch er war in die Verschwörung des 20. Juli 1944 verstrickt gewesen. Nach seiner Entlassung aus der Haft hatten ihn die Sowjets in den Magistrat geholt und zum stellvertretenden Oberbürgermeister und Leiter des Ernährungsamtes bestellt.

Um Hermes sammelte sich ein Kreis von Persönlichkeiten verschiedener politischer Richtungen, u. a. der frühere Regierungspräsident Dr. Friedensburg, der bekannte Chirurg Professor Dr. Sauerbruch, Propst Grüber, Prälat Buchholz, der frühere preußische Minister Walther Schreiber, der spätere Ministerpräsident von Schleswig-Holstein Steltzer, Heinrich Krone, der ehemalige Reichtagsabgeordnete Otto Nuschke und die früheren Gewerkschaftsführer Jakob Kaiser und Ernst Lemmer u. a. Zuerst wollte man die neue Partei »Demokratische Union« nennen, kurz vor der Lizenzierung fügte man noch das Wort »Christliche« hinzu, gewissermaßen als Unterscheidung zur ehemaligen Zentrumspartei.

Am 26. Juni 1945 trat die CDU, die Christlich-Demokratische Union, mit ihrem ersten Aufruf an die Öffentlichkeit. Sie appellierte an die »christlichen, demokratischen und sozialen Kräfte« im Volke und sprach sich für die »brüderliche und vertrauensvolle Zusammenarbeit aller die Demokratie bejahenden Kräfte« aus. Wirtschaftspolitisch trat sie zur Bewältigung von Hunger und Not, »ohne jede Rücksicht auf persönliche Interessen und wirtschaftliche Theorien« für eine straffe Planung ein, für eine Überführung der Bodenschätze in Staatsbesitz. Das Privateigentum, das grundsätzlich bejaht wurde, müsse an die Verantwortung für die Allgemeinheit gebunden bleiben. Auch eine einheitliche Gewerkschaftsbewegung wurde begrüßt, denn die CDU »erkennt die Kraft an, die von der Arbeiterschaft in das Volksganze einströmt«.

Auf der Gründungsversammlung der CDU in Berlin richtete Dr. Andreas Hermes scharfe Angriffe gegen diejenigen Männer der Wirtschaft und der Justiz, die durch ihre Unterstützung des Nazi-Systems an den während des »Tausendjährigen Reiches« begangenen Verbrechen mitschuldig geworden waren.

Um die gleiche Zeit begannen auch die Vorbereitungen zur Gründung der Liberal-Demokratischen Partei. Treibende Kraft war der Bücherrevisor Dr. Waldemar Koch, der am 16. Juni eine Gründungssitzung der neuen Partei einberief, die zunächst »Deutsche Demokratische Partei« heißen sollte.

Zu den Gründungsmitgliedern gehörten der Wirtschaftsprüfer Professor Dr. Wilhelm Eich, der Schriftsteller Franz Xaver Kappus, Reichsminister a. D. Dr. Wilhelm Külz, der Kaufmann Albert Willy Meyer sowie Reichsminister a. D. Dr. Eugen Schiffer. Zum Vorsitzenden der neuen Partei wurde Dr. Koch bestellt, Dr. Külz zum stellvertretenden Vorsitzenden. Ein paar Tage später wurde der Hauptausschuß durch den Arbeiter Paul Engel, den Universitätsprofessor Paul Hoffmann, den Bürgermeister a. D. Artur Lieutenant und Frau Hanna Solf von Zahn-Harnack erweitert.

Inzwischen aber hatten die Gründungsmitglieder der CDU von diesem Vorstoß erfahren, und auf der nächsten, dritten Sitzung berichtete Dr. Külz, daß inzwischen Vertreter der CDU an ihn herangetreten seien mit der Bitte, die Registrierung der neuen Partei nicht zu schnell voranzutreiben*. Dr. Külz selbst meinte, bei der CDU handele es sich um eine Zentrumsangelegenheit und Friedensburg fungiere als »Oberkonfusionsrat«. Es wurde beschlossen, sich trotz des Ersuchens der CDU für die Registrierung der neuen Partei einzusetzen. Inzwischen erhielten die Gründungsmitglieder eine Einladung des stellvertretenden Oberbürgermeisters Maron zu einer Unterredung, die am 2. Juli im Stadthaus stattfinden sollte. Gemeinsam mit den Antragstellern formulierte Maron dann den Lizenzantrag. Dabei einigte man sich darauf, der Partei den Namen »Liberal-Demokratische Partei Deutschlands« zu geben.

Am 5. Juli 1945 traten schließlich auch die Liberal-Demokraten mit einem Aufruf an die Öffentlichkeit, in dem sie sich für die »Neugestaltung des deutschen Gemeinschaftslebens auf wahrhaft demokratischer Grundlage mit dem Ziele politischer, wirtschaftlicher, sozialer und kultureller Gerechtigkeit« einsetzen, den ungehinderten Zusammenschluß zu berufsständischer und gewerkschaftlicher Vertretung befürworten und grundsätzlich für die Erhaltung des Privateigentums eintreten.

Nachdem sich nun vier Parteien der Öffentlichkeit vorgestellt hatten, sollte ihr Zusammenschluß in dem von Moskau vorbestimmten »Block antifaschistisch-demokratischer Parteien« erfolgen. Im Aktionsausschuß KPD-SPD fand eine Vorbesprechung statt, in der wir den inzwischen aus Moskau zurückgekehrten Wilhelm Pieck zum ersten Mal zu Gesicht bekamen.

---

* Aus dem Protokoll der Sitzung des Hauptausschusses der DDP vom 27. 6. 1945: »Anwesend die Herren Külz, Kappus, Eich, Lieutenant, Meyer, Koch.

Dr. Koch berichtete, daß seitens der Russen noch keine Mitteilung über den Antrag auf Registrierung bzw. Meldung von Gründung der DDP gekommen ist. Dr. Külz berichtete, daß sich inzwischen Nuschke bei ihm gemeldet hat, der bat, wir möchten die Registrierung nicht urgieren. Die Partei der Demokratischen Union soll verhältnismäßig weit sein. Nuschke hat seinerseits drei Ortsgruppen gegründet.

Dr. Külz hält die Union für eine Zentrumsangelegenheit. Friedensburg ist dabei der **Oberkonfusionsrat**.

Die Gruppe hat Frau von Zahn-Harnack ein Ultimatum gestellt. Sie ist zu Dr. Külz mit der Bitte gekommen, ihren Namen in der Öffentlichkeit nicht zu gebrauchen. Seitens eines Marschall Shukow Nachgeordneten ist dieser Gruppe für den 8. Juli eine Veranstaltung im Rundfunkhaus erlaubt worden, die dann übertragen werden soll . . .

Es wird beschlossen, die Registrierung weiter zu betreiben . . .«

Wilhelm Pieck und der Antifa-Block

Wilhelm Pieck, damals 69 Jahre alt, wirkte mit seiner untersetzten Gestalt, seinem vollen weißen Haar und seiner frischen Hautfarbe wie ein gemütlicher Opa. Über seine politische Laufbahn waren wir gut unterrichtet. Der Holzarbeiter aus Guben hatte sich schon als junger Mann der politisch-gewerkschaftlichen Arbeit zugewendet. Mit 19 Jahren trat er der SPD bei, er erklomm rasch eine Sprosse der Funktionärshierarchie nach der anderen und wurde 1910, mit 34 Jahren, als Sekretär an die Parteischule in Berlin berufen.
Mit Kaiser Wilhelm II. hatte Pieck gemeinsam, am Ende des Ersten Weltkrieges nach Holland zu desertieren — allerdings ein paar Monate früher —, weil er sich der Vollstreckung eines Kriegsgerichtsurteils durch die Flucht entziehen wollte.
Im Oktober 1918 kehrte er nach Deutschland zurück. Er gehörte zu den Gründern der KPD. In all den Jahren danach gelang es Pieck als einzigem, trotz Säuberungen, Fraktionskämpfen und fortgesetzten Wechsels in der Parteiführung, ununterbrochen dem Zentralkomitee der KPD anzugehören. Er war preußischer Landtags-, später Reichstagsabgeordneter, emigrierte 1933 zunächst nach Frankreich, dann in die Sowjetunion. 1935 wurde er zum Generalsekretär der Exil-KPD bestellt und nach dem Tode Thälmanns dessen Nachfolger im Parteivorsitz. Von 1928 bis zur Auflösung der Komintern gehörte Pieck dem Exekutivkomitee an. Im Juli 1943 war er einer der Gründer des »Nationalkomitees Freies Deutschland« in Krasnogorsk.
Nun saß er, in einem gutsitzenden Schneideranzug, unter uns und wirkte mit seinen kleinen lustigen Augen, seinem breiten Lachen, das mit einem verschmitzten Lächeln abwechselte, recht drollig. Die Stimmung, die er verbreitete, war etwa so, als sei ein guter alter Onkel heimgekehrt, und nun müsse alles gut werden. Diese Stimmung hielt auch während der ganzen Unterredung über die nun einzuleitende Blockpolitik an.
»Wir dürfen nicht zu den alten Vorstellungen der Parteikämpfe zurückkehren«, erklärte er. »Die Aufspaltung des Volkes durch starre, unüberschreitbare Parteigrenzen, die übliche Wahldemagogie in der Öffentlichkeit bei gleichzeitigem prinzipienlosem Kuhhandel hinter verschlossenen Türen muß beseitigt werden. Jedes Land hat unterschiedliche Bedingungen, wir in Deutschland andere als die Nachbarländer. Dies muß berücksichtigt werden.«
In der Diskussion waren wir uns darüber einig, daß in Deutschland grundsätzlich an einem parlamentarischen System festzuhalten sei, in dem aber nur demokratische Parteien wirken dürfen. »Es muß«, so folgerte Pieck, »eine Demokratie für Demokraten sein.«

Am 14. Juli 1945 traten dann je fünf Vertreter aller Parteien unter dem Vorsitz von Wilhelm Pieck im Stadthaus zusammen, um, wie Pieck sich ausdrückte, einen »Parlamentsersatz« zu begründen. Wieder herrschte eine sehr herzliche Atmosphäre. Manche der Anwesenden kannten sich noch aus der Zeit vor 1933. Ich selbst war aus dieser Zeit kameradschaftlich mit Ernst Lemmer verbunden. Wir hatten beide im Führungsgremium des Reichsbanners Schwarz-Rot-Gold gearbeitet. Später konnten wir nur noch illegal zusammenkommen. Auch Jakob Kaiser war ein Gewerkschaftskollege von früher, er von den Christlichen, ich von den Freien. Später hatten wir illegal im Wilhelm-Leuschner-Kreis zusammengearbeitet, dem meine Gruppe über den engsten Mitarbeiter Leuschners, Ernst Schneppenhorst, verbunden war.

Wilhelm Pieck nahm als erster das Wort: »Da es Parlamente noch nicht gibt, müssen die Parteileitungen einspringen und damit zugleich ein Vorbild für alle Parteieinheiten schaffen. Den Luxus einer Opposition können sich die Antifaschisten angesichts der ernsten Situation des deutschen Volkes nicht leisten.« Darum schlage er vor, »einen Block der antifaschistisch-demokratischen Parteien« zu bilden.

Gegen diese Bezeichnung erhob sich Widerspruch, so daß sich nach einigem Hin und Her die Parteivertreter auf den Namen »Einheitsfront der antifaschistisch-demokratischen Parteien« einigten.

Zu dem zentralen Ausschuß gehörten von der KPD Wilhelm Pieck, Walter Ulbricht, Franz Dahlem, Anton Ackermann, Otto Winzer, von der CDU Andreas Hermes, Walther Schreiber, Jakob Kaiser, Theodor Stelzer, Ernst Lemmer, von der LDP Waldemar Koch, Eugen Schiffer, Wilhelm Külz, Artur Lieutenant und von unserer Seite Otto Grotewohl, Gustav Dahrendorf, Helmuth Lehmann, Otto Meier und ich.

Es wurde beschlossen, den Ausschuß mindestens zweimal im Monat zusammentreten zu lassen. Für die zu fassenden Beschlüsse wurde Einstimmigkeit vorgesehen, die in der Diskussion erreicht werden müßte, damit sich weder eine Abstimmungsmehrheit noch -minderheit bilden könnte.

Die Hauptaufgaben, die sich der Ausschuß stellte, waren Zusammenarbeit im Kampf um die Säuberung Deutschlands von den Überresten des Hitlerismus und der Aufbau des Landes auf antifaschistisch-demokratischer Grundlage;

gemeinsame Anstrengungen zu möglichst raschem Wiederaufbau der Wirtschaft;

Herstellung voller Rechtssicherheit auf der Grundlage eines demokratischen Rechtsstaates;

Sicherung der Freiheit des Geistes und des Gewissens sowie der Achtung vor jeder religiösen Überzeugung und sittlichen Weltanschauung;

ehrliche Bereitschaft zur Durchführung der Maßnahmen der Besatzungsbehörden und Anerkennung unserer Pflicht zur Wiedergutmachung.

Schließlich wurde den örtlichen und gebietsmäßigen Gliederungen der Parteien empfohlen, sich in ähnlicher Weise zusammenzuschließen. So bildeten sich in den folgenden Wochen überall Blockausschüsse, in denen alle Parteien, wenigstens formal, gleich stark vertreten waren.

Als ich am späten Abend von dieser ersten Sitzung nach Hause kam, schrieb ich einen Artikel zur Frage der »Blockpolitik«, der am nächsten Tage in unserem Zentralorgan »Das Volk« – es erschien erst seit wenigen Tagen – veröffentlicht wurde:

»Wir sind guten Willens, mit allen aufbauwilligen Kräften dann zusammenzuarbeiten, wenn die neu ersehnte Demokratie nicht durch Zwiespältigkeit zu einer kraftlosen Politik verurteilt wird. Gemeinsames Verstehen, gründliches gegenseitiges Kennenlernen werden die Voraussetzungen dafür schaffen, daß ein großer Block entsteht, in dem eine Demokratie innerlich wirkt und formt, nach außen eine geschlossene Einheit bildet. Es muß viel gelitten werden, um zu einer Klarheit – ›made in Germany‹ – zu gelangen, die frei zu bleiben hat von jeder Suggestion.«

Westliche Truppen in Berlin

Am 1. Juli 1945 begann der Abzug der amerikanischen und britischen Truppen aus den Gebieten, die der Sowjetunion zur Vervollständigung ihrer Besatzungszone zugesprochen worden waren. Die sowjetischen Truppen rückten nach und marschierten in Schwerin, Halle, Leipzig, Plauen, Weimar, Erfurt und Eisenach ein. Ganz plötzlich gerieten große Gebietsteile aus britischer und amerikanischer Einflußsphäre in die sowjetische und in einen politischen Lebensraum, der bereits seit Wochen das in der sowjetischen Besatzungszone zugelassene Parteileben kannte.

Wir waren gespannt, wie unsere politischen Freunde in diesen Gebietsteilen reagieren würden, vor allem Carl Moltmann in Schwerin und Dr. Hermann Brill in Weimar. Dr. Brill war von den Amerikanern als Regierungspräsident für Thüringen eingesetzt worden. Wir wußten inzwischen von General Bokow, daß er der SMAD nicht genehm war.

Aber gerade von Dr. Brill erhielten wir die erste Nachricht. Cäsar Thierfelder war der Kurier, der sie uns überbrachte. Bereits am Tage zuvor, am 6. Juli, hatte die SPD in Thüringen ihre erste Landeskonferenz abgehalten, auf der Hermann Brill die Notwendigkeit betont hatte, eine sozialistische Einheit herzustellen. Einheit durch gemeinsame Aktion und Einheit durch eine gemeinsame Organisation. Die demokratischen Sozialisten, so hatte Brill mit aller Klarheit ausgeführt, dürften sich von den Kommunisten nicht an die Wand drücken lassen. Sie müßten zeigen, daß sie da sind; schließlich würden sich auch die Russen überzeugen lassen, daß sie mit ihnen als einem gesellschaftlichen Faktor rechnen müssen.

Am 4. Juli marschierten die Truppen der USA und Großbritanniens in Berlin ein — ein französisches Truppenkontingent folgte erst einen Monat später, nachdem die Alliierten sich in Potsdam geeinigt hatten, die Franzosen an der Besatzung zu beteiligen. Die Stadtkommandantur, die bisher von den Sowjets allein besetzt war, wurde jetzt in eine »Interalliierte Kommandantura« umgewandelt, in der sich allmonatlich die Kommandanten im Vorsitz ablösten.

Die erste Sitzung der Interalliierten Kommandantur fand unter dem Vorsitz des sowjetischen Stadtkommandanten Generaloberst Gorbatow statt. Sie hatte ihren Sitz in Dahlem, im amerikanisch besetzten Sektor.

Mit Befehl Nr. 1 wurde die alleinige Befehlsgewalt des sowjetischen Stadtkommandanten durch das Kollektiv der vier alliierten Kommandanten abgelöst. Die gefaßten Beschlüsse galten fortab als Befehle an den amtierenden Oberbürgermeister. Der Befehl Nr. 1 ließ die bisher durch den sowjetischen Kommandanten allein getroffenen Anordnungen in Kraft. Alle zukünftigen Beschlüsse, auch die Änderungsbeschlüsse an vorausgegangenen Befehlen und Anordnungen, mußten einstimmig gefaßt werden.

Hatten wir bisher nur mit den russischen Verbindungsoffizieren als ständigen Besuchern im Parteihaus zu rechnen, so traten nach dem Einmarsch der Westalliierten auch deren uniformierte Vertreter im Parteihaus und in den Wohnungen aller Partei- und Gewerkschaftsfunktionäre auf, soweit diese in den Westsektoren wohnten.

Am 12. Juli bat uns der Korrespondent der sowjetischen Zeitschrift »Roter Stern«, Karl Hoffmann, um ein Interview:

»Was hat Sie bewogen, den Weg der Schaffung eines Blocks gemeinsam mit der Kommunistischen Partei zu beschreiten?« war seine erste Frage.

»Wir sind eine Aktionsgemeinschaft für den Wiederaufbau eingegangen. In dieser soll im Laufe der Zeit geprüft werden, ob beide Parteien auch für eine organisatorische Einheit reif sind.«

»Sind die sozialdemokratischen Arbeiter vorbereitet zur Entgegennahme der neuen Ideen? Haben nicht einige alte sozialdemokratische Funktionäre der früheren Weimarer Republik, die sich im Ausland befinden, geäußert, daß sie in der Frage der Zusammenarbeit mit der Kommunistischen Partei entgegengesetzte Meinungen vertreten?«
»Uns in Berlin ist nicht bekannt, welche Stellung die ehemaligen sozialdemokratischen Führer, die sich jetzt im Ausland befinden, einnehmen. Wenn gewisse Meldungen in der Auslandspresse stimmen sollten, so können wir damit nicht identifiziert werden.«
»Beabsichtigt die neue Führung der Sozialdemokratischen Partei eine Aufklärungsarbeit innerhalb der breiten Masse über die Mitverantwortung des deutschen Volkes am Hitler-Krieg, und in welcher Form wird diese Arbeit vor sich gehen?«
»Wir werden in Kürze auf einer Großkundgebung auch zu diesen Fragen Stellung nehmen.«

Tulpanow, Major Romm und der Kulturbund

Nach den Direktiven der Moskauer Initiatoren sollte das öffentliche Leben nicht allein von Parteien und Gewerkschaften geprägt werden. Auch die Frauen sollten näher an die Politik geführt werden, und vor allem um die Intelligenz wurde geworben. Dabei sollte nach Ansicht der SMAD eine Analyse der sozialen Situation uns den Weg weisen.
Tulpanow hielt Verbindung mit uns durch den Major Romm, einen intelligenten Polit-Offizier, der täglich nach unseren Wünschen fragte und der sich auch täglich über alles informierte, was an politischer oder organisatorischer Arbeit bei uns zu leisten war.
Meine Frage, wie er die soziale Situation sehe, von der wir auszugehen haben, beantwortete er mit dem Hinweis auf einen Strukturwandel, der sich in der deutschen Bevölkerung vollziehen werde. Die bisher herrschenden Schichten, Großgrundbesitzer, Militär und Machtträger der Großbanken und Großindustrie, werden entmachtet. Damit treten die Bevölkerungsgruppen, die bisher niedergehalten worden sind, in den Vordergrund. Es handelt sich hier um drei Gruppen, die Arbeiterschaft, die Bauernschaft und das Bürgertum, das sich aus Kleinbürgertum und mittlerem Bürgertum zusammensetzt.
Die Intelligenz steht in Beziehungen zu allen Gruppen. Sie ist zahlenmäßig klein, jedoch einflußreich. Auf sie kommt es entscheidend an, wie sich die soziale Struktur in einer Demokratie auswirkt.
Konsequenterweise unterstützten die Sowjets von Anfang an alle Schritte, die eine Wiederbelebung des kulturellen Lebens zum Ziel

hatten. Dazu gehörte die Gründung des »Kulturbundes zur demokratischen Erneuerung Deutschlands«. Obwohl dieser Bund in Moskau und Karlshorst vorbereitet und mit der KP-Führung abgestimmt worden war, sollte er den Anschein einer überparteilichen Organisation erwecken. Die Initiative zur Gründung sollte von den Kulturschaffenden ausgehen.
Durch Zufall hatte Gustav Dahrendorf von der geplanten Gründungsversammlung, unmittelbar vor ihrem Zusammentritt, erfahren. Er war hingegangen, gehörte auf diese Weise zu den Mitbegründern des Kulturbundes und berichtete anschließend im Zentralausschuß über diese Versammlung, an der der kommunistische Kulturdezernent der Stadt, Otto Winzer, der kommunistische Schauspieler und Intendant Gustav Wangenheim und der kommunistische Dichter Johannes R. Becher, selbstverständlich alle nur »anregend« und »beratend«, teilgenommen hatten. Bereits am 4. Juli wollte man mit einer Kundgebung im Haus des Berliner Rundfunks an die Öffentlichkeit treten.
Wir hatten wieder einmal von alledem nichts gewußt. Auch im kulturpolitischen Aktionsausschuß, dem Otto Meier angehörte, war darüber nichts bekanntgegeben worden. »Alte kommunistische Taktik!« rief einer von uns aus. Otto Grotewohl war der Ansicht, daß man den Anfängen wehren müsse, falls der KP-Führung die Absicht zu unterstellen sei, daß sie uns bei dieser kulturpolitischen Aktion ausschalten wolle. In einem Schreiben an das Zentralkomitee protestierten wir gegen diesen eklatanten Verstoß gegen die Grundlagen unserer Aktionsgemeinschaft und drohten mit ihrer Aufkündigung, wenn sie nicht für alle Lebensbereiche der Politik von beiden Seiten als Verpflichtung aufgefaßt würde.
Daraufhin wurde Anton Ackermann zu uns entsandt. Das KPD-Sekretariat, so deutete er an, sei von der Aktivität einiger Gründungsbeflissener selbst überrascht worden. Man habe sich als Partei in die Vorbereitungen nicht einschalten wollen. Das sei der Grund gewesen, zunächst keine Parteiendiskussion herbeizuführen.
Zu den Gründungsmitgliedern des Kulturbundes gehörten Professor Dr. Eduard Spranger, Rektor der Humboldt-Universität, Professor Bernhard Benedikt von der Musikhochschule, Paul Wegner als Präsident der Kammer der Kunstschaffenden, Pfarrer Dilschneider vom evangelischen Konsistorium, Intendant Ernst Legal von der Staatsoper, Dr. F. Friedensburg, Leiter des Instituts für Konjunkturforschung, der Dichter Johannes R. Becher, der Zehlendorfer Bürgermeister Wittgenstein, Intendant Gustav Wangenheim, Otto Winzer und, wie gesagt, durch Zufall Gustav Dahrendorf, ferner eine Anzahl namhafter Schauspieler, Schriftsteller und Wissenschaftler.

Im Großen Saal des Rundfunkhauses in Berlin-Charlottenburg fand am 4. Juli 1945 die erste Kundgebung des Kulturbundes statt, in der zahlreiche prominente Vertreter von Kunst und Wissenschaft als Redner auftraten, so der Schriftsteller Bernhard Kellermann, Professor Dr. Schirmer, Mitglied der Preußischen Akademie der Wissenschaften, Paul Wegner, Pfarrer Dilschneider, Professor Vasmer, Mitglied der Akademie der Wissenschaften der UdSSR und der Preußischen Akademie, der Dichter Johannes R. Becher u. a.
Der Rektor der Universität Berlin, Professor Dr. Eduard Spranger, war erkrankt, hatte jedoch ein Grußwort gesandt, das verlesen wurde. Der Kulturbund, so hieß es in dem Aufruf, wolle zur geistigen und kulturellen Erneuerung Deutschlands mit dem Einsatz seiner ganzen Kraft beitragen. Er bekannte sich zu einer freiheitlichen, demokratischen Weltanschauung. Als sein Programm bezeichnete ,er, das deutsche Volk mit den kulturellen Errungenschaften aller Nationen, vor allem denen der Sowjetunion, bekannt zu machen.

Die »überparteilichen« Massenorganisationen

Im Juni waren die Verfolgten des Naziregimes aufgerufen worden. Beim Magistrat wurde ein Hauptausschuß »Opfer des Faschismus« gebildet, als dessen Vorsitzender der Kommunist Ottomar Geschke amtierte. Als Vertreter der verfolgten Sozialdemokraten entsandten wir Gustav Dahrendorf in diesen Ausschuß, dessen Aufgabe darin bestand, alle Verfolgten zu erfassen und jeden Fall nachzuprüfen. Nach diesen Ermittlungen wurden die Betroffenen entweder in die Gruppe der »Kämpfer« oder der »Nichtkämpfer« eingestuft.
Am 13. Juni hatte die erste Frauenversammlung in Berlin stattgefunden, und zwar in Moabit. Eine solche Versammlung zu organisieren war in jenen Tagen nicht schwer, denn in allen Straßen arbeiteten Frauen beim Trümmerräumen. Daß die riesigen Schuttberge, die nach Beendigung der Kampfhandlungen die Straßen Berlins blockiert hatten, so schnell beseitigt wurden, daß sauber aufgeschichtete Mauern glattgeputzter Ziegelsteine die Ruinengrundstücke begrenzten, daß die ehemals gerühmte Sauberkeit und Ordnung im Straßenbild dieser Stadt bald wieder vorherrschte — das hat die Stadt zum größten Teil ihren Frauen zu verdanken, die monatelang in Wind und Wetter, in Hitze und Kälte, hungernd und für einen Hungerlohn in den Ruinen standen und Stein um Stein sauber stapelten.
Auf dem Hof der Schule in der Zwinglistraße sprachen die Kommunistinnen Elli Schmidt und Martha Arendsee zu den Frauen. Sie forderten die Errichtung von Frauenausschüssen für alle Stadtbezirke.

In den Zeitungen wurde die Organisierung der Frauen gefordert. Das Frauensekretariat im Zentralausschuß der SPD war äußerst skeptisch, was die von den Kommunisten postulierte angebliche »Überparteilichkeit« dieser Frauenausschüsse betraf. Louise Schroeder und Toni Wohlgemuth traten statt dessen dafür ein, innerhalb der Parteiorganisationen eine politische Schulung der Frauen vorzunehmen. Schon die zweite Broschüre, die der im Juli gegründete Parteiverlag »Das Volk« herausbrachte, und zwar in einer Auflage von 50 000, trug den Titel »Die Frau im demokratischen Staat«.
Im Frauensekretariat bestand auch wenig Neigung, Frauen in einen vom Magistrat angeregten Ausschuß zu delegieren, mit dessen Organisation Martha Arendsee von der KPD beauftragt worden war. Sie stattete dem SPD-Frauensekretariat einen Besuch ab und erreichte, daß der Zentralausschuß sich mit der Frage beschäftigte. Er delegierte schließlich Annedore Leber in diesen Frauenausschuß.
Selbstverständlich wurde bei dieser »Erfassung« aller Schichten des Volkes die Jugend nicht vergessen. Am 7. Juli erschien ein Leitartikel von Erich Honecker in der »Deutschen Volkszeitung«, in dem er erklärte: »Eine einige und freie deutsche Jugendbewegung, das ist Wunsch und Ziel aller, denen die Zukunft unseres Volkes am Herzen liegt.« Die Grundlagen dieser Bewegung sollten die Jugendausschüsse in den kommunalen Selbstverwaltungen sein, in die junge Christen, Sozialisten, Demokraten und Kommunisten zu gemeinsamer Arbeit berufen wurden.

Hunger, Krankheit und »Pajoks«

Schon Ende Mai 1945 war Anastas Mikojan, damals Stellvertreter des Vorsitzenden des Rates der Volkskommissare der UdSSR, nach Berlin gekommen, um sich über die Versorgungslage zu unterrichten, nachdem die »Prawda« geschrieben hatte, »dem Sowjetkommando waren von den Soldaten und Offizieren der Roten Armee eine Reihe von Meldungen zugegangen über die unzureichende Lebensmittellage der Bevölkerung der Stadt Berlin«.
Die Sowjets setzten Hausobleute ein, deren vordringlichste Aufgabe darin bestand, die Unterlagen für eine neue Einwohnerkartei zu schaffen, um daraufhin beschleunigt Lebensmittelkarten auszugeben; die alte Einwohnerkartei war von den Nazis vollständig vernichtet worden.
Die Besatzungstruppen schafften Lebensmittel und vor allem Mehl heran. Fahrzeuge der Roten Armee lieferten die Waren an die Geschäfte, die die Verteilung übernahmen.

Dennoch blieb die Ernährungslage lange Zeit hindurch äußerst kritisch. Die Sowjets hatten ein mehrstufiges Kartensystem eingeführt, das die Hausfrauen an letzter Stelle einstufte.

Infolge der Zerstörung aller hygienischen und sanitären Einrichtungen und Anlagen hatte nach Kriegsende die Seuchengefahr außerordentlich zugenommen. Sämtliche 87 Pumpwerke der Abwässerbetriebe standen viele Wochen still. Da auch das Rohrnetz der Berliner Trinkwasserversorgung zum größten Teil zerstört war, mußte das Trinkwasser eine Zeitlang von einzelnen in der Stadt vorhandenen Pumpen geholt werden.

Was alle befürchteten, trat sehr bald ein: Der Tod durch Ruhr und Typhus hielt grausame Ernte. Den Höhepunkt erreichte die Ruhrepidemie in der dritten Juliwoche 1945 mit rund 2 500 Neuerkrankungen. Die Typhusepidemie zeigte an ihrem Kulminationspunkt einen wöchentlichen Zugang von 900 Fällen. Von den rund 33 000 Krankenbetten der Vorkriegszeit standen nur noch 8 500 zur Verfügung, von 6 500 Ärzten waren nach der Kapitulation nur noch 2 400 in Berlin. Die Todeskurve war von 13,5 im Jahre 1939 auf 53,5 je Tausend hinaufgeschnellt; die Kindersterblichkeit von 5,8 auf 36,2 je Tausend. Aber auch die Erkrankungen an Lungenentzündung und Tuberkulose, Herzkrankheiten, Erkrankungen der Gefäße nahmen erschreckend zu.

Im Juli 1945 arbeiteten in Berlin wieder 600 Betriebe mit mehr als fünf Beschäftigten gegenüber rund 40 000 der Vorkriegszeit. Von den damals 60 000 Handwerksbetrieben waren 19 000 übriggeblieben.

Am besten ernährt wurden jetzt die Mitglieder des Zentralkomitees der Kommunistischen Partei, die Künder der klassenlosen Gesellschaft. Abgesehen davon, daß jedes Komiteemitglied einen Generalspajok – ein wöchentliches Lebensmittelpaket analog der Zuteilung an sowjetische Generale – erhielt, war im Haus des Zentralkomitees in der Wallstraße eine Küche eingerichtet worden, die täglich drei unterschiedliche Menüs zu liefern hatte. Für die Parteisekretäre: Suppe, Vorgericht, Fleischgericht und Nachspeise, dazu Rot- oder Weißwein oder andere Getränke. Ein zweites, etwas bescheideneres Essen für die Referenten und Abteilungsleiter und ein Eintopfessen für die übrigen Angestellten. Wir wunderten uns bei unseren Besuchen weniger über die opulente Mahlzeit, zu der wir bei längerer Sitzungsdauer eingeladen wurden, als über die Tatsache, daß die hier tätigen Kommunisten an der Dreiteilung, die nach unserem Empfinden aufreizend war, keinen Anstoß nahmen.

Auch in unserem Parteihaus war sogleich eine große Küche eingerichtet worden.

Die Lebensmittelbeschaffung, sowohl für die Kantine des Zentralkomitees der KPD als auch für die unsrige, hatte Lore Pieck, die Tochter des KP-Vorsitzenden, übernommen. Auch Generalspajoks gab es für die Mitglieder des Zentralausschusses. Wir stellten die Pakete der Küche zur Verbesserung der Mittagsmahlzeiten zur Verfügung, die im SPD-Haus für alle Beschäftigten gleich waren.
Da auch die Amerikaner die von ihnen Bevorzugten mit Care-Paketen versorgten, sahen sich einige bürgerliche Politiker in der beneidenswerten Lage, sowohl Pajoks als auch Care-Pakete zu erhalten.

Die Länderverwaltungen werden geschaffen

Als die Sowjets Deutschland besetzten, fanden sie in der ihr überlassenen Besatzungszone eine territoriale Gliederung vor, die sie zunächst nicht wesentlich veränderten. Unter ihrer Verwaltung standen Sachsen, Mecklenburg, Thüringen, Anhalt und die Provinzen Sachsen und Brandenburg sowie ein Restteil der Provinz Pommern.
Oberster Verwaltungschef war zunächst der Marschall der Sowjetunion Shukow. Er richtete Zweigverwaltungen ein. Dabei wurde auch gleich eine Neugliederung des Territoriums vorgenommen. In Sachsen wurde die Sowjetische Militärverwaltung in Dresden errichtet, in Brandenburg wurde Potsdam Sitz der SMAD, Mecklenburg erhielt den Restteil von Pommern zugeschlagen mit Schwerin als Verwaltungssitz. Die ehemals preußische Provinz Sachsen wurde um den Freistaat Anhalt erweitert. Hier richtete sich die SMAD in Halle ein. In Thüringen wurde Weimar ihr Domizil.
Damit waren fünf Verwaltungsgebiete entstanden, die zunächst als Provinzen bzw. Länder bezeichnet wurden. In den fünf »Hauptstädten« wurden in der ersten Hälfte Juli 1945 die zivilen Landesverwaltungen eingerichtet, die mit einem Präsidenten und mehreren Vizepräsidenten besetzt wurden. Dabei zog man neben den Kommunisten – die allerdings meist die Schlüsselstellungen innehatten – auch Vertreter der Sozialdemokratie und der bürgerlichen Parteien heran.
Zum Präsidenten der Landesverwaltung der *Mark Brandenburg* wurde der Sozialdemokrat Dr. Karl Steinhoff, der ehemalige stellvertretende Oberpräsident von Ostpreußen, eingesetzt. Steinhoff, den ich aus meiner ostpreußischen Zeit persönlich kannte, war zweifellos ein guter Verwaltungsfachmann, doch stand er in dem Ruf, als Politiker nicht genügend Rückgrat zu besitzen.
Die Landesverwaltung von *Mecklenburg-Pommern* wurde von dem Sozialdemokraten Wilhelm Höcker geleitet, der vor 1933 Präsident

des Mecklenburgischen Landtags gewesen war. Er gehörte der SPD seit 1911 an. Wilhelm Höcker, den ich erst in Karlshorst bei seiner Berufung kennenlernte, war ein sehr angenehmer, liebenswürdiger und grundehrlicher Charakter. Er bekannte sich von Anfang an zur Einheit zwischen SPD und KPD und war davon auch nicht mehr abzubringen.

Die Landesverwaltung *Sachsen* wurde von Dr. Rudolf Friedrichs geleitet, der vor 1933 Oberregierungsrat gewesen war. Zwischen Dr. Friedrichs und mir entstand schon bald eine Freundschaft. Friedrichs war eine repräsentative Erscheinung, eine echte politische Führungsnatur. Er gehörte den Sozialdemokraten bereits 1920 an und war ein Demokrat klassischer Denkweise. Als 1. Vizepräsident für Inneres wurde der KP-Funktionär Kurt Fischer eingesetzt, der viele Jahre in der Sowjetunion im Geheimdienst tätig gewesen war.

Zum Präsidenten des Landes *Sachsen-Anhalt* wurde Dr. Friedrich Hübener (LDP) ernannt, der vor 1933 Landeshauptmann gewesen war und der Demokratischen Partei angehört hatte.

In der Landesverwaltung *Thüringen* wäre der Sozialdemokrat Dr. Hermann Brill der natürliche Anwärter auf die Präsidentschaft gewesen. Da er der sowjetischen Besatzungsmacht jedoch nicht gefügig genug war, wurde an seiner Stelle Dr. Rudolf Paul, ein ehemaliges Mitglied der Demokratischen Partei, der zunächst parteilos war, ernannt. Dr. Rudolf Paul, der vor 1933 Staatsanwalt gewesen war, hatte sich an einigen Prozessen gegen die Nazis beteiligt und 1933 seine Praxis schließen müssen. Auch seine Bekanntschaft mit Göring aus dem Ersten Weltkrieg – Paul war Offizier und Kampfflieger – half ihm nicht. Nach der Machtergreifung der Nazis zog sich Paul auf seinen Bauernhof zurück und wurde unmittelbar nach Kriegsende 1945 zunächst als Oberbürgermeister nach Gera geholt, bis er nun zum Präsidenten der Landesverwaltung Thüringen ernannt wurde.

Die Provinz- bzw. Landesverwaltungen hatten zunächst nach den Direktiven der SMAD zu arbeiten, die jedoch bereits so weitgehende Vollmachten enthielten, daß die deutschen Verwaltungen Verordnungen mit Gesetzeskraft erlassen durften. Im wesentlichen beschränkte sich ihre Tätigkeit auf den Verwaltungsaufbau, und zwar von der kleinsten Kommune bis zur Zentrale. Die Kommandanten hatten vielfach eigenmächtig und willkürlich kommunale Verwaltungen eingesetzt. Es mußten Fehlgriffe korrigiert und die Verwaltungen koordiniert werden.

Meine erste Fahrt durch die Zone

Immer noch mußten wir darum kämpfen, bei der Belieferung mit Lkws und Benzin mit den KPD-Vertretern einigermaßen gleichgestellt zu werden. Wir hatten zunächst nur zwei Wagen, dann, Anfang Juli, noch drei Wagen zugesprochen erhalten. Da ich beabsichtigte, eine erste Erkundungsfahrt in die Zone zu unternehmen, hatte ich einen weiteren Wagen für mich beantragt. Oberst Jelisarow überbrachte mir einen Berechtigungsschein, und mein Fahrer Reimann durfte sich auf einem Platz, der einem Autofriedhof sehr ähnlich sah, die Wagen aussuchen. Mit einem Benzinvorrat versehen — auch die Treibstoffversorgung hatte Lore Pieck für uns mit übernommen — machte ich meinen ersten Ausflug in Richtung Stettin.
Je tiefer ich ins Land gelangte, desto trostloser wurde das Bild. Nach unserer Rückkehr faßte ich meine Eindrücke in einem Bericht zusammen: Die Landstraßen von Flüchtlingen verstopft, die kaum Gepäck bei sich haben. Zu essen haben sie nichts. Von den Hauptstraßen werden sie abgedrängt, weil diese Straßen für Truppenbewegungen freigehalten werden. Es sind Lastwagen eingesetzt, um die Flüchtlinge in abgelegenere Dörfer zu transportieren. Hier liegen sie in Gasthaussälen, Scheunen oder auch im Freien. Die Alten und Gebrechlichen sterben und werden irgendwo begraben. Oft werden die heimatlos gewordenen, zu Tode erschöpften Menschen mit Gewehrkolben aus einem überfüllten Ort in einen anderen getrieben. Von größter Wichtigkeit scheint mir zu sein, daß umgehend ein Plan aufgestellt wird, nach dem diese Menschen angesiedelt werden.
Eine Kopie dieses Berichtes übergab ich Major Romm zur Weiterleitung an die SMAD. In unserem Gespräch, das sich um den Verlust der Heimat drehte, erzählte ich ihm, daß es sich hier um meine Landsleute handle, unter denen sich viele Verwandte und Freunde befinden, und daß ich in der Ansiedlung dieser Heimatlosen eine Aufgabe für mich sehe. Ich las ihm auch einen Brief vor, den mir einer der Flüchtlinge, der bis Berlin durchgekommen war, von einem Vetter überbracht hatte. Dieser Vetter war, wie viele meiner Verwandten, ostpreußischer Landwirt und ein bekannter Pferdezüchter. Auf der Flucht war er mit seiner Familie bis in eine Ortschaft Hinterpommerns gekommen. Die Polen, die dieses Gebiet bereits besetzt hatten, nahmen ihm seine beiden Gespanne, hielten ihn mit der Familie fest und machten ihn zum »Tierarzt«, obwohl er von Tierheilkunde nur sehr laienhafte Kenntnisse besaß.
Eine Woche später hielt ein sowjetischer Lkw vor meinem Haus in Zehlendorf. Herunter kletterten meine Verwandten. Die SMAD hatte den Wagen bis nach Hinterpommern geschickt, um meine Ver-

wandten zu holen. Das war damals der einzige Fall einer planvollen Aussiedlung.
Gegen Ende Juli schwoll der Flüchtlingsstrom nach Berlin immer mehr an. Allein mit der Eisenbahn trafen täglich 4 000 bis 5 000 Personen in Berlin ein. Um eine Übervölkerung der Stadt zu verhindern, wurde die Einreise mit Befehl Nr. 15 der SMAD vom 28. Juli verboten. Zu diesem Zeitpunkt hatte ich aber bereits zehn Freunde und Verwandte in meinem Hause aufgenommen, darunter meinen Freund Johannes Mau, den ehemaligen Sekretär der USPD in Danzig, mit seiner Frau. Einige Monate später mußte ich im Krematorium die Gedenkrede für ihn halten.

Wie sich die Potsdamer Konferenz auf uns auswirkte

Am 17. Juli 1945 traten in Potsdam der Präsident der Vereinigten Staaten von Amerika, Harry Truman, der Vorsitzende des Rates der Volkskommissare der Union der Sozialistischen Sowjetrepubliken, Generalissimus Josef Stalin, und der Premierminister von Großbritannien, Winston Churchill, zu einer Konferenz zusammen, in der über das Schicksal Deutschlands entschieden werden sollte. Nach einer kurzen Unterbrechung vom 25. bis 27. Juli, wegen der in England stattfindenden Wahlen, löste der bisherige Oppositionsführer Clement Attlee den unterlegenen Winston Churchill als Premierminister ab.
Während der Dauer dieser Konferenz wurden wir fast täglich nach Karlshorst zu den Generälen Bokow und Shelakowski beordert. Man eröffnete uns, daß in Potsdam die Frage der Wiederherstellung der politischen und wirtschaftlichen Einheit Deutschlands sowie die Errichtung einer deutschen Zivilverwaltung verhandelt werde. Wir wurden aufgefordert, Personalvorschläge zu machen, weil Sozialdemokraten ebenso wie Mitglieder der anderen Parteien zu Präsidenten oder Vizepräsidenten der künftigen Verwaltungsbehörden ernannt werden sollten.
Die von uns mehrfach gestellte Frage, ob diese Zentralverwaltungen nur für die sowjetisch besetzte Zone errichtet werden sollten, wurde mit Entschiedenheit verneint.
Ungeachtet dessen wurden am 25. Juli auf Grund des nie veröffentlichten Befehls Nr. 17 der SMAD Zentralverwaltungen als beratende Hilfsorgane für die sowjetische Militärverwaltung eingerichtet. Als wir daraufhin erneut anfragten, ob diese Zentralverwaltungen für ganz Deutschland zuständig sein sollten, wurde uns erklärt, daß sie einem doppelten Zweck dienen sollten, vor allem dem, für die

Bildung einer gesamtdeutschen Verwaltung genügend qualifizierte Fachkräfte zur Verfügung zu haben, die im Kontrollrat vorgeschlagen werden könnten. Soweit die Fachkräfte in einer Gesamtverwaltung nicht gebraucht würden, könnten sie den Ländern, vor allem der SMAD, als Berater zur Verfügung stehen.

Wir benannten also unsere Kandidaten für die Bereiche Verkehr, Handel und Versorgung, Landwirtschaft und Ernährung, Industrie, Energie- und Kohlenwirtschaft, Finanz, Volksbildung, Post und Telegraf, Arbeit und Soziales, Gesundheit, Justiz. Einige Wochen später kam noch eine Zentralverwaltung für Umsiedler hinzu. Der SPD wurden drei Präsidenten zugebilligt: Dr. Pfitzner für Verkehrswesen, Dr. Buschmann für Handel und Dr. Konitzer für das Gesundheitswesen. Gustav Dahrendorf, Dr. Mischler, Dr. Gleitze, Stein und Helmuth Lehmann wurden Vizepräsidenten.

An jedem Freitagnachmittag trat dieser Personenkreis, ergänzt durch Dr. Otto Suhr, Gustav Klingelhöfer und Otto Bach, unter meinem Vorsitz zu einem Erfahrungsaustausch zusammen. Monatelang geschah nichts von besonderer Bedeutung. Die Zentralverwaltungen waren im Dienstbetrieb nicht miteinander koordiniert. Sie erhielten, auch getrennt voneinander, Planaufgaben gestellt, die sie den Ländern gegenüber zu vertreten hatten. Die Zentralverwaltung Handel und Versorgung war darin am aktivsten eingeschaltet. Aber auch sie konnte keine Anordnungen treffen, sondern durfte nur Empfehlungen aussprechen. Die Landesverwaltungen waren angeblich auf ihre föderalen Kompetenzen bedacht. Dabei wäre eine Koordinierung der wirtschaftlichen Aufgaben der einzelnen Länder dringend erforderlich gewesen, besonders bei der Verteilung von Rohstoffen, Halb- und Zubringerfabrikaten, Brennstoffen und vielem anderen. Einige der Zentralverwaltungen konnten einen bereits bestehenden Apparat übernehmen, Post- und Fernmeldewesen, Verkehr, Bergbau und Energiewirtschaft mit ihren Kohlenverkaufskontoren in Leipzig, Senftenberg und Zwickau.

Zur Finanzierung der Wirtschaft wurden auf Befehl der SMAD über die Landesgrenzen hinweg Landesbanken geschaffen, dirigiert von der Zentralverwaltung Finanzen. Alle Privatbanken blieben geschlossen.

Am 2. August 1945 war die Potsdamer Konferenz beendet. Am gleichen Tage, an dem Japan unter der ersten Atombombe erzitterte!

Die Beschlüsse der Potsdamer Konferenz wurden von der sowjetischen Besatzungsmacht propagandistisch stark in den Vordergrund gestellt. Das galt vor allem für die politischen Prinzipien. Als Ziel der Besetzung Deutschlands wurde die völlige Entwaffnung und Demilitarisierung, die Verantwortung des deutschen Volkes für die Folgen des Hitler-Regimes, die Vernichtung der Nationalsozialistischen Partei und ihrer Organisationen sowie die Umgestaltung des politischen Lebens auf demokratischer Grundlage bezeichnet. Die Verhaftung und Aburteilung der Kriegsverbrecher, die Entfernung aller Mitglieder der Nazipartei, die mehr als nominelle Mitglieder gewesen waren, aus den öffentlichen und halböffentlichen Ämtern und verantwortlichen Posten in den Betrieben sollten vorgenommen, das Bildungs- und das Gerichtswesen sollten nach demokratischen Grundsätzen organisiert werden.

Die Potsdamer Konferenz bestimmte ferner, daß vorläufig keine zentrale deutsche Regierung gebildet werden sollte, aber gewisse zentrale, von Staatssekretären geleitete deutsche Verwaltungen zu schaffen seien, insbesondere auf dem Gebiet der Finanzen, des Verkehrs, des Verbindungswesens, des Außenhandels und der Industrie. Diese Ämter sollten unter der Leitung des Kontrollrats tätig sein. In ganz Deutschland sollte die Selbstverwaltung wiederhergestellt werden.

Auf dem Gebiet der Wirtschaft legte die Potsdamer Konferenz fest, daß die deutsche Volkswirtschaft zu dezentralisieren sei, »um die bestehende, besonders in der Gestalt von Kartellen, Syndikaten, Trusts und anderen monopolistischen Vereinigungen zum Ausdruck kommende übermäßige Konzentration der wirtschaftlichen Kräfte aufzuheben«. Die deutsche Volkswirtschaft sollte nach diesen Beschlüssen ihre Hauptaufmerksamkeit auf die Landwirtschaft und die Friedensindustrie für den eigenen Bedarf richten. In der Phase der Okkupation sollte Deutschland als ein einheitliches wirtschaftliches Ganzes betrachtet werden.

Ein besonderer Abschnitt der Potsdamer Beschlüsse beschäftigte sich mit den Wiedergutmachungsleistungen, wonach der Wiedergutmachungsanspruch der Sowjetunion »durch Konfiskationen aus der von der Sowjetunion besetzten Zone Deutschlands und entsprechenden deutschen Anlagen im Ausland befriedigt werden« soll. Die Wiedergutmachungsansprüche der USA, Englands und anderer Länder sollten aus den westlichen Zonen befriedigt werden. Zusätzlich sollte die Sowjetunion noch aus den westlichen Zonen 15 Prozent der Industrieleistungen, in erster Linie der Hütten-, Chemie- und Maschinenbauindustrie, die nicht für die Friedenswirtschaft notwendig seien, erhalten.

Die deutschen Gebiete jenseits der Oder und der westlichen Neiße wurden unter polnische Verwaltung gestellt und die endgültige Festlegung der Westgrenze Polens bis zur Friedenskonferenz zurückgestellt.

Sogleich nach dem Bekanntwerden der Potsdamer Beschlüsse ergriff Wilhelm Pieck die Initiative, Sitzungen des Aktionsausschusses und

des Ausschusses der Einheitsfront der antifaschistisch-demokratischen Parteien anzusetzen. Im Aktionsausschuß mußte uns und später mit unserer Unterstützung den Vertretern der CDU und der LDP suggeriert werden, daß die Parteien gemeinsam als Einheitsfront in einer Großkundgebung zu den Beschlüssen der Potsdamer Konferenz Stellung nehmen müßten. In den Sitzungen wurden dann auch die Richtlinien für die Redner und für eine gemeinsame Resolution festgelegt. Am 12. August fand im Großen Saal des Rundfunkhauses die Kundgebung statt, auf der Pieck, Grotewohl, Dr. Hermes und Dr. Külz sprachen. Alle vier erklärten, daß sie in den Beschlüssen der Potsdamer Konferenz die Möglichkeit zur friedlichen Erneuerung unseres Vaterlandes erblickten, vor allem durch die Neuinstallierung der Selbstverwaltung nach demokratischen Grundsätzen, die angekündigte Zulassung antifaschistisch-demokratischer Parteien und freier Gewerkschaften in allen Teilen Deutschlands sowie der Versammlungs-, Rede-, Presse- und Religionsfreiheit.
Inzwischen war jedoch auch der Zentralausschuß der SPD zusammengetreten. Wir hielten es für richtig, in einer SPD-Kundgebung einen eigenen SPD-Standpunkt vorzutragen.
Mit der Formulierung dieses Memorandums wurde Gustav Klingelhöfer beauftragt, der sich sogleich an die Arbeit machte. Abschnitt für Abschnitt wurde sein Entwurf im Zentralausschuß diskutiert, ergänzt und überarbeitet.

Die zensierte Grotewohl-Rede

Als die Vorarbeiten beendet waren, riefen wir die SPD-Mitglieder zu einer großen Kundgebung am 14. September in die »Neue Welt« in der Hasenheide, dem historischen Versammlungsort der SPD inmitten des volkreichen Arbeiterviertels von Neukölln, zusammen.
Hier hatten mehr als einmal deutsche und französische Sozialisten sich die Bruderhand gereicht, hier hatten einst Tausende August Bebel zum siebzigsten Geburtstag gehuldigt. Hier hatte bereits während der Kaiserzeit ein Parteitag stattgefunden. Und in dieser »Neuen Welt« strömten nun am 14. September 1945 zu ungewohnter Stunde, vormittags 10 Uhr, wieder Tausende zusammen, um Antwort auf die Frage zu erhalten:
Wo stehen wir, wohin gehen wir?
Der Sprecher der Partei, Otto Grotewohl, trug den Standpunkt der Parteiführung vor. Mit Beifall wurde er empfangen, sehr oft von Beifall unterbrochen, und am Schluß seiner Rede wollte der Beifall kein Ende nehmen.

Die Beschlüsse der Potsdamer Konferenz analysierend, stellte Grotewohl einleitend fest, daß sie dem deutschen Volk die Rechnung für die von Hitler verschuldete Verwüstung vorlegten. Ihre Erfüllung fordere unsere größten Anstrengungen.
Grotewohl wies auf das große Elend der Flüchtlinge hin, deren Ausweisung aus den östlichen Gebieten sich nicht in den von der Potsdamer Konferenz beschlossenen »humanen« Modalitäten vollzogen habe und die nun in ein amputiertes Staatsgebiet eingegliedert werden müßten.
Er berührte das Problem der Kriegsgefangenen und betonte, daß gerade unter diesen sich die erbittertsten Hitlergegner befunden hätten, die sich voll Vertrauen auf die Ritterlichkeit der Vereinten Nationen gefangennehmen ließen.
An diese Ritterlichkeit, sowohl den Flüchtlingen als auch den Kriegsgefangenen gegenüber, appellierte er jetzt mit eindringlichen Worten. Sich dem Problem des Wiederaufbaus zuwendend, forderte Grotewohl dann einen entscheidenden Einfluß der Arbeiter in den Betrieben, die nicht wieder zu Machtinstrumenten in der Hand faschistischer Arbeitgeber werden dürften.
Diese Rede, die in mehreren Abschnitten in unserem Zentralorgan erscheinen sollte, gab Anlaß zu Differenzen mit sowjetischen Zensuroffizieren. In einer längeren Unterredung mit Oberst Tulpanow einigten wir uns auf einen Teil, der zur Veröffentlichung freigegeben wurde. Von der Zensur gestrichen wurden jene Ausführungen Grotewohls, in denen er zu den Fragen der Grenzziehung, des Flüchtlingselends und der Kriegsgefangenen Stellung genommen hatte.
Wenige Tage nach der Kundgebung bat Grotewohl mich in sein Zimmer. Er habe einen Besucher, der auch mich interessieren werde. Ich ging hinüber und fand dort Willi Buch, den wir von Braunschweig her kannten. Buch gehörte ursprünglich der KPD an, hatte jedoch um 1930 mit ihr gebrochen und war zur SPD übergetreten. Wir hatten ihn in Braunschweig als Versammlungs- und Diskussionsredner gegen die KPD eingesetzt.
Grotewohl schlug vor, Willi Buch als Vertrauensmann des Zentralausschusses der SPD in den westlichen Besatzungszonen wirken zu lassen. In diesem Sinne wurde noch am gleichen Tage ein Beschluß des geschäftsführenden Vorstandes herbeigeführt und Willi Buch mit Reisegeld ausgestattet. Er begann seine Tätigkeit zunächst in Süddeutschland und ließ sich in Regensburg nieder. Wir gaben ihm ein vollständiges Konzept der Grotewohl-Rede vom 14. September mit, das er bei Friedrich Pustet in Regensburg in Druck gab.

Hinter den Kulissen des SPD-Zentralausschusses

Die Arbeit im Parteihaus wurde immer hektischer. Die vielen Sitzungen, die Unterredungen, die bei der SMAD in Karlshorst, meist in den späten Abendstunden, geführt wurden, die Hast, in der täglich Dispositionen getroffen werden mußten, die vielen Besucher, die von einem der Vorsitzenden empfangen werden wollten, die Differenzen, die die Redaktion ständig mit den Zensuroffizieren hatte und in die einer der Vorsitzenden oft eingreifen mußte — all dies brachte den beiden Vorsitzenden ein Übermaß an Arbeit. Kein Wunder, daß diese Überlastung eine nervöse Gereiztheit erzeugte.
In dieser Atmosphäre gab es gelegentlich Zusammenstöße zwischen einzelnen Mitgliedern des Zentralausschusses, Kompetenzstreitigkeiten und nicht zuletzt Eifersüchteleien, die sich mitunter auch in Intrigen äußerten.
Hinzu kam, daß einige der Mitglieder hauptamtlich in verschiedenen Verwaltungen tätig waren und gelegentlich ohne Abstimmung mit den übrigen Mitgliedern des Zentralausschusses Politik auf eigene Faust machten.
Grotewohl, der immer noch Bezirksstadtrat in Schöneberg war, bat mich einmal telefonisch, ihn am Nachmittag, an dem eine Sitzung des Parteiausschusses stattfinden sollte, mit einem Parteiwagen vom Rathaus abholen zu lassen. Im Drange der Geschäfte hatte ich aber vergessen, das Erforderliche zu veranlassen. So mußte Grotewohl sich am Nachmittag zu Fuß und streckenweise per Straßen- und U-Bahn auf den Weg machen. Zornig traf er in der Behrenstraße ein. Zudem hatte sich auch bei ihm Zündstoff angesammelt, der sich nun in der Sitzung des Zentralausschusses entlud. Beim Punkt »Verschiedenes« brachte er seine Beschwerde vor: Gniffke führe die Geschäfte der Partei autokratisch, bewußt werde er, Grotewohl, ausgeschaltet. Er müsse darum fordern, daß sich die Kollegen mit ihm abstimmen, zumal er als Sprecher der Partei die Verantwortung zu tragen habe. Auf diesen Ausfall war niemand im Zentralausschuß vorbereitet, am wenigsten ich.
Ich wies Grotewohls Vorwurf als unberechtigt zurück. Die politische Verantwortung trage selbstverständlich keiner der Vorsitzenden allein, sondern der Zentralausschuß der Partei in seiner Gesamtheit. Ein Beschluß scheine mir aber notwendig zu sein: Otto Grotewohl habe aus der Bezirksverwaltung in Schöneberg auszuscheiden und endlich hauptamtlich seine Tätigkeit als Mitvorsitzender aufzunehmen, damit er seinen Anteil an der täglichen Kleinarbeit übernehmen könne. Der Parteiausschuß faßte jedoch zu dieser Kontroverse keinen Beschluß.

Anschließend kam Max Fechner zu mir und bemerkte: »Otto mausert sich.« Es war das erstemal, daß wir über den abwesenden Kollegen sprachen. Ich erwiderte: »Mausern scheint mir in diesem Falle nicht das richtige Wort zu sein. Man muß das wohl so sehen: Otto war jahrelang mein Angestellter. Ich habe ihn in dieser Zeit kollegial behandelt. Schon vorher habe ich ihn im Rahmen des Möglichen auch pekuniär unterstützt. Als ich während unserer gemeinsamen Haftzeit meinen Verteidiger zu meinem Generalbevollmächtigten machte und dieser auf Verlangen des Hauptgläubigers das Gehalt Grotewohls streichen wollte, habe ich mich mit Entschiedenheit diesem Beschluß widersetzt.
Sein heutiges Verhalten dürfte darum psychologisch zu erklären sein. Grotewohl ist ehrgeizig. Seine jahrelange Bindung an mich ist ihm vielleicht wie eine Fessel erschienen.«
»Otto hat mir mal — vor einigen Wochen — erzählt, was du für ihn getan hast. Weil ich das nun weiß, wundere ich mich über sein Verhalten, über das Verhalten eines Freundes seinem Freund gegenüber, dem er für so vieles zu danken hat.«
»Lassen wir das. In der Politik gibt es keine Dankbarkeit.«
»Aber doch ein Verhalten, das fair sein sollte.«
Zwischen Grotewohl und mir war durch diesen Zwischenfall ein gespanntes Verhältnis entstanden. Der Erfolg für die Partei bestand jedoch darin, daß Grotewohl in Schöneberg ausschied und ich mich intensiver um den Aufbau der Partei in der Zone kümmern konnte.
Max Fechner kam mit seinen Sorgen zu mir. Er benötigte dringend eine helfende Hand, einen Sekretär, der ihm die schriftlichen Arbeiten abnehmen könne. Ich versprach, mich für eine Stellenbewilligung einzusetzen. Nach dem geeigneten Mann müsse er aber selbst Ausschau halten. Fechner erwiderte, daß er den längst gefunden habe, es handle sich um einen Schullehrer, der schon vor 1933 für ihn gearbeitet habe. Ich gratulierte ihm zu diesem erprobten Mann. Aber dann berichtete Fechner einige Details, die erst geklärt werden müßten. Der Lehrer Günter Scheele sei 1937 auf Beschluß des illegalen Parteiausschusses in die NSDAP eingetreten. Der Ausschuß habe durch ihn über die Vorgänge in der NSDAP unterrichtet sein wollen.
Dem geschäftsführenden Vorstand lagen mehrere Rehabilitierungsanträge vor. Einige mußten bei näherer Untersuchung abgelehnt, anderen konnte bei ausreichenden Beweisunterlagen stattgegeben werden. Dem Antrag Scheele wurde stattgegeben, nachdem die Angaben Fechners auch von anderen Neuköllner Funktionären bestätigt worden waren. Fechner gewann auf diese Weise einen hochintelli-

genten Sekretär, der ihm nicht nur die schriftlichen Arbeiten abnahm und ihm die Vorträge ausarbeitete, sondern ihm auch sein Buch »Wie konnte es geschehen?« schrieb.

Aber Max Fechner hatte in diesen Wochen noch andere Sorgen. Allerdings gingen diese Sorgen uns alle an. Er wohnte damals noch in Neukölln, im amerikanischen Sektor Berlins. Für die Fahrt durch die Stadt war für die Deutschen von der amerikanischen Kommandantur die 30-km-Höchstgeschwindigkeit festgesetzt worden. Einmal wurde Fechners Wagen von amerikanischer Militärpolizei angehalten, und Fechner mußte mit zur Wache. Hier wurde er von dem Wachhabenden mit den Worten empfangen: »Na, du deutsches Nazi-Schwein, was hast du verbrochen?« Fechner verwahrte sich gegen diese Behandlung, zückte seine Ausweispapiere, die er dem Sergeanten vorlegte, der sie jedoch mit einer Handbewegung vom Tisch auf den Boden fegte.

Fechner protestierte, wollte sich nach den Papieren bücken und erhielt den ersten Faustschlag ins Gesicht. Seine Brille fiel auf den Fußboden. Der Sergeant brüllte ihn an: »Sit down!« Fechner hob jedoch Brille und Papiere vom Fußboden auf, dabei erhielt er den zweiten und dritten Schlag.

Entlassen wurde er erst nach etlichen Stunden, die er stehend verbringen mußte.

Von einem amerikanischen Militärgericht erhielt Fechner eine Anklage und die Ladung zu einem Termin.

Grotewohl, Dahrendorf und ich ließen uns bei Botschafter Murphy melden, um mit ihm diesen skandalösen Vorfall zu besprechen. Das Oberkommando der amerikanischen Streitkräfte in Berlin war in den Gebäudekomplex des ehemaligen Luftgaukommandos in der Kronprinzenallee in Zehlendorf eingezogen, ebenso die Besatzungsbehörde, die den abgekürzten Namen »Omgus« führte. Hier hatte auch der politische Berater des amerikanischen Oberkommandos, Botschafter Murphy, seine Diensträume. Murphy empfing uns eisig. Wir erklärten, daß wir den Vorfall mit allen Einzelheiten der internationalen Presse übergeben müßten, wenn jetzt etwa noch eine Bestrafung Fechners erfolgen sollte.

Murphy erwiderte frostig, daß sich die amerikanische Militärregierung nicht unter Druck setzen lasse. Das Verfahren könne nicht zurückgezogen werden, er wolle sich jedoch dafür interessieren, obwohl er keinen Einfluß auf die Militärgerichtsbarkeit nehmen dürfe.

Der Termin vor dem Militärgericht fand statt. Der Schläger war inzwischen zurück nach Amerika kommandiert worden und also zum Termin nicht erschienen. Das Gericht stellte fest, daß Fechner der

Aufforderung »Sit down« nicht nachgekommen sei und damit einen Befehl nicht befolgt habe. Wegen Befehlsverweigerung müsse das Urteil auf vier Wochen Gefängnis lauten. Die Verbüßung der Strafe wurde im Hinblick auf die antifaschistische Haltung des Angeklagten in der Nazizeit ausgesetzt.

Das war ein salomonisches Urteil, jedoch blieb ein Stachel nicht nur bei Fechner, sondern auch bei fast allen Mitgliedern des Zentralausschusses zurück.

Das Büro in der Bülowstraße hatten wir beibehalten. August Karsten, der dort die Stellung hielt, hatte Regale anfertigen lassen. Die füllten sich nach und nach mit Büchern, Broschüren und Zeitschriften aus der Vergangenheit der SPD. Die Gebefreudigkeit der Mitglieder war groß. Viele Bücherschränke wurden geleert. Auf diese Weise kam die Partei wieder zu einer ansehnlichen Bibliothek. Diese Bibliothek ließ August Karsten zunächst in der Bülowstraße zurück, als er dann endlich mit der Kassenverwaltung zu uns in die Behrenstraße zog. Er brachte lediglich ein großes Ölgemälde, das Philipp Scheidemann darstellte, mit, dem er in seinem Zimmer den Ehrenplatz über dem Schreibtisch zuwies.

Aber noch ein anderes Bild hielt seinen Einzug ins Haus. Otto Grotewohl besaß ein großformatiges Ölgemälde von August Bebel. Es schmückte jetzt den großen Sitzungssaal in der zweiten Etage.

In dem Korridor gegenüber befanden sich einige Arbeitsräume. Eines davon wurde für den früheren Reichstagspräsidenten Paul Löbe eingerichtet, der sich einige Wochen zuvor unter großen Strapazen aus Schlesien nach Berlin durchgeschlagen hatte. Ihm war die Bearbeitung aller Flüchtlingsfragen übertragen worden.

Als der Saal hergerichtet, mit Tischen und Stühlen ausreichend möbliert war, veranstalteten wir eine Einweihungsfeier mit der Enthüllung des Bildes, die von Paul Löbe vorgenommen wurde.

Die Bodenreform

Die Landwirtschaft lag schwer darnieder. Seit Kriegsbeginn waren die Zuteilungen von Kunstdünger rationalisiert, die Lieferungen von Jahr zu Jahr spärlicher gewesen. Der Maschinenbestand war reparaturbedürftig, veraltete und konnte nicht erneuert werden. Die Mittel- und Kleinbetriebe mußten in der Hauptsache von Frauen und Fremdarbeitern bewirtschaftet werden, weil die männliche Landbevölkerung Kriegsdienst zu leisten hatte.

So fehlte es bei Kriegsende in der Landwirtschaft an allem, an Maschinen und Arbeitskräften. Der Zentralausschuß der SPD hielt sich deshalb in seiner ersten Stellungnahme zur Frage einer Bodenreform zurück, obwohl der alte SPD-Vorstand schon 1934 von Prag her diese Bodenreform für die Zeit nach der Ablösung des Naziregimes gefordert hatte.

Auch im Gründungsaufruf der SPD wurde nichts über eine Bodenreform ausgesagt, sondern lediglich die Forderung erhoben: »Sicherung der Ernährung, Bereitstellung von Arbeitskräften und genossenschaftlicher Zusammenschluß in der Landwirtschaft.«

Der Zentralausschuß hat bereits im Juni 1945 einen agrarpolitischen Ausschuß gebildet, der die Grundlagen für eine Verbesserung der Ernährungslage erarbeiten sollte. Es wurde statistisches Material zusammengetragen, und dabei wurden auch die Voraussetzungen für eine Bodenreform überprüft. Der äußere Anstoß war damit gegeben, daß viele Großgrundbesitzer ihre Güter verlassen hatten und nach Westdeutschland geflüchtet waren.

Des gesamten Großgrundbesitzes hatte sich die SMAD angenommen und über die Kommandanten die Parteien und die Gewerkschaften veranlaßt, zur Erntehilfe aufzurufen.

Nachdem die Länder- und Provinzialverwaltungen geschaffen waren, wurde ihnen die Verantwortung für die Erntehilfe übertragen, die sie mit tatkräftiger Unterstützung der Gewerkschaften durchführten. Unterdessen wurde im »Gemeinsamen Ausschuß der Einheitsfront« über die Bodenreform beraten. Da sich aber noch nicht einmal zwischen SPD und KPD eine Einigung über die Größe der Landzuteilung an die einzelnen Bauern erreichen ließ, prellte die KPD vor. Wahrscheinlich wurde sie von der SMAD unter Druck gesetzt.

Die Parteien waren in der ersten konstituierenden Sitzung des Gemeinsamen Ausschusses der Einheitsfront übereingekommen, keine Mehrheitsbeschlüsse zuzulassen, sondern nur Einstimmigkeit. Die Frage der Bodenreform war in dem zentralen Ausschuß nicht durch einen Beschluß zu lösen, obwohl sich alle Parteien grundsätzlich für die Bodenreform ausgesprochen hatten.

Die Agrarpolitik war in Deutschland bis in die jüngste Vergangenheit von den Großagrariern bestimmt worden, im besonderen Maße von den Ostelbiern.

Die landwirtschaftlichen Großbetriebe bildeten einen politischen Machtfaktor. Der Gutsnachbar des Reichspräsidenten v. Hindenburg, der ehemalige kaiserliche Kammerherr von Oldenburg-Januschau, hatte zusammen mit den Vertretern der Großindustrie entscheidenden Anteil an dem Entschluß des Reichspräsidenten gehabt, den »böhmischen Gefreiten« Adolf Hitler zum Reichskanzler zu ernennen.

Aber nicht allein politische Gründe ließen die Vertreter *aller* Parteien zu Verfechtern einer Bodenreform werden, sondern auch die Notwendigkeit einer agrarischen Strukturveränderung. Über das Prinzip herrschte Einmütigkeit, nicht jedoch über die beabsichtigte Größenordnung bei der Aufteilung. Hier war es der Fachmann Dr. Andreas Hermes, der immer wieder auf die unterschiedlichen Bodenqualitäten hinwies, die Unterschiede zwischen der »märkischen Streusandbüchse« und den anderen Gebietsteilen, vor allem Mecklenburgs, hervorhob.
Den Argumenten von Dr. Hermes konnte sich eigentlich niemand verschließen. Auch der agrarpolitische Ausschuß der SPD hatte sich in gleicher Weise geäußert, so daß in den Sitzungen des Aktionsausschusses in der Frage der Größenordnung keine Übereinstimmung zwischen SPD und KPD zu erzielen war, die stur daran festhielt, daß der Boden in überall gleichen Größen aufzuteilen sei. Da die KPD nicht allein die Verantwortung übernehmen wollte, organisierte sie die Zustimmung der Blockausschüsse der Länder.
Als Auftakt berief sie Ende August, ohne die anderen Parteien zu beteiligen, eine Versammlung der märkischen Bauern und Landarbeiter ein, in der Wilhelm Pieck ein anderthalbstündiges Referat hielt, in dem er abschließend feststellte:
»Je schneller wir die Junker und Feudalherren entmachten und die Bodenreform durchführen, um so gründlicher und eher werden wir der Demokratie zum Siege verhelfen.«
Schlagartig wurden mit Unterstützung aller sowjetischen Kommandanten, die die Beförderungsmittel zur Verfügung stellten, in allen Ländern und Provinzen Kreiskonferenzen abgehalten, allein in der Provinz Sachsen-Anhalt waren es 30 mit rund 3 500 Teilnehmern. Auf allen diesen Konferenzen wurden einstimmig Zustimmungserklärungen angenommen.
Am 3. September traten in allen Ländern und Provinzen die Blockausschüsse der antifaschistisch-demokratischen Parteien zusammen, die Entschließungen und Aufrufe beschlossen und der Öffentlichkeit bekanntgaben.
Auf Grund des Befehls an die im Juli eingesetzten zivilen Länder- und Provinzverwaltungen, der sie ermächtigte, »gesetzeskräftige Anordnungen« zu treffen, wurde die deutsche Verwaltung der Provinz Sachsen-Anhalt dazu ausersehen, als erste das »Gesetz zur Durchführung der Bodenreform« zu erlassen. Danach wurde der Großgrundbesitz über 100 Hektar mit allen Gebäuden, lebendem und totem Inventar entschädigungslos enteignet. Das gleiche galt für den Grundbesitz von Kriegsverbrechern und »Kriegsschuldigen«. Der enteignete Besitz wurde dem Bodenfonds zugeführt.

Als Ziel der Bodenreform wurde erklärt:
die bereits bestehenden Bauernhöfe unter 5 Hektar zu vergrößern und neue, selbständige Bauernwirtschaften für landlose Bauern, Landarbeiter und kleine Pächter zu schaffen. Auch Umsiedlern und Flüchtlingen sollte Land zugeteilt werden. Arbeiter, Angestellte und Handwerker in der Nähe der Städte sollten für den Gemüseanbau ebenfalls kleine Grundstücke erhalten.
Im Hinblick auf die beabsichtigte einheitliche Größenordnung wurde der Opposition ein wenig nachgegeben. Der durch die Bodenreform zugeteilte Boden durfte 5 Hektar in der Regel nicht überschreiten. Bei schlechter Bodenqualität konnte diese Höchstgrenze aber auf 8 Hektar, bei sehr schlechter Bodenqualität in Ausnahmefällen bis auf 10 Hektar erhöht werden. Ich habe selbst in Mecklenburg und in Sachsen an einigen Kommissionssitzungen, bei denen Land verteilt wurde, und den anschließenden Feiern teilgenommen und die Freude erlebt, mit der die aus den Ostgebieten ausgesiedelten Menschen ihre neuen Eigentumsurkunden in Empfang nahmen. Ich habe mit vielen Neubäuerinnen getanzt und mich mit ihnen gefreut, daß sie wieder eigenen »festen Boden« unter die Füße bekommen hatten.

Die »Hermes-Schreiber-Affäre«

Aus gelegentlichen Äußerungen Tulpanows wie auch seines Verbindungsoffiziers, des Majors Romm, mußten wir schließen, daß man bei der SMAD die Entwicklung innerhalb der CDU mit Sorge beobachtete. Man befürchtete angeblich eine »Unterwanderung« durch Reaktionäre, die Hermes und Schreiber zur Last gelegt wurde.
Schreiber war im Herbst 1945 auf Versammlungstournee gegangen. Er hatte u. a. in Weißenfels, Halle und Bitterfeld gesprochen. Es war eine anstrengende Reise. Des öfteren wurde er von den Kommandanten eingeladen und bei diesen Gelegenheiten betrunken gemacht. In Bitterfeld, der letzten Station dieser Rundreise, war seine Hose »verschwunden«. Ohne Hose mußte er nach Berlin zurückfahren.
Am 19. Dezember 1945 wurden zu einer für Russen unmöglichen Zeit, nämlich um 7 Uhr früh, Jakob Kaiser und Ernst Lemmer nach Karlshorst geholt, und zwar einzeln, ohne daß der eine vom anderen wußte. Sie wurden abwechselnd von Oberst Tulpanow und Oberstleutnant Nasarow darauf hingewiesen, daß Hermes und Schreiber wegen ihrer reaktionären Haltung für die SMAD nicht mehr tragbar seien. Erst beim Mittagessen brachte Tulpanow Kaiser und Lem-

mer zusammen. Beide hatten erklärt, daß sie dem Vorstand ihrer Partei über diese Unterredung berichten wollten, selbst jedoch keine Entscheidung treffen könnten.
Das Essen zog sich bis gegen 4 Uhr nachmittags hin. Dann trafen mehrere Vorstandsmitglieder der CDU, die inzwischen zusammengeholt worden waren, in Karlshorst ein, darunter Dr. Friedensburg und Otto Nuschke aus Berlin, Dr. Grosse aus Thüringen, Herwegen von Sachsen-Anhalt, Professor Hiekmann aus Sachsen und Lobedanz aus Mecklenburg.
Ernst Lemmer berichtete später, daß Tulpanow die herangeholte CDU-Hilfstruppe aus der Zone sehr bald »überfahren« hatte. Er verlangte, daß noch am gleichen Abend um 10 Uhr im Parteibüro in der Jägerstraße eine Vorstandssitzung abgehalten werde, an der auch Hermes und Kaiser teilnehmen sollten. Tulpanow erschien zu dieser Sitzung in Begleitung mehrerer Offiziere, die er auf dem Flur zurückließ, während er selbst den Vorsitz in der Sitzung übernahm.
Wieder behauptete Tulpanow, daß Hermes und Schreiber eine reaktionäre Politik betrieben. Als Hermes um eine nähere Begründung dieser Beschuldigung bat, entspann sich folgender Dialog zwischen Tulpanow und Hermes:
Tulpanow: »Die Feststellung genügt, treten Sie zurück!«
Hermes: »Ich bitte um eine Begründung. Solange Sie mir diese nicht geben, trete ich nicht zurück.«
Tulpanow: »Ich sage Ihnen nochmals: Treten Sie zurück!«
Hermes: »Ist das ein Befehl?«
Tulpanow: »Ja, es ist ein Befehl der SMAD!«
Hermes: »Einem Befehl muß ich mich beugen.«
Tulpanow, der weiterhin den Vorsitz behielt, forderte daraufhin den Vorstand auf, neue Vorsitzende zu wählen. Der CDU-Vorstand bestimmte Jakob Kaiser zum Ersten und Ernst Lemmer zum Zweiten Vorsitzenden. Beide erbaten eine 48stündige Bedenkzeit. Nach Ablauf dieser Frist nahmen sie die Wahl an.

Kreuz und quer durch die Zone

Die Nachrichten, die wir durch unseren Kurier aus der Zone erhielten, waren im ganzen gesehen nicht erfreulich, sondern beunruhigend. Es wurde dringend erforderlich, daß wir vom Vorstand selbst nach dem Rechten sahen. Immer wieder mußten wir in Karlshorst vorstellig werden, um eine größere Benzinzuteilung für unsere fünf Wagen zu erhalten.

Wir wiesen auf den großen Wagenpark der KPD hin. 30 Wagen hatten wir anläßlich eines Besuches in der Wallstraße gezählt, darunter die Fünf-Liter-Wagen von Pieck und Ulbricht. Der Hinweis auf diesen mehr als ungleichen »Proporz« schien schließlich doch Eindruck gemacht zu haben. Eines Tages überbrachten mir zwei Offiziere ein Dokument, mit dem uns zehn fabrikneue Wagen aus der Produktion in Eisenach überstellt werden sollten. Diese Nachricht löste bei uns natürlich eitel Freude aus. Doch hatten wir uns zu früh gefreut. Wir haben diese Wagen trotz des Dokumentes nie erhalten, sondern wurden stets »auf morgen« vertröstet.
Immerhin wurde uns ab September eine höhere Benzinzuteilung bewilligt. Ich konnte nun endlich einige Inspektionsreisen vornehmen. Als Begleitoffizier wurde mir ein Hauptmann Popow beigegeben, der dafür zu sorgen hatte, daß alle Sperren, die auf den Landstraßen errichtet waren, sich uns ohne Aufenthalt öffneten. Zugleich sollte er ein Schutz gegen Banditen sein.
Über Nauen – Ludwigslust führte die erste Fahrt nach Schwerin. Wir hatten als SPD die traditionelle Organisationsform der Bezirksgliederung übernommen. Die SMAD wirkte dieser Organisationsform entgegen. Ihr Wunsch zielte auf Landesvorstände unter Ausschaltung der Bezirke hin. Nachdem sich daraufhin zusätzlich Landesvorstände etabliert hatten, kam es sehr bald zu Kompetenzschwierigkeiten.
In Schwerin saß mein alter Freund Carl Moltmann als Landesvorsitzender der Partei. Am Tage des Hitler-Überfalls auf die Sowjetunion, am 22. Juni 1941, waren meine Frau und ich gerade bei Moltmanns zu Besuch gewesen. Um 5 Uhr früh hatte uns Carl, der Frühaufsteher, mit dieser Meldung geweckt: »Jetzt hat er sich übernommen, es geht dem Ende entgegen.« Das war Moltmanns Kommentar dazu gewesen. Carl Moltmann war jetzt wieder, wie vor 1933, zum Präsidenten des Landesarbeitsamtes bestellt worden. Den Parteigeschäften kam er von seinem Dienstzimmer aus mit Gründlichkeit und Umsicht nach.
Hauptamtlicher Geschäftsführer des Landesvorstandes war damals der ehemalige preußische Oberpräsident Hermann Lüdemann, der aber von Moltmann überhaupt nicht eingeschaltet wurde und sich jetzt mit Recht bei mir beschwerte. Es bedurfte einiger Mühe, um die zwei Dickköpfe wenigstens für die Tage meiner Anwesenheit zu versöhnen. Ich stattete dem Chef für die Zivilangelegenheiten, Generalmajor M. A. Skosyrew, einem drahtigen Reiteroffizier, einen Besuch ab. Er kannte den Parteiaufbau sowie die Differenzen und die Eifersüchteleien in der SPD-Führung genau, schob aber alle Schuld auf Lüdemann. »Lüdemann als Parteisekretär nix gut.« Lüde-

mann könne sich nicht einfügen. Sein Verhältnis zu kommunistischen Genossen sei schlecht. Skosyrew beklagte auch eine zu geringe Aktivität der Partei, vor allem bei der Bodenreform. Es sei ihm gemeldet worden, daß SPD-Funktionäre Großgrundbesitzer schützten. Ich bestritt die Berechtigung dieser Vorwürfe und versuchte, ihm das sozialdemokratische Organisationsprinzip zu erklären. Er war und blieb unzugänglich. Seine Antwort: »Organisation gut, Demokratie gut, aber zuerst Bodenreform.«
Zu dem Essen, das auf diese Unterredung folgte, wurden Carl Moltmann und Wilhelm Höcker und von der KPD Gustav Sobottka und Johannes Warncke zugezogen. Die beiden Kommunisten kannte ich noch nicht. Die Gespräche behandelten wieder die Notwendigkeit einer besseren Zusammenarbeit, schließlich wurden die üblichen Trinksprüche auf die Einheit der Arbeiterklasse ausgebracht.
Im Dienstzimmer des Landespräsidenten Wilhelm Höcker hatte ich am folgenden Tage eine Unterredung mit den Mitgliedern des Landesvorstandes, denen ich einen Bericht über die Entwicklung in Berlin gab. Mit dem gegenseitigen Versprechen enger Zusammenarbeit verließ ich Schwerin und fuhr nach Rostock.
Oberbürgermeister in Rostock war ein ehemaliger Gauführerkollege im Reichsbanner Schwarz-Rot-Gold. In seinem Dienstzimmer führten wir ein Gespräch mit den führenden Funktionären. Am Abend fand eine Versammlung in dem erhalten gebliebenen Saal eines Lichtspielhauses statt. Unter den Teilnehmern befanden sich viele Flüchtlinge, darunter etliche Bekannte aus meiner engeren Heimat, aus Elbing und Danzig, die sich am Schluß der Versammlung um mich drängten. Sie bestürmten mich mit Fragen nach der politischen Entwicklung. Ich spürte, daß sie hoffnungsvolle Antworten erwarteten, und ich gab sie ihnen.
In einigen Städten unterbrach ich meine Heimreise. Ich sah und sprach viele Menschen, die alles, selbst die Hoffnung, verloren hatten.

Enttäuschungen in Sachsen

Meine zweite Reise führte mich nach Sachsen. Ich reiste über Elsterwerda. Hier tat ich zum erstenmal, was ich später auf jeder Reise zur Gewohnheit werden ließ: ich hielt irgendwo unangemeldet, um das Leben, den Alltag auf dem Lande und in den Kleinstädten, ein halbes Jahr nach der Kapitulation kennenzulernen.
War die Not in Berlin schon groß, in der Zone herrschte bitterstes Elend. In Elsterwerda täuschte mein Fahrer, den ich vorher verständigt hatte, eine Panne vor. In Begleitung von Hauptmann Popow

suchte ich den Ortskommandanten auf, um Quartier zu erbitten. Popow palaverte mit ihm, und dann verließen beide das Zimmer. Ich blieb allein zurück. Nach geraumer Zeit erschien der Kommandant freudestrahlend, in seiner Begleitung der Dolmetscher, den er suchen gegangen war.

Erst jetzt begrüßte er mich und rückte sofort mit dem Vorschlag heraus, alle Einwohner zu einer Versammlung zusammenzurufen. Es war 18 Uhr. Ich lehnte ab. Er, hartnäckig: »Du wirst sehen, große Versammlung.« Ich lehnte wieder ab und ließ auch nicht zu, daß er den Ortsvorsitzenden der SPD heranholte. In meinem Hotelzimmer, in das man mich gebracht hatte, war außer zwei Betten nichts vorhanden. Früher war das Hotel eines der ersten Häuser im Ort gewesen, heute war es ausgeraubt. Und auch die Wirtsleute konnten mir nichts geben, sie besaßen selbst nur noch das Notdürftigste. Natürlich erhielt ich Bettzeug und ausreichend Wäsche, dafür sorgte der Kommandant aus »seinen Beständen«.

Dann suchte ich den Ortsvorsitzenden der SPD auf. Er freute sich sehr, hätte mich auch gern zum Essen eingeladen, aber er hungerte und darbte mit seiner Familie.

»Und die Kommunisten?« fragte ich ihn.

»Ja, da gibt es drei Sekretäre in dieser Kleinstadt. Sie gehen bei dem Kommandanten aus und ein und bekommen von ihm alles, was sie brauchen.«

Verbittert berichtete er weiter:

»Seit Monaten haben wir nicht ein Gramm Fett bekommen. Dabei haben wir hier eine Großmolkerei. Dort lagert die Butter aus der Erzeugung des ganzen letzten Vierteljahres. Ein großer Teil ist schon ranzig. Nur Teilmengen wurden bisher abgegeben an Truppenteile und an Stäbe, an den Kommandanten und an die kommunistischen Sekretäre und Stadträte.«

Ich erkundigte mich, wie die Bevölkerung zur Besatzungsmacht eingestellt sei.

»Wir leben in einer kleinen Stadt. Einer weiß vom anderen, und alles, was hier vorgeht, wird beredet. Durch die Truppen ist es immer unruhig. Wenn es dunkel wird, geht keine Frau mehr auf die Straße. Dann kommen die Einbrüche von den Deserteuren, die sich zu Banden zusammengeschlossen haben und die ganze Gegend unsicher machen. Die Kommunisten haben für alles eine Entschuldigung, und dafür hat die Bevölkerung kein Verständnis.«

Schon von meiner Reise durch Mecklenburg wußte ich, daß Elsterwerda keine Ausnahme war. Und das bestätigte sich auf allen späteren Stationen.

Von Elsterwerda ging es weiter nach Dresden.

In der Wohnung des Sozialdemokraten Dr. Rudolf Friedrichs, der zunächst als Oberbürgermeister der Stadt Dresden eingesetzt war, hatten sich unter Führung von Arno Haufe — auch einem der Gauführer des Reichsbanners — sozialdemokratische Funktionäre mit dem Kommunistenführer Hermann Matern getroffen.
Hermann Matern, der 1893 in Burg bei Magdeburg geborene Arbeitersohn, gehörte seit 1919 zur KPD und war politischer Sekretär in verschiedenen Bezirken gewesen. Er emigrierte 1934 in die Tschechoslowakei, gelangte auf vielen Umwegen 1941 nach Moskau, wo er eine politische Schule für Kriegsgefangene leitete. Mit Anton Ackermann und der Gruppe Moskauer Emigranten war Matern am 1. Mai 1945 nach Deutschland geflogen worden.
Während Ackermann sehr bald eine Tätigkeit in Berlin aufnahm, übernahm Matern die Funktion eines Landesvorsitzenden der KPD. Matern war eine schillernde Persönlichkeit. Er gab sich biedermännisch, aber man fühlte, daß das nicht echt war. Oft konnte man ihn dabei ertappen, daß er einen aus zugekniffenen Augen scharf beobachtete, wenn er glaubte, daß man es nicht bemerkte.
Materns erste Aufgabe war, die zivile Verwaltung in Sachsen aufzubauen. In dem früheren schlesischen SPD-Reichstagsabgeordneten Otto Buchwitz, dem jetzigen Landesparteivorsitzenden der SPD, fand er ein willfähriges Werkzeug. Otto Buchwitz, ehemaliger Konsumangestellter, war 1933 nach Dänemark emigriert, dort nach dem Einmarsch der deutschen Truppen von der zugleich einrückenden Gestapo verhaftet und nach seiner Verurteilung in das Zuchthaus Brandenburg gebracht worden. Nach der Befreiung durch die Rotarmisten war er nach einer kurzen Rast in Berlin nach Sachsen, der Heimat seiner Frau, gewandert, wo er seine Familie traf. Seine Heimat Schlesien war inzwischen verloren.
Otto Buchwitz berichtete, daß er ein gutes Verhältnis zu Hermann Matern gefunden habe. Nach seinem Dafürhalten werde es, nach der Überwindung der Kinderkrankheiten, ein fruchtbare Zusammenarbeit in der Aktionseinheit mit der KPD geben.
Nach der Unterredung mit Buchwitz machte ich auch Hermann Matern meinen Besuch. Er bestätigte mir die gute Zusammenarbeit mit Otto Buchwitz.
Anschließend übernachtete ich bei Friedrichs. Von diesem erhielt ich ein ungeschminktes Bild der Lage.
Die Zusammenarbeit mit den Sowjets bezeichnete er als erträglich, die mit den Kommunisten als nahezu unerträglich. In der Frage der Personalpolitik gebe es fast täglich einen Zusammenstoß mit seinem Vertreter, dem ersten Vizepräsidenten Kurt Fischer, einem skrupellosen Manne, der allem Anschein nach engsten Kontakt zu Ulbricht

habe, denn der tauche fast jede Woche einmal bei ihm auf. Dabei würden Pakete in Ulbrichts Wagen verstaut. So plötzlich, wie er auftauche, so plötzlich sei er wieder verschwunden.
Die Personalpolitik Fischers sei katastrophal. Sozialdemokraten würden nur selten eingestellt, und wenn, dann oft genug bald wieder entlassen. Die Unzufriedenheit in der Bevölkerung sei groß*.
Ich setzte meine Reise fort und traf am 10. September in Leipzig ein. Hier mußte ich fast eine ganze Woche bleiben und schließlich auch noch Gustav Dahrendorf zur Hilfe anfordern. Wir verhandelten von früh bis spät. Es schien uns nicht zu gelingen, das Knäuel von Verkrampfungen, Gegensätzlichkeiten, Arglist und persönlichen Differenzen sowohl innerhalb der SPD als auch in den Beziehungen zur KPD völlig zu entwirren. In einem Punkt allerdings waren sich alle einig: in der Ablehnung einer Zusammenarbeit mit der KP-Führung.
Die Schwierigkeiten hatten ihren Ursprung in dem unterschiedlichen Charakter der Parteiapparate. »Leipzig ist überwiegend sozialdemokratisch. Jetzt kommt die KPD mit einem Apparat daher, der fünfmal so groß ist wie der unsrige. Für die geringe Mitgliederzahl also viel zu groß. Die Aktivität, die dieser Apparat ausstrahlt, richtet sich vornehmlich an unsere Funktionäre und unsere Mitglieder in den Betrieben. Das kann man sich nicht gefallen lassen.«
Ein anderer klagte:
»Die Kommunisten wollen uns überall überfahren. Überall werden anständige, saubere SPD-Mitglieder 'rausgeworfen und undurchsichtige Elemente eingeschleust.«
Oberst Morosow, der Stadtkommandant, schaltete sich ein und führte fast täglich Besprechungen mit beiden Parteien.
Wir machten dem stellvertretenden Kommandanten unseren Besuch. Er hielt uns das Sündenregister der widerspenstigen Sozialdemokraten vor. Als Beispiel der Verwirrung führte er an, daß die Leipziger Parteileitung um die Genehmigung einer Versammlung nachgesucht hätte, in der das Thema behandelt werden sollte: »Der Wahlsieg der englischen Arbeiterpartei und Folgerungen daraus für die SPD.«

---

* Als ich nach der Unterhaltung mit Dr. Friedrichs später anläßlich einer Sitzung des SPD-KPD-Aktionsausschusses mit Anton Ackermann zusammentraf, erkundigte ich mich bei ihm nach seinem »Landsmann« Kurt Fischer. Ackermann antwortete lächelnd: »Da mußt du dich bei dem anderen Landsmann erkundigen.« Er meinte Ulbricht. Ackermann fügte dann aber ernst hinzu: »Fischer ist schon Anfang der zwanziger Jahre in die Sowjetunion gegangen und hat für sie viele gute Dienste im Ausland verrichtet. Ich hatte eigentlich nicht damit gerechnet, daß er jetzt nach Deutschland mitkommen würde.«
»Er ist also ein Vertrauensmann der Sowjets?« fragte ich.
»Vielleicht«, war Ackermanns Antwort.

Ich antwortete, daß ich seine Bedenken nicht verstehen könne. Das Thema ließe sich doch gerade im Hinblick auf die Einheit der Arbeiterklasse interessant gestalten. Zunächst war er fassungslos; und erst nach einer Pause entgegnete er: »Man muß sprechen über Einheit der Arbeiterklasse in Deutschland und nicht über Wahlsieg in England.«

Bei General Kotikow in Sachsen-Anhalt

Die nächste Reise führte mich kreuz und quer durch Sachsen-Anhalt. Wie bei den voraufgegangenen Besuchen in den anderen Zonen und Ländern standen die Organisationsfragen im Vordergrund aller Beratungen. In Sachsen-Anhalt waren einige Kundgebungen organisiert, auf denen ich zu sprechen hatte, so in Stendal, in Sangerhausen und in Weißenfels. Konferenzen fanden in Magdeburg, in Dessau und erst zuletzt in Halle statt. In Halle wurde mir gesagt, ich müsse mich sogleich bei dem General Kotikow melden. Das tat ich auch. Alexander Kotikow war ein gutaussehender Mann. Über seinem jugendfrischen Gesicht, in dem ein Paar lustige Augen saßen, kräuselte sich ein schlohweißer Haarschopf. Er war recht groß gewachsen, breitschultrig und machte in seiner Generalsuniform eine gute Figur.
Später, als Kommandant von Berlin, lernte ich ihn näher kennen. Gelegentlich traf ich ihn auch in Zivil. Er bevorzugte blaue Anzüge. Bruno Böttge, der Bezirkssekretär von Halle, hatte ihn mir als humorvoll geschildert. Zweifellos besaß er einen gewissen Humor, ohne daß er sich je gehenließ. Für eine ungezwungene, plötzlich aus der Situation hervorbrechende Heiterkeit hatte er kein Verständnis. Er war Soldat und Parteimann und führte jeden Parteiauftrag wie einen Befehl aus. Er dozierte gern, viel und lange, und ließ sein marxistisch-leninistisch-stalinistisches Wissen, gespickt mit unendlich vielen Zitaten, auf seine in der Regel lustlosen Zuhörer herniederprasseln.
Bei meinem Besuch hielt er mir ein fast einstündiges Referat, in dem er mir darlegte, wie sehr er mit der Provinz verwachsen sei, wie er sie vorgefunden und wie er in wenigen Monaten die Wirtschaft aufgebaut habe. Er habe vor allem an der Bestellung des Bodens mitgewirkt und dafür gesorgt, daß kein Quadratmeter unbestellt geblieben sei. Leider, so betonte er pointiert, habe er dabei gar keine Unterstützung bei der Sozialdemokratie gefunden. Schließlich zählte er das »Sündenregister« führender Sozialdemokraten aus allen Städten der Provinz auf.

Als er geendet hatte, dankte ich ihm für seinen großen Eifer, der im ganzen Lande bekanntgeworden sei. Ich dankte ihm, daß er sich in ganz besonderem Maße der deutschen Belange angenommen habe. Dann aber sagte ich, nachdem ich mir seine Anklagerede hätte anhören müssen, schlüge ich, mit seiner Erlaubnis, nunmehr einen Platzwechsel vor. Er verstand zunächst nicht, was ich meinte. »Wie Platzwechsel, Genosse?«
»Natürlich«, erwiderte ich, »nur in der Rolle des Anklägers.« Denn etwas dürfte seiner Aufmerksamkeit doch entgangen sein, nämlich daß die Stimmung in der Bevölkerung nicht gut sei, daß das Bandenunwesen neuerdings wieder erheblich zugenommen habe, daß die Bauern geradezu verzweifelt seien, weil ihnen die Ernte schon vom Felde weggefahren werde. Dabei wies ich besonders auf den Bezirk Stendal hin, auf die Landkreise Jerichow I und II, wo niemand mehr seines Lebens sicher sei und wo deshalb eine völlige Verzweiflung herrsche. Was sich aber in der Verwaltung tue, sei genau das Gegenteil von dem, was er den Sozialdemokraten vorwerfe. Sozialdemokraten werden überall von Elementen ausgeschaltet, die neugebackene Mitglieder der KPD sind und deren Vergangenheit vielfach undurchsichtig ist.
Der General lud mich zum Essen in seine Wohnung. Als der Wagen vorfuhr, sprang aus der Haustür ein Setter, der seinen Herrn mit freudigem Gebell begrüßte. »Warum lacht der Genosse Gniffke?« fragte der General seinen Dolmetscher. Scherzend antwortete ich: »Ich erlebe zum ersten Mal, wie sich ein brauner Hund freut, wenn ein roter General ins Haus kommt.«

Verbitterung in Thüringen

Unmittelbar nachdem General Bokow uns darauf hingewiesen hatte, daß es in Thüringen, vornehmlich mit Dr. Hermann Brill, Differenzen gebe, ließ ich diesen durch vertrauenswürdige Besucher davon unterrichten.
Dr. Hermann Brill, Sohn eines Schneidermeisters, war von frühester Jugend an mit der Arbeiterbewegung verbunden. Der Vater war aktiver Sozialdemokrat gewesen. In seinem Haus hatten in der Zeit der Sozialistengesetze viele Verfolgte Zuflucht gefunden, so wie später sozialistische Emigranten aus Rußland und Polen.
Die SPD verdankte Hermann Brill schon in der Weimarer Zeit viel. Er hatte das Schloß Tinz bei Gera als Volkshochschule eingerichtet. Tatsächlich war es eine Parteihochschule gewesen, an der ausschließlich sozialdemokratische Lehrkräfte gewirkt hatten.

Viele Jahre später, am 7. September 1950, standen wir am Grabe einer ehemaligen »Tinzerin«. Es war das Grab meiner Frau, und Dr. Brill hielt die Gedenkrede.
Darin sagte er unter anderem: »Tinz hat den Menschen eine besondere sozialistische Prägung gegeben. Von den 720 Männern und Frauen, die durch diese Schule gegangen sind, haben in den zwölf schweren Jahren nur ganz wenige versagt.«
Auf meine Warnung hin war Hermann Brill schon Anfang August 1945 zur persönlichen Berichterstattung nach Berlin gekommen. Ich empfing ihn mit ehrlicher Freude. Die Nazis hatten ihm ein schweres Schicksal bereitet. Viele Jahre hatte er im Zuchthaus Brandenburg und schließlich im KZ Buchenwald zugebracht. Im KZ hatte er, zusammen mit anderen inhaftierten SPD-Funktionären, wie z. B. Ernst Thape, ein Bekenntnis zu Demokratie und Sozialismus erarbeitet, das nach der Befreiung als »Buchenwalder Manifest« erschien. Am Schluß dieses Manifestes heißt es:
»Als Antifaschist und von dem aufrichtigen und ernsten Willen beseelt, die politische und gewerkschaftliche Einheit der Arbeiterklasse anzutreten und zu bewahren, wollen wir jetzt unter Wahrung unserer organisatorischen und geistigen Selbständigkeit in voller Gleichberechtigung, im Geiste wahrer Kameradschaft und ohne Ausübung irgendeines Gewissenszwanges mit allen Antifaschisten kartellmäßig zusammenarbeiten. Wir wollen eine neue Welt bauen, frei von Haß und Unterdrückung. Wir kämpfen für Frieden, Freiheit und Sozialismus.«
In unserem Gespräch waren wir uns sehr schnell einig. Aber auch nach seinem Besuch bei uns rumorte es weiter in Thüringen. Die Nachrichten, die uns erreichten, blieben unerfreulich. Ende August 1945 fuhren Otto Grotewohl und Otto Meier nach Weimar. Sie berichteten nach ihrer Rückkehr, daß ihren Informationen zufolge der Landesvorstand sich umgebildet und den Vorsitzenden Hermann Brill fallengelassen habe. Die Richtigkeit dieser Information wurde von allen, die die thüringischen Verhältnisse genauer kannten, angezweifelt.
Die Nachprüfung ergab, daß sie von dem Zweiten Vorsitzenden, Heinrich Hoffmann, stammte. Hoffmann war während des Krieges von Norddeutschland nach Thüringen umgesiedelt. Bei Kriegsende stellte er sich der Partei für den Aufbau zur Verfügung. Er war ehrgeizig und intrigierte zusammen mit dem KP-Landesvorsitzenden Werner Eggerath gegen Brill.
Auf Beschluß des Zentralausschusses fuhr ich Ende September zu einer nach Probstzella einberufenen Landeskonferenz, wo ich über das Thema »Die Partei heute« referieren sollte.

Dabei trat ich getreu dem Beschluß des Zentralausschusses für die Herstellung einer organisatorischen Einheit der Arbeiterklasse und eine politische Ostorientierung ein. Einen Termin für eine Verschmelzung nannte ich nicht. Ich wies vielmehr darauf hin, daß wir uns mitten in einem Klärungsprozeß befänden und daß es im Verhältnis zur KPD, aber auch zur sowjetischen Besatzungsmacht noch vieles zu bereinigen gebe, nicht nur aus der Vergangenheit, sondern auch aus der Gegenwart.
Die SMAD hatte einen Horchposten zu dieser Konferenz entsandt. Als ich in meinem Referat über das Verhältnis zur KPD sprach, lud mein alter Freund, Landsmann und jahrelanger ZDA-Kollege Franz Lepinski den Überwachungsoffizier zu einem Spaziergang ein und machte es dadurch möglich, daß wir nachher frei diskutieren konnten.
In einer anschließenden Landesvorstandssitzung klärte sich dann auch die Situation in bezug auf Dr. Brill. Kein Vorstandsmitglied wollte die Verantwortung für die Grotewohl und Meier gegebenen Informationen übernehmen. Man sei, so erklärte Gustav Brack, ebenfalls ein ehemaliger ZDA-Kollege, nur um die Sicherheit Brills besorgt gewesen, der sich auch tage- und nächtelang verborgen halten mußte, weil zuverlässige Nachrichten über eine durch die NKWD beabsichtigte Verhaftung vorlägen.
Als ich Probstzella wieder verließ, um nach Weimar zu reisen, bat ich meinen Freund Lepinski, mich ein Stück zu begleiten. Ich wollte mit ihm die Lage erörtern. Bis Apolda konnten wir uns ungestört unterhalten.
»Als wir hier während der Sommermonate die SPD wiederaufbauten«, erzählte Lepinski, »war bei uns und auch bei den Kommunisten von einer Verschmelzung keine Rede. Im Gegenteil: Die Kommunisten hier im Lande, die sich des besonderen Wohlwollens der Besatzungsmacht erfreuten und daraus mancherlei Nutzen zogen, sahen in einer Einigung mit den Sozialdemokraten kein vordringliches Problem.«
»Bei uns vollzieht sich aber auch eine Wandlung«, sagte ich. »Alle Mitglieder des Zentralausschusses waren zunächst der Meinung, daß die Vereinigung zu einer gemeinsamen Arbeiterpartei vordringlich sei. Heute — und das habe ich ja auch in meinem Referat zum Ausdruck gebracht — halten wir das Problem nicht mehr für vordringlich. Viel vordringlicher scheint uns die Wiederherstellung der wirtschaftlichen und politischen Einheit Deutschlands zu sein.«
»Ja, aber wie einem Blitz aus heiterem Himmel begegnen wir jetzt überall der Parole ›Sofortige Vereinigung der Arbeiterklasse‹.«
»Kommt die Parole wie ein Blitz aus heiterem Himmel?«

»Sie kommt von den Kommunisten, denen plötzlich die Erkenntnis gekommen ist, daß sie hier in Thüringen gegenüber den Sozialdemokraten eine Minderheit bilden. Durch eine rasche Verschmelzung mit uns wollen sie ihre Schwäche vertuschen.«
»Wie ist die Einstellung unserer Funktionäre zu dieser Frage?«
»Wir, die Funktionäre der SPD, bejahen die Einigungsbestrebungen grundsätzlich, meinen aber, es müsse sich dabei um einen Prozeß der schrittweisen Annäherung und der Schaffung einer Vertrauensbasis durch eine mehr oder minder enge Zusammenarbeit handeln.«
»Wir dürfen kein Hindernis auf den Weg der Wiederherstellung der Einheit Deutschlands legen. Die Sowjets haben ein Programm, in dem die Sicherheitsfrage ganz oben rangiert. In diese Sicherheitsfrage ist die Verschmelzung der Arbeiterklasse mit einbezogen. Ich bin deshalb für eine Vereinigung der beiden Parteien, auch auf die Gefahr hin, daß wir später wieder auseinandergehen. In einer gesamtdeutschen Arbeiterpartei wäre es ohnehin wie bei euch in Thüringen: Die Kommunisten würden nur eine Minderheit darstellen.«
Die Situation in Thüringen war noch dadurch erschwert, daß für die zivilen Angelegenheiten dieses Landes der sowjetische Gardegeneral Kolesnitschenko zuständig war. Die Sympathien des sowjetischen Generals lagen nicht bei den Sozialdemokraten, sondern bei den Bürgerlichen, die er zu Verbündeten seiner kommunistischen Freunde machen wollte. Die Sozialdemokraten ignorierte er oder bereitete ihnen Schwierigkeiten, wo er nur konnte. Einige Male mußte er von Oberst Tulpanow deswegen wieder »zurechtgebogen« werden. Die Einstellung Kolesnitschenkos uns gegenüber änderte sich erst, als er den Auftrag erhielt, frist- und termingerecht »die Einheit der Arbeiterklasse« herzustellen. Bis dahin hatte er aber alle sozialdemokratischen Funktionäre, die eine andere Vorstellung von einer demokratischen Entwicklung hatten als er, die ihm also unbequem waren, aus ihren Stellungen entfernt. Zu ihnen gehörte in erster Linie Dr. Brill.

Meine Schlußfolgerungen

Ich hatte auf meinen Fahrten durch Mecklenburg, Brandenburg, Sachsen, Sachsen-Anhalt und Thüringen viel gesehen und erlebt. Ich hatte viele alte Freunde wiedergesehen. Sie vermittelten mir ein wirklichkeitsgetreues Bild der Lage. Sie beschönigten nichts und konnten auch zwischen Ursache und Wirkung unterscheiden. Die meisten von ihnen waren zunächst auch den Kommunisten gegenüber kameradschaftlich aufgeschlossen, hatten aber inzwischen die

Erkenntnis gewonnen, daß die Zusammenarbeit einer Sisyphusarbeit gleichkäme. Alle Vorschläge, Anträge und Beschwerden der Sozialdemokraten wurden von den Kommunisten stets vom Tisch gefegt.
Ich war in viele Betriebe gegangen und hatte dort mit den Arbeitern gesprochen. Die Arbeiter fühlten sich von der Aktivität der kommunistischen Kader nicht angezogen, sondern viel eher abgestoßen. Sie kannten die Leute nicht, die von irgendwoher plötzlich aufgetaucht waren, die einflußreiche Posten hatten und klug redeten. Sie verteidigten auch alles, was die Russen in wenigen Monaten angerichtet hatten. Die Arbeiter sahen, daß ihnen die Maschinen weggenommen und dann, nachdem sie wochenlang im Regen gestanden hatten, nur noch als Schrott verladen wurden.
Ich hatte vielen Kommandanten meinen Besuch abgestattet und mit ihnen Schnaps trinken müssen. Viele unserer Funktionäre mußten das jeden Abend tun, einige taten es sogar gern.
In dem Bericht, den ich nach meinen ersten Fahrten dem Zentralausschuß übergab, legte ich all diese Beobachtungen und Erfahrungen nieder.
»Das äußere Bild der Zone«, so schrieb ich, »wird beherrscht von den allerorts aufgebauten Triumphbögen, den überlebensgroßen Porträts von Stalin, Lenin, Molotow u. a., von Spruchbändern und roten Fahnen. Die Bilder, Spruchbänder und Fahnen konzentrieren sich auf die Kommandanturen und die KPD-Häuser, die auf diese Weise wie Filialen der Kommandanturen wirken.«
Ich sprach von den hungernden, verschüchterten Menschen, von den Schwierigkeiten, die die Kommunisten in vielen Orten der Bildung anderer Parteien entgegensetzten; ich berichtete von Denunzierungen und Verhaftungen von SPD-Funktionären. In den meisten Fällen hätten die gegen sie erhobenen Vorwürfe einer genauen Nachprüfung nicht standgehalten. Mein Eindruck sei, daß im Denunzieren ein System liege, denn General Kolesnitschenko habe mir im Grunde genommen das gleiche gesagt wie General Kotikow oder General Skosyrew oder Oberst Morosow.
Ich habe auch mit vielen kommunistischen Funktionären gesprochen, manchmal, ohne mich zu erkennen zu geben. Einige Male habe ich nur gesagt, daß ich von Berlin komme und Sozialdemokrat sei. In Weißenfels erklärte mir daraufhin der KP-Sekretär, den ich in seinem Büro aufsuchte, im Berliner Dialekt: »Da haste aba Pech jehabt, mein Junge, vielleicht haste schon mal was von der KP jehört? Jetzt sind nämlich wir am Drücker!«
Auf einen weiteren entscheidenden Umstand wies ich in meinem Bericht hin: Es bestand ein erhebliches personelles Mißverhältnis zwischen der Parteiorganisation von KPD und SPD. Bei der KP gab

es einen Ersten und einen Zweiten Sekretär, außerdem den »Agitprop«- und den »Org«-Mann in jeder kleinen Stadt, in den Mittelstädten einen mit zwanzig und mehr Leuten hauptamtlich besetzten Apparat und in den größeren Städten einen Parteiapparat in jedem Stadtteil.
Dieser Überzahl an hauptberuflichen Parteikräften hatte unsere Organisation nichts Gleichwertiges entgegenzusetzen. Von einem solchen Apparat mußte sie überfahren werden, wenn von uns aus nichts geschehen würde, um diese Diskrepanz zu überwinden.
Dabei stieg unsere Mitgliederzahl sprunghaft an. Unsere Funktionäre wünschten sich Wahlen, die den Kommunisten eine Niederlage bringen und ihre Mißwirtschaft beseitigen würden.
Mancherorts hatte ich feststellen können, daß Altkommunisten zusammen mit Sozialdemokraten gegen fremde Elemente zusammenstanden, die plötzlich aufgetaucht und mit Hilfe der Kommandanten oder des NKWD in Ämter eingesetzt worden waren, darunter häufig kriminelle Elemente, die Spitzeldienste für das NKWD leisteten.
All diese Feststellungen ergaben eindeutig, daß gegenwärtig jede Voraussetzung für eine vertrauensvolle Zusammenarbeit zwischen KPD und SPD fehlte.

Unser Parteiorgan »Das Volk«

Gleich nach Lizenzierung der Partei hatten wir ein Gesuch an die SMAD gerichtet, uns auch eine Parteizeitung zu bewilligen. Im Vorstand überlegten wir, welchen Namen diese Zeitung erhalten sollte. Das zentrale Organ des Parteivorstandes trug vor 1933 den Namen »Vorwärts«. Die ehemaligen Vorwärts-Redakteure plädierten jetzt für den Titel »Das Volk«, und der Vorstand gab diesen Wünschen statt. Auch die SMAD war einverstanden. Bereits am 20. Juni 1945 erteilte sie die Lizenz.
Aber damit allein waren noch nicht die Voraussetzungen für das Erscheinen gegeben. Die Zeitung mußte von einer Redaktion vorbereitet werden. Die in Aussicht genommenen Redaktionsmitglieder mußten ihren Lebenslauf einreichen. Als Chefredakteur wurde Otto Meier vorgesehen, als sein Stellvertreter Engelbert Graf. Ferner waren Paul Ufermann, Max Nierich und Hermann Trojan als Redakteure vorgeschlagen. Bis auf Engelbert Graf, den die Sowjets aus den an anderer Stelle schon erwähnten Gründen ablehnten, wurden unsere Vorschläge akzeptiert.
Paul Ufermann trat als stellvertretender Chefredakteur an Grafs Stelle.

Alle Papierfabriken und Druckereien im Lande waren von der SMAD beschlagnahmt worden. Wir waren daher ganz auf ihre Zuweisungen angewiesen. Sie selbst brachte ihre »Tägliche Rundschau« im Großformat heraus. Der KPD wurde das mittelgroße sogenannte »DAZ-Format« bewilligt, während uns nur das kleine, das sogenannte »Berliner Format« zugestanden wurde. Die Anfangsauflage betrug 50 000 Stück. Auch die Druckerei, die für uns im Lohndruck zu arbeiten hatte, wurde uns zugewiesen.

Am 27. Juni 1945 erschien die erste Nummer unseres Zentralorgans »Das Volk«. Als Lizenznehmer wurden die drei Vorsitzenden, Grotewohl, Fechner und Gniffke, registriert. Sie wurden auch als Treuhänder der Partei mit je RM 10 000,— Gesellschafter der GmbH. Der Gesellschaftervertrag wurde am 14. August 1945 vor dem Notar Dr. Walter Menzel geschlossen.

Wir mußten einen ständigen Kampf um die Verbesserung der Papierzuteilung führen. Außerdem strebten wir an, unsere Zeitung in einer eigenen Druckerei drucken zu lassen. Bisher wurden alle Zeitungen in den von der SMAD beschlagnahmten Zeitungsdruckereien gedruckt. Die Rotationsmaschinen waren ständig überbelastet. Eine eigene Druckerei hätten wir gern in unserem Parteigebäude Behrenstraße untergebracht. Dazu brauchten wir die Maschinen, die uns die Nazis nach 1933 fortgenommen hatten. Die in der großen »Vorwärts«-Druckerei beschäftigten Drucker hatten damals auch ihren Arbeitsplatz verloren. Viele von ihnen hielten über die Nazizeit hinweg zusammen und beobachteten, wohin die Maschinen gebracht wurden. Jede Veränderung in der Montage und Demontage dieser Maschinen, die auf mehrere Betriebe aufgeteilt waren, wurde von ihnen registriert. Während des Krieges war ein großer Teil dieser Maschinen ausgebaut, in den Spreewald verlagert und teilweise in den Kesseln einer Kalksandsteinfabrik untergebracht worden. Schon im Juli 1945 war es uns möglich, der SMAD eine vollständige Lagerliste zu übergeben. Nach vielen Verhandlungen erhielten wir endlich von General Bokow die Zusage, die Maschinen, zusammen mit ebenfalls dorthin verlagerten Schriften und Einrichtungsgegenständen, zurückzuerhalten. Als wir zum festgesetzten Termin den ersten Lastzug hinschickten, war alles verschwunden — Maschinen, Schriften und Zubehör.

Ich suchte bei General Bokow um eine Unterredung nach, um ihn in dieser Angelegenheit um Recherche zu bitten.

Wieder bei General Bokow

Am Abend des 27. September 1945 wurde ich zu General Bokow gerufen. Wieder einmal brachte ich alle unsere Sorgen vor. Wie immer hörte er geduldig zu, wie immer machte er sich Notizen, und wie immer antwortete er: »Gut, wir werden sehen.«
Bei meinem Eintritt in sein Dienstzimmer hatte ich die Notizblätter bemerkt, die vor ihm auf dem Tisch lagen. Er hatte sich seinerseits auf die Unterredung vorbereitet, denn solche Notizen waren für ihn die Gesprächsgrundlage. Bokow nahm seine Notizen zur Hand und begann sogleich mit seiner Rede, die für alle derartigen Anlässe so typisch ist, daß ich sie hier, zusammen mit meiner Erwiderung, so wie ich sie nach meinen Notizen rekonstruieren kann, wiedergebe.
»Es gibt Sozialdemokraten, die können schöne Worte machen, aber es sind nur Worte. In Wirklichkeit sind sie Rechtssozialisten, Stützen der bürgerlichen Gesellschaft. Lenin hat die Rolle dieser sozialdemokratischen Reformisten entlarvt. Im Jahre 1919 schrieb er einen Artikel, in dem er insbesondere die verräterische Haltung des englischen Labourführers Ramsey MacDonald aufdeckte. Die Bourgeoisie braucht solche Handlanger, schrieb Lenin, denen ein Teil der Arbeiter vertrauen könnte und die mit Reden über die Möglichkeit des reformistischen Weges die Bourgeoisie zurechtschminken und schönfärben, dem Volk mit diesen Reden aber Sand in die Augen streuen. Diese Rolle der sozialdemokratischen Reformisten erinnert stark an die Bestrebungen jener noch früheren Sozialisten, die Marx im ›Manifest der Kommunistischen Partei‹ als sozialistische Bourgeois bezeichnete. Doch bei dieser Analogie darf man auf keinen Fall einen nicht unwichtigen Unterschied außer acht lassen. Die sozialistischen Bourgeois zur Zeit von Marx und Engels standen außerhalb der Arbeiterorganisationen, während die sozialdemokratischen Reformisten innerhalb der Arbeiterorganisationen ihr Unwesen treiben...
In Potsdam hat eine Landeskonferenz stattgefunden, auf der Fritz Ebert ein Referat gehalten hat. Ebert hat dabei auch zur Schuldfrage gesprochen und die Gesamtschuld des deutschen Volkes verneint. Herr Ebert ist doch der Sohn des ersten Reichspräsidenten? Was hat Ebert bei den Faschisten gemacht?«
Ich erwiderte: »Hierüber Auskunft zu geben fällt mir nicht schwer. Die Familie Fritz Ebert einschließlich seiner Mutter, der Gattin des ersten Reichspräsidenten — übrigens eine sehr verehrungswürdige Frau —, wohnte in dieser Zeit in Berlin-Johannisthal. Ich habe sie etliche Male dort besucht. Fritz Ebert wurde mehrmals verhaftet und hat verschiedene Konzentrationslager kennenlernen müssen. An der

festen antifaschistischen Haltung der Familie hat sich während der Nazizeit nichts geändert. Das konnte zudem im Hinblick auf ihre Vergangenheit auch nicht anders sein.
Und was die Schuldfrage anbelangt, so sollten wir doch Unterschiede machen. Sie, Genosse General, und nicht nur Sie, sprechen immer wieder von Schuld. Ihre Berechtigung dazu streiten wir nicht ab. Aber wir, die Vertreter der deutschen Arbeiterklasse, stellen die Frage: Wie groß ist die Schuldverpflichtung, die diese Arbeiterklasse, gerade sie gerechterweise auferlegt bekommen soll und die sie abzutragen hat? Gäbe es in dieser Frage eine klare Abgrenzung, ließen sich Mißverständnisse schnell beseitigen.«
Auf diese Replik hin entspann sich zwischen dem General und seinem Dolmetscher ein längeres Zwiegespräch. Immer wieder stellte mir der Dolmetscher Fragen, und ich mußte meine Erklärungen verdeutlichen. Schließlich antwortete Bokow:
»Als nach dem Ersten Weltkrieg die Epoche der allgemeinen Krise des Kapitalismus angebrochen war, als das russische Proletariat unter der Führung der Partei Lenins und Stalins die Große Sozialistische Oktoberrevolution vollbracht hatte, benutzten die sozialdemokratischen Reformisten die von ihnen geleiteten Arbeiterorganisationen als einen Staudamm gegen die revolutionäre Bewegung der werktätigen Massen.«
Ich konnte mich nun nicht mehr länger zurückhalten und gab recht impulsiv aus unserer Sicht einen Aufriß der Geschehnisse, die zu Hitlers Machtergreifung geführt hatten. Ich schloß mit dem Hinweis auf den Berliner Verkehrsarbeiterstreik von 1932, bei dem die Kommunisten zusammen mit den Nazis eine Streikleitung gebildet hatten. Wieder machte sich der General eifrig Notizen und wechselte dann das Thema:
»In der englischen Presse erscheinen jetzt fortlaufend Artikel mit der Tendenz, die Aktionseinheit der Kommunisten mit den Sozialdemokraten zu hintertreiben. Man will im Westen nicht begreifen, daß sich eine Arbeiterpartei grundlegend von den politischen Parteien der Bourgeoisie unterscheiden muß. Die rechten Sozialdemokraten befinden sich im Schlepptau der Bourgeoisie, sie ignorieren den Fortschritt, der eintritt, wenn die Klassen und damit auch die Parteien verschwinden. Dieser Fortschritt ist nur als Einheit der Arbeiterklasse im Kampf gegen die Bourgeoisie und die rechten Sozialdemokraten zu erreichen. Die Vorstufe für diesen Kampf kann eine Demokratie sein, wenn in ihr die Arbeiterklasse als Aktionseinheit auftritt. Es liegt eine große Gefahr darin, daß sich im Ausland der Eindruck festsetzt, daß in der sowjetisch besetzten Zone die Arbeiterparteien gegeneinander kämpfen.«

Hier hakte ich ein und gab dem General ein ungeschminktes Bild meiner Feststellungen in der Zone. Er versprach, Ermittlungen anzustellen, und bemerkte zum Schluß, die Zersplitterung der Arbeiterklasse sei schuld daran, daß Hitler an die Macht gekommen sei. Das müsse der Arbeiterschaft begreiflich gemacht werden, besonders im Westen. Anschließend empfahl er eine Aussprache mit dem Zentralkomitee der KPD über alle Schwierigkeiten, die aufgetaucht seien.

Die Situation im September 1945

Auch die anderen Mitglieder des Zentralausschusses hatten die sowjetisch besetzte Zone bereist. Als Fazit der Beobachtungen, die wir alle dort gemacht hatten, kamen wir übereinstimmend zu der Überzeugung, daß zum gegenwärtigen Zeitpunkt die Voraussetzungen für eine Vereinigung der Arbeiterparteien weit weniger gegeben seien als zu Beginn der politischen Arbeit im Juni 1945.
Die gegenseitigen Vorwürfe der Funktionäre der beiden Arbeiterparteien zeigten, daß die Klärung ideologischer Fragen auf mehr Ressentiments stieß, als dies noch vor einigen Monaten der Fall zu sein schien. Die sowjetischen Kommandanten nahmen vielfach eine anti-sozialdemokratische Haltung ein.
All diese Vorkommnisse haben dazu geführt, daß die Aufrichtigkeit der zentralen KPD-Führung angezweifelt wird.
Diese Feststellungen, die wir im Zentralausschuß getroffen hatten, leiteten eine Abkühlung unserer Beziehungen zur KPD-Führung ein. Aber auch die Beziehungen zwischen den Besatzungsmächten begannen sich merklich abzukühlen.
Der Kontrollrat hatte bereits einige Male getagt. Das Problem der Wiedervereinigung von Verwaltung und Wirtschaft war auf Eis gelegt worden. Was uns aber alarmierender erschien, war die Tatsache, daß die Tagung des Rates der Außenminister in London, die am 11. September begonnen hatte, am 2. Oktober erfolglos abgebrochen worden war.
Zu dem Potsdamer Abkommen hatte sich die Weltpresse zustimmend geäußert. Nach dem Abbruch der Verhandlungen in London stellte sie — und zwar einschließlich der sowjetischen — fest, daß die west-östliche Koalition eine ernste Prüfung durchzustehen habe. Die sowjetische Presse suchte nach den Schuldigen. Sie behauptete, die Atombombe trage die Schuld. Sie sei für die unverbesserlichen Reaktionäre der Welt das Signal, eine Agitation für einen neuen Kreuzzug gegen die Sowjetunion einzuleiten.

Wie es zur Vereinigung von SPD und KPD in der Zone kam

(September 1945 bis April 1946)

Die Konferenz von Wennigsen und ihre Folgen – Franz Dahlem, der Kaderchef der KPD – Sand im Getriebe der »Aktionseinheit« – Kontroverse um die Revolutionsfeiern im November 1945 – Gewitterwolken über Grotewohl – Tulpanow schaltet sich ein – Sowjetkommandanten machen mir Schwierigkeiten – Grotewohls Gespräch am Starnberger See – Die Kommunisten forcieren die Vereinigung – Unsere Devise: Zeit gewinnen – Enttäuschende Begegnung mit Schumacher und Kriedemann – Die Sechziger-Konferenz vom Dezember 1945 – Nachdenkliche Weihnachtsfeier mit Otto Grotewohl – Ulbricht, Leuschner und die Wirtschaftskonferenz – Piecks Geburtstag mit Feuerwerk – Unser Beschluß: Einheitspartei nur für ganz Deutschland, löst Reaktionen aus – Sowjetische Politoffiziere drängen auf die Vereinigung – Kommandanten und Generale mischen sich ein – Ende Januar 1946: die Entscheidung fällt – Neues Treffen mit Kurt Schumacher – Die folgenschwere Sitzung vom 10. und 11. Februar 1946 – Der Gewerkschaftskongreß – Das letzte Mal unter uns – Dahrendorf geht in den Westen – Letzte Begegnung mit Dr. Schumacher – Diskussionen in der Studienkommission – Die zweite Sechziger-Konferenz Ende Februar 1946 – Die Auseinandersetzungen auf Versammlungen und Konferenzen – Die dramatische Berliner Funktionärsversammlung vom 1. März 1946 – Auch Pieck setzt sich mit den Schwierigkeiten auseinander – Grotewohl zieht ins »Getto« – Wir besichtigen das »Haus der Einheit« – Die Zonen-Parteitage beschließen die Vereinigung – Ostern 1946: die Vereinigungszeremonie in Ostberlin – Der 1. Mai 1946: Massenaufmarsch und geselliges Beisammensein

Die Konferenz von Wennigsen und ihre Folgen

Während sich das politische Leben in der sowjetisch besetzten Zone durch die Zulassung der Parteien auf Grund des Befehls Nr. 2 der Besatzungsmacht vom Juni 1945 sehr schnell entwickelte, vollzog sich der Aufbau der Parteien in den westlichen Besatzungszonen wesentlich langsamer, da er nach den Weisungen der westlichen Besatzungsmächte von unten nach oben vorgenommen werden mußte. Dabei hatte die Sozialdemokratische Partei weit weniger Organisationsschwierigkeiten als die bürgerlichen Parteien. Bei ihr war, auch in der Zeit von 1933 bis 1945, allen Verfolgungen und Verlusten zum Trotz, der Zusammenhalt nie völlig zerschlagen worden.
Wie wir in Berlin, so hatte auch Dr. Kurt Schumacher von Hannover aus gleich nach Kriegsende begonnen, die Verbindung zu den am Leben gebliebenen Funktionären, vornehmlich in den westlich besetzten Zonen, wiederherzustellen.
Dr. Schumacher, der 1895 in Kulm in Westpreußen geboren wurde, hatte sich nach dem Ersten Weltkrieg, aus dem er schwer verwundet heimkehrte, der Sozialdemokratischen Partei angeschlossen. Einige Jahre war er Redakteur der »Schwäbischen Tagwacht«, der Parteizeitung in Stuttgart, gewesen. 1924 wurde er in den Württembergischen Landtag und 1930 in den Reichstag gewählt, wo er in einer sehr temperamentvollen Rede den uniformierten Nazirabauken entgegentrat. Für diese mutige Haltung hat er dann mehr als ein Jahrzehnt in KZ-Haft verbringen müssen.
Von London aus hatten die sozialdemokratischen Emigranten sowohl zu Dr. Schumacher als auch zu uns Verbindung aufgenommen. Federführend war das Mitglied des alten SPD-Parteivorstandes, Hans Vogel. Ihm war an einer Zusammenführung des »Büros Schuma-

cher«, wie die Zentralstelle der SPD in Hannover zunächst noch firmierte, mit uns sehr gelegen. Durch seine Vermittlung wurde für den 6. Oktober 1945 ein Treffen in Hannover vereinbart, zu dem Erich Ollenhauer und er selbst von London herüberkommen wollten. Kurze Zeit davor erreichte uns die Nachricht von Vogels plötzlichem Tod. Sie versetzte uns in tiefe Trauer. Wir wußten, daß wir einen Freund verloren hatten.
An unserem Entschluß, nach Hannover zu reisen, änderte diese Nachricht jedoch nichts.
Von unserer Seite sollten nach einem Beschluß des Zentralausschusses zwei der Vorsitzenden, nämlich Otto Grotewohl und Max Fechner, sowie als Beigeordneter Gustav Dahrendorf entsandt werden. Die für diese Reise notwendigen Interzonenpässe wurden von der Sowjetischen Militär-Administration sogleich erteilt. Von dem politischen Verbindungsoffizier bei der britischen Militärverwaltung, Captain Reuss, erfuhren wir vor der Abreise unserer Delegation, daß die britische Militärverwaltung die Konferenz mit einer höchstzulässigen Teilnehmerzahl von 30 Personen genehmigt habe. Wie sich dieser Kreis zusammensetze, bliebe allerdings dem »Büro Schumacher« überlassen. Wir maßen dieser Mitteilung zunächst keine besondere Bedeutung zu, und unsere Dreier-Delegation trat die Reise in der Erwartung an, daß es gelingen möge, unsere Politik mit der des Büros Schumacher zu koordinieren.
Ein kurzer Briefwechsel zwischen Hans Vogel und Otto Grotewohl war der Fahrt vorausgegangen. Hans Vogel hatte sich in der alten SPD großer Beliebtheit erfreut. Einem Treffen mit ihm sahen Grotewohl und Fechner, die ihn persönlich am besten kannten, freudig entgegen. Zudem klangen seine Briefe, was den Gesamtaufbau der Partei anging, sehr optimistisch. Dabei schien uns die Beschränkung der Teilnehmerzahl, wie sie Captain Reuss angekündigt hatte, eher von Vorteil zu sein, da man in einem kleinen Gremium seine Ansichten besser vortragen und eher zu einer Verständigung gelangen kann als in einem größeren. Was unsere Delegation dann in Hannover wirklich erleben sollte, damit hatte allerdings keiner von uns auch nur im Traume gerechnet.
In Wennigsen, einem Vorort von Hannover, wo die Konferenz stattfand, hatte ein englischer Kontrolloffizier vor dem Konferenzraum Aufstellung genommen. Als unsere Delegation eintraf, wurde ihr von diesem Offizier eröffnet, daß die Auswahl der bewilligten 30 Teilnehmer bereits getroffen sei und er daher der Berliner Delegation den Zutritt verweigern müsse. Alle Einwände fruchteten nichts. Erst am Abend gelang es unserer Delegation, mit Vertretern des »Büros Schumacher« ins Gespräch zu kommen.

Kurt Schumacher nahm an diesem Gespräch nicht teil. Er ließ sich wegen Krankheit entschuldigen. Immerhin kam im Laufe dieser Unterhaltung eine Vereinbarung zustande, wonach sowohl der SPD-Zentralausschuß in Berlin als auch das Büro Schumacher sich in den Parteiaufbau der Westzone einschalten sollten. Mindestens einmal im Monat sollte eine Aussprache zwischen Dr. Schumacher und Otto Grotewohl stattfinden, damit die Übereinstimmung in der gemeinsam zu betreibenden Politik gewährleistet bliebe.
Wenige Tage nach dieser Abmachung übersandte uns unser Westzonen-Vertrauensmann Willi Buch aus Regensburg ein von Hannover an die westzonalen Parteiinstanzen versandtes Rundschreiben, in dem das Büro Schumacher vor einer Verbindung mit dem Zentralausschuß der SPD in Berlin warnte und die Mitglieder dieses Gremiums als Befehlsempfänger des Kremls bezeichnete.
Dieses Rundschreiben war Gegenstand eines besonderen Tagesordnungspunktes im Zentralausschuß. Zuvor gab Gustav Dahrendorf, von Grotewohl und Fechner in einigen Punkten ergänzt, einen Bericht über den Verlauf des Aufenthaltes unserer Delegation in Wennigsen, in dem er auch folgende Begebenheit mitteilte:
Über 100 SPD-Funktionäre hatten sich eingefunden, um an der Konferenz teilzunehmen. Da nur dreißig zugelassen waren, standen nun außer unserer Delegation etwa 80 Konferenzbesucher draußen vor der Tür. Gustav Dahrendorf, der die Situation schnell erfaßte, fuhr kurz entschlossen zu einem nahe gelegenen Gasthof und mietete dort den Saal. Auf diese Weise kam es dann in Wennigsen zu einer Parallelversammlung, auf der, unbewacht von den Engländern, Grotewohl und Dahrendorf sprechen konnten, während Max Fechner als Versammlungsleiter fungierte.
Dahrendorfs Bericht schloß mit der Bekanntgabe der Vereinbarung, die in der Nachtsitzung in Hannover zustande gekommen war und die eine enge Zusammenarbeit zwischen dem Zentralausschuß und dem »Büro Schumacher« vorgesehen hatte.
Als dann Grotewohl das von Willi Buch übersandte Rundschreiben vorlas, das dieser Vereinbarung völlig zuwiderlief, bemächtigte sich aller Anwesenden tiefe Niedergeschlagenheit.
Als erster ergriff Helmuth Lehmann das Wort. Lehmann war als langjähriger geschäftsführender Vorsitzender der Krankenkassen gewohnt, Gegensätze nüchtern zu behandeln und auszugleichen. Er stellte gewissermaßen die personifizierte Sachlichkeit dar und hatte in der Partei den Ruf, politisch rechts von sich selbst zu stehen. Als guter Bekannter und politischer Berater des früheren Leipziger Oberbürgermeisters Goerdeler war er in Verbindung mit den Ereignissen des 20. Juli 1944 verfolgt worden. Dieser bedächtige und ausgegli-

chene Mann war nun so erregt, daß ihm zunächst die Worte fehlten, um das Vorgehen dieses Büros gebührend zu geißeln. Immer wieder stockte er und mußte nach den richtigen Worten suchen. Wo soll es hinführen, so fragte er, wenn Vereinbarungen zwischen führenden Genossen der gleichen Partei nicht nur nicht eingehalten werden, sondern wenn der Verhandlungspartner fast noch am selben Tage hinterrücks diffamiert wird? Lehmanns Ausführungen hinterließen bei allen einen starken Eindruck. Otto Meier erklärte, die Aufnahme der in Aussicht genommenen Verhandlungen mit dem »Büro Schumacher« sei unter diesen Umständen unzumutbar. Als Leiter dieser Sitzung fragte ich ihn, ob dies ein Antrag sei. Otto Meier bejahte. »Ich beantrage, keine weitere Verbindung zu dem Büro Schumacher aufzunehmen und zu unterhalten, solange die Diffamierung nicht zurückgenommen wird.« Der Antrag wurde einstimmig angenommen.

Franz Dahlem, der Kaderchef der KPD

Beim Zentralkomitee der KPD trafen ständig Kuriere aus allen Teilen Deutschlands ein. Der Informationsdienst schien außerordentlich gut zu funktionieren. Kaderchef war Franz Dahlem, den ich in manchen Gesprächen erforscht und allmählich auch gut kennengelernt hatte. Der gebürtige Lothringer hatte als Politischer Leiter der Internationalen Brigaden am Spanischen Bürgerkrieg teilgenommen. Bei Kriegsausbruch war er in Frankreich interniert und später von der Pétain-Regierung der Gestapo ausgeliefert worden. Nach achtmonatiger Haft in dem berüchtigten Bunker der Gestapo-Zentrale in der Prinz-Albrecht-Straße in Berlin wurde er in das Vernichtungslager Mauthausen eingeliefert, wo er am 7. Mai 1945 mit anderen Überlebenden von den Amerikanern befreit wurde. In der langen Haftzeit hat er das Lachen verlernt. Nicht einmal ein Lächeln war ihm abzugewinnen. Franz Dahlem legte mir die Berichte vor, die er erhielt, und schickte auch einlaufende Kuriere zur persönlichen Berichterstattung zu mir. Dabei wurden uns Grüße von vielen politischen Freunden überbracht.
In fast allen westdeutschen Städten waren Aktionsausschüsse der KPD gebildet worden, an denen nicht selten die örtlichen Parteileitungen der SPD offiziell beteiligt waren.
Die kommunistischen Kuriere und auch die westdeutschen Parteisekretäre der KPD, die zur Berichterstattung nach Berlin beordert wurden, brachten oft Sozialdemokraten zu uns, mit denen wir einzeln oder auch in Gruppen verhandelten. Dabei machten wir die

Erfahrung, daß es sich durchaus nicht immer um echte Sozialdemokraten handelte. Manche waren erst auf der Anreise dazu gemacht worden. Wenn wir sie, mißtrauisch geworden, nach Namen bekannter sozialdemokratischer Funktionäre aus ihrer engeren Heimat fragten, versagten sie oft.

In den Gesprächen mit Dahlem gewann ich trotz meines Mißtrauens den Eindruck, daß er nicht täuschte, sondern selber getäuscht wurde. Er war auch allzugern bereit zu glauben, was er glauben wollte. Einmal sagte ich ihm: »Während die Einheit im Westen fortschreitet, läuft sie in der sowjetisch besetzten Zone auseinander.« Zum Beweis meiner Behauptung gab ich ihm meine Reiseberichte zu lesen. Nachdem er sie gelesen hatte, war jede weitere Aussprache mit ihm unmöglich. Er schwieg einfach, so daß ich mich schließlich verabschiedete. Später, als ich mit Dahlem eng zusammenarbeitete, sollte ich noch öfter erleben, wie er gelegentlich in völlige Schweigsamkeit verfiel, und zwar immer dann, wenn ihm etwas gegen den Strich ging. Tage-, oft auch wochenlang grübelte er über ein Problem nach und kam erst dann wieder darauf zu sprechen, wenn er eine Lösung gefunden zu haben glaubte.

Sand im Getriebe der »Aktionseinheit«

Das obenerwähnte Gespräch mit Dahlem hatte zur Folge, daß mich Wilhelm Pieck um eine Unterredung bat. Ich wandte ein, daß meine Kollegen Grotewohl, Fechner und Dahrendorf noch nicht aus Hannover und Braunschweig zurückgekehrt seien. Da er jedoch vorgab, einige eilige Fragen schnell klären zu müssen, begab ich mich am 8. Oktober in die KP-Zentrale in der Wallstraße. Es kam zu einer längeren Unterredung, an der außer Pieck auch Ulbricht und Dahlem teilnahmen.

Zunächst sprachen wir über eine angeblich notwendige Organisationsänderung des »Roten Kreuzes«, als dessen Präsidenten wir Paul Löbe vorschlagen wollten. Pieck ließ durchblicken, daß die »Freunde« — das wurde allmählich bei den KP-Funktionären zur gebräuchlichen Umschreibung der Sowjetischen Militär-Administration —, daß also die »Freunde« das »Rote Kreuz« als reaktionäre Organisation für überflüssig hielten.

Pieck erwähnte die Zusammenarbeit in der »Einheitsfront der antifaschistisch-demokratischen Parteien«. Das Zentralorgan der KPD hatte in der letzten Zeit verschiedentlich führende Persönlichkeiten der CDU angegriffen. In einer Sitzung des Vier-Parteien-Ausschusses war es deswegen zu Auseinandersetzungen gekommen. Pieck

und Andreas Hermes hatten sich dann aber in einer persönlichen Aussprache wieder geeinigt. Unmittelbar darauf startete die KPD-Zeitung jedoch einen neuen Angriff, diesmal auf den Chefredakteur des CDU-Organs, Professor Dovifat.
In einem Brief an das Zentralkomitee der KPD erklärte daraufhin die CDU, daß sie erst dann wieder zu einer gemeinsamen Arbeit in der Einheitsfront bereit sei, wenn eine schriftliche Vereinbarung aller Parteien vorläge, nach der Persönlichkeiten anderer Parteien ohne vorherige Fühlungnahme der Parteivorstände untereinander nicht angegriffen werden dürften.
An dieser Stelle des Gesprächs, das bis dahin zwischen Pieck und mir allein geführt worden war, schaltete sich Walter Ulbricht ein. Er wies darauf hin, daß in den Wirtschaftsfragen zwischen den Sozialdemokraten und der KPD bisher leider keine einheitliche Linie gefunden worden sei, woraus sich besonders für die Arbeit in den Zentralverwaltungen Schwierigkeiten ergäben. So habe Dr. Mischler (SPD) die an sich gar nicht mehr bestehenden ehemaligen Fachverbände und Industriegruppen zusammengerufen und mit ihnen konferiert. Dr. Friedensburg (CDU), der Präsident der Zentralverwaltung für Brennstoffe, habe eine Verordnung erlassen, die er wieder zurücknehmen mußte. Auch hier hätten unsere Genossen, die in dieser Verwaltung sitzen, nicht aufgepaßt. Die SPD-Zeitung »Das Volk« soll sich in einem Artikel über die AEG-Betriebe für die Konzernbildung ausgesprochen haben. Der Genosse Dr. Gleitze (SPD) soll angeblich die Wiederzulassung der Großbanken, insbesondere der Privatbanken, propagieren.
Alle diese Fragen müßten in dem gemeinsamen Arbeitsausschuß besprochen werden.
Ich schlug vor, daß Bruno Leuschner, der im Zentralkomitee das Wirtschaftsreferat betreute, sich mit Gustav Klingelhöfer zusammensetzen sollte, um eine Konferenz des gemeinsamen Arbeitsausschusses zusammen mit den Genossen aus den Zentralverwaltungen vorzubereiten. Ich verhehlte auch nicht, daß nach meiner Ansicht die »Aktionseinheit« immer noch eine sehr einseitige Angelegenheit sei, einseitig insofern, als die KPD unvermittelt mit Verhandlungsvorschlägen herauszurücken pflege, dann sogleich ein Gespräch wünsche, zu dem sie bereits den fertigen Entwurf für den gewünschten Beschluß mitbringe. Ein solches Verfahren zur Regel werden zu lassen sei für den Zentralausschuß nicht tragbar.
»Es ist bekannt«, so fuhr ich fort, »daß die Besatzungsmacht oftmals sehr kurzfristig Wünsche äußert, die sie unverzüglich verwirklicht sehen will. Sie schlägt dabei auch verschiedene Wege ein, um ihr Ziel zu erreichen. Das hat sich zum Beispiel gezeigt, als die

Bodenreform eingeleitet wurde. Da es nun aber demokratische Parteien gibt, denen ausdrücklich ein Mitwirkungsrecht eingeräumt worden ist, muß man ihnen auch gestatten, dieses Recht auszuüben. Die Opposition, vor wenigen Monaten noch gar nicht vorhanden, richtet sich heute hauptsächlich gegen die Art und Weise, wie Maßnahmen eingeleitet und dann durchgeführt werden. Eine solche Opposition gibt es in allen demokratischen Parteien, auch im Zentralausschuß der SPD. Bis jetzt ist es zu einer Zusammenarbeit und Abstimmung zwischen den agrarpolitischen und wirtschaftspolitischen Referaten unserer Parteien überhaupt noch nicht gekommen. Daraus müssen zwangsläufig unterschiedliche Auffassungen resultieren. Von einer vorbereiteten einheitlichen Aktion kann bis heute keine Rede sein. Selbst bei führenden Funktionären der SPD beginnt man daher skeptisch zu werden und zu fragen, ob die KPD ernstlich eine solche miteinander abgestimmte gemeinsame Aktion wünsche oder ob es ihr nicht eher darauf ankomme, die SPD ins Schlepptau zu nehmen.«

Ulbricht war mit seiner Antwort schnell bei der Hand. Es sei selbstverständlich, erwiderte er, daß sich jede reaktionäre Bewegung vor Veränderungen fürchte, die sie entmachten könnten. In den Ländern mit einer formalen Demokratie gelten die Millionen des Finanzkapitals mehr als die Millionen der Arbeiterstimmen. Es gehe also darum, den Einfluß des Finanzkapitals zu brechen und den Stimmen der Arbeiter Geltung zu verschaffen. Das sei aber nur durch die Einheit der Arbeiterklasse zu erreichen. Die Einheit werde heute, auch in der sowjetisch besetzten Zone, von klassenfremden Elementen sabotiert. Diesen Saboteuren müsse der Kampf angesagt werden.

»Wir sind mit einem Kampf gegen Saboteure einverstanden«, antwortete ich. »Wer aber entscheidet, wer Saboteur ist und wie Sabotage am zweckmäßigsten verhindert werden kann? Auch bei einer solchen Aktion muß man die ›Aktionseinheit‹ abstimmen.«

Franz Dahlem stimmte mir zu und meinte, daß auch eine Aktionseinheit erst wachsen müsse. Dabei gebe es selbstverständlich noch Wachstumsschwierigkeiten. Die Hauptsache sei jedoch, daß es zu keiner Frontstellung zwischen Sozialdemokraten und Kommunisten komme. Die entscheidende Frontstellung sei und bleibe die zwischen Anhängern der Einheit der Arbeiterklasse und ihren Gegnern. Die gemeinsamen demokratischen Aufgaben bestünden in der Vollendung des Sieges über den Faschismus und der Durchführung der internationalen Abmachungen von Jalta und Berlin.

Kontroverse um die Revolutionsfeiern im November 1945

Ende Oktober 1945 erhielten wir, wieder einmal gänzlich unerwartet, Besuch aus der Wallstraße. Pieck hatte vorher angerufen und um eine gemeinsame Sitzung gebeten. Es sei dringend.
Als wir in meinem Zimmer um den großen Tisch versammelt waren — die Mitglieder des Sekretariats des KP-Zentralkomitees und die Mitglieder des geschäftsführenden SPD-Vorstandes —, wurde uns eröffnet, welches Thema die KP-Führer mit uns zu erörtern wünschten. Anton Ackermann nahm als erster das Wort:
Man habe sich im Zentralkomitee mit der Veranstaltung einer Revolutionsfeier befaßt. Er sei dabei, ein Programm auszuarbeiten, und habe nun vorgeschlagen, die Revolutionsfeier als Aktionseinheit SPD – KPD abzuhalten. Nun wolle man gemeinsam mit uns das Programm festlegen. Gustav Dahrendorf entgegnete ärgerlich, die Kommunisten sollten sich endlich abgewöhnen, Wünsche vorzutragen und gleichzeitig auf unsere sofortige Entscheidung zu drängen. Es entspann sich ein lebhaftes Wortgefecht, in dem die anwesenden Sozialdemokraten einmütig Gustav Dahrendorf zustimmten. Er hatte das ausgesprochen, was mehr oder weniger deutlich alle Mitglieder unseres Zentralausschusses empfanden. Das Verhalten der ZK-Mitglieder wurde von uns als Bevormundung angesehen.
Die KP-Vertreter kamen dieses Mal nicht ans Ziel ihrer Wünsche, das Ulbricht so formulierte: Es würde bei den »Freunden« einen guten Eindruck machen, wenn wir in einer gemeinsamen Kundgebung nicht nur der deutschen, sondern auch der Großen Sozialistischen Oktoberrevolution gedenken würden. (Auch in unseren gemeinsamen Sitzungen war es allmählich Brauch geworden, die SMAD schlicht als die »Freunde« zu bezeichnen.) Aber auch trotz dieses Hinweises auf die »Freunde« trafen wir noch keine Entscheidung, sondern entließen die KP-Führer mit dem Hinweis, daß wir dem Zentralausschuß den Antrag vorlegen müßten.
Als sich die kommunistischen ZK-Mitglieder — etwas betreten — verabschiedet hatten, blieb der geschäftsführende Vorstand der SPD noch zusammen. Wir saßen da, blickten uns an, aber anscheinend wollte keiner als erster etwas sagen. Schließlich legte August Karsten, der Hauptkassierer, los: »Da soll angeblich eine ideologische Klärung erfolgen. Wie ist das möglich auf einer gemeinsamen Revolutionsfeier, auf der in der Hauptsache von der russischen Oktoberrevolution gesprochen werden soll!«
Mit dieser Feststellung war der Bann gebrochen. Es war, als bräche aus jedem von uns mit Macht hervor, was er bis dahin gewaltsam unterdrückt hatte. Selbst Gustav Dahrendorf, der immer besonders

vehement für die Einheit mit der KPD eingetreten war, meldete nun viele Vorbehalte an. Otto Meier erklärte, er habe nur auf den Tag gewartet, an dem wir »unsere Brüder« einmal abblitzen lassen könnten. Ich stellte die Frage: »Was soll auf einer gemeinsamen Revolutionsfeier gemeinsam demonstriert werden? Eine Einigkeit in ideologischen Fragen, die noch nicht existiert? Schaffen wir, wenn wir gemeinsam feiern, nicht Verwirrung bei unseren Mitgliedern? Schwächen wir nicht auch unsere Verhandlungsposition im Hinblick auf die Klärung ideologischer Fragen?«
Otto Grotewohl wies darauf hin, daß wir dem Zentralausschuß gegenüber lediglich eine Empfehlung aussprechen könnten. Er schlage vor, dieses Gremium sogleich einzuberufen und ihm nahezulegen, von einer gemeinsamen Revolutionsfeier Abstand zu nehmen.
Auf der Sitzung des Zentralausschusses am 2. November 1945 trug Grotewohl den Wunsch der KP-Führung vor und gab gleichzeitig die Einstellung der Vorstandsmitglieder bekannt. Nach Grotewohl sprachen nur noch Fritz Ebert und Erich Lübbe, beide als die Vertreter der Berliner Bezirksorganisationen, die für eine solche Feier zuständig gewesen wären. In einer Abstimmung entschied sich dann der Zentralausschuß einstimmig für eine eigene Feier.
Es sollte eine Großveranstaltung werden, für die wir das ehemalige Schumann-Theater, den Friedrichstadt-Palast, auswählten, da dieser Bau über einige tausend Sitzplätze verfügte. Der Friedrichstadt-Palast war erst am 11. November frei. Deshalb wurde die Kundgebung auf diesen Tag gelegt.
Am Gedenktag der Revolution von 1918, am 9. November, waren viele Mitglieder des Zentralausschusses als Redner außerhalb Berlins eingesetzt. Ich selbst befand mich aus diesem Anlaß auf einer Versammlungsreise und kehrte erst am 10. November von Magdeburg und Halberstadt nach Berlin zurück.
Dieser 10. November 1945 wurde für meine Familie ein Freudentag. Meine Frau war am selben Tag aus Schwerin zurückgekehrt, wo sie einige Tage bei der Familie Moltmann zu Gast gewesen war. Als mein Wagen vor der Haustür hielt, kam sie mir entgegen. Ihr Gesicht strahlte. »Du siehst aus, als wäre Gert heimgekommen«, rief ich. Und tatsächlich, mein Sohn Gert war aus russischer Gefangenschaft heimgekehrt. Nach herzlicher und stürmischer Begrüßung eilte ich zum Telefon, um auch den Freund Otto Grotewohl an unserer Freude teilnehmen zu lassen.
Auf meine Frage, ob sich während meiner Abwesenheit etwas Besonderes ereignet habe, antwortete er, nein, bis heute nicht, aber morgen. Er habe vor, so sagte er mir, morgen einige bedeutsame Ausführungen zu machen. Nach diesen Andeutungen suchte ich sogleich

Gustav Dahrendorf auf, der in der gleichen Siedlung bei »Onkel Toms Hütte« wohnte wie ich, um von ihm Näheres zu erfahren. Aber Dahrendorf wußte auch nicht, was Grotewohl beabsichtigte. Er kannte, genau wie ich, auch nur das Konzept einer in Leipzig gehaltenen Rede Grotewohls mit dem Titel »Dreißig Jahre später«, das auch die Grundlage für die Rede am 11. November sein sollte. Eine Sitzung, in der abweichende Beschlüsse hätten gefaßt werden können, hatte während meiner Abwesenheit nicht stattgefunden, auch nicht, um zu der Rede Wilhelm Piecks vom 9. November Stellung zu nehmen.

Die KPD hatte nämlich ihre Kundgebung bereits am 9. November veranstaltet, und Wilhelm Pieck hatte dabei nicht nur die Lehren verkündet, die aus der Novemberrevolution von 1918 und aus der Großen Sozialistischen Oktoberrevolution zu ziehen seien, sondern auch von bevorstehenden Wahlen für die Zone gesprochen, bei welchen die beiden Arbeiterparteien mit einem gemeinsamen Wahlprogramm auftreten sollten. Am besten wäre es, so hatte Wilhelm Pieck geäußert, gemeinsame Listen aufzustellen oder, falls es keine Listen gäbe, sich über gemeinsam aufzustellende Kandidaten zu verständigen. Es dürfe für uns keinen Wahlkampf gegeneinander geben. Wir brauchten unsere Kräfte nicht zu messen, sondern sollten sie gemeinsam einsetzen. Seine Rede endete mit dem Ruf:

»Es lebe die brüderliche Zusammenarbeit der Kommunisten und Sozialdemokraten mit dem Ziel ihrer Vereinigung in einer einheitlichen Arbeiterpartei.«

Wollte Grotewohl darauf eine Antwort geben? Wir mußten uns nach seiner Ankündigung von ihm überraschen lassen. Und das gelang ihm dann auch.

Der große Versammlungsraum war überfüllt. Wir hatten das Sekretariat des Zentralkomitees der KPD eingeladen, aber nur der KP-Vorsitzende Wilhelm Pieck war erschienen. In seiner Begleitung befand sich ein junger Mann, der sich als Wolfgang Leonhard vorstellte. Grotewohl begann seine Rede mit einem Rückblick auf die Entwicklung, die zum Ersten Weltkrieg, zum Zusammenbruch und zur Revolution geführt hatte. Dann fuhr er fort:

»1918 ist Deutschland eine Demokratie geworden, eine Demokratie, in der alle Gewalt vom Volk ausgehen sollte. Die Verfassung bot die Handhabe zu allem, was das Volk wollte. Dennoch geschahen in dieser Periode zwei große Fehler. Der erste war die Nichtbeachtung der schwerkapitalistischen Aufrüstung gegen die Demokratie und der zweite die mangelhafte Organisation der Abwehr, nicht zuletzt wegen der Spaltung der Arbeiterklasse.«

Nachdem er dann die Entwicklung, die zu Hitler und dem totalen Zusammenbruch führte, aufgezeichnet hatte, stellte Otto Grotewohl fest:
»Die Einheit der Arbeiterbewegung kann nicht durch einen Beschluß zentraler Instanzen herbeigeführt werden, sie muß auf dem Willen der Mitglieder beider Arbeiterparteien beruhen. Unmöglich soll sie durch äußeren Druck erzeugt werden. Eine vorausgehende ideologische Klärung wird nützlich sein. Ebenso wichtig erscheint uns die Schaffung einheitlicher Parteien für das Reichsgebiet. Eine Vereinigung in nur einer Besatzungszone würde weder zu einer ideologischen Klärung noch zu einer Einigung im Reichsmaßstab führen. Nur Reichsparteien können die Wiederaufrichtung des Deutschen Reiches als parlamentarisch-demokratische Republik sichern. Wir wissen nicht, ob unsere kommunistischen Freunde, mit denen wir um eine ideologische Klärung zu ringen haben, dies auch so sehen. Diese Klärung muß erfolgen, nicht allein in den Führungsgremien, sondern auch im breiten Raum der Mitgliederschaft. Die Einheit der Arbeiterbewegung darf nicht allein ein Beschluß von Instanzen sein, sie muß der eindeutige und von Überzeugung getragene Wille aller Klassengenossen der Sozialdemokratischen und der Kommunistischen Partei sein. Die Einheit muß ein Akt der Selbstbestimmung sein, niemals das Ergebnis eines Druckes, eines inneren Zwanges...
Eine Demokratie wird in Deutschland nur dann lebensfähig sein, wenn das deutsche Volk den Lebensraum behält, den es seiner Größe nach zu beanspruchen hat. In einem um ein Drittel verkleinerten Haus kann ein Fünfundsechzig-Millionen-Volk nicht leben. Die Grenze kann daher auch nicht die Oder-Neiße sein. Um ein so großes Volk zu ernähren, benötigt man ausreichenden Landbesitz oder eine Industriekapazität, die uns in die Lage versetzt, durch Export unserer Erzeugnisse und den Import von Lebensmitteln die Ernährung sicherzustellen.«
Grotewohl wurde häufig von Applaus unterbrochen. Am Ende der Rede wollte der Beifall nicht enden. Dahrendorf und ich unterließen es, Grotewohl zu gratulieren. Nachdenklich verließen wir den »Palast«.
Gewiß, Dahrendorf und ich waren mit den Ausführungen Grotewohls zur Frage der Vereinigung einverstanden. Sie entsprachen der im Zentralausschuß festgelegten Linie. Was uns schockierte, war, daß Grotewohl sich, ohne Ermächtigung des Zentralausschusses, auf außenpolitisches Gebiet begeben hatte, und die Art, wie er die Grenz- und Produktionsprobleme angepackt hatte.

Als gebürtiger Elbinger hatte ich die Zeit von 1918 bis 1925 in Danzig erlebt, hatte aktiv an den Abstimmungskämpfen in Westpreußen teilgenommen. Ich hatte Freunde in der polnischen Sozialdemokratie und kannte aus all diesen Gründen die polnische Mentalität. Ich wußte: Grotewohl hatte hier ein heißes Eisen angepackt, das bei den mißtrauischen Sowjets den Verdacht auf reaktionäre Einstellung wecken mußte.

Statt einer ideologischen Klärung hatte sich, seit der Grotewohl-Rede im September, ein gewisses Mißtrauen ergeben, das sich gelegentlich in Reden Piecks, Ulbrichts und Dahlems äußerte. Eine Vertiefung dieses Mißtrauens war durch unsere Ablehnung einer gemeinsamen Revolutionsfeier eingetreten. Und jetzt nun noch diese Rede! Dahrendorf und ich waren uns einig, daß die Rede eine Fehlleistung, zumindest aber taktisch äußerst unklug war.

Gewitterwolken über Grotewohl

Ursprünglich war die Grotewohl-Rede für eine Rundfunkübertragung vorgesehen gewesen und deshalb auf Band aufgenommen worden. Die Übertragung unterblieb jedoch. Sie sollte im »Volk« veröffentlicht werden. Aber auch das ließ die sowjetische Zensur nicht zu.

Der 11. November 1945 war ein Sonntag. Am Montagfrüh bat ich Gustav Klingelhöfer zu mir. Es stellte sich heraus, daß Grotewohl auch ihn nicht ins Vertrauen gezogen hatte. Daraufhin ging ich zu Fechner und fragte ihn, ob er unterrichtet gewesen sei. Fechner war der einzige, der die Rede vorher gekannt hatte. Grotewohl hatte ihm die entscheidenden Stellen vorgelesen, und Fechner hatte zugestimmt.

Nachdem ich diese Feststellung getroffen hatte, trat, wie jeden Montagvormittag, der geschäftsführende Vorstand zusammen. Die Sitzung war gerade eröffnet, als Wilhelm Pieck bei mir anrief und um eine gemeinsame Sitzung bat. Damit hatten wir gerechnet. Wir brachen die bereits begonnene Diskussion, in der die Eigenmächtigkeit Grotewohls und der Inhalt seiner Rede kritisiert wurden, ab und beschlossen, Grotewohl den Kommunisten gegenüber zu decken.

Wilhelm Pieck war vor Erregung krebsrot, als er mit seiner Begleitung kurze Zeit später mein Zimmer betrat. »Na, Otto«, polterte er bereits an der Tür los, »du wirst doch nicht annehmen, daß heute auch nur noch ein Sozialdemokrat hinter dir steht.« Ich entgegnete: »Wir sind hier zwar nur fünf, aber diese fünf stehen hinter ihm. Bitte, setzt euch.«

Pieck bezeichnete die Rede Grotewohls als eine Provokation. Mit dieser Rede sei nicht nur die KPD, nicht nur die sowjetische Besatzungsmacht, sondern seien auch die anderen Besatzungsmächte provoziert worden. Grotewohl beschränkte sich lediglich aufs Zuhören und beteiligte sich mit keinem Wort an der Diskussion. Wir räumten nur ein, daß es durch eine Kürzung der Rede zu einigen Mißverständnissen gekommen sei.
Doch unsere Beschönigungsversuche konnten die Gewitterwolken, die sich von Karlshorst her über Grotewohls Haupt zusammenballten, nicht zerstreuen. Das erfuhren wir sehr bald von dem sowjetischen Hauptmann Popow, an dessen freundschaftlicher Gesinnung wir nicht zweifeln konnten. Popow war sowohl Grotewohl als auch mir auf unseren Reisen durch die Zone oftmals als Begleitoffizier beigegeben gewesen. Auf diesen Reisen pflegten wir, wenn es sich einrichten ließ, auch manchmal einen Abstecher nach Halberstadt zu machen, wo eine uns befreundete Familie — das Zahnarztehepaar Hoccotz — wohnte. Hauptmann Popow, mit dem wir uns gut verstanden, nahmen wir bei solchen Besuchen mit. Jetzt erfuhren wir von Irene Hoccotz, wie Popow, der in Karlshorst von der Mißstimmung gegen Grotewohl erfahren hatte, aufgeregt zu ihnen heraufgestürmt gekommen sei und gestammelt hätte: »Grotewohl vor 5 000 Menschen in Berlin... Rede nix gut... Bilder malen besser... Irene, du Grotewohl sagen, nur Bilder malen, nix mehr reden.«

Tulpanow schaltet sich ein

Ich wurde zu Oberst Tulpanow beschieden, der mich strahlend und überaus liebenswürdig empfing und sich nach Wünschen erkundigte, die ich für die Partei hätte. Ich trug sie ihm vor, und er notierte sie sich. Dann kam er zu dem eigentlichen Grund dieses von ihm gewünschten Gespräches — die Rede Grotewohls. Er könne nicht begreifen, so sagte er, wie eine solche Rede von einem Zentralausschuß gebilligt werden konnte, in dem doch immerhin Marxisten säßen. Ich erwiderte etwas gewunden: Vielleicht handele es sich bei diesen Formulierungen um Mißverständnisse, die ihrerseits wieder Mißdeutungen zuließen. »Übersehen Sie bitte nicht, daß wir uns in einer denkbar schwierigen Lage befinden; weniger als Deutsche, sondern als Führer einer Arbeiterpartei. Die Sowjetunion ist ein sozialistischer Staat. Wir können aber noch nicht erkennen, was dieser Staat mit Deutschland vorhat. Immer wieder legen uns gute alte Funktionäre die Frage vor, ob Deutschland und ob vor allem der deutsche Arbeiter von einem sozialistischen Land ausgebeutet werden solle?«

»Und was ist Ihre persönliche Meinung?« unterbrach mich Tulpanow. Ich antwortete: »Ich bin in Elbing geboren. Ich kenne die Geschichte Polens und weiß, wie sehr diesem Volk unrecht getan worden ist, von Preußen, von Österreich, von Ungarn und nicht zuletzt von Rußland. Am Ende des Ersten Weltkrieges wurde im alten Groß-Polen, in Schlesien und in Westpreußen abgestimmt. Ich habe dabei aktiv mitgewirkt. Die Ergebnisse sind bekannt. Im Gegensatz zu diesen Ergebnissen werden jetzt die Deutschen auch aus Gebieten verjagt, die unbestritten deutsch sind.«
»Und was haben die Deutschen getan, und nicht erst unter Hitler?« warf Tulpanow ein.
»Was die Deutschen alles getan haben, insbesondere unter dem Regime Hitler, das wissen wir. Ebenso wissen wir, daß Vereinbarungen angestrebt werden müssen, das verübte Unrecht wiedergutzumachen. Aber Unrecht kann nicht mit neuem Unrecht gutgemacht werden. Wir erstreben ein einheitliches Deutschland. Das ist kein Unrecht. Wir streben danach, den Imperialismus durch einen friedliebenden Sozialismus zu ersetzen. Das ist auch kein Unrecht.
Als Sozialist erstrebe ich die Freundschaft zu allen Völkern, insbesondere zu den Nachbarvölkern, also auch zu Polen. Von meiner Jugend an unterhalte ich viele persönliche Freundschaften mit Polen. Ich werde mich stets nicht nur für eine Aussöhnung, sondern für eine dauerhafte Freundschaft mit Polen einsetzen. Worauf es uns vor allem ankommt, ist, zu verhindern, daß Deutschland zur Basis gegensätzlicher Verteidigungsinteressen gemacht wird.«
Tulpanow dozierte dann über Wachsamkeit in der Außenpolitik, über die kapitalistische Umwelt, über die antisowjetischen Tendenzen nicht nur in der deutschen, sondern auch in der Politik aller kapitalistischen Staaten. Es sollte uns, so sagte er weiter, verständlich sein, wenn der sozialistische Staat loyale Nachbarn wünsche, Nachbarn, die den Frieden wollen und sich nicht dazu hergeben, antisowjetischen, imperialistischen Intrigen zu dienen.
Dann kam er auf die Grotewohl-Rede zurück. Er kritisierte die Aggressivität, die in ihr zum Ausdruck gekommen sei, und fragte, weshalb nur Grotewohl rede, während ich mich so stark zurückhielte.
»Es wäre besser, wenn da eine Änderung vorgenommen würde.«
Ich erwiderte: »Nach einem einstimmig gefaßten Beschluß des Zentralausschusses ist Otto Grotewohl als Sprecher der Partei anzusehen. Das bedeutet, daß Erklärungen des Zentralausschusses grundsätzlicher Art von ihm abgegeben werden. Es bedeutet aber nicht, daß nur Grotewohl für die Partei redet. Wie Fechner und andere Mitglieder des Zentralausschusses habe auch ich viele Reden in Städten der Zone und in mehreren Stadtteilen Berlins gehalten.«

»Ich meine die Erklärungen bei Kundgebungen. Wir möchten die Spaltung der Arbeiterklasse überwinden. Grotewohl vertieft die Spaltung.«

Ich hielt ihm entgegen, daß Grotewohl und wir alle im Zentralausschuß zunächst einmal für eine Gleichberechtigung mit der KPD einträten. Diese Gleichberechtigung hätten wir aber bisher noch nicht erreichen können.

»Vielleicht liegt es an Grotewohl«, meinte Tulpanow, »der jetzt mehr nach dem Westen als nach dem Osten blickt.«

Ich wies Tulpanow schließlich noch ausdrücklich darauf hin, daß Grotewohl und ich nicht nur in politischer, sondern auch in persönlicher, menschlicher Beziehung Freunde seien.

Schon am nächsten Tag wurde Fechner zu einer ähnlichen Aussprache gebeten. Als er zurückgekehrt war, führte er mich ans Fenster und zeigte mir einen BMW, der vor dem Hause parkte. Er sei ihm zum persönlichen Geschenk gemacht worden. Besonders glücklich hätte Tulpanow ihn mit der Aufmunterung gemacht, sein Buch »Wie konnte es geschehen?« drucken zu lassen. Papier hätte er ihm gleich für eine Millionenauflage zugesichert.

Man konnte Fechner glauben, daß er nicht das Gefühl hatte, bestochen worden zu sein. Auch seine Beteuerung, daß er sich vor der KP-Führung mit Grotewohl solidarisch erklärt habe, war sicher ehrlich. Dennoch mußte es auffallen, daß Fechner mit diesen Geschenken heimgekehrt war. Fechner war ehrgeizig. Gelegentlich auch nicht ganz aufrichtig.

Während Tulpanow sich bei mir im klaren gewesen zu sein schien, daß ich durch Geschenke nicht gefügig zu machen sei, hielt er das bei Fechner offenbar nicht für ausgeschlossen.

Das Buch »Wie konnte es geschehen?« war literarisch nicht bemerkenswert. Es war von Fechners intelligentem Sekretär verfaßt worden, und zwar in Form fingierter Gespräche, die Fechner als KZ-Gefangener mit Goebbels geführt hatte.

Fechner hatte sich bei dem Buch, das ihn im Impressum nur als »Herausgeber« aufführte, auch einen materiellen Gewinn errechnet. Er sollte später ganz beträchtlich geschmälert werden.

Sowjetkommandanten machen mir Schwierigkeiten

Während Otto Grotewohl und Gustav Dahrendorf Ende November 1945 gemeinsam eine Reise nach Westdeutschland antraten, unternahm ich eine Versammlungstournee, die mich in viele Orte Sachsens und Sachsen-Anhalts führte. Für den 28. November 1945 war eine Kundgebung in Dessau angesetzt, für die Otto Grotewohl als Redner angekündigt war. Es war jedoch ausgemacht worden, daß ich das Referat übernehmen sollte, falls Grotewohl nicht rechtzeitig aus den Westzonen zurück sein könnte. Als ich am Versammlungsort eintraf, erfuhr ich, daß General Kotikow die Weisung erteilt hatte, Grotewohl dürfe nur dann sprechen, wenn er eine schriftliche Genehmigung des Generals vorweise.

Unsere Zeitungen in Halle und Leipzig hatten meine Versammlungen groß angekündigt und Reporter mit der Berichterstattung beauftragt. Da aber bisher keine Berichte erschienen waren, suchte ich in Halle unsere Redaktion auf, um den Grund für das Ausbleiben der Versammlungsberichte zu erfahren. Die Redakteure führten mich in die Druckerei und zeigten mir den Druckseitensatz meiner Reden, deren Veröffentlichung die Zensuroffiziere jedoch untersagt hatten. Als ich einen der Offiziere um Aufklärung bat, bedeutete er mir, daß die Versammlungen nach seinen Informationen nicht genehmigt worden seien. Deshalb gebe es auch keine Berichterstattung.

Ich überlas nun meine Rede noch einmal sehr kritisch, fand aber nicht eine einzige Stelle, die Anlaß zu einer Beanstandung hätte bieten können. Auch der zuständige Redakteur und der SPD-Bezirkssekretär Bruno Böttge teilten meine Meinung. Böttge setzte sich telefonisch mit dem Adjutanten von General Kotikow, Major Demidow, in Verbindung, der mich umgehend zu einer Unterredung zum General bestellte.

Wieder einmal mußte ich dort eine längere Rede über mich ergehen lassen. Wieder wurde eine Anzahl meiner politischen Freunde als Saboteure an der Aktionseinheit der Arbeiterklasse bezeichnet, und wieder einmal konnte ich mit Gegenbeschwerden antworten. Ich beklagte mich auch darüber, daß eine von mir gehaltene Rede nicht veröffentlicht werden dürfe. Der General bezeichnete das als ein Versehen der Zensurbehörde. Er habe lediglich Weisung gegeben, daß Grotewohl in Sachsen-Anhalt nur dann sprechen und eine Rede von ihm nur dann veröffentlicht werden dürfe, wenn er, Kotikow, vorher das Manuskript genehmigt habe. Verwundert fragte ich den General nach dem Grund einer solchen Maßnahme. Die Antwort war ein wortreicher Sermon über Patriotismus und Internationalismus. Grotewohl sei in seiner Berliner Rede vom 11. November einer imperialistischen Großraumthese verfallen. Von dieser zum Antisowjetismus sei nur noch ein kleiner Schritt. Als ich dem General sagte, daß an Stelle von Grotewohl ich in Dessau sprechen werde, schien er befriedigt zu sein. Beim Abschied versicherte er: »Es wird eine große Versammlung sein. Sprechen Sie über Einheit der Arbeiterklasse. Bericht wird in allen Zeitungen erscheinen.«

In Magdeburg, der nächsten Station meiner Reise, hatte der Bezirksvorstand gerade einen sehr üblen Fall zu behandeln, der sich in der Nähe, im Städtchen Haldensleben, zugetragen hatte.
Dort war ein gewisser Leibknecht Vorsitzender der SPD-Ortsgruppe geworden. Da alle seine Angehörigen jedoch Mitglieder der KPD waren, konnte kein Zweifel daran bestehen, daß Leibknecht auftraggemäß in die SPD eingetreten war, um die Verschmelzung der beiden Parteien voranzutreiben. Bei der Hochzeitsfeier eines Kommunisten, an der Funktionäre beider Parteien teilnahmen, erhielten die Frauen der führenden Funktionäre vom sowjetischen Kommandanten Kleider geschenkt. Zu dieser Hochzeit nicht geladen war der sozialdemokratische Unterbezirkssekretär Grunwald, obwohl er zu den Spitzenfunktionären der SPD in Haldensleben gehörte. Grunwald war ein sehr aktiver Funktionär, aktiv im sozialdemokratischen Parteiinteresse und, wie man mir berichtete, »einigen Stellen« zu aktiv. Am Sonntag, dem 25. November 1945, war Grunwald, der seinen Unterbezirk bearbeitet hatte, erst nach der Sperrstunde nach Haldensleben zurückgekehrt. Seine Papiere waren in Ordnung, er besaß einen Nachtausweis. Zwei Posten, die ihn am Ortseingang kontrollierten, stellten dies ausdrücklich fest. So konnte er zunächst seinen Weg fortsetzen, wurde aber sehr bald von den beiden Posten, denen sich ein NKWD-Mann zugesellt hatte, wieder eingeholt und nochmals kontrolliert. Dann führte man ihn aus dem Ort hinaus, wo er später, durch einen Schuß lebensgefährlich verletzt, aufgefunden wurde. Dieser Vorfall beleuchtete besonders grell die verzweifelte Lage, in der sich unsere besten Funktionäre in der Zone zu dieser Zeit befanden.

Grotewohls Gespräch am Starnberger See

In Stendal erreichte mich schließlich die Nachricht, daß Grotewohl in Dessau eingetroffen sei und mich dort erwarte. Als ich mit ihm zusammentraf, machte er einen sehr deprimierten Eindruck. Wir sprachen uns zunächst einmal über unsere kleineren und größeren Differenzen der letzten Zeit aus und gaben uns das Versprechen, unsere bewährte Freundschaft nicht durch Intrigen stören zu lassen. Dann erörterten wir all die vielen Probleme, die sich in den vergangenen Monaten vor uns aufgetürmt hatten und die uns allmählich zu erdrücken drohten. »Was ist bei alledem richtig, was sollen und was können wir tun?« fragte Grotewohl. Und dann redete er sich vom Herzen, was ihn seit seinem Aufenthalt in München offensichtlich bedrückte.

In München hatte er den Sohn eines jüdischen Arztes, der bis zu seiner Flucht in Braunschweig praktiziert hatte, getroffen, richtiger gesagt, dieser hatte ihn aufgesucht. Seine Familie lebt jetzt in den USA, und er selbst war im Krieg amerikanischer Offizier geworden und stand nun im Dienst der Militärverwaltung.

Sie verabredeten eine Zusammenkunft am Starnberger See, und bei dem Gespräch hatte Grotewohl den Eindruck gewonnen, als sei der junge Mann von bestimmten Stellen zu diesem Gespräch beauftragt worden. Die Informationen, die ihm im Laufe dieser Unterhaltung vermittelt wurden, waren beunruhigend genug. Sie liefen darauf hinaus, daß sich die Beziehungen der Westmächte zur Sowjetunion erheblich abgekühlt hätten. In Washington gewinne die Auffassung mehr und mehr Raum, daß Roosevelt von Stalin getäuscht worden sei, daß die Sowjets kein ehrliches Spiel trieben und gar nicht daran dächten, in ihrer Einflußsphäre demokratische Prinzipien anzuwenden. Sie seien vielmehr bestrebt, in Deutschland und über Deutschland hinaus der Kommunistischen Partei zur Macht zu verhelfen. In Washington werde darum eine Wandlung der Politik vorgenommen. Vom Morgenthau-Plan werde man sehr bald ganz abrücken und auch die Wiederherstellung der Einheit Deutschlands nach echten demokratischen Prinzipien stärker als bisher betreiben. CDU und SPD sollen Kernstücke der von den USA angestrebten Entwicklung werden. Für die SPD dürfte es sich bei dieser Lage daher darum handeln, Zeit zu gewinnen. In einigen Monaten werde die Klärung erfolgt sein. »Zeit gewinnen, Herr Grotewohl!« seien die letzten Worte gewesen, die der US-Offizier ihm beim Abschied gesagt hätte.

Die Kommunisten forcieren die Vereinigung

Inzwischen war es Dezember geworden. Am 5. Dezember 1945 fand wieder eine Sitzung mit den Vertretern der KPD statt, auf der die Vorbereitungen zu den Gewerkschaftswahlen erörtert wurden. Dabei konnte es nicht ausbleiben, daß wir auf die Schwierigkeiten hinweisen, die wir allerorts angetroffen hatten. Wilhelm Pieck war sehr versöhnlich gestimmt. Es schien, als habe er alle Differenzen, die sich aus der Grotewohl-Rede ergeben hatten, inzwischen vergessen. Auch Ulbricht, Dahlem und Ackermann kamen nicht mehr darauf zurück. Pieck gab sich zudem sehr optimistisch. Es werde sich schon alles wieder einrenken. Wir hätten ja Zeit, viel Zeit. Auf die Frage der organisatorischen Vereinigung eingehend, erklärte er konkret, daß an eine solche vor Ablauf eines Jahres ohnehin nicht zu denken sei. Das war für uns eine große Beruhigung.

Nach der Sitzung blieben wir, die Vertreter des SPD-Zentralausschusses, noch allein zusammen und kamen zu der Feststellung, man habe anscheinend in Karlshorst begriffen, daß die einseitige Bevorrechtung der KPD, besonders in der Zone, auf die Dauer unhaltbar sei und daß hier eine Änderung eintreten müsse. Diese Annahme erwies sich jedoch sehr bald als Trugschluß.

Die KPD-Führung, insbesondere Ulbricht, hatte entsprechend den eingesetzten Mitteln mit einem großen Werbeerfolg der KPD bei der Bevölkerung gerechnet. Als wir im Mai und Juni 1945 mit unseren Vereinigungsvorschlägen hervorgetreten waren, erschien der KP-Führung die Lage noch viel zu unübersichtlich, als daß sie sich — ohne vorher die KPD in Deutschland populär gemacht zu haben — allzuschnell zur Errichtung einer »Vereinigten Sozialistischen Partei« hätte entschließen können. Die KPD wollte zunächst einmal ihre Kader und Mitglieder sammeln. Wenn die KP-Führung zum damaligen Zeitpunkt der von der SPD vorgeschlagenen Einheitspartei zugestimmt hätte, so hätte sie — das waren zweifellos Ulbrichts Überlegungen — bei ihren Mitgliedern Verwirrung ausgelöst. Außerdem hatte Ulbricht befürchtet, der Beweggrund für unsere frühzeitigen Einheitsanträge sei der Wunsch, den »Sozialdemokratismus« die Oberhand gewinnen zu lassen. Die Schuld für die verhältnismäßig bald eintretende Abkühlung der Beziehungen zwischen beiden Parteien wird Ulbricht zu keiner Zeit bei sich selbst gesucht haben. Dabei war es außer der Abweisung unserer Vereinigungsvorschläge in der ersten Sitzung des Aktionsausschusses nicht zuletzt die unsympathisch wirkende Person Ulbrichts, die unsere Vorbehalte verstärkte, uns nachdenklich stimmte und den Einheitswillen erheblich dämpfte.

Wir hatten mittlerweile die führenden KP-Genossen recht gut und vor allem Ulbricht nicht nur als Diskussionspartner, sondern auch als Redner kennengelernt. Er ist kein Redner, der Massen begeistern kann. Wenn er ans Rednerpult tritt, muß er die Brille aufsetzen, weil er vom Konzept ablesen muß. Ganze Passagen lang bleibt er über das Manuskript gebeugt. Er liest schlecht ab, verhaspelt sich ständig und betont falsch. Dabei hat er die Angewohnheit, Sätze, denen er mehr Gewicht verleihen will, zu wiederholen — eine Angewohnheit, die er aus der Sowjetunion mitgebracht hat. Diese Wiederholung betont er jedoch nicht kräftiger als den ersten Satz, um ihn gewissermaßen mit einem Ausrufungszeichen zu versehen. Er wiederholt ihn nur in singendem Tonfall wie mit einem Fragezeichen am Schluß. Hinzu kommt die durch seine sächsische Mundart bewirkte Komik seiner Diktion, die viel nachgeahmt wird, ja geradezu zum Parteijargon geworden ist. Während Ulbricht, über sein Konzept gebeugt, redet, unterstreicht er bedeutsame Stellen seiner Rede mit einem stereotypen Auf und Ab seiner hochkant gestellten rechten Hand. Auch die sowjetische Sitte, daß der Redner selbst mitklatscht, wenn Beifall gespendet wird, hat Ulbricht übernommen, doch klatscht er oft bereits als erster bei jenen Stellen seiner Rede, die erst Beifall erhalten sollen.

Auch unter den Mitgliedern, besonders aber den Funktionären in mittleren Funktionen, vollzog sich die Abkühlung recht schnell. Auf dieser Ebene war die gegenseitige Kampfstellung besonders rasch eingenommen worden. Diese Situation war uns sehr genau bekannt, und Grotewohl, der sich stets anzupassen verstand, trug in seinen Reden der veränderten Stimmung Rechnung. Sowjets und KPD hatten einigen Grund, nervös zu werden, zumal ihnen die Widerstände gegen eine Vereinigung in den Zentren Leipzig, Weimar und Magdeburg bekannt waren. Aus dem Verhalten verschiedener KP-Ortsgruppen entnahmen wir, daß die Nervosität der Parteiführung vom Kaderchef Dahlem über die Kaderabteilungen der Länder bis zur unteren Parteiebene durchgesickert war und sich nun in einem »Vereinigungseifer« auf unterer Ebene bemerkbar machte. Dieser »Vereinigungseifer« konnte mit dem schlechten Abschneiden der KP bei den Wahlen in Österreich nicht in Verbindung gebracht werden, wohl aber mit der Befürchtung, der Kotikow Ausdruck gegeben hatte, daß die SPD-Führung und mit ihr die Funktionäre dabei wären, sich nach »rechts« zu entwickeln.

In einer Sitzung des Aktionsausschusses Anfang Dezember wiesen wir auf diesen »Vereinigungseifer« hin und fragten, ob auf diese Weise eine Vereinigung von unten nach oben eingeleitet werden solle. Wilhelm Pieck beantwortete diese Frage kategorisch mit »Nein« und fügte hinzu, daß man seitens der KPD die Vereinigung nicht zu überstürzen gedenke. Grotewohl wollte wissen, ob die KP einen Termin für die Vereinigung gesetzt habe. Piecks Antwort lautete: »Natürlich nicht. Es sind in letzter Zeit einige Mißverständnisse entstanden, die erst ausgeräumt werden müssen, damit das Verhältnis auf allen Ebenen unserer Parteien wieder verbessert wird.« Lehmann unterstrich Grotewohls Frage nach einem etwaigen Termin: »Wie lange braucht ihr, um die Beziehungen zu verbessern?« Pieck entgegnete: »Das hängt zum Teil von euch ab. Wenn wir beiderseits ernsthaft darangehen, müßte es bis zum Herbst nächsten Jahres zu schaffen sein.« Aus allen Bezirken liefen jedoch plötzlich Nachrichten ein, wonach sich an vielen Orten auf unterster Ebene eine verstärkte Aktivität für eine Vereinigung beider Parteien bemerkbar mache. Symptomatisch war ein Protokoll, das uns ein Mitglied des mecklenburgischen SPD-Landesvorstands, Xaver Karl, überbrachte. Es stammte von einer in Kröpelin am 9. Dezember 1945 gemeinsam von der KPD und SPD abgehaltenen Mitgliederversammlung und enthielt nicht mehr und nicht weniger als den Beschluß, alles für die Vereinigung der beiden Parteien »unter Führung der KPD« vorzubereiten. Dann hieß es: »Zeugen sind sämtliche Mitglieder beider Parteien. Behördliche Zeugen: der 1. und 2. Bürgermeister der Stadt Kröpelin. Polizeiliche Zeugen: Polizeichef Lade.«

Die Situation war eindeutig: Eine neue Aktion war angelaufen, von der die KPD-Führung wußte und die sie veranlaßte, ihre Taktik wieder zu ändern. Diese Entwicklung brachte auch Dahrendorf allmählich von seiner ursprünglich vorbehaltlosen Zustimmung zur Verschmelzung ab. Im übrigen hatte er auch persönlichen Ärger mit der sowjetischen Besatzungsmacht. Die NKWD-Offiziere hatten sich an einen seiner Söhne herangemacht, um ihn für eine »Mitarbeit« zu gewinnen. Erst als Dahrendorf in Karlshorst Beschwerde geführt hatte, wurde die Werbung aufgegeben.

Unsere Devise: Zeit gewinnen

Es war uns klar, daß wir alles daransetzen mußten, Zeit zu gewinnen. Um Klarheit über die dabei anzuwendende Methode zu gewinnen, kamen Grotewohl, Dahrendorf und ich in meiner Wohnung zusammen. Es wurde ein langes Gespräch. Wir fragten uns: Warum das dauernde Versteckspiel, der ständige Versuch, uns zu übertölpeln? Schließlich sind wir es doch gewesen, die sich ehrlich bereit fanden, gegebenenfalls sogleich, gemeinsam mit dem Zentralkomitee eine einzige Arbeiterpartei ins Leben zu rufen. Dabei hatten wir ein Sicherheitsbedürfnis der Sowjetunion in Rechnung gestellt. Wir haben uns zu gutnachbarlichen Beziehungen zur Sowjetunion bekannt. Die Herstellung der »Einheit der Arbeiterklasse« war zu Beginn unserer Arbeit von den Arbeitern in den Betrieben und von den Funktionären mit Begeisterung aufgenommen worden. Heute stehen wir, so stellte Grotewohl fest, vor einem parteipolitischen Scherbenhaufen. Dieser Ansicht widersprach ich, indem ich darauf hinwies, daß unser Organisationsaufbau trotz der großen Widerstände sehr gute Fortschritte mache. Die meisten Arbeiter gingen in die SPD, aber auch das Kleinbürgertum schließe sich uns an. Als ich meine Behauptungen mit Zahlen belegte, wurde Grotewohl wieder zuversichtlicher und bemerkte: »Ja, wir müssen auch die Auffangorganisation der von Hitler verführten Mitläufer werden, die zwar nur eine verschwommene Vorstellung vom Sozialismus hatten, aber doch ein echtes Verlangen danach.«

Wir mußten jedoch zu einem konkreten Ziel kommen. Ich regte ein Treffen mit Kurt Schumacher an. Wir müssen, so meinte ich, mit ihm so offen reden wie jetzt wir drei miteinander. Zusammen mit ihm müßte es uns gelingen, zu einer einheitlichen Konzeption der Wiedervereinigung zu gelangen. Als Grotewohl auf den Beschluß des Zentralausschusses hinwies, der eine Wiederaufnahme der Beziehungen zum Büro Schumacher verbiete, warf Dahrendorf ein, daß dieser Beschluß seinerzeit aus einer Verärgerung heraus voreilig gefaßt worden sei. Ich unterstützte diese Ansicht und meinte, daß wir keine Trennwand innerhalb einer Partei errichten dürfen, der Schumacher ebenso angehöre wie wir. Wir trennten uns schließlich mit dem Vorsatz, alle diskutierten Probleme nochmals zu überdenken.

Am Vormittag des nächsten Tages bat Otto Grotewohl mich in sein Zimmer, in dem bereits Max Fechner anwesend war. Vor ihnen auf dem Tisch lag das Dokument »über die Ostorientierung« der Partei. Beide hatten, wie Grotewohl erklärte, über die Lage gesprochen, und sie seien sich ebenfalls einig darüber, daß es gelte, Zeit zu gewinnen. Zunächst müsse das Mißtrauen beseitigt werden, daß die Sowjets hegten, und dazu solle das Dokument dienen.

Es handelte sich um die Denkschrift, die Klingelhöfer und Niekisch kurz nach der Potsdamer Konferenz im August 1945, zu einer Zeit also, als uns die bitteren Erfahrungen der späteren Monate noch unbekannt waren, über die politische Orientierung der SPD ausgearbeitet hatten*. Damals waren wir uns alle einig gewesen, daß es besser sei, dies Dokument zunächst einmal zurückzuhalten. Nun aber hielt Grotewohl den Zeitpunkt für gekommen, es ins politische Spiel zu bringen. Fechner und er hatten bereits ihre Unterschrift daruntergesetzt. Obgleich ich sehr bezweifelte, daß uns dieses Dokument weiterhelfen würde, setzte ich meine Unterschrift ebenfalls darunter.

Ich betonte jedoch, daß es mir nach wie vor wichtiger erscheine, uns eine stärkere Rückendeckung bei unseren Genossen im Westen zu verschaffen.

Am Nachmittag wurde die Denkschrift Major Romm zur Weitergabe an Oberst Tulpanow übergeben. Als sich die Tür hinter Major Romm geschlossen hatte, zitierte Otto Meier, unser Chefredakteur, mit bedeutungsvoller Betonung den Satz von Friedrich Engels an Karl Marx vom 29. April 1870: »Eine kostbare Zumutung, daß, um Einheit ins europäische Proletariat zu bringen, es russisch kommandiert werden muß!« Er hatte damit auch meinem Empfinden Ausdruck verliehen.

---

* s. Seite 47 f.

Enttäuschende Begegnung mit Schumacher und Kriedemann

In den Tagen, in denen wir — d. h. der Zentralausschuß — damit beschäftigt waren, die unteren Parteigremien von dem Druck der sowjetischen Kommandanten und der örtlichen KPD-Organe zu entlasten, besuchte uns Erich Rossmann aus Stuttgart. Er hatte sich während der Nazizeit einige Jahre in Berlin aufgehalten und in der Kriegszeit sein Domizil nach Pößneck verlegt. Jetzt war er dabei, seine Sachen von Thüringen nach Stuttgart zurückzubringen. Er war in Weimar gewesen und brachte uns von dort ein Rundschreiben, das der Landesvorstand der SPD an die gesamte SPD-Organisation in Thüringen versandt hatte. Das Rundschreiben, das von Dr. Hermann Brill unterzeichnet war, hatte den Zweck, die Vereinigungsbestrebungen, die auch in Thüringen begonnen hatten, zu verhindern. Es machte die Mitglieder mit der schon vor 1933 angewandten »Einheitsfront-Taktik« der KPD bekannt, die immer den Zweck gehabt habe, die SPD zu zerstören, die KPD zur alleinherrschenden Partei der Arbeiterklasse zu machen und darüber hinaus für den Staat das Einparteiensystem herbeizuführen.

Dieses Rundschreiben war ein erneuter Beweis dafür, daß der Zentralausschuß konkrete Gegenmaßnahmen einleiten mußte, und zwar so schnell wie möglich.

Mit Erich Rossmann, der später Generalsekretär des Länderrats wurde, hatten wir ein längeres Gespräch über Kurt Schumacher. Das Bild, das er von ihm entwarf, war nicht geeignet, unsere Hoffnung zu bestärken, mit Schumacher zu einer offenen und vertrauensvollen Aussprache zu kommen. Rossmann warnte uns sogar davor. Schumacher sähe, so behauptete er, besonders in Otto Grotewohl einen Konkurrenten für den späteren Parteivorsitz. Er würde jedes vertraulich gesprochene Wort gegen uns ausnutzen.

Am Abend saßen Otto Grotewohl und ich erneut beisammen und diskutierten die Lage. Ich beharrte auf dem Standpunkt, daß der Versuch einer Verständigung mit Kurt Schumacher gemacht werden müsse. Vielleicht gelinge es, ihn zu bewegen, als Organisator der westdeutschen SPD einen Sitz im Zentralausschuß einzunehmen und an dessen Sitzungen teilzunehmen. Ich sei bereit, zu seinen Gunsten vom Vorsitz zurückzutreten. Auch Fechner müsse man dazu bewegen, damit im Zentralausschuß der Zweiervorsitz in angemessener Weise aufgewertet sei. Grotewohl dachte über meinen Vorschlag eine Weile nach und entschied schließlich: »Wir fahren.« Er schlug vor, daß wir zusammen nach Braunschweig fahren sollten und ich dann zunächst allein Kurt Schumacher in Hannover aufsuchen solle. Bei dieser Gelegenheit hätte ich herauszufinden, ob ein Gespräch zu dritt überhaupt Aussicht auf Erfolg haben könnte. Im bejahenden Fall wäre er sofort erreichbar, und wir könnten uns dann in Hannover, Braunschweig oder an einem beliebigen anderen Ort treffen. Wir fuhren also gemeinsam nach Braunschweig, von wo aus ein gemeinsamer Freund, Dr. Bockler, mich mit seinem Wagen nach Hannover zum Parteibüro brachte. Dort wurde ich sofort von Kurt Schumacher und Herbert Kriedemann empfangen. Ich hatte aus Berlin einige Akten mitgebracht, weil ich alle Fragen politischer und organisatorischer Art zur Sprache bringen wollte. Um dies anzudeuten, nahm ich die Akten aus der Tasche und legte sie vor mich auf den Tisch.

Dann begann ich mit meinem Bericht über die Entwicklung, die die Partei in der Zone bis zu diesem Zeitpunkt zurückgelegt hatte. Kurt Schumacher hörte aufmerksam zu, hier und da stellte er eine präzise Frage.

Ich berichtete von den Schwierigkeiten, in die wir in immer stärkerem Maße gerieten. Schumacher fragte, was wir zu tun gedächten, um diese Schwierigkeiten zu überwinden. Ich gab zu, daß wir uns darüber gegenwärtig noch im unklaren seien. Deshalb sei ich gekommen, nicht nur, um eine Anregung zu erhalten, sondern auch um die Frage zu erörtern, ob und auf welche Weise von hier aus eine Entlastung eingeleitet werden könne. Ich wies darauf hin, daß die Sowjets sehr empfindlich seien und daß es für uns schon eine Entlastung bedeuten würde, wenn Kurt Schumacher sich in seinen Äußerungen ein wenig zurückhalten würde.

Damit hatte ich Herbert Kriedemann ein Stichwort gegeben. Er entwickelte mir nun seine Auffassung von der sowjetischen Besatzungspolitik. Die GPU-Keller-Methoden könne man doch nicht verschweigen, sie müßten doch angeprangert werden. Ohne etwas an der sowjetischen Besatzungspolitik zu beschönigen, unternahm ich den Versuch, Ursache und Wirkung gegeneinander abzuwägen. Ich sprach von den Greuel, die SS und SD in der Sowjetunion begangen haben, ich wies darauf hin, daß nicht die Sowjetunion Deutschland, sondern umgekehrt Hitler-Deutschland die Sowjetunion überfallen hat. Es sei keine leichte Aufgabe, betonte ich, aber wir kämen nun einmal nicht darum herum, die Haßpsychose, von der noch immer viele Menschen befallen seien, abbauen zu helfen.

Herbert Kriedemann, dem die Umwelt fremd war, in der wir seit Monaten angespannt tätig sein mußten, dachte anders als wir. In seinen Antworten sah ich kein Bemühen um Verständnis. Ich empfand sie als sarkastisch, beinahe zynisch. Deshalb wechselte ich das Thema und sprach vom Aufbau unserer Presse. Ich fand kein Echo. Ich schnitt die Frage der in der sowjetisch besetzten Zone in Aussicht

gestellten Gemeindewahlen an. Der Entwurf einer Entschließung dazu steckte in meiner Mappe. Aber was ich auch vorbrachte, es weckte keinerlei Interesse. Das Gespräch verflachte. Punkt 1 Uhr erhob sich Kurt Schumacher. Kriedemann half ihm in den Mantel. Er müsse nun zu Tisch, entschuldigte sich Schumacher, aber um 3 Uhr stehe er wieder zur Verfügung. Ich erwiderte, daß ein Freund mich von Braunschweig hergefahren habe, der mich nach Erledigung seiner Geschäfte auch wieder mit zurücknehme. Ich könne daher hinsichtlich einer Fortsetzung des Gespräches keine Zusage geben. Die Akten, die ich mitgebracht hatte, lagen noch ungeöffnet auf dem Tisch. Ich steckte sie in die Aktentasche zurück und verabschiedete mich, ohne daß Schumacher oder Kriedemann versucht hätten, mich zum Bleiben zu bewegen. Dr. Bockler wartete schon. In Braunschweig las Grotewohl mir die Enttäuschung über das Scheitern meiner Mission schon vom Gesicht ab. »Was hat sich zugetragen?« fragte er. Ich antwortete: »Nichts.«
»Woran ist dann deine Mission gescheitert?«
»An der Atmosphäre.«
Um eine große Hoffnung ärmer fuhren wir nach Berlin zurück.

Die Sechziger-Konferenz vom Dezember 1945

Als wir in Berlin eintrafen, berichtete uns Max Fechner, daß Wilhelm Pieck um eine Sitzung des Aktionsausschusses nachgesucht habe, die für den nächsten Tag in der Wallstraße anberaumt sei. Obwohl die kommunistischen Ausschußmitglieder wußten, daß Grotewohl und ich im Westen gewesen waren, stellten sie keine Frage nach dem Erfolg der Reise, und auch wir schnitten dieses Thema nicht an.
Wilhelm Pieck begründete den Antrag auf Einberufung dieser Sitzung damit, daß in den letzten Wochen zentral, aber auch in einigen Ländern Differenzen entstanden seien, die der Aktionseinheit nicht förderlich sein könnten. Das Sekretariat des Zentralkomitees der KPD habe die Lage erörtert und sei zu der Ansicht gelangt, daß in einer gemeinsamen Konferenz ein neues Aktionsprogramm erarbeitet werden müßte, vor allem im Hinblick auf die bevorstehenden Wahlen. Diese Konferenz solle nicht allein die zentralen Führungsgremien zusammenbringen, sondern auch Vertreter der Landesvorstände hinzuziehen, damit überall einheitlich nach den beschlossenen Richtlinien verfahren würde. Wir stimmten diesem Plan zu und einigten uns auf eine Zahl von je 30 Teilnehmern. Die Konferenz wurde für den 20. Dezember 1945 anberaumt.

Wir hatten uns vorbehalten, einen Verhandlungsentwurf vorzulegen. Nachdem dieser Entwurf in einer Sitzung des Zentralausschusses am 17. Dezember genehmigt worden war, schickten wir ihn sofort Wilhelm Pieck zu. Einen Gegenentwurf erhielten wir dagegen erst am 19. Dezember gegen 19 Uhr abends, so daß die Sechziger-Konferenz erst am Nachmittag des folgenden Tages beginnen konnte. Ihr mußte noch eine Sonderkonferenz mit den auswärtigen SPD-Teilnehmern vorausgehen. Vor dieser Konferenz gab es viele Einzelbesprechungen, auch nachbarliche zwischen Gustav Dahrendorf und mir, zu denen nun auch Dr. Brill hinzugezogen wurde.

Hermann Brill konnte sich in Weimar nicht länger halten. Die Nachrichten, die ihm und uns zugingen, nahmen immer bedrohlicheren Charakter an. Fast fluchtartig verließ er sein Weimarer Domizil. Er und seine Frau fanden bei mir ein Asyl, bis es uns gelang, in der Nachbarschaft eine Wohnung für ihn zu finden.

Für die Sechziger-Konferenz hatte Gustav Dahrendorf zehn Punkte zusammengestellt, an denen wir noch feilten, um sie dann dem Zentralausschuß zur Beschlußfassung vorzulegen. Wir erhoben Klage über den zunehmenden Druck sowjetischer Stellen und der KPD, der allerorts auf die SPD ausgeübt wurde, verlangten als Bedingung für eine weitere Zusammenarbeit, daß die Vorrangstellung der KPD beseitigt werden müsse. Ausdrücklich wurde festgestellt, daß wir über eine weitere Zusammenarbeit und die Aufstellung gemeinsamer Wahllisten in den vier Besatzungszonen Deutschlands nicht entscheiden würden, ehe nicht eine Reichstagung der SPD darüber entschieden habe.

Das Programm wurde vom geschäftsführenden Vorstand gebilligt, und Klingelhöfer erhielt den Auftrag, es auf der Konferenz vorzutragen.

Die Sechziger-Konferenz nahm einen anderen Verlauf, als das Sekretariat der KPD sich vorgestellt hatte. Nachdem Wilhelm Pieck in seiner Einführungsrede einen Entwurf über die Grundsätze und Ziele einer Einheitspartei begründet hatte, stellte Otto Grotewohl zunächst nachdrücklich fest, daß uns dieser Entwurf zu spät zugegangen sei, als daß wir jetzt auf ihn näher eingehen könnten. In seiner Rede, die vorher im Zentralausschuß ausdrücklich gebilligt worden war, forderte Grotewohl als eine Voraussetzung für den organisatorischen Zusammenschluß der sozialistischen Arbeiterparteien in Deutschland, daß die Kommunistische Partei zum demokratischen Parteiaufbau zurückkehren solle, wie er den Bolschewiki einst selbstverständlich gewesen war, und daß sie wirklich »die Partei des deutschen Volkes« sein wolle, als die sie sich in öffentlichen Kundgebungen so oft bezeichne.

Nachdem er die Zehn-Punkte-Erklärung verlesen hatte, erklärte er abschließend: »Die Herstellung der Einheit der Arbeiterklasse allein in der Sowjetzone würde in der Welt den Eindruck erwecken, daß die Sozialdemokratische Partei nicht aus freier Entschließung, sondern unter einem gewissen Druck gehandelt habe. Eine Vereinigung unter solchen Umständen hätte auch nicht die innere Kraft, als wenn zu ihrer Vorbereitung die notwendige Zeit gegeben wäre und wenn sie als Beschluß von Reichsparteitagen beider Parteien zustande käme.«
Den Reden folgten lebhafte Diskussionen. Einer konkreten Beantwortung der Kernfragen wichen die kommunistischen Redner jedoch aus. Wilhelm Pieck wurde in seiner Antwort an Grotewohl massiv. Krebsrot aber lief er an, als Klingelhöfer in der Diskussion das Wort ergriff. »Freunde von der KPD«, rief er aus, »ihr könnt reden, ihr habt nichts zu befürchten... Euch zieht niemand zur Verantwortung. Bei uns aber ist es so, daß viele unserer Genossen von dem, was sie auf dem Herzen haben, nicht sprechen, weil sie bestimmte Befürchtungen haben, weil sie schon ihre Erfahrungen machen mußten... Sie wurden in einer Weise zur Verantwortung gezogen, die außerordentlich weit ging.« Auf Ackermanns Zuruf, was er damit meine, führte Klingelhöfer den Fall des mißhandelten Unterbezirkssekretärs Grunwald aus Haldensleben an. Dann hielt er ihnen entgegen, daß in der Zone über 4 Millionen Exemplare der KPD-Zeitungen verbreitet würden gegenüber weit weniger als einer Million SPD-Zeitungen. Darüber könne man nicht einfach hinweggehen.
»Warum«, so rief er aus, »sind diese Sorgen nicht auch eure Sorgen? Ist denn das nur eine Angelegenheit, die die SPD mit der Sowjetadministration zu verhandeln hat? Wenn wir eine gemeinsame Aktion machen, warum vertreten wir diese Gesichtspunkte nicht auch gemeinsam bei der Sowjetadministration, damit hier Gerechtigkeit und gleichmäßige Behandlung sichergestellt wird? Wenn es uns möglich wäre, gemeinsam mit euch derartige Hemmnisse zu beseitigen, glaubt mir, dann machen wir einen gewaltigen Schritt zur Einheit... Wir haben in Deutschland ja nicht nur die sowjetische Zone, es gibt auch einen Westen. Im Westen werdet ihr uns brauchen, wie wir euch hier brauchen. Das ist eine Sache, die euch auch heute und hier angeht, wenn wir zu Beschlüssen kommen wollen.«
In den Reden Grotewohls und Klingelhöfers war alles gesagt, was von unserer Seite zu sagen war. Piecks Antwort, die erregten Zwischenrufe bei der Rede Klingelhöfers hatten eine Stimmung ausgelöst, die alle fragen ließ: Was kommt nun? Ist der Einigungswille zerredet worden? Geht jetzt jeder nach Hause und singt: »Es wär' so schön gewesen, es hat nicht sollen sein«?

Da rettete Anton Ackermann die Situation mit dem freimütigen Bekenntnis, daß vom Zentralkomitee von Mai an viele Fehler gemacht worden seien, vor allem der, daß es sich gegenüber allen Beschwerden über die Zurücksetzung von SPD-Genossen in den Verwaltungen taubgestellt habe. Die robusteren Kader der KPD hätten auf die Mentalität der SPD-Genossen allzuwenig Rücksicht genommen. Hier hätte längst ein grundlegender Wandel eintreten müssen.
Ulbricht hatte sich bis dahin zurückgehalten. Als er jetzt das Wort ergriff, ging er nicht auf die begangenen Fehler ein, sondern beschränkte sich auf die Forderung, die Konferenz müsse zu einem positiven Abschluß kommen. Er schlug vor, daß drei oder vier Genossen von jeder Partei einen Entschließungsentwurf ausarbeiten und der Konferenz dann zur Beschlußfassung vorlegen sollten. Für seine Partei schlug er Pieck, Dahlem und Ackermann vor. Ich nominierte Grotewohl, Fechner, Lehmann und Dahrendorf, worauf Pieck noch Ulbricht nannte. Nach einer knappen Stunde legte die Kommission den Entschließungsentwurf vor, den Grotewohl der Versammlung vortrug. Man habe, so erklärte er, die Entschließung absichtlich kurz gefaßt, weil eine Anzahl Fragen in dieser Konferenz nicht geklärt werden konnte. Die Kommission rege daher die Bildung einer Studienkommission an, die in weiteren Gesprächen alle offengebliebenen Fragen klären solle. Die Entschließung wurde ohne Widerspruch angenommen. Einem Antrag von Otto Buchwitz, Dresden, entsprechend blieb die Studienkommission identisch mit der Kommission, die diese Entschließung formuliert hatte.
Gegen Ende der Sitzung bemühten sich Ulbricht und Ackermann noch um eine Kompromißlösung für ein Abschlußkommuniqué der Konferenz. In diesem wurde zunächst die Notwendigkeit der Einheit der Arbeiterklasse festgestellt, jedoch ausdrücklich hervorgehoben, daß diese nur auf Reichsparteitagen beschlossen werden könne. Der Aufbau der Einheitspartei solle nach demokratischen Grundsätzen vonstatten gehen, ihr Ziel — die Verwirklichung des Sozialismus in einer parlamentarisch-demokratischen Republik. In bevorstehenden Wahlen sollten zwar getrennte Listen aufgestellt, aber ein gemeinsamer Wahlkampf geführt werden. Schließlich erwähnte das Kommuniqué noch die Bildung einer gemeinsamen Studienkommission. In dieser Entschließung waren entscheidende Gegensätze bewußt ausgeklammert worden. Die geplante Studienkommission sollte nun zu klären suchen, was die Sechziger-Konferenz nicht vermocht hatte.

Nachdenkliche Weihnachtsfeier mit Otto Grotewohl

Otto Grotewohl und ich beschlossen, mit unseren Familien die Einladung unserer Halberstädter Freunde für die Weihnachtsfeiertage anzunehmen. Nach all den vorangegangenen Ereignissen sehnten wir uns nach Ruhe und nach einem ganz privaten, familiären Weihnachtsfest, fern aller Politik. So verlebten wir also die Feiertage in Halberstadt und ersehnten, wie die meisten Menschen, den Frieden auf Erden. Aber von der Politik konnten wir uns nicht gänzlich lösen. Immer wieder bewegten uns die Fragen: Haben wir nun Zeit gewonnen? Haben wir vor allem die Freiheit einer Entscheidung erlangt? Werden wir bald wieder in die Zange genommen? Beantworten konnten wir diese Fragen nicht, aber wir wußten, daß die Antwort von den Beziehungen der Besatzungsmächte untereinander abhing. Deutschland und damit auch die Parteien waren Objekte dieser Politik.

Drei Monate vorher, im Herbst 1945, war die Londoner Konferenz der Außenminister gescheitert. Gleich danach begannen die Sowjets, zwischen Ost- und Westeuropa einen Vorhang niederzulassen. Sie gaben jedoch zu erkennen, daß sie auf der »Basis der großen Drei« immer zu Verhandlungen bereit seien.

In allen internationalen Kommissionen, ob sie mit der Transportorganisation Europas, mit der Sanierung der österreichischen Währung oder ähnlichem zu tun hatten, versuchten die Sowjets nun, Obstruktion zu treiben, ließen aber den Vorhang noch nicht vollständig herunter. Ihre Politik blieb bis zu einem gewissen Grade elastisch, sie wurde sozusagen zu einer Politik der »halboffenen Tür«. Die Zulassung freier Wahlen in Österreich, der Abzug der Roten Armee aus der Tschechoslowakei und teilweise aus Polen, die Zulassung britischer und amerikanischer Korrespondenten selbst in Rumänien und Bulgarien unter erheblicher Lockerung der Zensur schienen uns wichtige Symptome dieser Elastizität zu sein. Auch im Kontrollrat schien man zu einer besseren und intensiveren Zusammenarbeit zu gelangen.

Die Westmächte hatten den Wink einer Aussprache zu dritt verstanden. Seit dem 16. Dezember 1945 tagten die Außenminister der großen Drei in Moskau. Die Sowjets wollten eine Korrektur der Potsdamer Beschlüsse vornehmen. Damals hatte Stalin den Antrag auf Errichtung einer Internationalen Ruhrbehörde zurückgezogen, diesen Rückzug später aber bereut. Bemerkungen Semjonows und auch Tulpanows deuteten darauf hin, daß Stalin eine entsprechende Revision anstrebe. Uns war klar, daß dieses Ziel, wenn überhaupt, nur über die Einheit Deutschlands zu erreichen war. Die sowjetische

Politik, so schlossen wir daraus, muß daher auf die Wiedervereinigung Deutschlands gerichtet sein.
Als wir uns in Halberstadt ein gutes neues Jahr wünschten, waren wir überzeugt, daß die Zukunft nicht gänzlich hoffnungslos sei. Auch für die SPD in der sowjetisch besetzten Zone sahen wir noch eine Chance.

Ulbricht, Leuschner und die Wirtschaftskonferenz

Den Landesverwaltungen waren im Herbst 1945 größere Vollmachten erteilt worden, wodurch die Zentralverwaltungen noch mehr von der direkten Wirtschaftsführung ausgeschlossen wurden. Auf den Sitzungen, die ich jeden Freitag mit den der SPD angehörenden Präsidenten und Vizepräsidenten abhielt, wurde gegen Ende 1945 fast nur noch über die Differenzen und Schwierigkeiten gesprochen, die sich dadurch ergaben, daß die Landesverwaltungen die an sie ergangenen Empfehlungen unbeachtet ließen. Unsere Mitglieder in den Zentralverwaltungen forderten eine straffere Planung. Mit Walter Ulbricht war ich übereingekommen, eine Wirtschaftskonferenz auf überparteilicher Grundlage einzuberufen, an der alle Wirtschaftsverwaltungen beteiligt werden sollten. Ulbricht ergriff sogleich die Initiative. Er lud zu einer Wirtschaftskonferenz ein, an der er aber, entgegen unserer Absprache, nur die Wirtschaftsexperten der KPD und der SPD teilnehmen ließ. So kam nur eine kleine Wirtschaftskonferenz zustande, von der eine Koordinierung der Verwaltungen nicht ausgehen konnte. Die Konferenz, die Ende Dezember ihren Anfang nehmen sollte, wurde gleich nach der Eröffnung wegen der in Aussicht genommenen Geburtstagsfeierlichkeiten für Wilhelm Pieck auf den 7. Januar 1946 verschoben.
Das Hauptreferat hielt der dem Sekretariat Ulbricht unterstellte Wirtschaftsreferent der KPD, Bruno Leuschner. Leuschner gehörte zu der jüngeren Generation der KP-Funktionäre. Am 12. August 1910 in Berlin geboren, absolvierte er eine kaufmännische Lehre, betätigte sich in den zwanziger Jahren in der Arbeiterbewegung und trat 1931 der KPD bei. 1936 wurde er verhaftet und wegen Vorbereitung zum Hochverrat zu sechs Jahren Zuchthaus verurteilt. Nach Verbüßung dieser Strafe wies die Gestapo ihn ins KZ Mauthausen ein, aus dem er 1945 befreit wurde.
Bruno Leuschner hatte bei der KPD ähnliche Aufgaben wie Klingelhöfer bei uns. Er wirkte jedoch politisch längst nicht so überlegt und versiert wie Klingelhöfer, eher etwas unbeholfen. Er klebte am Konzept. Uns schien er mehr Assistent als Wirtschaftsfachmann zu sein.

Aber er war in seiner Art nicht unsympathisch. Im Gespräch gab er sich freundlich und zurückhaltend. Leuschner ging von der zerrütteten Wirtschaftslage aus, zählte sodann die inzwischen getroffenen Maßnahmen für einen Neuaufbau der deutschen Wirtschaft in der sowjetisch besetzten Zone auf: Schließung der Großbanken, welche die deutsche Finanzwirtschaft zugrunde gerichtet hätten; Aufbau eines neuen Banksystems durch Schaffung von Provinzial- und Landesbanken, die den demokratischen Selbstverwaltungsorganen unterstehen; eine tiefgehende Veränderung in der Landwirtschaft durch die Enteignung der Großgrundbesitzer und Junker; Säuberung der Betriebsleitungen von Angehörigen der NSDAP und sonstigen Kriegsinteressenten; Einschaltung der Gewerkschaften in den Wirtschaftsaufbau. Auf Grund dieser Voraussetzungen legte er einen Wirtschaftsplan für 1946 vor, der die Wiederherstellung des Transport- und Verkehrswesens, die Steigerung der landwirtschaftlichen Produktion, Steigerung der Urproduktion und Entwicklung der industriellen und gewerblichen Friedensproduktion zu maximaler Höhe, eine zunehmende Verbesserung der Versorgung der Bevölkerung mit Lebensmitteln und notwendigen Gebrauchsgütern sowie die Lenkung und Umschulung von Arbeitskräften anstrebte.

Abschließend stellte Leuschner fest: »Der kapitalistische Charakter unserer Wirtschaft besteht noch immer. Angesichts dieser Tatsache wäre es unangebracht, die schon zur Genüge verwirrten Hirne noch weiter mit der Parole ›Der Sozialismus marschiert‹ zu speisen. Wir sollten vielmehr offen aussprechen, daß es unter den gegebenen Verhältnissen an politischen Voraussetzungen fehlt, um den Sozialismus sofort einführen zu können... Der Aufbau kann nur geleistet werden durch eine sinnvoll gesteuerte, den gegenwärtigen wirtschaftlichen und politischen Verhältnissen und Bedürfnissen des ganzen Volkes angepaßte Wirtschaftsplanung.«

Damit hatte er unserem Wirtschaftsreferenten Gustav Klingelhöfer das Stichwort gegeben. Auf den letzten Satz Leuschners eingehend, sagte Klingelhöfer: »Eine Wirtschaftsplanung, die von den in Deutschland heute vorhandenen Voraussetzungen ausgeht, muß total sein, wenn das innere Gleichgewicht so völlig zerstört ist wie in unserem Lande.« Und er fragte: »Wenn diese Wirtschaftsplanung aber total sein muß, gibt es dann überhaupt Bereiche, die von ihr nicht erfaßt werden oder nicht zu erfassen sind?«

Auf diese etwas polemische Frage antwortete Walter Ulbricht: »Wenn man uns fragt, warum wir gegenwärtig keine totale Planung durchführen, so geben wir zur Antwort: weil wir eine Reihe objektiver und auch subjektiver Hindernisse haben, die das nicht möglich machen. Die totale Planung wäre Sozialismus, ja. Das war eine sehr diplomatische Frage, die da gestellt wurde, ja. Aber was heißt das? Man hat uns damit indirekt die Frage gestellt: Warum macht ihr nicht den Sozialismus? Ich hätte dem betreffenden Genossen die Gegenfrage stellen können: Bitte schön, wir sind absolut bereit, Sie damit zu beauftragen, die Verhandlungen mit den Alliierten darüber zu führen oder mit der Führung der Labour Party in England zu verhandeln, ob sie bereit ist, solche Maßnahmen zuzulassen. Wir werden niemand daran hindern, solche Verhandlungen zu führen, ja. Wir müssen zur Kenntnis nehmen, daß gegenwärtig eine Besatzung da ist, und zwar von vier Mächten, von denen drei kapitalistische Mächte sind. Das ist eine Tatsache, ja? Man soll also nicht eine Frage stellen, wenn man selbst nicht recht daran glaubt. Propaganda brauchen wir in dieser Beziehung nicht zu machen.«

Piecks Geburtstag mit Feuerwerk

Am 3. Januar 1946 beging Wilhelm Pieck seinen 70. Geburtstag. Es sollte eine große Jubelfeier werden.
Die Einladung zur Teilnahme an der Geburtstagsfeier überbrachten uns Walter Ulbricht und Anton Ackermann. Sie besprachen mit uns den Ablauf der Veranstaltung. Kurz vor Weihnachten war unser »Senior« Paul Löbe ebenfalls 70 Jahre alt geworden. Max Fechner schlug daher vor, Paul Löbe mit Wilhelm Pieck gemeinsam zu ehren. Grotewohl und ich unterstützten diesen Vorschlag. Ulbricht aber wandte ein: »Genossen, das geht nicht. Man muß den ›Alten‹ — gemeint war Pieck — zuerst fragen, ja? Das Programm liegt doch schon fest, ja? Ihr müßt verstehen, ja? Die Freunde — gemeint war Karlshorst — sind ja doch an der Durchführung beteiligt. Pieck wird, das kann ich euch vertraulich sagen, den Ehrenbürgerbrief der Stadt Berlin überreicht bekommen.« Ich erwiderte, bei der Ehrung Paul Löbes gehe es nicht um einen Ehrenbürgerbrief, sondern um eine Geste des Verständigungswillens zwischen KPD und SPD. Paul Löbe ist ein Stück SPD, ein wesentliches Stück sogar, der Mann, der vor 1933 gegen die Nazis mitgestritten und nach 1933 mitgelitten hat. Ackermann bedauerte, daß dieses Thema erst jetzt angeschnitten wurde, man hätte vor Löbes Geburtstag darüber sprechen sollen, dann hätte sich wahrscheinlich eine Ehrung für Paul Löbe arrangieren lassen. Aber Walter Ulbricht hätte recht, man müsse zuvor mit Pieck sprechen. Vielleicht hätte dieser einen guten Einfall. Kurze Zeit nach dieser Unterhaltung rief mich Wilhelm Pieck an und

bedauerte, auf die »Freunde« leider keinen Einfluß zu haben, zumal sie in der Hauptsache die Arrangeure dieser Feier seien.
Die Geburtstagsfeier begann in der festlich geschmückten Staatsoper. Vertreter aller Parteien und Offiziere der Besatzungsmächte saßen im Präsidium der großen Festversammlung.
Walter Ulbricht begann seine Festrede auf den »Alten«, wie er Pieck stets nannte, mit den Worten: »Der Tag, an dem du das achte Jahrzehnt deines Lebens beginnst, sieht dich an der Spitze unserer Partei als einen der ersten Baumeister des neuen demokratischen Deutschlands.« Der Oberbürgermeister ohne Rechte und Pflichten, Dr. Werner, überbrachte als Repräsentant der Stadt Berlin den Ehrenbürgerbrief, in dem zu lesen stand: »Der Magistrat der Stadt Berlin hat durch einstimmigen Beschluß vom 30. Dezember 1945 Herrn Wilhelm Pieck in dankbarer Anerkennung seiner unvergänglichen Verdienste als Vorkämpfer für die demokratische Erneuerung Deutschlands und beim Wiederaufbau einer neuen freien und glücklichen Stadt Berlin das Ehrenbürgerrecht verliehen.« Otto Grotewohl improvisierte: »Und wenn wir auch keinen Ehrenbürgerbrief zu vergeben haben, so haben wir doch etwas zwar Schlichteres, aber von Herzen Kommendes zu überreichen, nämlich, dir, lieber Wilhelm Pieck, einen Händedruck, einen Händedruck, der nicht nur für heute Bedeutung haben soll, sondern der einmal so lange währen soll, daß die Hände sich nicht mehr trennen.«
Die Veranstaltung zog sich mit vielen Reden und dem Defilee zahlloser Betriebsabordnungen endlos hin. Es fehlte ihr die Würze, es fehlten Höhepunkte. Der Meister rhetorischer Improvisation, Otto Grotewohl, hatte sich seinen Händedruck als Höhepunkt gedacht, und das ist er dann tatsächlich auch geworden. Von diesem Händedruck kam Grotewohl nicht mehr los. Zwar mag der Einfall spontan gewesen sein, aber nach allem Vorausgegangenen schien er gedanklich doch wohl bereits in die gleiche Richtung zu zielen wie die Erklärung zur Ostorientierung der Partei.
Später, viel später erst ist mir der Gedanke gekommen, ob nicht das Dokument der Ostorientierung und der Händedruck am 3. Januar 1946 von vornherein weniger der SPD zu einer Atempause und Entschlußfreiheit verhelfen als vielmehr dem Egoisten Grotewohl nützen sollten, um ihm die Position zu sichern, die seinen Ehrgeiz auf die Dauer allein befriedigen konnte. Damals aber verstanden wir ihn so, daß er augenzwinkernd dabei war, dem Rat des amerikanischen Braunschweigers am Starnberger See zu folgen, Zeit zu gewinnen.
Im Gegensatz zu der offiziellen humorlosen und langgedehnten Feier, bei der man sich nur darüber amüsieren konnte, daß die sowjetischen und kommunistischen Redner sich selbst Beifall klatschten,

war die Abendunterhaltung im Schloß Hohenschönhausen, bei der Wilhelm Pieck als Gastgeber fungierte, kurzweilig, obwohl, wie es bei den Sowjets üblich ist, reichlich oft Trinksprüche ausgebracht wurden. Aber dabei gab es doch auch gelegentlich eine nette Pointe. Schnaps, Krimwein und Sekt sorgten für gelöste Stimmung. Ernsthafte Gespräche wurden in dieser Atmosphäre nicht geführt. Den Abschluß bildete ein großes Feuerwerk im Schloßgarten.

Unser Beschluß: Einheitspartei nur für ganz Deutschland — löst Reaktionen aus

Vor der Weihnachtsreise hatte ich noch eine Unterredung mit Max Fechner, zu der sein Referent Günter Scheele hinzugezogen war. Wir erörterten die Lage, die sich nach der Sechziger-Konferenz ergeben hatte. Dabei warf Scheele einen neuen Gedanken in die Debatte. In Anbetracht der Tatsache, daß Dr. Schumacher für eine Abstimmung über eine Parteiverschmelzung nicht zu haben sein würde, schlug er als Alternative eine geheime Urabstimmung vor, zu der die gesamte Mitgliedschaft der SPD in der sowjetisch besetzten Zone und in Berlin aufgerufen werden sollte. Der Vorschlag fand unsere Billigung. Als Versuchsballon wurde ein Artikel Fechners veröffentlicht. Er fand später auch ein Echo.
In den westlichen Besatzungszonen hatte Kurt Schumacher von Hannover aus seinen Einfluß immer weiter ausgebaut und vielfach erreicht, daß Sozialdemokraten aus den mit den Kommunisten gebildeten Aktionsausschüssen austraten. Den größten Erfolg hatte er auf einer Konferenz am 6. Januar 1946, zu der er die SPD-Landesvorstände nach Frankfurt am Main eingeladen hatte. In seinem Referat erklärte er den Funktionären, daß die KPD durch eine Vereinigung der beiden Parteien nichts anderes beabsichtige als die völlige Entmachtung der SPD. Wenn ihr dies nicht gelänge, werde sie in den westlichen Zonen zur Bedeutungslosigkeit verurteilt bleiben. Schumachers Rede gipfelte in dem Ausruf: Die SPD wolle nicht der Blutspender für den geschwächten Körper der KPD sein. Mit 144 gegen 6 Stimmen nahm die Konferenz dann eine Entschließung an, in der sie sich gegen eine Vereinigung mit der KPD aussprach. Gleichzeitig wurde darin zum Ausdruck gebracht, daß die Beschlüsse der Berliner Sechziger-Konferenz für die Westzone nicht als bindend und die Verlautbarungen des Zentralausschusses nicht als richtungweisend anzusehen seien.
Mit diesem Beschluß wurden wir in die Enge getrieben. In den Westzonen gegen ihn aufzutreten war wenig aussichtsreich. Wir mußten

unsere Anstrengungen daher in verstärktem Maße auf die sowjetisch besetzte Zone konzentrieren und zu verhindern suchen, daß die örtlichen Gremien der Partei von den kommunistischen Maßnahmen überrannt wurden. In einer Sitzung des Zentralausschusses am 15. Januar 1946 wurde die Lage der Partei sehr eingehend diskutiert. In einer Entschließung wurde als Ergebnis dieser Erörterung nochmals die Vereinbarung der Sechziger-Konferenz bestätigt, nach der es keine organisatorische Vereinigung der beiden Arbeiterparteien im Bereich von Bezirken, Provinzen und Ländern ohne vorangegangene Reichsparteitage geben dürfe.

Die Entschließung ging sogleich an alle Landes-, Bezirks- und Kreisverbände sowie an die Ortsvereine der kreisfreien Städte mit der Aufforderung, sie unverzüglich der Mitgliedschaft bekanntzugeben. Gleichzeitig wurden auch die Redaktionen unserer Zeitungen informiert. Das löste wiederum die Aktivität der sowjetischen Militärverwaltung, der Kommandanturen und der Zensoren aus, die bemüht waren, die Bekanntgabe der Entschließung zu verhindern. Nur in Dresden hatte der Zensor nicht aufgepaßt. Hunderttausend Exemplare der Zeitung mit der Entschließung waren gedruckt und zum Teil bereits den Verteilungsstellen zugeleitet worden. Erst in diesem Augenblick schaltete sich die SMAD in Dresden ein. Die ausgelieferten Zeitungen mußten unverzüglich zurückgeholt und eingestampft werden.

Sowjetische Politoffiziere drängen auf die Vereinigung

Als wir am 16. Januar 1946 zu Gesprächen nach Karlshorst geholt wurden, wußten wir noch nichts von der angelaufenen Gegenaktion der SMAD. Von unserer Seite nahmen die drei Vorsitzenden, Grotewohl, Fechner und ich, sowie Gustav Dahrendorf und Otto Meier an dem Gespräch bei General Bokow teil. Auch die Vertreter der KPD waren geladen. Es erschienen Wilhelm Pieck, Walter Ulbricht, Franz Dahlem und Anton Ackermann.

Wortführer auf sowjetischer Seite war Tulpanow. Er leitete die Aussprache mit der Frage ein, warum die Studienkommission noch nicht getagt habe, und General Bokow stellte Fechner die Frage, wie er sich eine Urabstimmung vorstelle. Max Fechner erläuterte seine Vorstellungen und fand überraschenderweise Unterstützung bei Anton Ackermann, während Pieck und Ulbricht sich gegen diesen Plan aussprachen. Tulpanow bezweifelte die Zweckmäßigkeit eines solchen Vorgehens, wollte die Prüfung dieser Angelegenheit jedoch der Studienkommission überlassen.

Wir einigten uns schließlich darauf, den Vorsitz in dieser Kommission und damit auch die Einberufung der Sitzungen Ackermann und Lehmann zu übertragen. Dann rückte Pieck mit dem Vorschlag heraus, Funktionärskonferenzen auf Länderebene einzuberufen, auf denen in paritätischer Rednerbesetzung Bekenntnisse zur Einheit abzugeben seien. Die erste derartige Konferenz solle in Jena stattfinden, wo er gemeinsam mit Grotewohl als Redner auftreten wolle. Was er jedoch verschwieg, war die Tatsache, daß die Vorbereitung dieser Konferenz bereits in vollem Gange war. Grotewohl erklärte sich mit Piecks Vorschlag einverstanden.

Während wir noch bei General Bokow saßen, überreichte Oberst Tulpanow mir plötzlich die Lizenz für den »Vorwärts«-Verlag. Das war nun allerdings eine große Überraschung, auf die keiner von uns gefaßt gewesen war. Wir besaßen die Lizenz für unser Parteiblatt »Das Volk«. Um eine andere hatten wir nicht nachgesucht. Ich muß ein sehr verdutztes Gesicht gemacht haben. Tulpanow erklärte, es sei ja nicht notwendig, den Verlag sofort zu errichten. Aber vielleicht ergäbe sich doch die Notwendigkeit, an Stelle des »Volk« demnächst den »Vorwärts« herauszubringen. Wir hatten das bittere Gefühl, mit diesem Coup wieder einen Schritt weiter auf die Vereinigung in der sowjetisch besetzten Zone gedrängt worden zu sein, ebenso wie mit unserer Zustimmung zu der Konferenz von Jena, die bereits auf den 20. Januar 1946 festgesetzt worden war.

Am 17. Januar unterrichteten wir den Zentralausschuß von diesem Gespräch und beschlossen, zum 25. Januar den Parteiausschuß einzuberufen.

Kommandanten und Generale mischen sich ein

Vor dieser Parteiausschuß-Sitzung sollte ich auf einer Fahrt durch die Zone die Einstellung unserer Funktionäre zu unseren Beschlüssen in Erfahrung bringen und vor allem die Stimmung in Thüringen nach der Jenaer Konferenz erkunden.

Da mein Wagen repariert wurde, bot mir Grotewohl seinen an. Vor seiner Reise nach Jena war er von der SMAD mit einem Wagen beschenkt worden. Es handelte sich um ein sowjetisches Fabrikat, einen Militärwagen mit Militärpapieren. Die Reise begann. Zunächst fuhr ich in Richtung Magdeburg. Unterwegs besuchte ich unter anderem Potsdam, Brandenburg und Genthin.

Überall mußte ich hören: Beschließt in der Zentrale endlich die Vereinigung, sonst machen wir sie örtlich. Wir wollen endlich Ruhe haben.

In Halberstadt, meinem nächsten Reiseziel, wurde ich länger als beabsichtigt aufgehalten. Das NKWD hatte den SPD-Stadtrat Bollmann, Sohn der langjährigen preußischen Landtagsabgeordneten Minna Bollmann, verhaftet. Meine Frau und Minna Bollmann waren eng befreundet gewesen. Oft waren wir in der Bollmannschen Gastwirtschaft, in der schon August Bebel verkehrt hatte, zu Gast gewesen. Minna Bollmann hatte sich nach 1933, als sie von der Gestapo verhaftet werden sollte, das Leben genommen. Ihr Sohn, der einige Jahre im KZ gesessen hatte, stellte sich nach 1945 sofort dem Aufbau einer neuen Stadtverwaltung in Halberstadt zur Verfügung.

Als ich jetzt von seiner Verhaftung erfuhr, begab ich mich sofort nach Quedlinburg und ließ mich von dem kommunistischen Polizeichef zu dem zuständigen NKWD-Offizier, einem Oberstleutnant, führen. Nachdem ich mich ausgewiesen hatte, trug ich mein Anliegen vor: »Sie kommen zu spät«, bemerkte der NKWD-Chef, »Ihr Freund hat bereits zugegeben, ein Gestapo-Spitzel gewesen zu sein. Er wurde zu fünf Jahren Zwangsarbeit verurteilt.«

Niemand in Halberstadt schenkte dieser Behauptung Glauben. Alle Freunde und Bekannten, die ich aufsuchte, bestätigten mir Bollmanns antinazistische Haltung auch während seiner KZ-Haft. Ich ließ entsprechende Zeugnisse ausstellen, die ich nach meiner Rückkehr in Karlshorst vorlegen wollte. Aber das erübrigte sich. Einen Tag nach meinem Besuch in Quedlinburg wurde Bollmann aus der Haft entlassen. Er war weder vernommen noch abgeurteilt worden.

Auf meiner Fahrt hatte ich gerade den Ort Mansfeld passiert, als ich wieder einmal an einer Sperre halten mußte. Sperren gab es mehr als genug. Da ich aber über einwandfreie Dokumente verfügte, wurde ich stets verhältnismäßig schnell abgefertigt. An dieser Sperre stand jedoch ein besonders gewissenhafter Towarischtsch. Er lüftete die Motorhaube, verglich die Nummer des Motors mit der in den Wagenpapieren angegebenen, und schon hatte er einen Fehler entdeckt. In der Zahlenreihe der Papiere fehlte eine 9. Dafür stand dort eine 0, die wiederum auf dem Motor nicht festzustellen war. Der Propusk war demnach »nix gut«.

Mein Fahrer stieg aus und begann mit dem Posten zu verhandeln. Inzwischen zückte ich einen Reserveausweis, in den ich nur die Wagennummer einzusetzen brauchte, um alle Mängel der anderen Wagenpapiere zu beheben. Ich füllte diesen Ausweis aus und reichte ihn aus dem Fenster. Der Towarischtsch besah den Ausweis, grinste und sagte:

»Propusk serr gut, Nummer nix gut. Jetzt geschrieben!« Dann feuerte er aus seinem Gewehr einen Schuß gen Himmel. Nach zehn

Minuten folgte ein zweiter Schuß und nach weiteren zehn Minuten ein dritter. Endlich kam aus dem Städtchen ein Muschik gerannt. Er setzte sich auf den Kotflügel des Wagens und kommandierte: Zur Kommandantur!
Ich wollte den Kommandanten sprechen, aber ich erhielt den Bescheid: »Kommandant nix da.« Ich bat um ein Telefonat zur Administratur nach Halle. Die Antwort: »Nix Telefon, erst Kommandant!«
Ich ging in das benachbarte Landratsamt und wollte den Landrat sprechen. Aber der Landrat war seit zwei Stunden abwesend, ohne hinterlassen zu haben, wo er zu erreichen sei. Ich rief die Bürgermeisterei an. Der Bürgermeister war ebenfalls seit zwei Stunden abwesend. Auch er hatte nicht mitgeteilt, wohin er sich begeben wollte. Ich ging zum Parteibüro der SPD. Es war geschlossen. Ich versuchte es im Parteibüro der KPD. Es war geschlossen. Endlich fuhr mich ein Angestellter des Landratsamtes zur Wohnung des Kommandanten. Dort saßen der Kommandant, der Landrat, der Bürgermeister und die beiden Parteivorsitzenden und zechten. Dabei wurde die Einheit geschmiedet.
Von hier konnte ich wenigstens Major Demidow bei der SMAD in Halle anrufen. Ich schilderte ihm mein Dilemma, worauf er lachend antwortete: »Ja, russische Ordnung noch besser als preußische.«
Nach diesem Intermezzo, das mich viel Zeit gekostet hatte, konnte ich endlich meine Reise fortsetzen. Ich mußte nach Weimar, wo ich von meinem Freund und ehemaligen Kollegen aus der Zentralverwaltung der Angestellten, Franz Lepinski, erwartet wurde. Er hatte an der Konferenz in Jena und an einer darauffolgenden Sitzung des Landesvorstandes teilgenommen.
Dem Verlauf und der Auswirkung der Jenaer Kundgebung mußten wir große Bedeutung beimessen. Keiner konnte mich besser und objektiver unterrichten als mein Freund Lepinski, der auch mit Otto Grotewohl befreundet war.
Beide Hauptredner, so berichtete Lepinski, seien in Vereinigungseuphorie geradezu geschwommen, doch mit einem Unterschied: Während Grotewohl sich über den Zeitpunkt nicht äußerte und die Verschmelzung gewissermaßen als einen notwendigen Wachstumsprozeß darstellte, erklärte Pieck, die Vereinigung müsse unverzüglich vollzogen werden. Dieses Drängen war bisher noch nie so unverhüllt zum Ausdruck gekommen. Lepinski, den der Landesvorstand als Diskussionsredner bestimmt hatte, hatte seine Rede sorgfältig überlegt und versuchte, unseren Standpunkt scharf zu formulieren und dabei bis zur Grenze des Erlaubten zu gehen. Er forderte die Vereinigung beider Parteien im gesamten Reichsgebiet

und warnte vor einer überstürzten Vereinigung in der Zone, die eine Spaltung der Gesamtpartei zur Folge haben müßte und außerdem auch die Einheit Deutschlands gefährde. Seinem Schlußsatz »Nicht die Zone ist unser Vaterland« war stürmisch applaudiert worden.
Lepinskis Rede war zwiespältig aufgenommen worden. Die überwiegende Mehrheit der Versammlung hätte ihm offensichtlich zugestimmt, und ungewöhnlich viele Teilnehmer hätten ihm die Hand gedrückt, aber einige gute Freunde hätten ihn gewarnt und gemeint, er sei zu weit gegangen. Heinrich Hoffmann, der Landesvorsitzende, hätte ihn sogar offen gerügt: »So darfst du nicht weiterreden!«
Nach der Versammlung hätte Otto Grotewohl sich sehr herzlich für seine Ausführungen bedankt und ihm versichert, daß er genau seine Auffassung ausgesprochen hätte. Er möge daran festhalten. Der »Alte« hätte ihn schwer enttäuscht. Zum erstenmal hätte er das Vereinigungsproblem so dringend dargestellt. Das widerspräche jeder Abrede. Vor der Vereinigung sollten noch die Gemeindewahlen abgehalten werden. Dann werde sich zeigen, wo die Arbeiter stehen. Grotewohl hätte ihm auch versichert, daß er dem »Alten« seinen Standpunkt klarmachen werde, damit er diese Ausführungen nicht wiederhole.
Lepinski empfahl mir, August Fröhlich, den zweiten Vorsitzenden in Weimar, aufzusuchen, was ich dann auch tat. August Fröhlich war einer der ältesten Funktionäre in Weimar. Da Hoffmann, der erste Vorsitzende, nicht anwesend war, wurde er zusammen mit Eggerath, dem Bezirksleiter der KPD, zur Berichterstattung über den Verlauf der Jenaer Konferenz zum General Kolesnitschenko beordert. Von dieser Unterredung fertigte Fröhlich anschließend ein Protokoll. Eine Kopie übergab er mir: Die Unterhaltung zwischen dem General und Fröhlich ist so aufschlußreich, daß sie hier wörtlich wiedergegeben werden soll:
Der General: »Die Arbeiterklasse verlangt die Einheit! Wie ist die Konferenz in Jena verlaufen?«
Fröhlich: »Nach einer Entschließung des Zentralausschusses der SPD und auch nach den in Jena von Pieck und Grotewohl gemachten Ausführungen soll die Frage auf einem Reichsparteitag entschieden werden.«
General: »Thüringen muß schon jetzt ein Beispiel geben.«
Eggerath: »In Rudolstadt und Nordhausen haben sich die beiden Parteien bereits vereinigt.«
General: »Ich kenne die Stimmung der Arbeiter. Die Rudolstädter und Nordhausener haben es richtig gemacht. Der Kampf zwischen den

Parteien birgt einen Schaden für die Demokratie in sich, aber keinen Nutzen. Jetzt gilt es, nicht zu reden, sondern zu handeln, und zwar sofort, um zu einer einheitlichen organisatorischen Arbeit überzugehen; sonst verläuft alles im Sande, im luftleeren Raum.«
Fröhlich: »Wir müssen jetzt erst die gefaßten Beschlüsse weitertragen. Dazu brauchen wir Zeit.«
General: »Die Stimmung muß ausgewertet werden. Und es muß überall dort sofort mit der organisatorischen Vereinigung begonnen werden, wo die Mitgliederschaft hierzu schon reif ist oder wo die geringsten Widerstände auftreten. Versammlungen sollen in Zukunft nur noch gemeinsam abgehalten und dabei überall auch einheitliche Leitungen gewählt werden. In den Fabriken muß man beginnen. Mir ist bekannt, daß nicht alle Mitglieder in die Einheitspartei gehen wollen. Das ist nicht von Interesse. Dann muß man eben beginnen, neu zu registrieren. Die Neuregistrierten sind die Mitglieder der Einheitspartei. Aber man muß auch überall zugleich beginnen, Delegierte zu einer Kreiskonferenz und auf den Kreiskonferenzen Delegierte zu einer Landeskonferenz wählen zu lassen. Nach diesem Schema wird es gehen. Gegner der Vereinigung und Politikaster müssen in den Versammlungen und in der Presse bloßgestellt werden. Es muß ein Kampf geführt werden, und zu einem Kampf gehört auch ein Gegner, der geschlagen werden muß. In Thüringen sind die Voraussetzungen für den Zusammenschluß gegeben. Deshalb muß die Arbeiterklasse in eine politische Arena geführt werden. Halten wir die revolutionäre Linie ein und führen wir die Einheit durch, so wird uns die Arbeiterklasse dafür dankbar sein.«
Fröhlich: »Ich werde dem Zentralausschuß und dem Landesvorstand berichten, denn eine Entscheidung kann ich ja nicht allein fällen.«
General: »Ich weiß, daß es Mitglieder des Zentralausschusses gibt, die sich gegen die Vereinigung stellen. Darum müssen wir hier in Thüringen zur Tat übergehen. Lenin hat schon gesagt: ›Was gestern zu früh war, ist morgen zu spät.‹ Man darf nicht darauf hören, was Dr. Schumacher vom Westen her sagt, weil sonst die Gefahr besteht, daß der richtige Moment verpaßt wird. Durch Hinauszögern wird die weitere Entwicklung in Deutschland der Reaktion in die Hände gespielt. Wir wollen ein demokratisches Deutschland, in dem die Arbeiterklasse geeint ist. Daran haben wir ein Interesse. Wenn die Arbeiterklasse den Staat beherrscht, dann haben wir hier nichts mehr zu tun. Aber wir wollen sicher sein, daß der Faschismus nicht wiederkommt. Sicherheit bietet uns aber nur die vereinigte Arbeiterklasse. Ich will alles unterstützen, was zur Demokratisierung beiträgt, denn sonst würden die Arbeiter antworten: ›Wir sind doch keine kleinen Kinder!‹«

Diese Stellungnahme des Generals ließ an Deutlichkeit nichts zu wünschen übrig. Beklommen trat ich die Rückreise über Halle, Bitterfeld, Wittenberg an. Überall die gleichen Feststellungen: Die russischen Kommandanten drängten, offenbar auf Weisung von oben, mit allen Mitteln auf die Einheit der deutschen Arbeiterklasse. SPD-Funktionären, die sich darüber hinwegsetzen, wird das Reden untersagt. Parteisekretäre werden abgesetzt und verhaftet.

Ende Januar 1946: die Entscheidung fällt

Die KPD-Führung ihrerseits setzte ihre Vereinigungsbestrebungen bei der Vorbereitung des Gewerkschaftskongresses auch für den Bereich des gewerkschaftlichen Lebens energisch fort. Am 12. Januar 1946 waren wir zusammengetreten, um den Entwurf einer Satzung für den geplanten »Freien Deutschen Gewerkschaftsbund« zu beraten. Bei dieser Gelegenheit wurde uns der Vorwurf gemacht, unsere Gewerkschaftsfunktionäre verhielten sich bei den Delegiertenwahlen inkorrekt, da sie heimlich Stimmzettel verteilten, auf denen nur Sozialdemokraten aufgeführt seien.
Wir konterten diese Vorwürfe in einem Brief, den wir, von Fechner und mir unterzeichnet, am 19. Januar an Pieck richteten. Darin wiesen wir nach, daß den sogenannten Inkorrektheiten einiger unserer Funktionäre weit massivere Verletzungen unserer Abmachungen von seiten der KP-Führung gegenüberständen. So z. B. ein Artikel in der »Deutschen Volkszeitung« vom 18. Januar, der unter dem Titel »Wählt nur Anhänger der Einheit« eine einzige Wahlpropaganda für die KP darstelle. Ebenso wie der Auszug aus einer Broschüre Ulbrichts, den am selben Tag die Gewerkschaftszeitung unter dem Titel »Einige Lehren aus der Geschichte der Gewerkschaftsbewegung« veröffentlicht hatte. Wir verwahrten uns energisch gegen die Diffamierung von SPD-Funktionären, die sich zu der Einsicht in die Notwendigkeit einer Verschmelzung beider Parteien noch nicht hätten durchringen können, und kündigten an, daß wir durch dieses einseitige Vorgehen nunmehr gezwungen seien, uns ebenfalls an die Öffentlichkeit zu wenden.
Am 23. Januar waren die Mitglieder der Studienkommission zusammengekommen. In dieser Sitzung bestanden wir darauf, daß auch die gemeinsame KP-SPD-Studienkommission sich dazu bekennen müsse, den Beschluß zur Vereinigung der beiden Parteien nur von Reichsparteitagen beider Parteien herbeizuführen. Die KP-Vertreter stimmten sowohl dieser Forderung als auch ihrer Veröffentlichung zu.

Dennoch waren unsere Besorgnisse nicht gänzlich beseitigt. Wie würde die Sitzung des Parteiausschusses am 25. Januar verlaufen? Die Tagung führte dann aber doch zu einem befriedigenden Ergebnis, obwohl in einer sehr lebhaft geführten Diskussion meine Erfahrungen und Beobachtungen während meiner letzten Reise ihre Bestätigung fanden, daß nämlich in vielen Bezirken der Wunsch nach der Vereinigung sehr lebhaft geworden war in der Erwartung, daß dann die zahlreichen Schikanen der Besatzungsbehörden endlich aufhören würden. Jetzt aber hielt sich selbst Otto Buchwitz aus Dresden, der bereits sehr eng mit seinem KP-Kollegen Matern zusammenarbeitete, an die vom Zentralausschuß festgelegte Linie. So konnte einstimmig festgestellt werden, daß der Parteiausschuß die aus der Aktionseinheit der beiden Arbeiterparteien wachsende Einheit der Arbeiterbewegung als einen Entwicklungsprozeß ansieht, die Herstellung der organisatorischen Vereinigung darum keine Frage eines bestimmten Termines sein kann, daß vielmehr eine organisatorische Einheit in ganz Deutschland nur durch den Willen der Mitglieder der beiden Parteien auf Reichsparteitagen endgültig beschlossen werden muß.

Hierzu schrieb ich einen Artikel mit dem Titel »Keine Vereinigung nach der Stoppuhr«, der am 3. Februar 1946 in unserem Zentralorgan erschien und sich grundsätzlich für die Vereinigung der beiden Parteien aussprach. Das war in jenen Tagen die Grundeinstellung wohl der meisten führenden SPD-Funktionäre, gleichgültig, welcher Richtung. Irgendeinen zeitlichen Druck lehnte ich jedoch strikt ab. Mit Gustav Dahrendorf war ich in diesem Punkt völlig einig. Wir wohnten nahe beisammen und trafen uns daher auch außerdienstlich sehr häufig. Dahrendorf gehörte zudem der Studienkommission an und hatte an mehreren Sitzungen teilgenommen, bei denen es immer um eine »Prinzipienerklärung« gegangen war, die zu gegebenem Zeitpunkt veröffentlicht werden sollte. Wir beide, Dahrendorf und ich, hielten es deshalb für erforderlich, daß im Zentralorgan noch einmal von einem der Vorsitzenden der Standpunkt des Zentralausschusses mit aller Deutlichkeit zum Ausdruck gebracht werden müsse. So entstand mein Artikel.

Auch von Fechner, Meier und Lehmann wußten wir, daß sie sich zu der offiziellen Parteiorder bekannten, die da lautete: Zeit gewinnen! — Und von Grotewohl nahmen wir dies ebenfalls an.

Zum Jahrestag der sogenannten Machtergreifung Hitlers, dem 30. Januar, hatte der Zentralausschuß der antifaschistisch-demokratischen Parteien zu einer Kundgebung aufgerufen, auf der alle Parteien ihr Bekenntnis zu einer einheitlichen parlamentarisch-demokratischen Republik bekräftigten.

Im Bekenntnis zur Einheit Deutschlands übertraf jedoch Wilhelm Pieck alle anderen Redner, als er ausrief: »Unsere politische Orientierung war immer auf Deutschland, auf die nationalen Interessen unseres Volkes gerichtet. — Wir haben immer die Worte vor Augen gehabt, die Schiller seinen Attinghausen sprechen läßt: ›Ans Vaterland, ans teure, schließ dich an. Das halte fest mit deinem ganzen Herzen. Hier sind die starken Wurzeln deiner Kraft.‹«
Und er schloß mit dem Rütli-Schwur: »Wir sind ein einig Volk und einig wollen wir handeln!« Nationaler ging's nicht.
Drei Tage vor Erscheinen meines Artikels, am 31. Januar 1946, überraschte uns Grotewohl in einer Vorstandssitzung mit der Mitteilung, daß uns in Kürze vom Zentralkomitee der KPD ein förmlicher Antrag zugehen werde, den Vereinigungsparteitag bereits am 1. Mai 1946 zu veranstalten. Dies habe ihm Walter Ulbricht in einem Gespräch mitgeteilt, das er wegen der Vorbereitung einer Delegiertenkonferenz mit ihm geführt habe. Max Fechner und ich blickten uns bestürzt an. Als wir im Aktionsausschuß den Statutenentwurf und die Besetzung des Vorstandes erörtert hatten, war Fechner ausdrücklich beauftragt worden, an allen weiteren Vorbereitungen teilzunehmen und auf der Gewerkschaftskonferenz den Zentralausschuß zu vertreten. Das Gespräch zwischen Grotewohl und Ulbricht, ohne Hinzuziehung Fechners, war also ein eindeutiger Verstoß gegen die Abmachungen, ein Verstoß, an dem aber auch Grotewohl mitschuldig war. Gustav Dahrendorf erinnerte an die Sitzung der Studienkommission, in der doch sowohl Ulbricht und Pieck als auch die anderen unserer Forderung zugestimmt hatten, daß ein Vereinigungsbeschluß nur auf Reichsparteitagen der beiden Parteien gefaßt werden könnte.
Während Dahrendorf und ich dafür eintraten, zunächst den Ablauf der Delegiertenversammlung der Gewerkschaften abzuwarten, hatte Grotewohl es eiliger. Er bestand darauf, daß schon zum 10. Februar 1946 eine Sitzung des Zentralausschusses und der Landesvorsitzenden nach Berlin einberufen werden sollte.
Erst zwei Jahre später informierte mich Grotewohl, daß er Ende Januar 1946 zu Marschall Shukow beordert worden sei. Es sei Shukows Wunsch gewesen, die Vereinigung sofort vorzunehmen. Alle Hinderungsgründe, die Grotewohl ihm angeblich vorgetragen hatte, seien von Shukow zurückgewiesen worden. Schließlich habe der Marschall die höchst verblüffende Frage gestellt: »Gibt es persönliche Gründe? Ist Ulbricht nicht genehm? Soll er zurückgezogen werden?«
Dem Zentralausschuß hat Grotewohl damals diese Unterredung mit dem Marschall verschwiegen.

Wir beschlossen nun, einen letzten Versuch zu unternehmen, mit Schumacher zu einer Entlastungsvereinbarung zu kommen. Zu diesem Zweck sollten Otto Grotewohl und Gustav Dahrendorf nach Westdeutschland fahren.

Neues Treffen mit Kurt Schumacher

Da es sich bei diesem Beschluß um eine Entscheidung des Vorstandes handelte, fügte sich Grotewohl, wenn auch sichtlich widerstrebend, und fuhr mit Gustav Dahrendorf nach Braunschweig, wo sie am 8. Februar mit Dr. Schumacher zusammentrafen. Nach ihrer Rückkehr berichteten Grotewohl und Dahrendorf über den Verlauf des Gespräches:
Sie hatten Dr. Schumacher die Frage gestellt, ob er bereit sei, mit dem Zentralausschuß eine gesamtdeutsche Parteikonferenz abzuhalten. Dr. Schumacher verneinte diese Frage und erklärte, daß ein Reichsparteitag schon aus dem Grunde nicht abgehalten werden könne, weil dafür viele Voraussetzungen fehlten, vor allem die eines einheitlichen Reiches. Dagegen fragte Schumacher: »Seid ihr aber willens und in der Lage, euch dem Druck dadurch zu entziehen, daß ihr notfalls die SPD im Osten auflöst?« Grotewohl und Dahrendorf erklärten, daß es dafür jetzt zu spät sei. Auch deshalb, weil dann die Landesverbände gezwungen wären, die Vereinigung auf Länderbasis vorzunehmen. Schließlich würde sich für eine Auflösung der SPD weder im Zentralausschuß noch im Parteiausschuß eine Mehrheit finden. So verlief auch dieses neuerliche Treffen mit Dr. Schumacher ergebnislos. Und Grotewohl und Dahrendorf kehrten unverrichteterdinge nach Berlin zurück.
Dahrendorf besuchte mich sogleich in meiner Wohnung, um mir über den Verlauf der Unterredung zu berichten.
Noch eine andere Begebenheit berichtete er mir, die ihn sichtlich verärgert hatte: Grotewohl und er waren über Halberstadt zurückgereist, um dort unsere Freunde zu besuchen. Dr. Hoccotz hatte ihnen mitgeteilt, daß man ihn einige Tage zuvor am späten Abend abgeholt und bis in die Morgenstunden hinein durch einen NKWD-Offizier verhört hatte. Man wollte von ihm erfahren, weshalb wir so oft nach Halberstadt kämen. Daß der Grund hierfür eine rein menschlich-freundschaftliche Bindung sein sollte, wollte anscheinend in das Gehirn eines Bolschewik nicht hinein.
Der Kommandant hatte Dr. Hoccotz schließlich gebeten, ihn zu benachrichtigen, wenn einer seiner Freunde zu Gast käme. Er wolle den Besucher dann ebenfalls einladen. Schon eine Stunde nach der

Ankunft Grotewohls und Dahrendorfs tauchte der Dolmetscher des Kommandanten auf und überbrachte Grotewohl eine Einladung, obschon er noch keine offizielle Mitteilung von der Ankunft der beiden Freunde hatte. Dahrendorf nahm selbstverständlich an, daß die Einladung auch ihm gelte. Grotewohl hatte jedoch darauf bestanden, allein zum Kommandanten zu fahren. Dahrendorf empfand diese Haltung Grotewohls als Brüskierung.
Das Erlebnis unseres Freundes Dr. Hoccotz brachte uns wieder auf das üble Thema der Bespitzelung, auf die wir nach unseren Erfahrungen aus der Nazizeit besonders empfindlich reagierten. Gustav Dahrendorf hatte im Volksgerichtshof vor Freisler gestanden. Er wurde nicht zum Tode verurteilt, aber sein Freund Wilhelm Leuschner wurde hingerichtet. Kurz vor der Vollstreckung des Todesurteils hatte er Dahrendorf das Wort »Einheit!« zugerufen. Dahrendorf hatte das stets als ein Vermächtnis empfunden. Allmählich begannen jedoch seine Zweifel daran, ob dieses Vermächtnis unter den gegebenen Umständen noch erfüllt werden könne. Seinen Sohn hatten die Nazis während der Zeit, als gegen ihn das Volksgerichtsverfahren lief, in ein KZ für Jugendliche gebracht. Nach 1945 war er, wie alle jungen Menschen aus sozialdemokratischen Familien, mit Elan an die neuen politischen Aufgaben herangegangen. Dann ließ seine Begeisterung plötzlich nach, er wurde schweigsam, ein seelischer Kummer belastete ihn. Endlich fand sein Vater den Grund für diese veränderte Haltung seines Sohnes: er wurde vom NKWD erpreßt.
Neuerdings, so berichtete Gustav Dahrendorf, sei er selber das Objekt der Bespitzelung. Ein Mitglied der KP-Betriebsgruppe in der Zentralverwaltung für Brennstoff, der Dahrendorf als Vizepräsident vorstand, hatte ihm das aus Gewissensnot berichtet.

Die folgenschwere Sitzung vom 10. und 11. Februar 1946

Auf der Sitzung des Zentralausschusses und der Landesvorsitzenden, die wir für den 10. und 11. Februar 1946 einberufen hatten, mußte eine Entscheidung getroffen werden. Das war uns allen klar. Vor allem, da das Zentralkomitee den 1. Mai für einen Vereinigungsparteitag festgelegt hatte. Daß hinter dieser Forderung die sowjetische Besatzungsmacht stand, war uns ebenso klar.
In Hessen hatten am 20. Januar kommunale Teilwahlen stattgefunden, bei denen die KPD nur 4,6 Prozent der Stimmen erhielt, während die SPD 41,4 Prozent erringen konnte — ein Ergebnis, das Schumacher vorausgesehen hatte. In ihm, der außerhalb der sowje-

tischen Besatzungszone operieren konnte, mußte die KPD und mit ihr die SMAD, schließlich die Sowjetunion selbst, nicht nur einen Gegner, sondern geradezu einen Feind sehen. Daher mußten sie alles daransetzen, die Vereinigung unter Dach und Fach zu bekommen, bevor dieser Einfluß wachsen und sich auf die SPD in der Sowjetzone auswirken konnte.

Diese Überlegungen bildeten den Inhalt der Gespräche vor der Sitzung, ehe die Vorsitzenden der Landesorganisationen eingetroffen waren. Sie kamen einer nach dem anderen, und sie kamen alle mit der gleichen Marschroute, ohne daß sie sich vorher untereinander verabredet hätten. Im Zimmer von August Karsten, den die auswärtigen Besucher stets zuerst aufzusuchen pflegten, weil er in der Regel Alkohol vorrätig hatte, kam es zu einer improvisierten Vorbesprechung. Ich bat meinen alten Freund Carl Moltmann aus Schwerin in mein Zimmer. Kurz darauf erschienen auch Grotewohl und Fechner, die Otto Buchwitz, Dresden, mitbrachten. Ich fragte Moltmann, ob ihm, unabhängig von unserer Einladung, vielleicht schon vorher die Forderung der KPD nach Vereinigung am 1. Mai bekanntgeworden sei.

Moltmann wich aus: Eine direkte Forderung sei ihm nicht bekanntgeworden.

»Laßt uns nicht um den Brei herumreden«, fuhr Grotewohl dazwischen, »wofür wollt ihr heute eintreten — für die Behandlung der Frage auf einem Reichsparteitag oder für eine Vereinigung in unserer Zone?«

Otto Buchwitz erwiderte: »Ich trete für eine sofortige Vereinigung ein.«

Moltmann: »Ich ebenfalls.«

Als ich wissen wollte, ob es bei ihnen schon einen Vorstandsbeschluß gäbe, verneinten beide. Die Frage, ob sie selber sich festgelegt hätten, blieb vor der Sitzung unbeantwortet.

Die Sitzung im Parteihaus der SPD wurde von Max Fechner geleitet. Otto Grotewohl hatte die Berichterstattung zur Lage übernommen. Objektiv schilderte er die Entwicklung, die zur heutigen Situation geführt hatte. Ebenso objektiv schilderte er seine und Dahrendorfs Unterredung mit Kurt Schumacher. Schumacher, so sagte er, habe nichts anderes vorschlagen können als die Auflösung der SPD.

Wörtlich fuhr er fort: »Ich frage euch, Genossen, wollt ihr das? Waren wir im Mai und Juni 1945 nicht bereit, in eine einheitliche Arbeiterpartei zu gehen, auch wenn es sich dabei um keine andere Partei gehandelt hätte als die jetzt neben uns bestehende Kommunistische Partei? Was soll sich nun eigentlich an dieser grundsätz-

lichen Einstellung geändert haben? Geändert hat sich nichts, nur Zeit haben wir verloren. Hätten wir vor einem Dreivierteljahr die Vereinigung durchgeführt oder hätte die Besatzungsmacht nur eine Arbeiterpartei zugelassen, so hätten wir nicht nur keine Zeit verloren, sondern uns auch viel Ärger erspart. Das sieht heute auch das Zentralkomitee der KPD ein und auch die sowjetische Besatzungsmacht. Jetzt soll nun die Vereinigung plötzlich sehr schnell vor sich gehen. Wir, der Genosse Dahrendorf und ich, haben dem Genossen Schumacher die Frage vorgelegt: Wollt ihr mit uns zusammen einen Reichsparteitag einberufen und dort die Frage der Vereinigung zur Entscheidung stellen? Unsere Frage wurde jedoch verneint.
Was sollen wir nun tun, nachdem nunmehr der Antrag der KPD vorliegt, die Verschmelzung der beiden Parteien Ostern oder am 1. Mai vorzunehmen? Nach meinem Dafürhalten müssen wir dem Antrag zustimmen und die Vereinigung an einem dieser genannten Termine vollziehen. Ich glaube, die heutige Konferenz wird mit mir die gleiche Ansicht vertreten und entsprechend beschließen.«
Aber sogleich meldeten sich Gegenstimmen. Als erster Diskussionsredner sprach Gustav Dahrendorf und stellte zunächst richtig, daß eine einheitliche Arbeiterpartei nicht die Kommunistische Partei zu sein brauche. »Die Sozialdemokratische Partei ist bis zum Ersten Weltkrieg eine einheitliche deutsche Arbeiterpartei gewesen, in der sich viele der späteren Führer der KPD, mindestens bis zum Ausbruch des Krieges, sehr wohl gefühlt haben. In dieser Partei sind alle Sozialisten zu Wort gekommen, unabhängig von ihrer Grundhaltung, ob sie nun marxistisch-dogmatisch war oder nicht. Es fühlte sich niemand bevorzugt oder unter Druck gesetzt, es bestand nicht nur freie Meinungsäußerung, sondern auch Gewissensfreiheit. Wenn es der Führung der KPD darauf ankommt, eine solche einheitliche Partei mit uns gemeinsam zurückzugewinnen, so hätte es keines Druckes bedurft, um eine solche Partei wiedererstehen zu lassen. Die KPD ist jedoch der Auffassung gewesen, daß vor einer Verschmelzung eine ideologische Klärung erfolgen müsse. Diese Klärung ist bisher nur teilweise erfolgt. Aus dem Druck auf Hunderttausende Sozialdemokraten in der Ostzone läßt sich schließen, daß sie in die Schablone der KPD gepreßt werden sollen.«
Die Versammelten hatten Grotewohl und Dahrendorf in aller Ruhe angehört. Mehrere Mitglieder des Zentralausschusses, darunter Karl Germer, Fritz Neubecker, August Karsten und Otto Meier, sprachen sich ebenfalls *gegen* den Vereinigungstermin aus.
Karl Germer sagte: »In eine KPD werden wir uns in keinem Falle pressen lassen.«

Als erster der Landesvorsitzenden ergriff nun Bruno Böttge aus Halle das Wort: »Wenn wir die Besatzungszeit — und sie kann ja nicht ewig dauern — überstehen wollen, müssen wir das Angebot der KPD annehmen.«
Diese Bemerkung veranlaßte Heinrich Hoffmann aus Weimar zu dem Zwischenruf: »Willst du eine Vereinigung unter Vorbehalt?«
»Nein, ich will eine Vereinigung in ganz Deutschland«, erwiderte Böttge. »Weil die nicht zu erreichen ist, müssen wir in unserer Zone beginnen, in der Hoffnung, daß sie sich hier bewährt.«
Jetzt ergriff ich das Wort. Nachdem ich ebenfalls auf die bisherige Entwicklung eingegangen war, stellte ich die Frage, ob bei dieser Situation eine zukünftige Einheitspartei eine selbständige Politik, vor allem eine selbständige Außenpolitik, treiben könne. »Kann sie selbständig handeln, wenn es die Klassenlage der deutschen Arbeiterschaft erfordert? Oder geht man grundsätzlich von der Hypothese aus, daß die Klassenlage der deutschen Arbeiter eine Gleichschaltung mit der Staatspolizei der Sowjetunion erfordert?«
Zum Schluß hob ich hervor, daß es jetzt vor allem darauf ankomme, die volle Handlungsfreiheit des Zentralausschusses wieder zurückzugewinnen; dazu gehört eine zwischen dem Zentralkomitee der KPD und dem Zentralausschuß der SPD zu vereinbarende Entschließung, daß der 1. Mai *keinesfalls* der Stichtag für die Verschmelzung sein kann. Dazu gehört weiter, daß die zu treffende Vereinbarung von den Sowjetbehörden respektiert werden muß, damit sich der Zentralausschuß draußen wieder verständlich machen kann.
Von den Landesvorsitzenden sprachen sich nur Otto Buchwitz und Heinrich Hoffmann für die sofortige Vereinigung aus.
Alle Reden — kühl und sachlich vorgetragen — wurden von den Anwesenden nachdenklich, ohne Pro- oder Kontra-Bezeugungen aufgenommen. Erst zuletzt, bei der Rede Moltmanns, wurden Zwischenrufe laut. Dabei wurde offenbar, daß man in den Landesvorständen schon sehr viel weiter war, als wir angenommen hatten. Während wir im Zentralausschuß ständig über das Für und Wider diskutiert hatten, war man sich im Lande auch in der Terminfrage bereits einig geworden. Max Fechner beendete die Diskussion ohne eigene Stellungnahme* mit der Aufforderung: »Genossen, wer dafür ist, dem Antrag der KPD zuzustimmen, einen Vereinigungsparteitag zu Ostern oder zum 1. Mai einzuberufen, den bitte ich um das Handzeichen.« Fechner zählte laut, ließ die Gegenprobe machen, und

---

* Fechner, und nicht nur ihm, war klargeworden, daß in der Zone nicht mehr viel zu retten war. Die Landesverbände waren nicht mehr auf die abwartende Haltung, die der Zentralausschuß bisher eingenommen hatte, zurückzuführen. Fechner wollte durch eine Stellungnahme nicht noch Öl ins Feuer gießen.

nachdem er die Stimmenthaltungen festgestellt hatte, erklärte er: »Die zweiten Stimmen waren mehr, der Antrag ist damit abgelehnt.« Da brach ein unbeschreiblicher Tumult aus, es wurde geschrien und wild gestikuliert. Hoffmann, Moltmann und Buchwitz sprangen auf, auch einige Zentralausschuß-Mitglieder hatten sich erhoben. Hoffmann schrie irgend etwas, was keiner verstehen konnte, weil alle auf einmal sprachen. Unmöglich herauszufinden, wer auf wen einredete. Alle sprachen in höchster Lautstärke, oft über die Köpfe anderer hinweg, die miteinander stritten, um sich wieder anderen verständlich zu machen.

Die Sitzung drohte aufzufliegen. Laute Rufe wie: »Wir sagen uns los vom Zentralausschuß!« — »Wir machen die Vereinigung auf Landesebene!« wurden vernehmbar. Nach einem halbstündigen Durcheinander gelang es Fechner, die Ruhe wenigstens einigermaßen wiederherzustellen. Er kündigte an, daß die Genossen Harnisch und Weimann eine Erklärung abgeben wollten. Harnisch und Weimann erklärten kurz, daß sie sich bei der Abstimmung geirrt hätten. Sie wollten *für* den Vereinigungstermin stimmen und nicht gegen ihn. Daraufhin stellte Fechner fest, daß die Abstimmung unentschieden verlaufen sei, und vertagte die Sitzung auf den folgenden Tag, 9 Uhr vormittags.

Gleich nach Beendigung der Sitzung war, wie sich später herausstellte, Heinrich Hoffmann, der in Thüringen den Landesvorsitzenden abgelöst hatte, zum Admiralspalast hinübergefahren, wo zur gleichen Stunde der Gewerkschaftskongreß tagte. Nach einer kurzen Unterredung mit Ulbricht meldete er sich zu Wort und verkündete, daß »man« in Thüringen beschlossen habe, jetzt auch die politische Einheit der Arbeiterklasse zu vollziehen. Ein Vereinigungsparteitag finde am 6. April in Weimar statt. In dem Beschluß, den Hoffmann dem Zentralausschuß der SPD vorher nicht zur Kenntnis gebracht hatte, hieß es: »Beide Parteien halten am 6. April in Gotha ihre eigenen Landesparteitage ab, in denen sie ihre Auflösung beschließen. Am 7. April wird in Gotha der gemeinsame Landesparteitag der neuen Einheitspartei stattfinden.«

Sogleich nahm auch Ulbricht das Wort: »Gewisse Leute«, so sagte er, »haben uns gefragt: Aber diese Vereinigung geschieht doch unter Druck? Ich sage ganz offen: Jawohl, sie geschieht unter Druck! Seht mal an, diese Thüringer haben die Vereinigung beschlossen, ohne uns vorher zu fragen (große Heiterkeit). Ich sage ganz offen: Sie haben einen Druck auf uns ausgeübt, auf den Vorstand der SPD und der KPD! (Stürmischer Beifall.) Und die Sachsen haben einen Druck auf uns ausgeübt: Man hat dort ein gemeinsames Organisationskomitee für die Vereinigung der beiden Parteien geschaffen. Aus

Halle-Merseburg kommt eine gleiche Mitteilung. Der Druck ist gegenwärtig schon so stark, daß sich die beiden Zentralvorstände in diesen Tagen darüber beraten werden, zu welchem Termin die Vereinigung vollzogen werden soll.« (Erneuter lebhafter Beifall.)
Ulbricht brauchte nicht einige Tage zu warten. Schon der nächste Tag sollte die Entscheidung bringen.
Ich hatte die Nacht nicht geschlafen, sondern eine Rede ausgearbeitet, in der ich auch die mutmaßliche Entwicklung in einer Einheitspartei aufzeigte. Übernächtig betrat ich eine Viertelstunde vor Sitzungsbeginn das Zimmer Grotewohls. Ich sah ihm an, auch er hatte diese Nacht mit sich gerungen. Ich übergab ihm das Konzept meiner Rede. Nachdem er es überflogen hatte, sagte er, er habe sich nunmehr definitiv entschieden. Wir könnten uns nicht ausschalten und die Mitglieder allein in die Vereinigung schlittern lassen, die doch nicht mehr aufzuhalten sei.
Er trat ans Fenster, schaute auf die Ruinen hinaus und fuhr fort: »Alles, was du da geschrieben hast, hat eine gewisse Berechtigung. Auch wenn es zur Vereinigung kommt — mit uns oder gegen uns —, gibt es noch viele Mißverständnisse von früher und auch von den letzten Monaten zu klären. Das muß alles noch geschehen.«
Ich warf ein: »Es sind doch mehr als Mißverständnisse, die noch zu klären sind. Es sind Differenzen, ernsthafte Differenzen, die ausgeräumt werden müssen.«
»Ja, es sind Differenzen, die besser gar nicht erst entstanden wären«, entgegnete Grotewohl, »aber es sind keine Differenzen, die nicht ausgeräumt werden können. Denk an die Entwicklung im und nach dem Ersten Weltkrieg. Denk an Sachsen, Thüringen und nicht zuletzt an Braunschweig, an die ›Harzburger Front‹ und das Ermächtigungsgesetz für Hitler. Dem Bürgertum ist damals die große Chance der sogenannten bürgerlichen Demokratie gegeben worden. Wie hat es diese Chance genützt? Wir beide haben die entscheidende Zeit in Braunschweig zusammen erlebt. Ist es nicht so gewesen, daß das Bürgertum zu den Nazis abgewandert ist, ist es nicht so gewesen, daß die bürgerlichen Parteien sich den sieben Nazirabauken in unserem Landtag auslieferten, den Abenteurer Hitler zusammen mit den Nazis zum Regierungsrat machten?
Wir können politisch nicht da anfangen, wo wir 1933 aufgehört haben. Wollten wir das tun, so wird sich zeigen, daß das Bürgertum gegen die politisch organisierte Arbeiterschaft die gleiche Frontstellung beziehen wird wie nach 1918. Wir müssen deshalb, soweit uns dazu die Gelegenheit geboten wird, wenigstens erreichen, daß die politische Einheit aller Werktätigen in Parteien und Gewerkschaften hergestellt werden kann.«

Ohne zu einer Übereinstimmung gekommen zu sein, gingen wir in die Sitzung.
Noch einmal wurde das Für und Wider diskutiert, doch ohne die Leidenschaftlichkeit des Vortages. Grotewohl beteiligte sich überhaupt nicht an der Diskussion, sondern erklärte nur kurz: »Ich bleibe, komme, was mag, bei meinen Genossen in der Ostzone.«
Fechner ließ nun erneut abstimmen. Dieses Mal entschied sich die Mehrheit für die Vereinigung im April. Darauf erklärte Gustav Dahrendorf seinen Rücktritt, zog ihn aber auf meine Bitte wieder zurück.
Fritz Neubecker stieg mit mir die Treppe zu meinem Zimmer hinunter. »Was soll nun werden?« fragte er.
»Ich weiß es nicht«, antwortete ich niedergeschlagen.
Otto Grotewohl fuhr zum Gewerkschaftskongreß und verkündete dort: »Der Zentralausschuß der Sozialdemokratischen Partei Deutschlands ist nach Beratung mit den Vertretern der Bezirke zu dem Entschluß gekommen, der Mitgliedschaft der Partei alsbald die Einheit der beiden Arbeiterparteien zur Entscheidung vorzulegen. Der Zentralausschuß wird daher, nachdem die Verhandlungen mit den Vertretern der westlichen Besatzungszonen ergeben haben, daß die Einberufung eines Reichsparteitages auf absehbare Zeit nicht möglich ist, sofort einen Parteitag für die sowjetische Besatzungszone einschließlich Berlins einberufen. Dieser Parteitag, dem Bezirks- und Landesparteitage vorangehen, soll über eine Vereinigung der beiden Parteien entscheiden.«

Der Gewerkschaftskongreß

Dem Gewerkschaftskongreß im Admiralspalast waren in Groß-Berlin und in den Ländern der Zone Konferenzen der Delegierten vorausgegangen. Bei den Delegiertenwahlen war es, im besonderen Maße in Sachsen und dort wiederum in Leipzig, zu scharfen Auseinandersetzungen zwischen Kommunisten und Sozialdemokraten gekommen. Nach der im Aktionsausschuß getroffenen Vereinbarung sollte bei Aufstellung der Delegiertenlisten die Parität gewahrt werden. Von diesem Modus wurde überall dort abgewichen, wo die eine oder andere Seite annahm, innerhalb der Betriebsbelegschaften über eine größere Anhängerschaft zu verfügen. So stellte man schließlich doch getrennte Listen auf. Die Abstimmungsergebnisse wurden dann nach Ländern zusammengestellt. Dabei traten verschiedentlich Wahlfälschungen, die von KP-Funktionären begangen worden waren, zutage.

Bereits am 19. Januar 1946 hatten Fechner und ich ein gemeinsam unterzeichnetes Protestschreiben an Wilhelm Pieck gerichtet, in dem wir auf die Wahlfälschungen in Sachsen und Sachsen-Anhalt hinwiesen und zuverlässiges Material zur Verfügung stellten. Die Listen mit den Namen der gewählten Sozialdemokraten, die einfach unterschlagen wurden, waren nämlich zum Teil in unseren Besitz gelangt.

In der konspirativen Tätigkeit sind die Kommunisten den Sozialdemokraten weit überlegen. Das Ergebnis dieses Machtkampfes mit unfairen Mitteln konnte daher auch nicht zweifelhaft sein. Es mußte einfach eine Mehrheit für die KPD erbringen. Von 560 gewählten Delegierten der Bezirkskonferenzen der Gewerkschaft gehörten 313 der KPD und nur 226 der SPD an. Sie wählten dann die Delegierten in die Bezirksausschüsse, wobei 184 Sitze an die KPD und 131 an die SPD fielen.

In Berlin mußte die KPD vorsichtiger operieren. Hier bediente sie sich der Flüsterpropaganda, brachte bei einer paritätischen Listenbesetzung ihre Mitglieder auf die geraden Zahlen und lancierte den Propagandavers:

»Willst du dich nicht länger quälen,
brauchst du nur gerade Zahlen wählen.«

Das war zwar schlechtes Deutsch, blieb aber nicht ohne Wirkung. Viele Delegierte nutzten ihre Teilnahme am Kongreß, uns ihre Beschwerden über solche Machenschaften vorzubringen.

Im Februar 1946 führte der französische Kommandant die Geschäfte der Interalliierten Kommandantur, bei der alle vier Besatzungsmächte sich monatlich in der Abwicklung der laufenden Angelegenheiten abwechselten. Er erteilte den Befehl, die Berliner Delegierten dürften sich am Gewerkschaftskongreß nicht aktiv beteiligen. Das und noch mehr mußte hinter der Einheitsfassade des Kongresses erörtert und verhandelt werden, wobei sich das »Mehr« auf die Vorstandswahl bezog. Ein Bundesvorstand von 30 Mitgliedern sollte gewählt werden, und zwar nach dem Wunsch der KP 14 Kommunisten, 14 Sozialdemokraten und zwei ehemalige christliche Gewerkschaftler. Mit dieser geringen Beteiligung waren Jakob Kaiser und Ernst Lemmer aber nicht einverstanden. Mir wurde die Aufgabe zugeschoben, hinter den Kulissen eine Einigung herbeizuführen.

Ich versuchte, einen Kompromiß auf der Basis 13:13:4 zustande zu bringen. Meine Bemühungen scheiterten aber an der Unnachgiebigkeit Ulbrichts und Jendretzkys. Schließlich durchbrach ich das zwischen KPD und SPD vereinbarte Paritätsprinzip, indem ich zu Lasten der Sozialdemokraten einen Sitz an die Christdemokraten abtrat. Das Verhältnis war jetzt 14:13:3. Kaiser und Lemmer

waren einverstanden, und auch Bernhard Göring und Hermann Schlimme als Vertreter des Zentralausschusses im Bundesvorstand stimmten zu.
Im Kongreßsaal wurden inzwischen Reden gehalten, die Begrüßungsreden des Obersten Tulpanow, des Oberbürgermeisters, der Parteivorsitzenden. Die entscheidende Rede hielt jedoch Walter Ulbricht:
»Man hat uns gefragt«, so begann er, »warum wart ihr Kommunisten nicht im Mai 1945 sofort für die Vereinigung? Ich will euch das ganz offen sagen. Damals war die deutsche Arbeiterschaft noch zersplittert. Was wäre geschehen, wenn wir damals mit der Vereinigung begonnen hätten? Ein Teil der Kommunisten hätte sich mit einem Teil der Sozialdemokraten vereinigt. Daneben hätte eine große Anzahl ehemaliger Mitglieder beider Parteien entweder andere Organisationen gebildet oder sich völlig passiv verhalten. Eine solche Zersplitterung wollten wir nicht. Wir wollten, daß die Vereinigung beider Parteien erst nach dem vollzogenen Aufbau beider Organisationen verwirklicht wird (Beifall). Inzwischen habt ihr Zeit gehabt, euch in der Aktionsgemeinschaft kennenzulernen. Ihr habt gemeinsam die programmatischen Fragen diskutiert. Ihr habt Gelegenheit gehabt, die Werke von Marx, Engels und Lenin zu studieren. Jetzt ist die Lage für die Vereinigung eine andere.«

Das letzte Mal unter uns

Am nächsten Tag kamen wir in meiner Wohnung zusammen, Grotewohl, Dahrendorf und ich. Allzu plötzlich waren wir vor eine Entscheidung gestellt worden, und es schien uns notwendig zu sein, nochmals die einzelnen Phasen der Entwicklung durchzugehen. Nachdem wir sie sehr gründlich analysiert hatten, standen wir vor der Frage, wie es nun weitergehen, wie sich jeder von uns entscheiden solle.
Grotewohl hatte sich bereits entschieden. Dahrendorf und ich stimmten mit ihm darin überein, daß die Entscheidung, obwohl einzeln und persönlich zu treffen, eine politische Entscheidung sein müsse. Wir kamen daher sehr bald auf die weitere Frage, ob die Vereinigung von uns, vom Zentralausschuß der SPD, verhindert werden könne. Diese Frage mußte nach Lage der Dinge verneint werden. Sie wäre zu verhindern gewesen, wenn wir nur mit der KP-Führung als Verhandlungspartner zu tun gehabt hätten. Trotz der anfänglich großen Vereinigungsbereitschaft unserer Mitgliedschaft wäre es zweifellos, verursacht durch das Verhalten der KPD, schließlich doch zur Ablehnung

gekommen, wenn nicht die sowjetische Besatzungsmacht von der Einzelzelle im kleinsten Ort bis hinauf zu den Landesvorständen mit dem ganzen Gewicht ihres Einflusses zur Vereinigung gedrängt hätte. Durch die nun bevorstehende Vereinigung, so glaubten wir damals, würde wenigstens dieser Druck aufhören.
Unter diesem Gesichtspunkt diskutierten wir — sehr realistisch, wie wir meinten — und stimmten darin überein, daß es nach der Vereinigung keine Unterscheidungen mehr geben könne zwischen ehemaligen Sozialdemokraten, ehemaligen Kommunisten und Parteilosen, sondern daß es nur noch gleichberechtigte Mitglieder geben dürfte. Auch darin waren wir uns einig, daß in der neuen Partei das demokratische Organisationsprinzip der SPD vorherrschen müsse. Die Einheitspartei sollte keine kommunistische Kaderpartei, sondern eine sozialistische Massenpartei werden.
Schließlich stellten wir noch Überlegungen über die künftige paritätische Aufteilung der einzelnen Parteiressorts an. Wir hielten uns dabei an das Organisationsschema des Sekretariats der KPD. Den Vorsitz führte Wilhelm Pieck, Wirtschaft und Verwaltung unterstanden Walter Ulbricht, Organisation und Personalpolitik Franz Dahlem, für Kulturpolitik und Presse war Anton Ackermann zuständig, für Sozialpolitik und Gewerkschaften Paul Merker, und Frauenfragen bearbeitete Elli Schmidt. Otto Grotewohl meinte dazu: »Wenn also alle Funktionen paritätisch nach Sachgebiet und Sachkenntnis zu besetzen sind, so müßte Erich als Wirtschaftler mit Walter Ulbricht zusammenarbeiten. Jedoch halte ich das Ressort Parteiorganisation und Personalpolitik für wichtiger.«
»Ob wichtig oder nicht«, erwiderte ich, »ich bin nicht erpicht darauf, mit Walter Ulbricht zusammenzuarbeiten.«
Auf Dahrendorfs Frage, ob ich Dahlem für weniger schwierig hielte als Ulbricht, entgegnete ich:
»Ich kann die Schwierigkeitsgrade der beiden nicht beurteilen. Aber ich halte Dahlem für aufrichtiger als Ulbricht. Mit Ulbricht sollte meiner Ansicht nach Max Fechner zusammenarbeiten, da es in diesem Ressort auch um die Verwaltung und die Kommunalpolitik geht.«
Und von Kommunalpolitik verstand Max recht viel.
Sorge bereitete mir auch das Problem des Parteivermögens, insbesondere an den Druckereien und Verlagen. »Wir müssen uns doch darüber im klaren sein«, meinte ich, »die Vereinigung ist ein Experiment. Ich wünsche, daß es glückt. Sollte es jedoch nicht glücken, vor allem dann nicht, wenn die deutsche Einheit wiederhergestellt ist und wir dann notgedrungen wieder auseinandergehen müssen, so möchte ich den Besitzstand der SPD gewahrt wissen.«

Auf Grotewohls Frage, ob ich demnach entschlossen sei, die Parteivereinigung mitzumachen, erwiderte ich: »Wenn die Entscheidung im Parteiausschuß für die Vereinigung zu dem nach meinem Dafürhalten allerdings zu nahen Termin fällt, werde ich das Experiment mitmachen, und zwar aus folgenden Gründen: Ich bin nicht Berliner, sondern Ostdeutscher. Meine Landsleute sitzen in der Hauptsache als Flüchtlinge in Mecklenburg. Ich glaube, ich habe die Verpflichtung, mich um sie zu kümmern. Außerdem habe ich bestimmte Vorstellungen im Hinblick auf die zukünftige Einheitspartei. Ich möchte versuchen, sie im Interesse der mehr als eine halbe Million Sozialdemokraten zu verwirklichen.«
»Und du, Gustav?« wandte sich Grotewohl an Dahrendorf. Dieser antwortete: »Ich werde vor der Parteiausschußsitzung noch einmal die ganze bisherige Entwicklung überdenken und dann meine Entscheidung treffen. Ich bin nicht Ostdeutscher.«

Dahrendorf geht in den Westen

Zwei Tage später, am 14. Februar 1946, hatte ich einige meiner Freunde mit ihren Frauen zur Feier meines Geburtstages eingeladen. Noch einmal waren wir gänzlich unter uns, nur die führenden Sozialdemokraten. Jeder hatte seine Sorgen. Es war keine unbeschwerte Feier, aber sie hatte auch ihr Gutes. Manche Differenzen, auch persönlicher Art, konnten bereinigt werden. In der Aufbauatmosphäre der Behrenstraße waren mitunter harte Worte gefallen. Alle waren wir zeitweise überreizt und unverträglich. Die Arbeitslast wuchs von Tag zu Tag, und die Sorgen wurden immer drückender. Mißtrauen, auch ganz persönlicher Art, machte sich breit. Der menschliche Kontakt war verlorengegangen. Nun hatten wir Gelegenheit, uns gegenseitig auszusprechen und den Kontakt wiederherzustellen.
Die Diskussion über die uns alle beschäftigenden Probleme war sehr lebhaft, und wir alle waren sehr erregt. Gustav Dahrendorf erlitt dabei eine heftige Herzattacke. Mein Schwiegersohn bot seine ganze ärztliche Kunst auf. Erst gegen Morgen war Dahrendorf außer Gefahr.
Drei Tage später rief seine Frau mich an und bat um meinen Besuch. Als ich bei ihr erschien, sah ich einen englischen Soldaten vor dem Haus Wache halten. Ich durfte es nur mit Genehmigung von Frau Dahrendorf betreten. Dahrendorf hatte sich und seine Familie unter den Schutz der britischen Besatzungsmacht gestellt. Im Haus übergab mir Frau Dahrendorf einen Brief von Gustav. Ich öffnete ihn mit bangen Vorahnungen.

»*Lieber Erich, lieber Otto!*« schrieb er. »*Nicht ohne tieferen Grund richte ich diesen Brief an Euch beide!*

In den nächsten Tagen werde ich nach dem Westen fahren, und zwar zunächst nach Hamburg. Meine Absicht ist nicht, etwa sogleich drüben auf die Tribüne zu steigen. Das will, kann und darf ich nicht. Ich werde mich zunächst genau informieren. Wenn ich aus östlichen und westlichen Einsichten den Standort gefunden, von dem aus zu kämpfen nicht nur möglich, sondern vielleicht auch notwendig ist, werde ich es tun.

Es wird, davon bin ich durchdrungen, kein Kampf gegen Euch, sondern eigentlich für Euch sein. Versteht mich bitte recht: ich bilde mir nicht ein, aus bösen in gute Verhältnisse zu kommen. Sie sind drüben, wenn auch unter ganz anderen Vorzeichen wie hier, im höchsten Grade bedenklich.

Für mich stehen die Dinge wirklich so: hier muß ich mich unterwerfen, drüben sehe ich noch eine Aufgabe!

So, wie ich die Probleme Deutschlands sehe, kann ich mich nicht anders entscheiden. Diese Entscheidung ist mir wahrlich nicht leichtgefallen, so wie ich weiß, daß Ihr Euch nicht leichten Herzens entschieden habt.

Muß ich Euch gegenüber bekennen, daß nichts von dem, was ich tue, auch nur das geringste mit Fahnenflucht zu tun hat? Für mich steht die Fahne drüben!

Nach dem Stande der Entwicklung brauche ich in diesem Zusammenhang nicht von den Problemen selbst zu sprechen. Nur eins muß ich Euch sagen:

Für uns alle stand eine eminent politische Frage zur Entscheidung, die nur politisch entschieden werden konnte, nicht aber aus anderen, noch so ernsten Erwägungen!

Es ist möglicherweise nicht von ungefähr so gekommen, daß unsere Wege sich scheinbar trennen. Ich sehe darin schon jetzt, nachdem mein Entschluß so feststeht wie der Eure, eine aus tieferen Quellen gewollte Entwicklung.

Meine Hoffnung ist, daß keine der Zwangsläufigkeiten, die sich ergeben können und werden, ohne daß wir sie heute schon übersehen können, die hohe menschliche Achtung berühren werden, die ich gerade und vor allem vor Euch beiden empfinde.

Ich will und werde sie mir bewahren!

Ich hege die gleichen Empfindungen noch für manchen Genossen und manche Genossin, mit denen wir in den letzten Monaten zusammengearbeitet haben.

Herzlichst, Euer Gustav.«

Als ich den Brief gelesen hatte, ergriff mich ein Gefühl tiefer Einsamkeit. Ich hatte einen Freund verloren, mit dem mich viel verbunden hatte.
Die KPD reagierte anders. Flugs hatte sie einen Artikel gegen Dahrendorf bereit, war aber damals noch loyal genug, Grotewohl, Fechner und mir eine Kopie zuzusenden, um von uns die Zustimmung für eine Veröffentlichung zu erhalten. Ich antwortete: »Gustav Dahrendorf war nicht nur mein politischer, sondern ist auch mein persönlicher Freund. Was soll dabei herauskommen, wenn dieser ›Eselstritt‹ veröffentlicht wird?« Max Fechner reagierte überhaupt nicht. Nur Grotewohl gab seine Zustimmung, ja er redigierte den Artikel sogar: »Es ist bemerkenswert«, hieß es da, »daß Dahrendorf den gleichen Weg ging wie gewisse Kreise der Großgrundbesitzer und Konzernherren, die sich im sowjetisch besetzten Gebiet Deutschlands nicht wohl fühlten.
In der Hamburger Funktionärsversammlung der Sozialdemokratie hat Dahrendorf eine solche Unzahl von Unwahrheiten über die Lage im sowjetisch besetzten Gebiet verbreitet, daß der Raum in der Zeitung kaum ausreichen würde, um alle diese Unwahrheiten zu widerlegen. Dahrendorf erhebt ein Geschrei über die Gefahr der Diktatur. Er bläst in dasselbe Horn wie die Konzernherren und Großgrundbesitzer, die in der sowjetisch besetzten Zone entmachtet wurden. Diese Übereinstimmung hat sehr reale Ursachen.«
Und dann folgte eine lange Liste von angeblichen Verfehlungen Dahrendorfs, der durch seine Tätigkeit in der mitteldeutschen Kohlenindustrie während der Hitlerzeit unter den politischen und moralischen Einfluß mächtiger Konzernherren geraten sein sollte, die er jetzt als Vizepräsident der Zentralverwaltung für Brennstoff in unzulässiger und verräterischer Weise bevorzugt und protegiert habe.
An dieser ganzen Diffamierung war natürlich kein wahres Wort. Dahrendorf hatte sich während der Hitlerzeit als Vertreter bzw. Kohlenverkäufer über Wasser gehalten.
Der Zentralausschuß beschäftigte sich in seiner Sitzung mit diesem Artikel. Ich referierte sachlich über den Fall, ohne Grotewohls Mitwirkung dabei zu erwähnen. Mein Bericht wurde schweigend zur Kenntnis genommen.

Letzte Begegnung mit Dr. Schumacher

In seiner Sitzung am 21. Februar 1946 billigte der Parteiausschuß einstimmig den Vereinigungsbeschluß des Zentralausschusses der SPD. Das war nur noch eine Formsache, denn die Entscheidung war ja bereits am 11. Februar gefallen. Der Beschluß vom 21. Februar 1946 lautete:

»1. Der Zentralausschuß wird beauftragt, den vorgelegten Entwurf über ›Grundsätze und Ziele der Sozialistischen Einheitspartei Deutschlands‹ nach den Vorschlägen der Studienkommission gemeinsam mit dem Zentralkomitee der Kommunistischen Partei Deutschlands zu vereinbaren und der Mitgliedschaft zur Stellungnahme zu unterbreiten;

2. am 6. und 7. April 1946 in allen Bezirken zu gleicher Zeit Bezirksparteitage zu veranstalten, die sich mit der Vereinigung der beiden Arbeiterparteien befassen;

3. zum 19. und 20. April einen Parteitag in Berlin einzuberufen, zu dem auch die Genossen aus den westlichen Zonen geladen werden sollen.«

Während der Sitzung wurde Otto Grotewohl ein Zettel übergeben, den er mir weiterreichte. Darauf stand, Dr. Schumacher habe telefonisch mitgeteilt, daß er in West-Berlin eingetroffen sei. Er bat um Nachricht, ob und wo er uns sprechen könne. Grotewohl, Fechner, Otto Meier und ich berieten, wo wir uns am besten mit Schumacher treffen könnten, und entschieden uns für die Wohnung Otto Grotewohls, die damals noch im amerikanischen Sektor der Stadt lag. Hier trafen wir dann auch mit Schumacher zusammen. In seiner Begleitung befand sich ein britischer Offizier, der Weisung hatte, sich nicht weiter als durch eine Tür von Dr. Schumacher entfernt zu halten. Er wurde im Nebenzimmer in Türnähe postiert.

Die Zusammenkunft war längst nicht so frostig wie die Konferenz im Dezember in Hannover, mehr eine zwanglose Unterhaltung.

Einige Tage zuvor hatten wir unseren französischen Freund, Salomon Grumbach, den Vorsitzenden der französischen Sozialisten, empfangen und mit ihm eine sehr offene Aussprache geführt. Er hatte Verständnis für unsere Lage und für die Notwendigkeit eines vorsichtigen Taktierens gezeigt, jedoch betont, daß dies nur in Übereinstimmung mit Dr. Schumacher geschehen sollte. Grumbach wollte mit Kurt Schumacher ein vertrauliches Gespräch führen, wollte vermitteln, sozusagen in letzter Minute einen Kompromiß zwischen ihm und uns zustande bringen, um den Vereinigungsbeschluß bis nach den Wahlen aufzuhalten.

Davon war in der Aussprache mit Dr. Schumacher jetzt jedoch keine Rede. Sie war offen, brachte aber von beiden Seiten keine neuen Argumente. Kurt Schumacher fragte, ob er mit unserem Einverständnis seinen in der Vereinigungsfrage ablehnenden Standpunkt in einer Funktionärsversammlung darlegen dürfe. Wir sagten ihm zu, daß er vor dem gesamten Zentralausschuß sprechen könne, und ver-

legten die vereinbarte Sitzung in ein Sitzungszimmer des Schöneberger Ratskellers im amerikanischen Sektor Berlins. In dieser Sitzung führte Dr. Schumacher etwa folgendes aus:
»Aus der Erfahrung der jüngsten deutschen Geschichte und aus dem ursprünglichen Willen der Massen heraus müßte die Einheitspartei der Arbeitenden aller Berufe und Schichten formiert werden. Daß sich dieses Ziel bisher nicht hat verwirklichen lassen und auch in der heutigen geschichtlichen Situation nicht realisierbar ist, liegt nicht an dem Willen und an den Führern der Partei, sondern an den objektiven, durch keinerlei Anstrengungen aus der Welt zu schaffenden Schwierigkeiten.
Eine Einigung beider Parteien ist bisher noch nirgends in der Welt erfolgt, obwohl in anderen Ländern die traditionellen und dogmatischen Spannungen nicht so stark sind wie in Deutschland. Wäre die Einigung möglich, dann wäre sie uns schon anderswo vorgemacht worden. Die Schwierigkeit liegt nicht darin, daß revolutionäre Prinzipientreue und Intransigenz oder ein größerer Grad von Revolutionarismus der Kommunisten die unübersteigbare Barriere bilden. Die wird vielmehr durch die außenpolitischen Machtverhältnisse und Bindungen errichtet. Die Kommunistische Partei ist unlösbar an eine einzige der Siegermächte, und zwar an Rußland als nationalen und imperialistischen Staat und an seine außenpolitischen Ziele gebunden ...
Die politische Lage in der Ostzone ist dauernden Veränderungen unterworfen. Nach einer relativ großen Freiheit beim Aufbau der politischen Organisation hat jetzt die Periode eines sonst in Deutschland nicht gekannten Zwanges bei der Eroberung der Partei für die Zwecke der Besatzungsmacht eingesetzt ... Die Kommunistische Partei ist und bleibt eine Partei der Kader, d. h. eine Partei, die eine rücksichtslose Meinungsdiktatur von oben herab verhängt und keine Abweichung von der befohlenen Linie duldet. Es steht außer Frage, daß die kommunistische Partei den Schritt der Vereinigung als eine Tat der Eroberung ansieht und ihre demokratischen Grundsätze demgegenüber aufgibt ... Ich halte die Führung der KP zudem nicht für vertragsgetreu und bin der Ansicht, daß alle Zusicherungen, die in den vereinbarten ›Grundsätzen und Zielen‹ enthalten sind, nur auf die Erreichung des Vereinigungszieles abgestellt sind. — Der Sozialdemokratismus einer solchen Partei würde sich nicht in seinem Inhalt und in seiner Politik ausdrücken, sondern Aushängeschild für die Realitäten einer fremden Machtpolitik sein. — Meines Erachtens ist trotz der zahlen- und ideenmäßigen Überlegenheit der SPD das Gesetz des Handelns an die KPD bzw. an die hinter ihr stehende Macht übergegangen ... Wenn der Zentralausschuß noch weiterhin Schwie-

rigkeiten machen würde, könnte er damit dennoch nicht die Tatsache aus der Welt schaffen, daß die Tage des ›Zeitgewinnens‹ und der ›ideologischen Klärung‹ längst vorüber sind ... Der Zentralausschuß kann eine Zwangsvereinigung nicht mehr aufhalten. Würde er dies tun, so würden sich eben die Bezirke einigen ... Wir werden euren Weg verfolgen, wir werden den Weg eines jeden einzelnen von euch verfolgen. Ich hoffe, daß er uns nicht allzuweit auseinanderführt.«
Nachdem Kurt Schumacher, der auch über die allgemeine politische Lage und über seine sozialistischen Forderungen sprach, geendet hatte, verließen Grotewohl und Fechner die Sitzung mit der Ausrede, noch einen anderen Termin wahrnehmen zu müssen. Um nach dieser offensichtlichen Demonstration ein vorzeitiges Ende der Aussprache zu vermeiden, schaltete ich mich sogleich ein, verabschiedete die Ausreißer und bat um Wortmeldungen. Bis auf Karl Germer sprachen sich alle Mitglieder des Zentralausschusses für die Durchführung des einmal gefaßten Vereinigungsbeschlusses aus. »Vielleicht«, so schloß ich die Aussprache, »ist das, was wir nun zu vollziehen haben, ein Experiment. Der eine oder andere kann sich einem solchen Experiment entziehen, die Partei in der Gesamtheit der Ostzone kann es nicht. Uns ist die Pflicht auferlegt, das Experiment zusammen mit mehr als einer halben Million Sozialdemokraten durchzustehen.« Die ganze Veranstaltung war ruhig und sachlich vonstatten gegangen. Vielleicht zu ruhig. Es war, als ob alle das Gefühl hätten: Wozu überhaupt noch reden? Es ist bereits fünf Minuten nach zwölf. Die Würfel sind gefallen!
Nach der Sitzung war Kurt Schumacher in Begleitung einiger englischer Militärpersonen zu uns in das Parteihaus gekommen, weil er gern die Räume besichtigen wollte, in denen wir arbeiteten. Die Führung der Eskorte hatte Captain Reuss, der mir, auf seine umgeschnallte Pistole hinweisend, versicherte, daß seine Bewachung jede Gefahr für Dr. Schumacher ausschließe. Ich versicherte ihm, daß seinem Schützling auch ohne diese Vorsichtsmaßnahme nichts zustoßen würde. Einige Wochen zuvor hatte uns sogar Gustav Noske besucht und uns um die Beschaffung eines Interzonenpasses gebeten.

Diskussionen in der Studienkommission

In der Studienkommission, von der ich mich freigehalten hatte, weil ich mich zunächst gar nicht für eine überstürzte Verschmelzung der beiden sozialistischen Parteien entschließen konnte, mußte ich in der entscheidenden Endphase nun doch noch als Ersatzmann für Gustav Dahrendorf mitarbeiten.

Die Entwürfe für die »Grundsätze und Ziele«, und auch die Statuten hatten inzwischen verschiedene Überarbeitungen und Lesungen durchgemacht. Sie waren damit reif, einer zweiten Sechziger-Konferenz, die bereits zum 26. Februar 1946 anberaumt war, zur Beschlußfassung vorgelegt zu werden.
Anton Ackermann, der in der Studienkommission Wortführer der Kommunisten war wie Helmuth Lehmann der unserige, trug viel zu einer konzilianten Verhandlungsführung bei und war stets konzessionsbereit. Wir mußten die Überzeugung gewinnen, daß der »deutsche Weg zum Sozialismus«, den er zum Leitmotiv der Verhandlungen gemacht hatte, für ihn nicht nur eine taktische Phrase war. Ich ließ mich über die bisher geleistete Studienarbeit informieren. Eingedenk der Warnungen Schumachers warf ich die Frage einer Sicherung des demokratischen Aufbaus in Partei, Staat und Gesellschaft durch eine unmißverständliche Interpretation auf, die noch in einem zusätzlichen Dokument festzulegen sei. Dafür hatte Anton Ackermann gewissermaßen vorgesorgt. Er legte den Entwurf einer parteiamtlichen theoretischen Zeitschrift vor, die den Namen »Einheit« tragen und gleich in ihrer ersten Nummer die geforderte Interpretation enthalten sollte. Helmuth Lehmann und Anton Ackermann formulierten fünf Thesen, die, von der Kommission gebilligt, in Nr. 1 der »Einheit« aufgenommen wurden:

1. Wir unterscheiden zwischen dem Programm-Minimum, das die Vollendung der demokratischen Erneuerung darzulegen hat, und dem Programm-Maximum, das die Verwirklichung des Sozialismus betrifft.
2. Wenn wir von der demokratischen Republik sprechen, so handelt es sich zunächst noch nicht um die Verwirklichung des Sozialismus, sondern um eine ihrem Charakter nach bürgerliche Demokratie.
3. Zum Aufbau einer solchen parlamentarisch-demokratischen Republik stehen wir nicht nur deshalb positiv, weil sie einen großen Fortschritt gegenüber allen autokratischen Regierungsformen darstellt, sondern vor allem auch deshalb, weil die Demokratie den günstigsten Boden für den Kampf um den Sozialismus bietet.
4. Die sozialistische Arbeiterbewegung kämpft in der demokratischen Republik um die ganze Macht im Staate.
5. Die Aufrichtung dieser ganzen Macht der Arbeiter (wie Marx sagt: »die revolutionäre Diktatur des Proletariats«) ist die grundlegende Voraussetzung zur Verwirklichung des Sozialismus.

Entscheidend war für uns Punkt 3. Über ihn hofften wir nicht nur zur Einheit Deutschlands, sondern auch wieder zu der Einheitspartei August Bebels zu gelangen.

Die zweite Sechziger-Konferenz Ende Februar 1946

Am 26. Februar 1946 fand im Parteihaus der SPD im August-Bebel-Saal die zweite Sechziger-Konferenz statt. Auf dieser Konferenz sollten die Entwürfe der »Grundsätze und Ziele« und die Parteistatuten der zukünftigen Einheitspartei beraten werden.
Nach den vorausgegangenen Sitzungen, Diskussionen und Versammlungen war diese zweite Sechziger-Konferenz nur noch eine Formsache. Den meisten Teilnehmern waren die Entwürfe der »Grundsätze und Ziele« und der Statuten bekannt. Dennoch wurden sie verlesen, die »Grundsätze und Ziele« von Anton Ackermann, die Statuten von Helmuth Lehmann. Anton Ackermann las mit Betonung, manche der wichtigsten Sätze wiederholend, Lehmann dagegen monoton. Im Unterschied zu der Dezember-Tagung und den nachfolgenden Sitzungen der »Studienkommission« war die Aussprache auf dieser Konferenz nicht allzu rege, die Stimmung eher lau. Einige Teilnehmer der ersten Sechziger-Konferenz waren diesmal gar nicht erschienen. Über die Vereinigung selbst und über den Termin wurde nicht mehr diskutiert.
Ebensowenig wurde in der Versammlung die Frage nach einer geheimen Urabstimmung gestellt. Einige der Redner wollten wissen, ob an die Stelle der Ortsvereine künftig die Betriebsgruppen zu treten haben. Helmuth Lehmann erwiderte, die Studienkommission habe diese Frage sehr ausführlich diskutiert. Die Kommission werde empfehlen, die Betriebsgruppe gleichberechtigt neben die Ortsgruppe zu setzen.
Die KP-Führung, die von dem Besuch Schumachers wußte, lag auf der Lauer: Würde die Konferenz irgendeine Überraschung bringen? Otto Grotewohl hatte den Vorsitz. Links von ihm saßen die Mitglieder des geschäftsführenden SPD-Vorstandes, rechts von ihm Wilhelm Pieck und die Mitglieder des ZK-Sekretariats. Das Schlußwort sprach Wilhelm Pieck: »Der Weg zur völligen Überwindung der verhängnisvollen Spaltung der deutschen Arbeiterklasse, der Weg zu ihrer politischen und organisatorischen Einheit ist frei!«
Der Beifall der Kommunisten war stark, der der Sozialdemokraten mäßig.
So kam dann schließlich der Beschluß zustande, die Vereinigung der beiden Parteien am 21. und 22. April vorzunehmen und die Parteitage der KPD und der SPD am 19. und 20. April in Berlin abzuhalten. Zuvor sollten am 6. und 7. April die Bezirksparteitage beider Parteien stattfinden, auf denen die Delegierten für den Parteitag in Berlin zu wählen waren. Die Konferenz nahm den Entwurf der »Grundsätze und Ziele der Sozialistischen Einheitspartei«, in denen

sie sich für den »demokratischen Weg zum Sozialismus« aussprach und ihren Willen bekundete, die Einheit Deutschlands anzustreben, einstimmig an und beschloß, sie in der gesamten Mitgliedschaft beider Parteien zur Diskussion zu stellen.
Auch der Entwurf eines Statuts wurde angenommen. Zur Vorbereitung der Vereinigung wurde die Studienkommission in einen Organisationsausschuß zur Vereinigung umgewandelt, dessen Aufgabe es sein sollte, die Vorbereitungen für die Herausgabe des gemeinsamen Zentralorgans und für die Verschmelzung aller Institutionen der beiden Parteien zu treffen.
Damit war die Sechziger-Konferenz beendet. Sang- und klanglos, ohne eine abschließende Feier, ging man auseinander. Einige der auswärtigen Genossen machten noch einen Abstecher zu August Karsten, um dort einen Schnaps zu trinken. Die KP-Vertreter waren gegangen. Ich begab mich mit einigen meiner Freunde in mein Zimmer, notierte mir die Termine der Landesparteitage und entschloß mich, als Redner auf dem Parteitag von Sachsen-Anhalt in Magdeburg aufzutreten.
Dann rief ich Otto Grotewohl an, erfuhr aber, daß auch er inzwischen in das Büro von August Karsten hinübergewechselt war. Diesem Beispiel folgten wir nun einer nach dem anderen. Als ich mich dem Karstenschen Bereich näherte, tönte mir schon lautes Stimmengewirr entgegen. Vor- und Arbeitszimmer waren überfüllt. Es wurde geraucht und getrunken. Das hatte mit der Sechziger-Konferenz und mit der Vereinigung nicht mehr allzuviel zu tun.
Eine Partei ist nicht Selbstzweck, sondern Mittel zum Zweck. So sollte es jedenfalls sein. Bei den Sozialdemokraten kommt aber noch etwas anderes hinzu: Sie sind gefühlsmäßig sehr stark an *ihre* Partei gebunden. Die improvisierte Feier bei August Karsten wurde deshalb gewissermaßen eine Abschiedsfeier von der alten SPD.

Die Auseinandersetzungen auf Versammlungen und Konferenzen

Nach der zweiten Sechziger-Konferenz mußte nun überall über die Landesvorstände bis hinunter in die Kreis- und Ortsorganisationen die Mitgliedschaft über die jüngsten Beschlüsse unterrichtet werden. Nicht immer hatten die Vorsitzenden der Landesorganisationen im Einvernehmen mit den Landesparteivorständen, geschweige denn mit den nachfolgenden Organisationen gehandelt. Das traf im besonderen Maße in Thüringen zu.
Heinrich Hoffmann, der Vorsitzende in Thüringen, war nach dem Ausscheiden Dr. Hermann Brills in jeder Phase sehr eigenmächtig

vorgegangen. Wie schon erwähnt, hatten Dr. Brill und seine Frau für die ersten Wochen bei mir Unterkunft gefunden. Jetzt erhielten wir häufig Besuch von Thüringer Freunden, die über den Fortgang der Organisationsarbeit in Richtung der Vereinigung berichteten.
Ende Februar 1946 trat der Landesvorstand Thüringen der SPD zusammen. Bei dieser Gelegenheit erhoben einige Vorstandsmitglieder, vor allem Gustav Brack, Gustav Böhm und Franz Lepinski, gegen Hoffmann Vorwürfe wegen seiner Taktik. Bei allen dreien handelte es sich um alte, verdiente Sozialdemokraten. Gustav Brack war vor 1933 Gauleiter des Zentralverbandes der Angestellten in Thüringen, also ein ehemaliger Kollege von Lepinski, der damals Abteilungsleiter beim Hauptvorstand des ZdA gewesen war, und mir. Gustav Böhm war als Oberbürgermeister von Gera Nachfolger des zum Landespräsidenten avancierten Dr. Rudolf Paul. Derzeit leitete Gustav Brack das Landesamt für Arbeit, und Franz Lepinski fungierte als sein Stellvertreter.
Alle Vorwürfe wies Heinrich Hoffmann zurück. Er gab unumwunden zu, daß er seinen eigenen Weg gegangen sei. Das sei formal-demokratisch vielleicht nicht in Ordnung. Er habe aber nach seiner Überzeugung gehandelt und werde seinen Standpunkt auch auf der nächsten Landeskonferenz vertreten und verteidigen. »Ihr«, so rief er den Opponenten zu, »habt dann Gelegenheit, mich zur Rede zu stellen, wenn ihr dazu noch Lust verspüren solltet.«
Hoffmann gab dann ein Bild der politischen Lage aus seiner Sicht:
Die Sowjets haben die Einigung befohlen. Es soll — nein, es muß unsere Aufgabe sein, sie als eine freie Willensentscheidung zu tarnen.
Die neue Partei wird ein Instrument der Sowjets sein. Wir müssen jedoch uns und dem Volk klarmachen, daß die vereinigte Partei eine demokratische Partei sei.
Die Spaltung der SPD nach Zonen ist unaufhaltsam, eine Einigung im Reichsmaßstab für lange Zeit ausgeschlossen.
Ich zeigte diesen Bericht Grotewohl und Fechner. »Ist sein Inhalt verbürgt?« fragte Grotewohl.
»Das kann ich als sicher annehmen.«
Darauf Grotewohl: »Ich habe mich schon manchmal gefragt, ob dieser Hoffmann nicht ein Agent provocateur ist.«
Der Widerstand gegen eine sofortige Vereinigung hatte sich auf Berlin konzentriert. In allen anderen Zonen gab es in der Vereinigungsfrage kein so persönliches Engagement wie in Berlin. Dabei richtete sich der Widerstand in der Regel weniger gegen die Vereinigung als solche als vielmehr gegen den als zu kurzfristig empfundenen Vereinigungstermin.

Nach der Sechziger-Konferenz waren es aber nicht mehr die Sowjets allein, die sich in die Vereinigungsfrage einschalteten. Jetzt griffen auch die Westmächte ein. Allerdings nicht für, wie die Sowjets, sondern gegen eine Verschmelzung der beiden Parteien. Konferenzen konnten nicht mehr unter Ausschluß der Besatzungsmächte abgehalten werden. Alle Uniformen der Alliierten waren bei unseren Zusammenkünften vertreten.

Die dramatische Berliner Funktionärsversammlung vom 1. März 1946

Zum 1. März 1946 hatte der Zentralausschuß der SPD die Funktionäre von Groß-Berlin zusammengerufen. Vorausgegangene Sitzungen mit den Kreisvorständen ließen von dieser Veranstaltung nichts Gutes ahnen.
Im Widerstand gegen die Vereinigung wurde Kurt Swolinzky zur zentralen Gestalt, er gab die Parolen und Losungen an die Gegner der Vereinigung aus, auch für die Funktionärsversammlung am 1. März 1946. Sie war von den Vereinigungsgegnern gut vorbereitet.
Wiederum war die Versammlung sehr zahlreich von Angehörigen alliierter Truppenkontingente besucht.
Otto Grotewohl begann seine Rede wie stets mit einem geschichtlichen Aufriß. Da ertönten die ersten Zwischenrufe: »Komm zur Sache!« Eine spürbare Unruhe breitete sich aus. Als Grotewohl die Wiederherstellung der wirtschaftlichen und politischen Einheit forderte, wurden Zurufe laut: »Ihr spaltet!« und ähnliche. Als dann Grotewohl seine Polemik gegen Dr. Schumacher begann und ausrief: »Der Zentralausschuß der SPD, wie überhaupt alle Sozialdemokraten der sowjetischen Zone und Berlins, haben parteiintern die Zonengrenzen niemals gelten lassen — im Gegensatz zu Dr. Schumacher«, wurde es zunehmend turbulenter. Zurufe wie »Keine Unterwerfung!«, »Du lügst!« hagelten von allen Seiten.
Die erste Trillerpfeife gellte. Grotewohl mahnte: »Wir sind in einer Funktionärsversammlung der SPD, in der es keine Nazimethoden geben darf.« Buh-Rufe ertönten. Grotewohl setzte seine Rede fort. Er wies darauf hin, daß die Dritte Internationale nicht mehr existiere und daß die KPD von heute ebensowenig die Partei von ehedem sei, wie die SPD. »Wer die Zeiten der Bruderkämpfe miterlebt hat, denkt nur noch mit Beschämung an sie zurück. Gewinner bei der geschwächten Kampfkraft des Proletariats war die deutsche Großbourgeoisie, die ihren Kapitalismus und Imperialismus durch Mißbrauch der Demokratie entwickelte.«

Als Grotewohl dann die Frage aufwarf, ob die Prinzipien der persönlichen Freiheit durch die Vereinigung gefährdet seien, schien ein Stichwort gefallen zu sein. Die Protestrufe gegen seine Ausführungen wurden immer zahlreicher. Sprechchöre bildeten sich. Auf Trillerpfeifen und Hausschlüsseln wurde ein ohrenbetäubendes Konzert vollführt.

Wir am Vorstandstisch befürchteten, daß Grotewohl seine Rede nicht mehr beenden könnte. Aber mit Mühe und Not und nach vielen Unterbrechungen kam er doch noch zum Schluß.

Karl Germer, bis dahin immer noch Mitglied des Zentralausschusses der SPD, vertrat die Opposition. Er hob hervor, daß noch vor einigen Monaten jeder in der SPD bestrebt gewesen sei, die Fehler der Zeit vor 1933 zu vermeiden und einen anderen, erfolgreicheren Weg einzuschlagen. Sehr bald sei das unkameradschaftliche Verhalten der Kommunisten zutage getreten. Überall seien sie bestrebt, die Sozialdemokraten zu überspielen, sich in alle Positionen hineinzusetzen. Schließlich sei auch die Meinungsfreiheit gedrosselt worden. Die SPD besitze zwar ein Zentralorgan, aber auch eine sehr wirksame Zensur, die eine echte freie Meinungsbildung in der Vereinigungsfrage nicht aufkommen lasse. Schließlich forderte Germer eine geheime Urabstimmung innerhalb der SPD. Erst diese werde zeigen, welches Vertrauen die Kommunisten in den vergangenen zehn Monaten verwirtschaftet haben.

Auch Pieck setzt sich mit den Schwierigkeiten auseinander

An den folgenden beiden Tagen hielt auch die KPD eine Parteikonferenz ab. Die Führung hatte es sich dabei zur Aufgabe gemacht, mit den in ihrer Partei noch stark vorhandenen sektiererischen Auffassungen aufzuräumen.

Wilhelm Pieck hielt das Hauptreferat, in dem er sich auch sehr ausführlich mit den Schwierigkeiten befaßte, die innerhalb der SPD gegen die Vereinigung aufgetreten waren. Der Tenor seiner Rede war betont versöhnlich. Er zeigte Verständnis für die Anhänglichkeit der alten sozialdemokratischen Genossen an die Partei, mit der sie ihr ganzes Leben verbunden gewesen waren. Er schlug sich an die Brust und gestand ein, daß die eigenen Genossen dieser Mentalität oft zuwenig Verständnis entgegengebracht hätten.

Dann aber drehte er den Spieß um und warf der Führung der SPD vor, ihrerseits die Ressentiments ihrer Mitglieder geschürt zu haben, indem sie Zweifel an der Ehrlichkeit der Kommunisten geweckt, ihre angebliche Abhängigkeit von Moskau behauptet hätten und anderes

mehr. Diesem Umstand schob er die augenblicklichen Schwierigkeiten in der Berliner Organisation der SPD zu, einen einheitlichen Beschluß über die Vereinigung mit den Kommunisten herbeizuführen. Wieder einlenkend, sprach er schließlich die Hoffnung aus, daß bei einer gründlichen Aufklärungsarbeit auch in Berlin die Sozialdemokraten sich für die Vereinigung mit den Kommunisten entscheiden werden.
Die öffentliche Auseinandersetzung spitzte sich zu. Oberst Tulpanow eröffnete den Kampf für die Vereinigung auf breiter Front. Plakate wurden gedruckt, die zur »Einheit« aufriefen und über die aktiven Kader der KPD in die Öffentlichkeit gebracht wurden. Ganz Berlin wurde damit überschwemmt, von jeder Haus- und Ruinenwand leuchteten sie.
Aber die Oppositionsgruppe der SPD war auch nicht tatenlos. Auf Flugblättern warf sie der Parteileitung Verrat vor und forderte die Genossen auf, gegen die Vereinigung zu stimmen.
»Seid dieses Mal mutig und stark genug, Euch nicht verhandeln zu lassen. Auch nicht für 80 Tonnen Papier und 3 000 Liter Benzin, die sonst so rar sind. Haltet fest an den einmal gefaßten Entschlüssen. Sie heißen nach wie vor: Keine Verschmelzung ohne Parteitag im Reichsrahmen! Keine Zerreißung Deutschlands! Keine Zerreißung der SPD!«

Grotewohl zieht ins »Getto«

Um diese Zeit wurde Alexander Kotikow, der in Halle stationierte Sowjet-General, einer der aktivsten politischen Offiziere, von der SMAD nach Berlin berufen und als sowjetischer Stadtkommandant eingesetzt. Sein Stellvertreter, Oberst Jelisarow, besuchte mich, um mir mitzuteilen, daß Kotikow uns einen Besuch abstatten möchte, der aber als inoffiziell angesehen werden solle. Kotikow erschien. Wir tranken mit ihm auf die Vereinigung. Er zog seine Uniformjacke und damit den »General« aus und war nun wieder der Metallarbeiter aus Leningrad. Kotikow gratulierte uns zu dem Einheitsbeschluß, denn Einigkeit mache stark. Das habe sich auch wieder bei den im Februar 1942 abgehaltenen Wahlen zum Obersten Sowjet der UdSSR gezeigt. Und er dozierte weiter: Auch in Deutschland werde die Einheit der Arbeiterklasse siegen. Die große Sowjetunion wolle ihr dabei helfen.
Nachdem nun der Beschluß gefaßt sei, die Vereinigung der beiden Bruderparteien vorzunehmen, werde Deutschland einen demokratischen Weg, aber doch zugleich den Weg zum Sozialismus gehen. In

der sowjetisch besetzten Zone gebe es nichts Trennendes mehr in der Arbeiterklasse, darum müßten auch die Arbeiterführer beisammen wohnen. Es sei ausreichend Platz für alle, die Häuser wären leer, sie warteten nur auf die neuen Bewohner. Er, Kotikow, wolle uns auf dem vorgesehenen Gelände herumführen, wir könnten frei wählen.
In Hohenschönhausen, einem an Pankow grenzenden Vorort, gab es eine Villenkolonie, die unbeschädigt die Kriegswirren überstanden hatte. Auf Befehl der SMAD mußten die Bewohner dieser Kolonie ihre Häuser räumen — aber ihre Möbel zurücklassen! Um diese Villenkolonie ließ der sowjetische Stadtkommandant nun einen hohen Stacheldrahtzaun ziehen, der nur von einem einzigen Tor unterbrochen war. Neben diesem wurde ein Wachhaus errichtet und mit einer Telefonanlage ausgestattet, die mit jedem Haus verbunden war. Den Wachdienst versahen Rotarmisten.
Hier hatte Alexander Kotikow mit seiner Familie selber ein Haus bezogen. Die angrenzende Villa und noch etliche andere Häuser waren für uns freigehalten worden. Die dem Kommandanten benachbarte Villa bezog Otto Grotewohl mit Frau und Sohn. Er war der einzige von uns, der ins »Getto«, wie wir diese Wohnsiedlung bald nannten, übersiedelte. Der Berliner Witz regte sich sofort. Man fragte: Was ist »Hohenschönhausen«? Antwort: Ein Vorort, in dem die »Hohen schön hausen«.
Neben anderen hohen Offizieren der sowjetischen Besatzungsmacht waren in die mit Stacheldraht umzäunten Häuser auch Wilhelm Pieck, Walter Ulbricht, Franz Dahlem und Anton Ackermann eingezogen. Für uns, die wir es vorzogen, »draußen« zu bleiben, entstand, wie sich später ergab, der Nachteil, daß die Getto-Bewohner in abendlichen Sondersitzungen vielfach Vorentscheidungen trafen, die uns dann vor vollendete Tatsachen stellten.

Wir besichtigen das »Haus der Einheit«

Das ehemalige Jonas-Haus, Ecke Lothringer und Prenzlauer Straße, war vor 1933 eines der größten Versandhäuser Deutschlands. Als jüdischer Besitz wurde es von der NS-Regierung beschlagnahmt und zum Sitz der NS-Reichsjugendführung bestimmt. Bei einem Bombenangriff während des Krieges brannte es dann bis auf die Umfassungsmauern nieder. Von uns unbemerkt war es jetzt als Befehlsbau bevorzugt aufgebaut worden und wartete nun bezugsfertig auf die neuen Hausherren.
Nach einer der letzten und entscheidenden gemeinsamen Sitzungen, in der man sich auf den Namen der zukünftigen Partei und über die

paritätische Aufgliederung der Führungsgremien geeinigt hatte, war auch eine Besichtigung des vorgesehenen Parteihauses vereinbart worden. An der Spitze der neuen Partei sollte kein »Zentralkomitee« und kein »Politbüro« stehen, sondern ein Parteivorstand, der ein Zentralsekretariat wählen sollte. Das war das Ergebnis längerer Verhandlungen der beiden Führungsgremien, mit dem unserer demokratischen Parteitradition Rechnung getragen wurde. Jetzt betraten wir, die voraussichtlich gewählten Mitglieder des Zentralsekretariats, erstmalig in paritätischer Zusammensetzung als präsumtive Hausherren das Haus. Gemeinsam schritten wir durch die große Halle im Erdgeschoß. Hier standen auf hohen Sockeln in Erz gegossene Büsten von Marx, Engels, Lenin und Stalin — eine Reihenfolge, die mir von geradezu unheimlicher Konsequenz zu sein schien. Diesem Gefühl verlieh ich auch mit der Frage Ausdruck: »Wohin geht der Kurs einer Partei, die in ihrem Zentralhaus, gleichsam als Symbol, vier Büsten aufstellt, die nebeneinandergereiht eine ganz bestimmte Parteilinie sichtbar werden lassen?« Gleich mir bekundeten auch alle übrigen Sozialdemokraten ihre Skepsis, auf dieser symbolisch angedeuteten Linie eine Einigung innerhalb der gesamtdeutschen Arbeiterbewegung herbeiführen zu können. Bei Stalin handelte es sich noch dazu um den Regierungschef eines anderen Landes. Seine Büste hier aufzustellen hielten wir nicht für opportun. Schließlich fanden sich die Kommunisten zu einer Konzession bereit: die Stalin-Büste verschwand. Der erste Akt einer Entstalinisierung, der mir bekannt ist!

Wir besichtigten alle Räume in den sechs Stockwerken des Hauses. Im zweiten Stockwerk lag der große Sitzungssaal des künftigen Parteivorstandes. Daneben ein kleinerer für die Sitzungen des Zentralsekretariats. An diesem Korridor lag noch ein großer Raum, der bereits als Arbeitsraum für den Vorsitzenden Wilhelm Pieck hergerichtet war. Die Ausstattung dieses Raumes stellte ein Geschenk der Stadt Berlin an ihren jüngsten Ehrenbürger dar. Wandtäfelung und Möbel waren einheitlich aus Mahagoniholz gearbeitet.

Einen weiteren ebenso großen Raum für den zukünftigen gleichberechtigten Vorsitzenden aus dem Kreis der SPD gab es in diesem Stockwerk nicht. Wir bestanden aber auf Gleichberechtigung auch in dieser Frage. Ein Architekt mußte herbei, und schließlich wurden zwei gleich große Räume im dritten Stockwerk mit gleicher Ausstattung in Auftrag gegeben.

Das Mahagonizimmer diente später dem danebenliegenden Sekretariat Dahlem—Gniffke als Konferenzzimmer.

Die paritätische Zusammensetzung des Zentralsekretariats, die allerdings dem Parteitag noch zur Genehmigung vorgelegt werden mußte,

sah folgendermaßen aus: Vorsitzende waren Wilhelm Pieck und Otto Grotewohl, die Abteilung Wirtschaft, Verwaltung und Kommunalpolitik sollten Walter Ulbricht und Max Fechner unterstehen, Organisation, Personalpolitik (Arbeitsgemeinschaften), Westdeutschland und die Verbindung zum Ausland waren Franz Dahlems und mein Ressort, Kulturpolitik und Presse hatten Anton Ackermann und Otto Meier zu betreuen, Gewerkschaften, Sozialpolitik und Landwirtschaft fielen in die Zuständigkeit von Paul Merker und Helmuth Lehmann. Die Kassenverwaltung oblag August Karsten. Das Berliner Sekretariat hatte Hermann Matern zu verwalten. Meinem Wunsch entsprechend hatte ich noch die Aufsicht über die Parteibetriebe, Verlage und Druckereien. Die Frauenfragen wurden von Elli Schmidt und Käte Kern bearbeitet.
Fünfzigtausend Exemplare eines bebilderten Heftchens mit dem Titel »Unsere führenden Genossen«, das Fotos und Lebensläufe der Kandidaten enthielt, sorgten für deren Popularisierung bei der Mitgliederschaft.

Die Zonen-Parteitage beschließen die Vereinigung

Der Partei- und der Zentralausschuß der SPD hatten den Beschluß gefaßt, den 40. Parteitag der SPD als gesamtdeutschen Parteitag abzuhalten und mir die Vorbereitung zu übertragen. Daraufhin wandte ich mich schriftlich an alle Bezirksvorstände im gesamten deutschen Gebiet und forderte sie auf, Delegierte zu wählen und zum Parteitag nach Berlin zu entsenden, der am 19. April 1946, vormittags 11 Uhr, im Theater am Schiffbauerdamm beginnen sollte.
Der Erfolg blieb aus. Kurt Schumacher und seine Mitarbeiter, die sich von Anfang an mit aller Energie unseren Einheitsbestrebungen entgegengestellt hatten, gelang es auch, die Bezirksorganisationen der SPD in Westdeutschland intakt zu halten. Die aktiven kommunistischen Kader in Westdeutschland, die sich auf ihre Betriebsorganisationen stützen konnten, bildeten von dort her Ausschüsse für die Vorbereitung der Vereinigung auch im Westen Deutschlands, für die sich sozialdemokratische und kommunistische Funktionäre zur Verfügung stellten. Sie organisierten eine Unterschriftensammlung für den Beitritt zu einer vereinigten Arbeiterpartei.
Nach unserer statistischen Erfahrung ergab sich, daß nahezu 400 000 Westzonenbewohner sogleich eine Mitgliedschaft in der SED zu erwerben bereit waren. In Anbetracht dieser Sachlage wurde ich auf eine Reise durch die Westzonen geschickt. Es war nicht schwierig, die einheitsfreudigen Sozialdemokraten in Ausschüssen zusammen-

zufassen und Delegierte für den Parteitag in Berlin wählen zu lassen und auf diese Weise die Fiktion aufrecht zu halten, daß die Vereinigung von gesamtdeutschen Parteitagen beider Parteien beschlossen werde.

In der sowjetisch besetzten Zone verlief mittlerweile äußerlich alles programmgemäß. Die Bezirksparteitage faßten einstimmige Vereinigungsbeschlüsse und wählten die Delegierten zum 40. Parteitag der SPD und damit zugleich zum Vereinigungsparteitag.

Etwas Besonderes ereignete sich in Thüringen. Dort fand der Vereinigungsparteitag am 8. April 1946 in Gotha statt. Er wurde von dem parteilosen Landespräsidenten Dr. Rudolf Paul begrüßt, dessen Art zu reden ihm den Spitznamen »Der Lautsprecher« eingetragen hatte. Höhepunkt seiner Rede, die er nach Berichten von Ohrenzeugen wieder in seinem pathetischen Stil hielt, war eine feierliche Erklärung seines Beitritts zur neuen Partei. Das war wieder einmal eine gelungene Überraschung, ganz nach seinem Geschmack.

Auf dem Berliner Parteitag tauchten viele bekannte Gesichter aus Ost und West auf, als Delegierte und Ehrengäste. Darunter Veteranen der Arbeiterbewegung, deren Namen in der Sozialdemokratie guten Klang hatten, wie Wilhelm Baganz, Alwin Brandes, Otto Büchner, Rudolf Budde, Eugen Ernst, Luise Kähler, Theodor Leipart, Anna Nemitz, Paul Neumann, Elfriede Ryneck, Georg Schöpflin, Georg Werner, Adolf Wuschick und andere.

Der langjährige SPD-Fraktionsvorsitzende vor 1933, Ernst Heimann, war im KZ umgebracht worden. Jetzt stand, aus Kiel kommend, sein Sohn vor dem Parteitag und sagte: »Vor mehr als dreißig Jahren hat mein Vater einmal gesagt, es ist schön und vernünftig, für eine Idee zu leben, aber größer, für sie zu sterben. Mein Vater starb für den Sozialismus. Ich bin stolz darauf. Aber trotzdem kann ich mich der Tragik seines Geschickes nicht entziehen, denn sein Tod war unnötig. Hätte die deutsche Arbeiterschaft vor 1933 einig zusammengestanden, dann wäre mein Vater heute noch am Leben, zum Nutzen der Arbeiterschaft Deutschlands. Hätte die Arbeiterklasse vor 1933 einig zusammengestanden, dann wäre der Sturz in den Abgrund zu vermeiden gewesen.«

Das war der Inhalt der meisten Begrüßungsreden, das war auch die Tendenz meiner Rede, die ich im Auftrage des Zentralausschusses der SPD auf dem Parteitage der KPD zu halten hatte, während Franz Dahlem unserem Parteitag die Grüße des KPD-Parteitages überbrachte. Er sprach davon, daß die Arbeiterschaft in den Ländern rings um Deutschland aufhorchen werde, wenn sie erfahre, daß die deutschen Arbeiter als erste in Europa die Spaltung überwunden und die sozialistische Einheit hergestellt haben.

Außer den Begrüßungsansprachen wurden viele Glückwunschadressen aus dem In- und Ausland verlesen, allen voran die Botschaft, die uns Walter Hones aus England von einer Anzahl Unterhausabgeordneten der Labour Party, britischen Gewerkschaftsführern und Persönlichkeiten des britischen öffentlichen Lebens überbrachte.
»Wir glauben, daß die Einheit der Arbeiterklasse in Deutschland und Europa notwendig ist«, hieß es da. Und: »Wir glauben, daß ein sozialistischer Wiederaufbau im Nachkriegseuropa nur durchgeführt werden kann durch die enge Zusammenarbeit und die Einheit von Sozialisten und Kommunisten.«
Bei der Verlesung des Antworttelegramms, das der Zentralausschuß nach London senden wollte, wurde die Versammlung von solcher Begeisterung ergriffen, daß sie sich spontan von ihren Plätzen erhob und den Gesang der Internationale anstimmte.
Daniel Mayer schickte Grüße und Wünsche der französischen Sozialisten.
Zu Vorsitzenden des Parteitages wurden Max Fechner und ich gewählt sowie Karl Litke als Vertreter des gastgebenden Bezirksverbandes Berlin. Karl Litke war als humorvoller, typischer Berliner und schlagfertiger Diskussionsredner bekannt. Neben Franz Künstler, dem Ersten Vorsitzenden der Berliner Parteiorganisation, amtierte er als Zweiter Vorsitzender. Leider erlag Franz Künstler, der mehrmals von den Nazis verhaftet worden war, allzubald den durch die Haftzeit bewirkten Leiden. Litke wurde mit großer Mehrheit zu seinem Nachfolger an die Spitze der Berliner Parteiorganisation gewählt.
Der Parteitag stellte ausdrücklich fest, daß der Zentralausschuß als die rechtmäßige Führung der Partei anerkannt und von dem Vertrauen der Mitgliedschaft aller Parteiorganisationen getragen und bestätigt sei.
Am zweiten Tag hielt Grotewohl das politische Referat, das in der Forderung gipfelte, dafür zu sorgen, daß die Elbe in der Einigung der Arbeiterklasse keine Grenze wird, sondern daß die Einigung der Arbeiterklasse sich über ganz Deutschland erstrecke.
Die getrennt stattfindenden Parteitage von SPD und KPD hatten im Hinblick auf die Vereinigung vor allem die zukünftigen Satzungen zu diskutieren und zu beschließen. In bezug auf den Parteiaufbau galt es wesentliche Differenzen zu überbrücken. Während die SPD die *Wohn*gruppe als eine entscheidende untere Parteieinheit ansah, die nahezu alle Delegierten zu verteidigen bestrebt waren, legten die Kommunisten auf die *Betriebs*gruppe den gleichen Wert. Man einigte sich dann auf den Kompromiß, *beide* Gruppen in die Einheitspartei gleichwertig einzubauen.

Aufgabe der getrennt abgehaltenen Parteitage war auch die Wahl von je 40 Vorstandsmitgliedern, so daß dem Vereinigungsparteitag nur der Zusammenschluß dieser Gremien übrigblieb.
Die Hauptarbeit war geleistet. Die gefaßten Beschlüsse mußten nur noch von dem am 21. April beginnenden Vereinigungsparteitag bestätigt werden. Das war eine reine Formalität. Teils wehmütig, teils heiter wurde nun Abschied von der alten Partei gefeiert, die vielen Sozialdemokraten zur politischen Heimat geworden war. Jetzt sollte die SED zur zweiten Heimat werden.
Es war Max Frank aus Stralsund, seines Zeichens Fischermeister, ein biederer Genosse, der dieser Stimmung Ausdruck verlieh, als er mir zurief: »Du, Erich, da du für die Parteiorganisation zuständig bist, mußt du uns jetzt die neue Heimat schaffen.«
Dieser Zuruf machte mich sehr nachdenklich. Ich fragte mich: Werde ich das schaffen?
Otto Grotewohl war optimistisch. Für ihn war der geprobte Händedruck mit Wilhelm Pieck, der den Auftakt des Vereinigungsparteitages bilden sollte, zugleich dessen Höhepunkt und das äußere Zeichen, daß aus Sozialdemokraten und Kommunisten fortan »Einheitssozialisten« werden würden.

Ostern 1946: die Vereinigungszeremonie in Ostberlin

Der Vereinigungsparteitag tagte am 21. und 22. April 1946 im ehemaligen »Admiralspalast« in Berlin. Alles verlief planmäßig. Nachdem die »Fidelio«-Ouvertüre, die den festlichen Auftakt dieses denkwürdigen Ereignisses bildete, verklungen war, hob sich der Vorhang. Von verschiedenen Seiten kommend, betraten Wilhelm Pieck und Otto Grotewohl die Bühne, trafen in der Mitte zusammen und reichten sich die Hände. Dann hob Grotewohl an: »Dreißig Jahre Bruderkampf finden in diesem Augenblick ihr Ende. An deinem 70. Geburtstag, Wilhelm Pieck, reichten wir uns die Hände, stellvertretend für Hunderttausende von Sozialdemokraten und Kommunisten. Ich wünschte damals schon den Tag herbei, an dem sich unsere Hände nicht mehr zu trennen brauchen. Dieser Tag ist heute gekommen...«
Wilhelm Pieck antwortete: »Ja, lieber Otto Grotewohl, so soll es sein... Wir werden unsere Sozialistische Einheitspartei zu der Millionenpartei des deutschen werktätigen Volkes machen, um damit alle inneren Feinde zu schlagen, um das große Werk zu vollenden, das wir uns als Ziel gesetzt haben: den Sozialismus.«
Grotewohl: »Das sei der Sinn unseres Händedrucks, das sei unser heutiges Gelöbnis, das sei unsere Tat.«

Diesem pathetischen Auftakt folgten viele Reden, Begrüßungsansprachen wurden gehalten, Betriebsabordnungen traten auf, Glückwunschadressen und Telegramme wurden verlesen, und schließlich wurde einstimmig der Beschluß gefaßt: »Am 19. und 20. April 1946 haben der 40. Parteitag der Sozialdemokratischen Partei Deutschlands und der 15. Parteitag der Kommunistischen Partei Deutschlands übereinstimmend die Vereinigung beider Arbeiterparteien beschlossen... Die Sozialdemokratische Partei Deutschlands und die Kommunistische Partei Deutschlands konstituieren sich als Sozialistische Einheitspartei Deutschlands.«

Den Abschluß des Vereinigungsparteitages bildete ein organisierter »Froher Ausklang«. Noch einmal redeten die beiden inzwischen gewählten Vorsitzenden. Musik von Offenbach, Strauß und Lortzing erklang. Rezitationen von Erich Weinert und einige Chorlieder umrahmten die Abschlußfeier, zu der etwa 3000 Funktionäre in den »Palast« gekommen waren. Zum Abschluß sangen alle die Internationale, dann ging es zurück in den politischen Alltag.

Am Tage der Vereinigung zählte die Sozialistische Einheitspartei innerhalb der sowjetischen Besatzungszone 1 298 415 Mitglieder. Davon waren 53 Prozent Sozialdemokraten.

Der 1. Mai 1946: Massenaufmarsch und geselliges Beisammensein

Unmittelbar nach Beendigung des Vereinigungsparteitages — noch vor dem Beginn der Abendveranstaltung — trat der Parteivorstand im »Hause der Einheit« zu seiner Konstituierung zusammen. Wilhelm Pieck hielt eine kurze Begrüßungsansprache, um dann gleich zur Wahl des Zentralsekretariats überzuleiten.

Er verlas eine Liste, die im Organisationsausschuß nach paritätischen Gesichtspunkten zusammengestellt worden war. Pieck ließ per Akklamation wählen, Widerspruch erhob sich nicht, so daß er die einstimmige Wahl feststellen konnte. Schließlich wurde zur Vorbereitung der großen »Einheits«-Demonstration noch ein Organisationsausschuß aus Vertretern der Partei und der Gewerkschaften gebildet. Dann war die Sitzung beendet. Es war die kürzeste Sitzung des Parteivorstandes, die ich je erlebte. Anschließend besichtigten die Mitglieder des Zentralausschusses ihre neuen Arbeitsräume. In den folgenden Tagen ging dann der Umzug vonstatten, da ich mich entschlossen hatte, die Möbel aus der Behrenstraße mitzunehmen.

Unser »Mai-Ausschuß« hatte recht viel zu tun, denn eine der machtvollsten Kundgebungen, die Berlin je gesehen hatte, sollte vorbereitet werden. Bei den letzten Kämpfen um Berlin waren viele Spreebrükken zerstört worden. Sie waren noch nicht wiederaufgebaut. Einige Notbrücken hatten ihr vorgeschriebenes Belastungshöchstgewicht und fielen daher für den Aufmarsch ebenfalls aus. Aus diesem Grund mußten große Umleitungen markiert werden, damit die Demonstrationszüge ohne Stauungen zum Lustgarten als dem Mittelpunkt der Demonstration gelangen und auch wieder abmarschieren konnten. Fahnentuch stellte die SMAD zur Verfügung, Transparente wurden in den Betrieben angefertigt. Mehr als eine halbe Million Demonstranten wurden am 1. Mai 1946 auf die Beine gebracht und defilierten an der Tribüne vorüber, auf der sich das neugebildete Zentralsekretariat dem Volk präsentierte.

Am Nachmittag gab es dann das erste Einheits-Volksfest in Treptow, an dem die Mitglieder des Zentralsekretariats allerdings nicht mehr teilnahmen. Für sie kam es darauf an, in einer Atmosphäre geselliger Aufgeschlossenheit und freundschaftlicher Nachbarschaft zusammenzukommen und diese auch in die politische Zusammenarbeit hinüberzunehmen. Dafür war gesorgt, denn für die führenden Funktionäre der SED waren zu diesem Zweck bereits zwei Landsitze hergerichtet worden. Einer davon, das »Seehaus«, für die Mitglieder des Zentralsekretariats bestimmt, gehörte einst dem Fürsten Philipp zu Eulenburg und Hertefeld, einem persönlichen Freund und Ratgeber des letzten deutschen Kaisers.

Die SMAD hatte das in der Nähe des uckermärkischen Städtchens Liebenwalde gelegene Rittergut konfisziert und machte es nun dem Zentralsekretariat der SED zum Geschenk. Zum Gut gehörten einige idyllisch gelegene Seen. An einem dieser Seen, nur 15 Minuten Weg vom Gutshof entfernt, hatten die Eulenburgs ein Jagdschloß errichtet. Dieses Jagdschloß, das mit genügend Räumen für Wohnzwecke und zwei Sälen sowie zahlreichen Wirtschaftsräumen ausgestattet war, wurde zum Wochenend- und Ferienaufenthalt der Mitglieder des Zentralsekretariats und ihrer Familien bestimmt.

Nach einer ersten Besichtigungsfahrt am 1. Mai 1946 und nach der Wohnraumzuteilung — mir wurden zwei Wohnräume im Erdgeschoß überlassen — ging es weiter zu einem zweiten Gut, das im Gegensatz zu dem vorher besichtigten Jagdschloß bereits komplett eingerichtet war und auf die Besucher dieses Tages wartete: Gut Börnicke bei Bernau, das ebenfalls der SED übereignet wurde.

Das Herrenhaus war als Erholungsheim der beim Zentralsekretariat beschäftigten Angestellten bestimmt. Hier feierten die Mitglieder des Zentralsekretariats der SED samt ihren Frauen die Vereinigung. Eine kleine Kapelle war engagiert. Es wurde gegessen und getrunken. Es gab Bier, Schnaps, Likör, sowjetzonalen Wein und Sekt aus den Kellereien an der Saale. Als die Stimmung stieg, wurde auch getanzt. Es wurde aber auch geredet. Es redeten Wilhelm Pieck, Anton Ackermann, Otto Grotewohl und Otto Meier, launig — scherzend. Vor allem Otto Meier, der von früher Jugend an einen riesigen Schlapphut, den sogenannten Demokratenhut, zu tragen pflegte, konnte sehr witzig sein. Er ließ scherzend die Vergangenheit, den Kampf gegeneinander, Revue passieren.

Zum ersten Mal kamen sie nun gesellig zusammen, die neuen Spitzenfunktionäre der SED, zwei unterschiedliche Menschentypen: auf der einen Seite der Sozialdemokrat, der sich ungezwungen einem Vergnügen hingeben und um der Geselligkeit willen selbst die Politik abschalten kann, der außer der Politik auch ein Privatleben besitzt und verteidigt.

Auf der anderen Seite der kommunistische Funktionärstyp, der um eines politischen Zieles willen auch mal gesellig sein muß, aber in Wirklichkeit keine Privatsphäre besitzen darf. An unserem Abend trat dieser Typ besonders deutlich in dem humorlosen Walter Ulbricht und dem ernsten Franz Dahlem in Erscheinung. Ein Kommunist orientiert sich nur am Marxismus-Leninismus-Stalinismus. Dieses Dogma bestimmt sein politisches Handeln. Stalin hat einmal gesagt: »Wir Kommunisten sind Menschen von besonderem Schlag. Wir sind aus besonderem Material geformt.« Diese Menschen von »besonderem Schlage« sollten wir von nun an näher kennenlernen, mit ihnen zusammenarbeiten, mit ihnen diskutieren und, soweit möglich, menschliche Berührungspunkte mit ihnen finden.

Auf jeder Ebene in Partei und Verwaltung sollte von oben nach unten das Zusammenleben der unterschiedlichen Menschentypen herbeigeführt werden: Sozialdemokraten, die eine Parteiarbeit als ehrenamtlich ansehen, sich zwar anspornen, aber nicht befehlen lassen, und Kommunisten, Menschen von »besonderem Schlage«, denen die Parteilinie vorgezeichnet wird und die dann mit »revolutionärem Schwung« die »revolutionäre Theorie« in die »revolutionäre Praxis« umzusetzen haben. Würde dieses Experiment gelingen, würden diese heterogenen Teile nahtlos zusammenwachsen?

Das erste Jahr
im Zentralsekretariat der SED
(April 1946–April 1947)

Der Ost-West-Gegensatz wird sichtbar – Die verfängliche Karikatur – Die Arbeit des SED-Zentralsekretariats – Die wöchentlichen Sitzungen im Zentralsekretariat – »Parität« in der Führung – Kaminplaudereien im »Seehaus« – Die Ablösung Marschall Shukows – Eine wichtige Aufgabe: Parteischulung – Bruno Köhler und Lotte Kühn rühren die Werbetrommel für Ulbricht – Verhaftungen, Übergriffe und Vergewaltigungen – ... aber dennoch Hoffnungen – Die Demontagen – Der Volksentscheid in Sachsen – Erste Ansätze einer Planwirtschaft – Die sowjetischen Aktiengesellschaften – Sowjetische Kompensationsgeschäfte – Der Fall Dr. Buschmann – Oberst Tulpanow im »Seehaus« – Auseinandersetzungen über die bevorstehenden Wahlen – Die Landtagswahlen in der Zone im Herbst 1946 – Berlin entscheidet sich gegen die SED – Aktion »Ossawakim«: deutsche Fachleute in die UdSSR – Landtagswahlen in West und Ost – Die Stimme »von unten« – SED-Führer und Marschall Sokolowski – Die Moskauer Außenministerkonferenz – Zulassungsprobleme: SED im Westen, SPD im Osten – Auf Vortragsreise in Westdeutschland – Tulpanow deutet Wiedergründung der SPD in der Zone an

Der Ost-West-Gegensatz wird sichtbar

Die kleine amerikanische Stadt Fulton im Staate Missouri, Heimat des Präsidenten Truman, war am 5. März 1946 Schauplatz einer akademischen Feier, in deren Verlauf Präsident Truman und der frühere britische Premierminister Winston Churchill zu Ehrendoktoren des Westminster College ernannt wurden.
Aus diesem Anlaß beschäftigte sich Churchill in seiner Dankrede auch mit der Politik der Sowjetunion. Mit seiner Metapher vom »Eisernen Vorhang«, den die Sowjets von Stettin bis Triest über den ganzen Kontinent herabgelassen hätten, prägte er einen Begriff, der noch heute nichts von seiner treffenden Aktualität eingebüßt hat. Er wies darauf hin, wie die Sowjets überall dort, wo ihre Macht hinreiche, Polizeiregierungen installierten, wie sie die kommunistischen Parteien weit über deren tatsächliche Resonanz in der Bevölkerung unterstützten. Besonders sei dies in Ostdeutschland der Fall. Zum Schluß warnte der britische Staatsmann: »Sollte die Sowjetregierung durch Einzelaktionen versuchen, die russische Besatzungszone zu einer kommunistischen Zone zu machen, so würde dies zu neuen und ernsten Schwierigkeiten in der britischen und amerikanischen Zone führen.«
Wenige Tage später antwortete Stalin in einem Interview mit dem Korrespondenten der »Prawda« auf diese Rede Churchills. Er bezeichnete sie als einen gefährlichen Akt, der Zwietracht zwischen den verbündeten Staaten zu stiften und ihre Zusammenarbeit zu erschweren beabsichtige.
»... Ich weiß nicht«, sagte Stalin auf eine Frage des Korrespondenten, »ob es Churchill und seinen Freunden gelingen wird, nach dem Zweiten Weltkrieg einen neuen militärischen Feldzug gegen das

östliche Europa zu organisieren. Aber wenn ihnen dies gelingen sollte, was wenig wahrscheinlich ist, weil Millionen der einfachen Menschen als Hüter des Friedens stehen, so kann man mit Gewißheit sagen, daß sie genauso geschlagen werden, wie sie in der Vergangenheit vor 26 Jahren geschlagen worden sind.«
Die Kontroverse Churchill—Stalin hatte alle Gegensätze aufgezeigt, die sich inzwischen in der Welt aufgetan hatten und die jetzt ungelöst vor uns lagen. Besonders in Deutschland bewegte diese Auseinandersetzung die Gemüter, weil sich hier wie nirgendwo die Kraftfelder dieser Weltgegensätze berührten.
Besorgt stellten wir uns die Frage: Wird die SED zu einer Verschärfung der Gegensätze oder zur Entspannung beitragen?

Die verfängliche Karikatur

Die Zusammenführung der in ihrem Organisationsaufbau so unterschiedlichen Parteien war besonders deshalb schwierig, weil weder die Organisationsformen der einen noch die der anderen schematisch auf die vereinigte Partei übertragen werden konnten. Es mußten neue Wege beschritten werden. Dadurch ergab sich zwangsläufig, daß die SED zunächst vom Organisationsaufbau her eine neue Partei wurde. Die Frage, die es zu beantworten galt, war: Soll diese Partei eine Kader- oder eine Massenpartei werden?
Die Entscheidung fiel zugunsten der Bildung einer Massenpartei. Das ergab sich schon aus der Zusammenführung der insgesamt rund 1 300 000 Mitglieder.
Uns ging es vor allem darum, daß die Sozialistische Einheitspartei in ihrem organisatorischen Aufbau nicht so starr gegliedert sein sollte wie die frühere KPD, daß ihr nicht von einem unsichtbar gesteuerten Apparat Korsettstangen angelegt werden konnten.
Der Parität in der Besetzung der Leitung der personalpolitischen Abteilung hatte ich meinen Referenten, Alex Lösche, geopfert. Von kommunistischer Seite war Grete Keilson für die Leitung dieser Abteilung vorgesehen.
Als Lösche im Mai 1946 heiratete, bat er Grete Keilson und mich zu Trauzeugen. Auf der Hochzeitsfeier beschwor Grete Keilson mich, darauf zu achten, daß Ulbricht nicht wieder einen Apparat neben der Partei aufbaue.
Ich fragte: »War das ein Spitzelapparat?«
»Ja, man kann ihn so bezeichnen. Es war jedenfalls ein Apparat, zu dem manches vermeintlich einfache Parteimitglied gehörte. Aber auch Kader gehörten dazu. Das entscheidende war, daß der eine

vom anderen nichts wußte. Niemand wußte, wer außer sich selbst noch zum Apparat gehörte.«
»War Ulbricht der oberste Apparatschik?«
»Das glaube ich nicht. Ich weiß es aber nicht.«
»Wie war es in Moskau? Hat es da auch den Apparat der deutschen Emigrantenpartei gegeben?«
»Es hat eine Überwachung der Emigranten gegeben, aber keinen deutschen Apparat in dem geschilderten Sinn. Die Überwachung wurde von den Sowjets vorgenommen.«
»Bediente man sich dabei deutscher Emigranten als Spitzel?«
»Das weiß ich nicht.«
Dieses Gespräch ist all die Jahre meiner sowjetzonalen Tätigkeit in meinem Gedächtnis hängengeblieben. Viele Jahre später, als in England der Spion Fuchs das Gefängnis verließ, nach Leipzig übersiedelte und dort die um viele Jahre ältere Grete Keilson heiratete, habe ich wieder an dieses »Hochzeitsgespräch« denken müssen.
Aber zunächst habe ich, Gretes Warnung eingedenk, darauf geachtet, daß der gefürchtete »Apparat« nicht entsteht, und dem Parteiaufbau die größte Aufmerksamkeit gewidmet. Ich war froh, daß ich mit meinem Paritätskollegen Franz Dahlem darin prinzipiell übereinstimmte. Beide waren wir der Auffassung, daß die SED keine kommunistische Kaderpartei, sondern eine Massenpartei werden sollte.
In diesem Zusammenhang regte Wilhelm Pieck die Herausgabe einer Broschüre an, die den Funktionären Richtlinien für ihre Parteiarbeit geben sollte. Er meinte, daß Anton Ackermann einen entsprechenden Entwurf ausarbeiten sollte. Ackermann hielt es jedoch nicht für klug, wenn ein Kommunist diese Broschüre schriebe, und plädierte dafür, diese Aufgabe einem Sozialdemokraten zu übertragen, dessen Stil bei allen Mitgliedern besser ankomme.
Zudem könne auf diese Weise dargetan werden, daß die sozialdemokratischen Genossen in der Führung der Partei richtungweisend seien. Schließlich wurde, da es sich um eine organisatorische Frage handelte, Franz Dahlems Vorschlag, mich mit der Angelegenheit zu betrauen, einstimmig angenommen.
Einige Wochen später konnte ich den Entwurf vorlegen. Er entsprach im wesentlichen dem später veröffentlichten Text. Aber während meiner Arbeit daran war mir eine Idee gekommen.
Wir hatten in der Partei einen Karikaturisten, dessen Name mir entfallen ist. Diesen beauftragte ich damit, einige Karikaturen anzufertigen, mit denen ich den Text etwas aufzulockern gedachte, z. B., wie ein Kommunist seinen sozialdemokratischen Genossen »unter Wasser abschießt«.

Ich fand die Karikaturen ausgezeichnet und ließ einige Probeabzüge drucken, die mir vorgelegt werden sollten. Sie landeten jedoch nicht bei mir, sondern auf Wilhelm Piecks Schreibtisch. Wutentbrannt reichte er die Exemplare in der nächsten Zentralsekretariatssitzung herum und wetterte los, daß die Broschüre mit den Karikaturen eine Sabotage der Einheit der Arbeiterklasse darstelle.

Ich entgegnete, daß es mit der Einheit schlecht bestellt wäre, wenn sie diesen Scherz nicht vertragen könne.

Dabei studierte ich die Gesichter meiner Kollegen, die in der Broschüre herumblätterten. Alle Kommunisten mit Ausnahme von Anton Ackermann machten ernste Gesichter. Die Sozialdemokraten einschließlich Otto Grotewohl schmunzelten, überließen aber den Disput mit Pieck mir allein. Da Pieck die grinsenden Gesichter um sich herum auch nicht übersehen konnte, lenkte er schließlich ein: »Die Karikaturen müssen 'raus. Ebenso der Text mit dem Unterwasserschießen.«

»Der Text ist doch schon genehmigt gewesen«, wandte ich ein.

»Mag sein, aber er muß 'raus.«

Da sich kein Widerspruch erhob, mußte auch ich nachgeben.

Die Arbeit des SED-Zentralsekretariats

Das Arbeitspensum, das die Mitglieder des Zentralsekretariats zu bewältigen hatten, war nicht gering. Zu den täglichen Sitzungen traten viele andere Aufgaben. Vorträge mußten gehalten werden auf den Parteischulen, in Mitgliederversammlungen und auf Kundgebungen, viele Reisen unternommen werden mit Inspektionen und Reden. Artikel, deren Themen oftmals in den Sitzungen des Zentralsekretariats festgelegt wurden, mußten verfaßt werden.

Den Kommunisten fiel der Arbeitsablauf leichter als uns Sozialdemokraten. Ihnen war die Materie vertraut, wir mußten uns erst hineinfühlen, hineinlesen. Nicht sie, sondern wir mußten uns anpassen. Sie hatten für jede Gelegenheit und zur Illustration jeder Lage ein passendes Lenin- oder Stalin-Wort parat, wir mußten ziemliche Anstrengungen machen, um unsere Wissenslücken zu schließen. So waren wir einem ständigen Assimilierungsprozeß unterworfen. Gegen diesen Prozeß kämpften wir mit recht unterschiedlichem Erfolg an.

Die Hauptaufgabe, die mir zugeteilt wurde, war die Herstellung der Parität auf jeder Parteiebene.

Die Schwierigkeit begann schon im Hause des Zentralsekretariats. Für alle Abteilungen und Referate standen kommunistische Fachkräfte zur Verfügung, nicht jedoch sozialdemokratische. Diese mußte ich erst nach und nach aus der Zone heranholen. Jedes Mitglied des Zentralsekretariats verfügte über ein eigenes Sekretariat mit einem persönlichen Referenten. Meinen Referenten mußte ich, wie gesagt, abgeben und zum Abteilungsleiter der personalpolitischen Abteilung machen, neben der Kommunistin Grete Keilson, damit diese wichtige Abteilung in der Spitze richtig besetzt war.

Die paritätische Besetzung aller Parteiposten bis in den letzten Winkel der Zone aber wurde nach und nach zu einer Sisyphusarbeit. Die Ursachen waren nicht überall die gleichen. Manchmal waren es die Spannungen, die zwischen einzelnen Funktionären auftraten, manchmal der Mangel an geeigneten Kräften. Allen Schwierigkeiten aber lag das gegenseitige Mißtrauen zugrunde, das in Intervallen mal zu-, mal abnehmend auftrat.

Im Jahre 1946 lag die Personalpolitik der Parteien überwiegend noch in den Händen der SMAD. Unsere Dispositionen wurden dadurch sehr oft durchkreuzt. Personalpolitik auf längere Sicht zu betreiben war unmöglich. Wenn wir es hier und da versuchten, wurde uns vielfach bedeutet, daß es ein Personenreservat gebe, über das die Besatzungsmacht zur gegebenen Zeit verfügen würde. An die Zustimmung von Karlshorst waren wir ohnehin gebunden, wenn wir einen Kandidaten in eine leitende Verwaltungsfunktion bringen wollten. Hier konnten wir nur Vorschläge machen, die jedoch in den seltensten Fällen genehm waren, auch wenn ein Beschluß des Zentralsekretariats dahinterstand. In der nächsten Sitzung machte Ulbricht dann meistens von sich aus einen neuen Vorschlag.

Anfangs glaubte nicht nur ich, sondern auch Franz Dahlem, daß Ulbricht auf eigene Faust Personalpolitik betrieb. Die Vorschläge, die er machte, lösten darum nicht selten eine scharfe Debatte aus, bis er – in die Enge getrieben – schließlich bekennen mußte, daß er »einem Wunsch der Freunde« zu entsprechen habe.

Ulbricht fühlte sich in seiner Haut nicht wohl. Sehr gern hätte auch er persönlichen Kontakt zu einigen der sozialdemokratischen Kollegen hergestellt. Aber solche Bemühungen scheiterten an seiner Aufgabe, die Befehle der Sowjets selbst gegen die Wünsche der eigenen Genossen durchzusetzen. Eine Aufgabe, die ihm von seinen kommunistischen Kollegen nicht erleichtert wurde. Hinzu kam erschwerend seine absolute Humorlosigkeit.

Mit unseren gelegentlichen Fragen nach der Geschichte der KPdSU pirschten wir uns immer weiter vor. So kamen wir auch auf Trotzki und Bucharin zu sprechen. Franz Dahlem gab mir daraufhin wenige Tage später nicht nur eine Broschüre mit der offiziellen Darstellung der Ereignisse von 1937 mit seiner Widmung, sondern auch das in

deutscher Übersetzung vorliegende Gerichtsprotokoll des Prozesses, der vom 2. bis 13. März 1938 in Moskau gegen Bucharin als Hauptangeklagten stattgefunden hatte.
Dahlem war jedenfalls ernsthaft bestrebt, die erheblichen Lücken meines Wissens auf diesem Gebiet zu schließen.
Anläßlich eines solchen Gesprächs erfuhren wir u. a. auch, daß Oberst Tulpanow auf Vorschlag der sowjetischen Führer Shdanow und Mikojan in seine Funktion bei der SMAD eingesetzt worden war.
Tulpanow selbst verriet uns in einer Erzählerlaune, daß er leider nicht immer die notwendige Parteitreue aufgebracht, daß er geschwankt und Abweichungen gehuldigt habe, die ihm sogar eine zeitweilige Verbannung nach Sibirien eingebracht hatten. Shdanow, der Tulpanow von Leningrad her kannte, hatte sich aber für ihn eingesetzt, so daß, wie Tulpanow sich ausdrückte, seine zeitweiligen falschen Auffassungen seiner Karriere letzten Endes nicht geschadet hätten.

Die wöchentlichen Sitzungen im Zentralsekretariat

Das Zentralsekretariat (seit Januar 1949 »Politbüro« genannt) hielt wöchentlich mindestens eine Sitzung ab.
Das »Haus der Einheit« hatte in der zweiten Etage zwei Sitzungszimmer und einen Saal. Auch Franz Dahlems und mein Arbeitszimmer befanden sich hier. Wir hatten ein gemeinsames Vorzimmer, in dem unsere beiden Sekretärinnen saßen. Im Laufe der Jahre freundeten sich die beiden Frauen, wie ihre Chefs, miteinander an.
Rechts von unserem Sekretariat befand sich das Sitzungszimmer des Zentralsekretariats. Durch eine auseinanderklappbare Holzwand konnte es bei Vorstands- und anderen größeren Sitzungen mit dem anschließenden Versammlungsraum verbunden werden. Die Plätze im Sitzungszimmer waren kreisförmig angeordnet, so daß sich alle Mitglieder in einem Rund gegenübersaßen. Jeder hatte seinen angestammten Platz. Pieck und Grotewohl saßen nebeneinander, rechts von Pieck Ulbricht und Fechner, links von Grotewohl Dahlem und ich. Alle übrigen Mitglieder schlossen sich paritätisch an.
Pieck und Grotewohl gegenüber saßen Gyptner und Schreiber. Als Sekretäre des Zentralsekretariats hatten sie aber weder Sitz noch Stimme. Ihre Aufgabe war es, die Beschlüsse zu protokollieren (es gab in den Sitzungen nur ein Beschlußprotokoll).
Die Sitzungen wurden durch Vorlagen vorbereitet. Sie entstanden in den Abteilungen, für die die einzelnen Mitglieder des Zentralsekre-

tariats verantwortlich zeichneten. Jede Beratungsvorlage mußte von dem zuständigen Mitglied abgezeichnet werden, bevor sie an das Sekretariat Gyptner/Schreiber weitergegeben wurde. In diesem Sekretariat, das den Vorsitzenden unmittelbar unterstellt war, wurde die Einordnung der Vorlagen nach Sachgebieten, ihre Vervielfältigung nach Aufnahme in die Tagesordnung u. ä. vorgenommen. Es hatte auch die termingerechte Durchführung der Parteibeschlüsse zu überwachen.
Bevor die Sitzung begann, war jedes Mitglied des Zentralsekretariats im Besitz der Tagesordnung und sämtlicher Vorlagen. Diese Vorlagen erforderten Aussprachen und Beschlüsse über den Organisationsaufbau der SED, die Arbeitsgemeinschaft SED-KPD sowie die westdeutsche KPD, über die Personalpolitik in Partei und Verwaltung, über die Frauen- und Jugendarbeit, über Werbung, Presse, Rundfunk, Parteischulung, Kultureinrichtungen und Erziehung, über die Wirtschaft im allgemeinen, die Landwirtschaft im besonderen, über Gewerkschaften, über Kommunal-, Länder- und Provinzialpolitik, über die Blockpolitik und den Aufbau der Verwaltungen auf allen Ebenen und nicht zuletzt auch über den Personenkreis, der in alle Nebenorganisationen zu delegieren war.
Die Tagesordnung solcher Sitzungen war darum sehr vielschichtig und vielgestaltig. Sie reichte von den Parteifinanzen, den Parteibetrieben bis zu den Gesetzesvorlagen für die Provinzial- und Länderverwaltungen und erfaßte ebenso die Pläne und Verordnungen der Zentralverwaltungen.
Je nachdem, welcher Beratungsstoff vorlag, wurden die Präsidenten oder Vizepräsidenten der Zentralverwaltungen, später die Ministerpräsidenten und Minister der Länder zum Vortrag herangeholt.
Das Zentralsekretariat war darum nicht nur die Führungsspitze der Partei, sondern auch eine Art »Überministerium«, das auch die Gesetze erarbeitete und in die Verwaltungen lancierte.
Abwechselnd hatte bei jeder Sitzung ein Mitglied des Zentralsekretariats über die im Berichtszeitraum geleistete Arbeit zu referieren. Über diesen Bericht wurde dann ausführlich diskutiert. Der Berichterstattung folgten Referate zur politischen oder wirtschaftlichen Lage, die ebenfalls Diskussionen oder Beschlüsse auslösten.
Bei allen Beschlüssen wurde festgehalten, welche Mitglieder für die termingerechte Durchführung der Beschlüsse verantwortlich waren. Anträge und Vorschläge der einzelnen Mitglieder des Zentralsekretariats mußten dem Sekretariat Gyptner/Schreiber zugeleitet werden, das sie dann auf die Tagesordnung der nächsten Sitzung setzte.
Die Sitzungen des Zentralsekretariats fanden immer montags statt; wenn die Tagesordnung sehr umfangreich war, mußte der Dienstag

teilweise oder ganz dazugenommen werden. Etliche Male wurden sie auch in das »Seehaus« verlegt, wo dann der Sonntagvormittag dazugenommen wurde.
Der Ablauf einer Sitzung ging streng nach der aufgestellten Tagesordnung und sehr geschäftsmäßig vor sich. Kein Mitglied erschien unvorbereitet. Trotzdem ging es meistens, wenigstens in den Jahren 1946–1947, aufgelockert zu, auch ein Scherz wurde gelegentlich gemacht. Die Leitung lag abwechselnd bei Pieck und bei Grotewohl. Nur einmal, als beide Vorsitzende längere Zeit abwesend waren, wurde sie abwechselnd Dahlem und mir übertragen.
In einer der Sitzungen wurde ein Mitglied des Zentralsekretariats bestimmt, das dem einmal monatlich tagenden Plenum des Parteivorstandes berichten mußte, welche Probleme vom Zentralsekretariat in der Berichtszeit behandelt, welche politischen Entscheidungen getroffen worden waren und welche Arbeit geleistet wurde. Jedes Mitglied kam dabei turnusgemäß zu Wort.
In den Sitzungen wurde sehr frei und offen gesprochen. Bei unterschiedlichen Auffassungen kehrte die stereotype Redensart von Walter Ulbricht immer wieder: »Nun, Genossen, wir missen das Däma ausdisgudieren!«
Meist waren es Ulbrichts Anträge selber, die zum Widerspruch reizten, selbst wenn sie absolut vernünftig und notwendig waren.
Ein Thema, bei dem sich die Gemüter oftmals erheblich erhitzten, war die Zusammenarbeit der ehemaligen Kommunisten mit den Sozialdemokraten. Jedes der Mitglieder hatte seine Freunde und Berichterstatter in der Zone. Sie alle bekamen, vornehmlich wenn sie draußen Versammlungen abgehalten hatten, die eine oder andere Klage zu hören. Der Ärger darüber speicherte sich auf und machte sich bei der nächsten Gelegenheit Luft. Ein solcher Anlaß waren zum Beispiel die Vergewaltigungen, die zwar 1946 im Abklingen waren, aber hin und wieder immer noch vorkamen. Sie waren auch immer noch Gegenstand von Zornesausbrüchen auf den Sitzungen des Zentralsekretariats.
Ich muß aber zugeben, daß mir kein Fall bekannt ist, wo es von kommunistischer Seite abgelehnt worden wäre, ein heikles Thema zu behandeln.
Hinzu kam, daß die Partei einen gut funktionierenden Informationsdienst aufgebaut hatte. Die Informanten hatten ohne jede Beschönigung über alle negativen Vorkommnisse aus Städten und Dörfern zu berichten. Die Berichte wurden allen Mitgliedern des Zentralsekretariats zugeleitet.
Am Tage nach der Sitzung ging jedes Mitglied des Zentralsekretariats mit seinem persönlichen Referenten die ihn betreffenden

Beschlüsse durch. Wegen der Vielgestaltigkeit der Aufgabengebiete war unser Sekretariat am meisten beschäftigt. Franz Dahlems Sekretär war Hans Seigewasser, der vor 1933 Mitglied der SAP — der Sozialistischen Arbeiterpartei — gewesen war, einer Splittergruppe, die zwischen SPD und KPD stand und von dem späteren sächsischen Ministerpräsidenten Max Seydewitz geführt wurde.

»Parität« in der Führung

Ob die paritätische Zusammenarbeit in der Führung gut oder schlecht war, hing in erster Linie von der charakterlichen Wesensart der Partner ab.
Ich kam mit Franz Dahlem sehr gut aus. Als wir etwa ein Jahr zusammengearbeitet hatten, sagte eines Tages seine Frau zu mir: »Erich, was hast du nur aus dem Franz gemacht? Der kann ja heute wieder lachen, was er völlig verlernt hatte.«
Wenn man die bei der KPD herrschende Hierarchie für die Mitglieder des ZS beibehält — und man hatte sie beibehalten —, so sind als viertes paritätisches Paar Anton Ackermann und Otto Meier zu nennen. Anton Ackermann war sehr schnell bei allen von der SPD kommenden ZS-Mitgliedern beliebt, nicht jedoch bei seinem »Zwilling« Otto Meier. Dabei war Otto Meier wiederum allgemein beliebt, trotz seiner bis ins Groteske übersteigerten Zornesausbrüche, die er oft in den Sitzungen zum besten gab.
Dabei ging es nicht nur darum, ob irgendwo einem ehemaligen Sozialdemokraten unrecht geschah. Nach seiner Meinung geschah auch ihm ständig unrecht, am meisten durch Anton Ackermann. Ich mußte etliche Male zwischen den beiden vermitteln, dabei war nur Otto Meier der Kampfhahn. Anton Ackermann wollte jede Diskussion, auch bei unterschiedlichen Meinungen, ohne Lautstärke führen. Das war bei Otto Meier nicht möglich.
Ohne jede Lautstärke ging es bei dem Paar Nr. 5, bei Paul Merker und Helmuth Lehmann, zu. Lehmann war nicht gewohnt, kollektiv zu arbeiten. So hatte man ihm die Leitung der »Volkssolidarität« zugewiesen. Landwirtschaft, Kriegsgefangenenfragen und Gewerkschaften überließ er Paul Merker. Beide bekamen sich oft nur in den ZS-Sitzungen zu Gesicht. Es gab zwischen beiden zwar keine Zusammenarbeit, aber auch keinen Streit.
Am schwierigsten war das Verhältnis Ulbricht—Fechner. Ulbricht war ein gewiefter Parteimann und fühlte sich nicht nur dem »Alten«, wie er Wilhelm Pieck stets nannte, überlegen, sondern eigentlich allen. Das ärgerte natürlich alle, und er wurde deshalb bald auch

von allen gemieden. Sie redeten mit ihm nur, wenn sie von ihm angesprochen wurden. Das ging bei Fechner nicht. Er war ja Ulbrichts Partner und saß mit ihm in gemeinsamen Sitzungen, in denen Ulbricht jedesmal die Verhandlungsführung an sich riß. Wenn Fechner etwas sagte oder sagen wollte, nahm er es überhaupt nicht zur Kenntnis. Dieses mißliche Verhältnis fing schon gleich nach dem Einzug in das »Haus der Einheit« an. Walter Ulbricht hatte sich ein stilvolles Zimmer anfertigen lassen. Fechner, der seine Möbel aus der Behrenstraße mitgebracht hatte, fühlte sich zurückgesetzt. Er drängte Ulbricht dazu, ihm ein gleiches Zimmer anfertigen zu lassen. Ulbricht erkannte darin Fechners Minderwertigkeitskomplex und ließ ihn das nun fühlen. Hinzu kam, daß Max Fechner für ein Buch, das ihm sein Sekretär Dr. Scheele geschrieben hatte, eine übertriebene Honorarforderung stellte, mit der sich das ZS immer wieder beschäftigen mußte. Allmählich wurde das peinlich, wobei mir noch die Aufgabe zufiel, die Verhandlungen von der Verlagsabteilung her zu führen.

Im Frauensekretariat waren Elli Schmidt und Käte Kern zusammengespannt. Ebenfalls ein sehr ungleiches Paar. Elli Schmidt vierschrötig, Käte Kern zartfühlend und leicht zu verletzen. Gegen die aktive Elli kam sie schwer an.

Kaminplaudereien im »Seehaus«

Im »Seehaus« hatte jedes Mitglied des ZS ein Zimmer, nur den beiden Vorsitzenden und mir waren je zwei zugeteilt worden.
Im Parterre befand sich ein Sitzungszimmer, ein kleiner Speisesaal und eine etwas größere Halle mit einem Kamin. Im Souterrain lagen Küche, Wirtschaftsräume und Wohnräume des Verwalter-Ehepaars, das u. a. auch für das leibliche Wohl der ZS-Mitglieder und ihrer Familienangehörigen zu sorgen hatte.
Im Speisesaal stand eine lange Tafel, an der gemeinsam gegessen werden mußte.
Da das Schloß vollständig ausgeplündert worden war, mußte es vollkommen neu möbliert werden. Bis auf einen Flügel war die Möblierung reichlich primitiv. August Karsten, dem die Verwaltung des »Seehauses« unterstand, wurde von allen Seiten gedrängt, das Haus geschmackvoller einzurichten, obwohl ihm keiner einen besonders guten Geschmack zutraute. Deshalb wandte man sich schließlich an mich.
Die Beschaffung der Möbel sollte dann Lore Pieck übertragen werden.

In meinem Büro in der Bülowstraße hatte ich immer noch eine Ledersesselgarnitur stehen. Sie ließ ich in meine Zimmer im »Seehaus« holen. Dazu Bücherborde, Schreibtisch und einige Teppiche, so daß mein Zimmer bald das gemütlichste war. Die danebenliegende große Halle wirkte dagegen kalt, trotz des Kamins. Ein Radioapparat sorgte nicht nur für die Nachrichtenübermittlung, sondern auch für Musik. Nur zu Geburtstagsfeiern wurde ein Klavierspieler herausbestellt. Oftmals übernahm dieses Amt auch Arthur Pieck. Wenn wir einen Klavierspieler bei uns hatten, oder meinen Sohn, der Akkordeon spielen kann, wurde getanzt.

Die Kamingespräche drehten sich meist um die Erlebnisse während der Nazizeit. Moskau, die Lebensweise der Emigranten und der Spanische Bürgerkrieg waren beliebte Themen. Bei den Berichten über die Moskauer Emigrantenzeit wurde auch viel Klatsch mitgeliefert.

Den Emigranten ging es in Moskau sehr unterschiedlich. Schlecht hatten es die »kleinen Würstchen«. Sie haben viel hungern und frieren müssen. So auch Frieda, die Sekretärin von Franz Dahlem, die mit meiner Sekretärin zusammen in einem Zimmer saß. Sie war mit Richard Gyptner verlobt gewesen und dann von ihm sitzengelassen worden.

Meine Sekretärin Leni trug mir manchen Tratsch und Klatsch über diese Zeit zu, den ihr Frieda zu erzählen pflegte. In Moskau z. B. sei der gute Walter Ulbricht nicht immer mit der Lotte liiert gewesen, sondern mit einer Französin, und hätte dabei keinen schlechten Geschmack bewiesen. Elli Schmidt erklärte hierzu: Man habe sich allgemein darüber gewundert, was die Französin an dem Walter »gehabt« hätte.

Oft sangen wir alte und neue Arbeiterlieder gemeinsam. Auch das Lied des Thälmann-Bataillons:

> Spaniens Himmel breitet seine Sterne
> über unsere Schützengräben aus.
> Und der Morgen leuchtet aus der Ferne,
> bald geht es zu neuem Kampf hinaus.
> Die Heimat ist weit,
> doch wir sind bereit.
> Wir kämpfen und sterben für dich,
> Freiheit!

Von Erich Weinert stammte das »Lied der Einheit«, das bei diesen Gelegenheiten gern gesungen wurde. Wir tanzten, sangen und redeten uns zusammen. Vor allem Anton Ackermann und ich waren immer zu Späßen und Schabernack aufgelegt. Einmal, als am Kamin lebhaft geschwatzt und diskutiert wurde, schlichen wir uns hinaus

und versteckten in den verschiedensten Zimmern allerlei Sachen, knoteten Schlafanzüge zusammen, und Ulbrichts Hausschuhe stellten wir in die Dachrinne. Als später alle nach oben in ihre Zimmer gegangen waren, rief Lotte Kühn von der Treppe herunter: »Wo sind Walters Hausschuhe? Das haben doch sicher wieder Erich und Anton gemacht. Wir haben das gar nicht gern!« Keiner gab eine Antwort, auch wir beide nicht. Dann, als Lotte verschwunden war, prustete alles los.
Jedenfalls war bald herausgefunden, wer einen Spaß verstand und wer nicht. Vor allen Dingen merkte man schnell, wer sich selbst verulken konnte. Wilhelm Pieck zum Beispiel war immer für einen Spaß zu haben.
Im »Seehaus« kam man sich näher, nur mit Ulbricht wollte das nicht gelingen. Ohne einen wirklich akuten Anlaß rückte die Mehrheit mehr und mehr von dem Spitzbart ab.

Die Ablösung Marschall Shukows

Für uns Sozialdemokraten war Marschall Shukow nicht nur der erste Repräsentant der sowjetischen Besatzungsmacht, sondern auch der maßgebende Mann, dessen Wort uns mit der Moskauer Politik identisch zu sein schien. Sein Berater war Botschafter Semjonow, zu dem wir, vor allem Otto Grotewohl, guten Kontakt hielten.
Schon im Januar 1946 gab Oberst Tulpanow uns in einem Gespräch zu verstehen, daß Shukows Tage in Deutschland gezählt seien. Diese Mitteilung hat uns damals nicht sonderlich beeindruckt, wir werteten sie als die unmaßgebliche Meinung des Chefs des Informationsamtes. So kam die Abberufung Shukows für uns überraschend; vor allen Dingen für Otto Grotewohl, der sich ohne Rücksicht auf Tulpanow und Ulbricht im Windschatten des Marschalls so sicher gefühlt hatte, daß er sehr bald nach seiner Wahl angefangen hatte, seine Umgebung, selbst den alten Wilhelm Pieck, gönnerhaft zu behandeln.
Zu dem »gönnerhaften« Benehmen Grotewohls hatten, unabhängig voneinander, Ulbricht und Semjonow beigetragen. Ulbricht, weil er immer nur von dem »Alten« sprach, den Parteivorsitzenden somit als senil hinstellte und manche Panne Piecks Vergeßlichkeit zur Last legte.
Semjonow hat Grotewohl poussiert, seinem Ehrgeiz geschmeichelt, so daß bei ihm — der so etwas nur zu gern glaubte — der Eindruck entstand, daß auf seinen Schultern die »ganze Last« der Parteiführung läge.

Daraus erwuchs zwischen Grotewohl und Pieck ein Verhältnis, wie es oft zwischen einem jungen tatkräftigen Mann einem altgewordenen Opa gegenüber festzustellen ist. Der Jüngere klopft dem Älteren auf die Schulter und sagt leichthin: Laß man, ich mach' das schon! Natürlich hat Grotewohl das nicht wörtlich geäußert, aber was er bei verschiedenen Gelegenheiten sagte, hatte jedenfalls diese Tendenz.
Dies sollte sich nun, nach der Ablösung Marschall Shukows, jäh ändern. An Shukows Stelle war Marschall Sokolowski getreten.
Auf dem Empfang, den Sokolowski den Mitgliedern des Zentralsekretariats gab, hatten wir nun nicht mehr den großen Armeeführer vor uns, wie ihn Shukow verkörpert hatte, sondern einen Bürogeneral, dem die Arbeit der Partei der Bolschewiki vertraut war und der aus dieser Perspektive an die Probleme der ihm unterstellten Zone heranging. Aus Sokolowski, das mußten wir aus seiner ersten Ansprache entnehmen, sprach der Parteifunktionär. »Zwischen dem Lager des Sozialismus und dem des untergehenden Kapitalismus«, so erklärte er, »gibt es keine Zwischenstellung. In dieser Richtung vollzieht sich in allen Ländern eine klare Scheidung. Ausdruck dessen ist die Herstellung der Einheit der Arbeiterklasse, wie sie auch in der sowjetisch besetzten Zone herbeigeführt wurde. Die SED ist die berufene Partei zur Festigung der Demokratie in Deutschland. Sie ist die Garantie für einen erfolgreichen Kampf um Frieden und Sozialismus. Meine Erfahrungen, die ich auch in der Parteiarbeit sammeln konnte, stelle ich in diesem Kampf zur Verfügung.«
Der nächste Redner war Tulpanow.
Tulpanow, in seiner Eigenschaft als Vorsitzender des Parteiaktivs bei der SMAD, rückte jetzt an die Seite Sokolowskis.
Hatte Grotewohl für sich ins Kalkül gezogen, an Stelle Ulbrichts der Vertrauensmann der Sowjets zu werden, so war damit zunächst nicht zu rechnen. Mehr als bisher hatten wir dagegen den Einfluß Tulpanows in Betracht zu ziehen. Tulpanow ging bei uns — im »Haus der Einheit« und im Jagdschloß Liebenberg — aus und ein. Er inspirierte Wilhelm Pieck dazu, dem Zentralsekretariat vorzuschlagen, Ulbricht zum stellvertretenden Vorsitzenden zu »ernennen«, obwohl die Satzungen diese Funktion nicht vorsahen und weder das Zentralsekretariat noch selbst der Parteivorstand für eine Satzungsänderung zuständig waren.
Das Zentralsekretariat lehnte darum den Antrag nahezu einstimmig ab, was Ulbricht nicht hinderte, sich in der Presse als »Vize« bezeichnen zu lassen. Aber nicht er instruierte die Presse, das tat Lotte Kühn für ihn, die den Zeitungen den druckreifen Auszug jeder Rede Ulbrichts bereits zuleitete, bevor ihr Walter sie gehalten hatte.

Peinlich genau wird in der kommunistischen Parteiführung auf die Rangordnung geachtet. Ulbricht mußte vor Dahlem, dieser vor Ackermann gesetzt werden. Und fort geht es in der Hierarchie, wobei jeder, der dazugehört, seine Position verteidigt, sie nach Möglichkeit auch zu verbessern sucht.

Eine wichtige Aufgabe: Parteischulung

Der aus 80 Mitgliedern bestehende Parteivorstand trat jeden Monat einmal zusammen. Die Tagung erstreckte sich meistens über zwei Tage, für die Mitglieder aus dem Westen oft sogar drei. Diese mußten an einem Tag über ihre Arbeit berichten und die politische Lage analysieren.
Ihre Berichte wurden in der Vorstandssitzung sehr gründlich diskutiert und danach neue Richtlinien für die Arbeit der nächsten Wochen entworfen.
Auch die Parteivorstandssitzungen wurden abwechselnd von Pieck und von Grotewohl geleitet. Am zweiten Tag hielt meistens irgendein Vorstandsmitglied ein politisches Referat.
An der PV-Sitzung nahmen nicht nur die PV-Mitglieder teil, sondern, allerdings ohne Stimmrecht, auch die Abteilungsleiter, die Redaktionsmitglieder, die persönlichen Referenten und die Spitzenfunktionäre der Verwaltung.
Mit der Protokollführung waren zwei Parlamentsstenographen beauftragt, so daß Wort für Wort mitgeschrieben wurde.
Eine jedesmal neu ernannte Redaktionskommission hatte dann das Kommuniqué zu verfassen, das in der Parteipresse erschien.
Die erste Parteivorstandssitzung fand am 14. Mai 1946 statt. Den breitesten Raum in der Diskussion nahmen die »Wachstumsschwierigkeiten« der Partei ein. Dieses Wort wurde bald zu einem Sammelbegriff für alle Differenzen und Auseinandersetzungen, die es innerhalb der Partei gab. Nach Ackermanns Meinung waren diese Schwierigkeiten nur durch eine systematische Schulung der Funktionäre und Mitglieder zu überwinden.
Am 14. Mai 1946 beschloß der Parteivorstand, das gesamte politische Schulungssystem neu zu gestalten. Alle 14 Tage sollten regelmäßig politische Bildungsabende für alle SED-Mitglieder in Betrieben und Wohnbezirken abgehalten werden, und zwar auf der Grundlage der von der Abteilung Agitation und Propaganda beim SED-Zentralsekretariat herausgegebenen »Sozialistischen Bildungshefte«. Teilnahme war Pflicht; sie wurde den Mitgliedern auf einem Vordruck bestätigt.

Neben dieser Mitgliederschulung wurde der Schulung der Funktionäre große Aufmerksamkeit gewidmet. Die unteren Funktionäre sollten in Kreisschulen in zwei bis drei Wochen Lehrdauer ausgebildet werden. Auf etwas höherer Ebene wurden sogenannte Landesschulen der SED mit einer Lehrdauer von sechs Wochen eingerichtet. Die Lehrpläne beider Schultypen sahen sowohl die Behandlung politischer Grundfragen (darunter auch neue und neueste Geschichte) als auch Themen aus der aktuellen Politik vor. Für die Heranbildung qualifizierter Kader wurde die Gründung einer Parteihochschule »Karl Marx« mit mindestens sechsmonatiger Lehrdauer vorgesehen. Später sollte die Lehrdauer an dieser Schule verlängert und auch eine Aspirantur geschaffen werden.

Das Ziel dieses Beschlusses war, die gesamte politische Schulung der SED zu einem einheitlichen und geschlossenen System zu entwickeln. Jede höhere Stufe der Schulung sollte in der Regel nur von solchen Funktionären besucht werden können, die die vorausgegangenen mit Erfolg beendet hatten.

Das zweite Diskussionsthema auf dieser ersten Sitzung war die Vorbereitung von Wahlen in der sowjetischen Besatzungszone.

In der amerikanisch besetzten Zone lagen die Ergebnisse der ersten demokratischen Nachkriegswahlen vor. Sie hatten den Kommunisten eine schwere Niederlage gebracht.

Walter Ulbricht legte daher dem Zentralsekretariat — offensichtlich von der SMAD suggeriert — den Antrag vor, in den Landes- bzw. Provinzialausschüssen der Einheitsfront der Parteien die Bildung von »beratenden Versammlungen« in den Landesverwaltungen und Selbstverwaltungsorganen vorzuschlagen.

Die Sitze in diesen Körperschaften sollten nach dem Muster der Parteien verteilt werden, jedoch noch Vertreter vom FDGB, der FDJ, der »Vereinigung der gegenseitigen Bauernhilfe«, den Frauenausschüssen und Industrie- und Handelskammern hinzugezogen werden.

Die mit diesem Plan verfolgte Absicht war klar: Es sollte vermieden werden, daß die Wahlen in der sowjetisch besetzten Zone zu frühzeitig stattfanden. Über das Provisorium einer dekretierten Selbstverwaltung sollte einer etwaigen Forderung nach Wahlen zunächst einmal der Boden entzogen werden.

Im Zentralsekretariat löste der Antrag einen lebhaften Meinungsstreit aus. Schließlich gab die Versicherung, daß die Partei gegenwärtig nicht in der Verfassung sei, einen Wahlkampf erfolgreich zu führen, und es sich bei dem Vorschlag tatsächlich nur um ein Provisorium handele, bei dem außerdem eine paritätische Besetzung garantiert sei, den Ausschlag für die Annahme des Antrages im ZS und am 14. Mai auch in der Parteivorstandssitzung.

*Bruno Köhler und Lotte Kühn rühren die Werbetrommel
für Ulbricht*

Trotz eifrigster Bemühungen war es uns bisher nicht gelungen, durch Benennung eines SPD-Funktionärs die paritätische Besetzung der Presseabteilung zu sichern.
Der Leiter der Pressestelle, Bruno Köhler, erhielt seine Informationen offiziell von den Parteivorsitzenden, unabhängig davon inoffiziell von Lotte Kühn.
Ulbricht war, wie bereits erwähnt, in seiner Moskauer Emigrationszeit zunächst mit einer Französin liiert gewesen. Das Politbüro war aber mit dieser Verbindung nicht einverstanden und wies ihm Lotte Kühn zu, die er später auch geheiratet hat. In Ulbrichts Gefolge kehrte sie nach Deutschland zurück, als seine Lebensgefährtin und zugleich engste Mitarbeiterin. Sie sprach perfekt Russisch und war politisch ebenso ehrgeizig wie Ulbricht. Um Ulbricht bei der Bevölkerung stärkere Resonanz zu verschaffen, verfaßte sie Auszüge aus seinen Reden für die Presse und sorgte über Köhler dafür, daß diese in der von ihr gewünschten Aufmachung erschienen.
Köhler, 1900 in Böhmen geboren, trat mit 18 Jahren der Sozialdemokratischen Partei bei. 1920 befand er sich unter den Gründungsmitgliedern der von Karl Kreibich geführten deutschen Gruppe der KP, nach deren Verschmelzung mit der tschechoslowakischen KP rückte er in führende Stellungen auf. Köhler nahm auch als Mitglied des ZK der Jungkommunisten in der ČSR regen Anteil an der Jugendarbeit. Bereits 1921 sah man ihn als Delegierten der KPČ beim III. Weltkongreß der Komintern. 1924 wurde er KP-Sekretär im Gebiet Ostrau, und zwei Jahre später begab er sich zur gründlichen politischen Schulung nach Moskau. 1929 berief man ihn als Organisationssekretär in das Zentralkomitee der KPČ, später in das Politbüro. 1933 wurde er in das Exekutivkomitee der Komintern gewählt.
Im Jahre 1935 zog Köhler als Abgeordneter ins Prager Parlament ein. Nach dem Münchener Abkommen, das die Tschechoslowakei Hitler preisgab, emigrierte er nach Frankreich und leitete von Paris aus, in engem Zusammenwirken mit Vladimir Clementis und André Simone (Otto Katz), die westliche kommunistische Emigration aus der ČSR. 1941 begab er sich nach Moskau, wo er sich den tschechoslowakischen Exilkommunisten um Gottwald anschloß, dessen besonderes Vertrauen er genoß.
Es schien ihm nicht geraten, 1945 von Moskau aus direkt nach Prag zurückzukehren. Er kam deshalb zunächst nach Ostberlin. Nach der Vereinigung wurde er der Pressechef der Partei. Daß wir uns so

schwer taten, einen Partner für ihn zu finden, hatte nicht nur etwas mit dem Mangel an geeigneten sozialdemokratischen Kräften zu tun, sondern mehr noch mit der Person Köhlers.
Als Sudetendeutscher war er mit den Kommunisten aus dem deutschen Apparat nicht viel mehr verbunden als mit den sozialdemokratischen Mitgliedern der verschiedenen Redaktionen.
Er leitete die täglichen Pressekonferenzen, die im Parteihaus mit den Chefredakteuren der der SED nahestehenden Zeitungen und Pressedienste abgehalten wurden. Es war auch seine Aufgabe, das Wesentliche der Tagespolitik und die wichtigsten Nachrichten aus der Tagespresse vorzutragen. Erst dann setzte die Diskussion ein, an der sich auch die anwesenden ZS-Mitglieder beteiligten. Die Vorsitzenden der Partei gaben dann den Ausschlag, welche Stellungnahme in den Leitartikeln zu politischen Ereignissen einzunehmen sei.
Bald beherrschte das Dreigespann Ulbricht, Lotte Kühn und Köhler die Presse. Sie drängten den Einfluß Ackermanns nach und nach zurück*.

Verhaftungen, Übergriffe und Vergewaltigungen

Ende Mai 1946 hatte ich in Versammlungen einiger mecklenburgischen Städte gesprochen und im Hinblick auf die vorzubereitenden Wahlen die Stimmung der Bevölkerung erforscht, nicht zuletzt mit Hilfe der Parteisekretariate. Dabei mußte ich feststellen, daß nicht nur in der Bevölkerung, sondern auch in den Sekretariaten eine starke antisowjetische Stimmung herrschte, bei den Kommunisten nicht weniger als bei den Sozialdemokraten. Die Übergriffe der Rotarmisten, die Demontagen, die angeblich längst beendet sein sollten, jedoch immer wiederauflebten, und vor allem auch die unkontrollierbaren Verhaftungen spielten dabei eine große Rolle.
Sich hier einzuschalten war nicht einfach, denn prinzipiell konnten die Parteien auf Verfahren, die beim NKWD anhängig waren, keinen Einfluß nehmen. Ich sage »prinzipiell«, was nicht bedeuten soll, daß es nicht manchmal doch geschehen ist. Vor allen Dingen in den Fällen, die von sozialdemokratischer Seite hartnäckig verfolgt wurden und in denen wir immer wieder bei den Generalen vorstellig wurden. So z. B. im Fall des früheren Polizeimajors Karl Heinrich, der 1945 gleich nach der Besetzung Berlins zum Kommandeur der Berliner Schutzpolizei ernannt worden war. Heinrich hatte vor 1933 eine sehr

---

* Später, als sich der Deutschenhaß in der ČSR etwas gelegt hatte, verließ uns Köhler. Erst Anfang März 1948 kam er kurz noch einmal zu einer Berichterstattung nach Ostberlin.

aktive Rolle im Reichsbanner Schwarz-Rot-Gold gespielt. Die Nazis hatten ihn, als Göring preußischer Innenminister wurde, sogleich aus seinem Amt gejagt und später auch verhaftet. Vom Volksgerichtshof wurde er wegen hochverräterischer Betätigung zu 6 Jahren Zuchthaus verurteilt. Alle, die in führender Funktion im Reichsbanner Schwarz-Rot-Gold gewesen waren, schätzten Heinrich. Auch ich. Wir erschraken deshalb sehr, als wir im Sommer 1945 von seiner plötzlichen Verhaftung erfuhren. Sogleich baten wir um eine Unterredung bei Oberstleutnant Jelisarow und bei General Bokow. Wir ließen nicht nach, diese Frage immer wieder zu stellen, und wurden immer wieder vertröstet. Das Verfahren laufe, so hieß es. Solange es nicht abgeschlossen sei, könne niemand von der Untersuchungsbehörde Auskunft erhalten.

Nach der Vereinigung brachten wir diesen und andere Fälle wieder zur Sprache. Daraufhin übergab man uns einige Schriftstücke zum Fall Heinrich. Sie enthielten u. a. die Gnadengesuche, die Heinrich während seiner Gestapohaft an den »Führer und Reichskanzler« gerichtet hatte, die jedoch stets durch den Einspruch der Gestapo abgelehnt worden waren.

Ich trug den Fall im ZS vor und vertrat die Ansicht, daß man Heinrich die Gnadengesuche, die er im Zuchthaus und im KZ geschrieben hat, nicht zur Last legen dürfe. Zwar ließen sie erkennen, daß dem Schreiber die politische Reife gefehlt hat, weshalb man seiner Entlassung als Kommandeur zustimmen könnte, nicht jedoch einer Verhaftung.

Otto Meier fügte hinzu, indem er auf den Polizeipräsidenten Markgraf anspielte: »Nehmen wir an, Genossen, Hitler hätte Heinrichs ›Ehre‹ wiederhergestellt, er wäre als Offizier an die Ostfront gekommen, in Gefangenschaft geraten und hätte sich dort dem ›Bund deutscher Offiziere‹ und dem ›Nationalkomitee Freies Deutschland‹ angeschlossen, dann hätte er doch höchstwahrscheinlich auf seinem Kommandeurposten bleiben können.«

Wilhelm Pieck lief bei dieser Bemerkung krebsrot an, denn genau dieser Tatbestand lag bei dem jetzigen Polizeipräsidenten Paul Markgraf vor. Pieck entgegnete nur: »Eine Hypothese, die wir nicht billigen sollten. Wahrscheinlich hat mehr gegen Heinrich vorgelegen, als man ihn verhaftet hat.«

»Gerade das hätten wir gern in Erfahrung gebracht«, war meine Antwort.

Wir sollten es nicht in Erfahrung bringen. Nie mehr haben wir von Karl Heinrich etwas gehört. Im ganzen gesehen war es jedenfalls recht unergiebig, solchen Fällen nachzugehen und darüber im ZS zu diskutieren.

Von einer Reise nach Mecklenburg brachte ich einen umfangreichen Bericht über eine Welle neuer Terrorakte von Rotarmisten mit nach Hause. Ich leitete jedem ZS-Mitglied eine Kopie dieses Berichtes zu.
»Wie sollen die Wahlen ausfallen«, fragte ich in der nächsten Sitzung, »wenn diese Zustände nicht geändert werden?«
Otto Meiers Kommentar war: »Es ist an der Zeit, daß die ›Befreiung‹ endlich aufhört.«
Die Diskussion wurde lebhaft.
Wilhelm Pieck wies auf die Greuel hin, die Männer in deutscher Uniform in der Sowjetunion verübt hätten. Wir kannten diese Greuel. Wir wußten aus eigener Erfahrung von der Terrorjustiz, die uns 12 Jahre täglich bedroht hatte, im eigenen Lande, in den KZs, den Gefängnissen, Zuchthäusern und Gestapokellern.
Wir konnten reinen Gewissens die Frage stellen, ob das so weitergehen solle: Auge um Auge, Zahn um Zahn.
Gegen eine Stimme wurde beschlossen, den Bericht dem inzwischen zum Marschall avancierten General Sokolowski weiterzureichen und um eine Besprechung zu bitten. Ulbricht, der sich der Stimme enthalten hatte, übernahm diese Aufgabe.
Die Besprechung fand Anfang Juli 1946 statt. Marschall Sokolowski betonte seinerseits, daß alle Übergriffe streng bestraft würden, sie müßten jedoch nachgewiesen werden. Wir erreichten seine Zusicherung, daß die Truppe Schritt für Schritt kaserniert und Ausgang nur Gruppen gestattet werden würde. Mitte 1946 hörten die Vergewaltigungen schlagartig auf.
Um die Stimmung der Bevölkerung zu heben, erklärte sich der Marschall bereit, die Lebensmittelzuteilung aufzubessern. Wir mußten einen dementsprechenden, auf den 6. Juli zurückdatierten Antrag stellen, dem dann am 13. Juli »entsprochen« wurde.
In Leipzig wurde zu gleicher Zeit illegal ein Flugblatt verteilt mit dem Text:
> »Komm, Wilhelm Pieck, sei unser Gast,
> Und gib, was du uns versprochen hast,
> Nicht nur Rüben, Kraut und Kohl,
> Sondern was du ißt und Herr Grotewohl.«

... aber dennoch Hoffnungen

Dennoch, was uns in der Zusammenarbeit zwischen Sozialdemokraten und Kommunisten im Parteivorstand und im Zentralsekretariat der SED einte, schien nach einigen Monaten der Diskussionen stärker zu sein als die Begleiterscheinungen vieler Schwierigkeiten.

Die Beschwerdebriefe unserer Funktionäre wurden von Monat zu Monat weniger. Dieser Umstand konnte so gewertet werden, daß bei den neuen vielseitigen Aufgaben, die ihnen gestellt wurden, die Reibungsflächen allmählich verschwanden.
Einigkeit, vornehmlich im Zentralsekretariat, bestand darüber, daß in Deutschland, schon im Hinblick auf die Besatzung, auf Jahre hinaus nicht eine Situation des offenen, zu revolutionären Entscheidungen drängenden Klassenkampfes eintreten würde. Trotzdem stand vor der Arbeiterklasse die Frage: Soll Deutschland kapitalistisch bleiben, oder soll es sozialistisch werden? Der Sozialismus kann nur auf einem parlamentarisch-demokratischen Weg verwirklicht, die Voraussetzungen hierfür können nur durch eine organisierte, kampfentschlossene Arbeiterklasse in einer sozialen Massenbewegung geschaffen werden. Aufgabe der SED mußte es darum sein, politische Aktivität und Initiative in Gang zu bringen. Das Nahziel muß ein wiedervereinigtes, parlamentarisch-demokratisches Deutschland sein.
Anton Ackermann hatte schon am 2. März 1946 erklärt: »Wir Kommunisten haben den Fehler gemacht, bei ganz anderen Voraussetzungen die Politik der Bolschewiken einfach zu kopieren. Es handelt sich bei der Überwindung des Dogmatismus, des Sektierertums, der Mißachtung der nationalen Frage keinesfalls um eine vorübergehende, kurzlebige Erscheinung, sondern um eine tiefgründige innere Wandlung. Wir sind politisch und ideologisch reifer geworden und haben die Kinderkrankheiten des Radikalismus endlich überwunden. — Die SED soll sowohl die opportunistische Politik der alten SPD als auch den Dogmatismus der alten KPD überwinden.«
In der Parteivorstandssitzung am 17. Juli 1946 ging er noch einen Schritt weiter und erkannte — ohne bei seinen Kollegen auf Widerspruch zu stoßen — das traditionelle demokratische Grundelement der deutschen Sozialdemokratie als vorbildlich an. Das konnte — wir waren kritisch eingestellt — Taktik, bolschewistische Taktik sein, deren sich Ackermann bediente.
Aufhorchen mußten wir aber, als Ackermann fortfuhr: »Wir in Deutschland können nicht von einem ›besonderen deutschen Weg zum Sozialismus‹ reden, wenn wir papageienhaft Aussprüche von Lenin und Stalin übernehmen und zitieren. Wir müssen aus den Gegebenheiten der deutschen Situation heraus notfalls auch den Mut zu neuen Erkenntnissen haben, die mit einer althergebrachten, zum Dogma erstarrten Theorie nicht — auch nicht durch falsch verstandene oder an einer falschen Stelle angewandte Zitate — in Einklang gebracht werden können. Wir müssen zurück zum Ur-Marxismus, der kein Dogma sein wollte, sondern nur eine Anleitung zum Handeln.«

Durch diese Worte schien sich das, was organisatorisch auf der breiten Grundlage einer zu bildenden Massenpartei begonnen worden war, auch ideologisch zu vollenden.
Es gab also im Zentralsekretariat und im Parteivorstand zunächst eine einheitliche Konzeption über den Charakter der Partei.

Die Demontagen

Bei Kriegsende war der gesamte Verkehr praktisch lahmgelegt, Tausende Brücken und Übergänge gesprengt, und zu einem hohen Prozentsatz lag das rollende Material der Eisenbahn wie auch des Kraftverkehrs zerstört auf Schienen und Straßen.
Erstes Erfordernis für eine Normalisierung des Wirtschaftslebens mußte daher sein, das zerstörte Verkehrsnetz wiederaufzubauen. Wir waren folglich schockiert, als wir feststellen mußten, daß das zweite Gleis der Hauptlinien und das einzige Gleis vieler Nebenlinien der Demontage anheimfiel, daß also das Verkehrsnetz zu einem erheblichen Teil abgebaut werden sollte. Geradezu konsterniert aber waren wir, als wir auch noch zur Kenntnis zu nehmen hatten, daß die Sowjets die Lokomotiv- und Wagenproduktion vollständig beschlagnahmt hatten.
Das Rückgrat der Energieversorgung bildeten im Gebiet der sowjetisch besetzten Zone fünf Großkraftwerke. Bei Kriegsende verfügte die Zone noch über 7 700 MW Kraftwerksleistung. Davon gingen 3 000 MW durch Demontage verloren, darunter die besten und modernsten Anlagen.
Die Folge davon war, daß den Ansprüchen der Industrie an die Stromversorgung nur durch Zusammenschaltung aller großen Kraftwerke über das Hochspannungs-Verbundnetz auf Kosten des Strombedarfs der Bevölkerung entsprochen werden konnte.
Demontiert wurde in der Schwer- und in der Leichtindustrie, in der Papier- und in der Nahrungs- und Genußmittelindustrie. Die eisenschaffende Industrie in der Sowjetzone, auf die im Jahre 1939 etwa 13,2 Prozent der deutschen Produktion entfallen war, hatte durch Kriegseinwirkung nur geringfügige Kapazitätsverluste gehabt. Sie hätte bei normaler Rohstoffversorgung die Produktion nach Beendigung der Kampfhandlungen sofort wiederaufnehmen können. Von der sowjetischen Besatzungsmacht wurden die »Potsdamer Beschlüsse«, nach denen alle deutschen Rüstungsbetriebe demontiert werden sollten, jedoch so weit ausgelegt, daß in ihrem Okkupationsbereich allein 80 Prozent der gesamten Rohstahlerzeugungswerke demontiert bzw. nichttransportable Anlagen durch Sprengungen zer-

stört wurden. Die bedeutendsten Stahl- und Walzwerke, unter ihnen das Stahl- und Walzwerk Hennigsdorf, die Stahlwerke Riesa, Gröditz, Brandenburg, Pirna, die Sächsischen Gußstahlwerke Döhlen, die Trierer Walzwerke Burg und die Stahlwerke Lauchhammer sind so vernichtet worden.

Durch die Demontagen und Sprengungen sank die Kapazität der Rohstahlerzeugung in der Sowjetzone von jährlich 1,2 Millionen Tonnen auf etwa 180 000 Tonnen, d. h. 15 Prozent der Vorkriegserzeugung. Bei der Walzstahlerzeugung gingen 85 Prozent der Gesamtkapazität verloren. Damit hörten die Produktionsmöglichkeiten für Grobbleche, Edelstahlsorten, Walzdraht, Rohre und Radbandagen fast völlig auf.

Auch im Braunkohlenbergbau haben sich die wiederholten Demontagewellen nachteilig ausgewirkt. Die Förderung, die 1943 rund 164 Millionen Tonnen betrug, war 1945 auf 85 Millionen Tonnen abgesunken. Eine wesentliche Steigerung war für 1946 nicht zu erwarten.

Dabei waren wir nahezu völlig auf die Braunkohle angewiesen, mindestens für die Zeit, in der die wirtschaftliche Einheit Deutschlands noch nicht wiederhergestellt war.

Unmittelbar nach dem Zusammenbruch waren die Produktionsanlagen der Kraftfahrzeugindustrie im wesentlichen noch intakt. Der Schwerpunkt der Produktionsstätten lag vornehmlich im Raum von Chemnitz und Zwickau, wo sich die Werke der Auto-Union befanden, der Firmen Horch und Audi in Zwickau, Wanderer in Chemnitz, DKW in Zschopau bei Chemnitz und in Zobelitz im Erzgebirge. Weitere führende Werke waren Presto in Chemnitz, BMW in Eisenach, Framo in Hainichen und Phänomen in Zittau. Im Lastkraftwagenbau hatte Opel in Brandenburg das größte und modernste Werk dieser Art. Die Firma Fichtel & Sachs in Reichenbach im Vogtland stellte Motorräder her.

Jetzt waren sie fast vollständig demontiert oder mußten, soweit sie erhalten geblieben waren, wie BMW und Fichtel & Sachs, ausschließlich für die Besatzungsmacht arbeiten.

Was die hungernde Arbeiterschaft gleich nach dem Zusammenbruch geleistet hat, ist wahrhaft staunenswert. Sobald es nur irgend ging, kehrte sie an ihre Arbeitsplätze zurück, um diese schnell wieder instand zu setzen. Ohne ausreichende Werkzeuge mußten sie an die Reparatur von Maschinen herangehen. Wenn sie diese endlich in Gang gebracht hatten, wurden sie wieder demontiert, wieder in Gang gesetzt und womöglich ein zweites Mal demontiert. Erstaunlich waren besonders die Leistungen der Eisenbahner; sie vollbrachten geradezu Übermenschliches, sowohl das technische Personal, das

trotz der Demontagen alles daransetzte, um das Bahnnetz wieder verkehrssicher zu machen, als auch das Zugpersonal, das den Wagenumlauf immer mehr beschleunigte, um das Fehlen von Schienen, Wagen und Lokomotiven auszugleichen. Daß Lokomotivführer und Heizer bis zu 14 Stunden am Tage Dienst taten, war fast zur Regel geworden.
Bei den Diskussionen im ZS über das Demontageproblem kannte keiner von uns Hemmungen. Es wurde offen gesprochen, natürlich immer von der Voraussetzung ausgehend, daß eine Wiedergutmachung gerechtfertigt ist und das deutsche Volk dazu auch bereit sein sollte.
Es ging somit immer nur um die Frage, ob die Methode der Demontage sinnvoll war, ob einzelne Objekte aus plausiblen Gründen von der Demontage verschont bleiben sollten, und um zerstörerische Demontagen, bei denen das demontierte Gut — oftmals empfindliche Maschinen und Automaten der Feinmechanik — wochenlang auf den Abtransport warten mußte und schutzlos der Witterung ausgesetzt war. Von den Fehldispositionen, den vermeintlichen und den tatsächlichen, waren in allen Bezirken die Angehörigen der Betriebe betroffen. In diesen Betrieben arbeiteten Kommunisten, Sozialdemokraten und Parteilose zusammen. In der Abwehr der Demontagen gab es eine Einheitsfront. Es wurden Abordnungen zu uns entsandt, Protestbriefe geschrieben, Entschließungen gefaßt. Daraus ergab sich ganz zwangsläufig, daß wir zu diesem Problem Stellung zu nehmen hatten. Es mußte auch untersucht werden, ob die von den Betrieben uns zugeleiteten Darlegungen stichhaltig genug waren, um an die SMAD weitergereicht zu werden. Vielfach wurden Mitglieder des Zentralsekretariats als Redner für Betriebsversammlungen angefordert. Solche »Einladungen« lösten im ZS zumeist lebhafte Debatten aus, aber ein Ausweichen gab es nicht.
Die Einstellung der Demontagen, die Belassung von Betrieben, die ursprünglich für die Demontage bestimmt waren, in Deutschland gehörte zur »Aussteuer« der SMAD für die Vereinigung der Arbeiterparteien.
Aber auch nachdem die Demontagen angeblich abgeschlossen waren, wurden wir immer wieder von Nachrichten über weitere Demontagen aufgeschreckt. Sie verbitterten die Arbeiterschaft, auch die kommunistisch eingestellte. Nicht wegen der Demontage von Rüstungsbetrieben. Damit rechnete man allgemein. Vielmehr durch den Umstand, daß sie sich nicht nur auf Rüstungsbetriebe beschränkte, sondern Betriebe aller Branchen einbezog. Heftige Kritik wurde schließlich daran geübt, daß die Demontagen meist unsachgemäß vorgenommen wurden, daß Präzisionsmaschinen und Apparate, die

nur in geschlossenen Räumen aufzubewahren gewesen wären, wochenlang auf Höfen, Straßen und Bahnhöfen standen, ehe sie abtransportiert wurden.

Der Volksentscheid in Sachsen

Für die von den Sowjets durchgeführte »Expropriation der Expropriateure«, das heißt für die Übernahme der Banken und der Versicherungsunternehmen, hatten die Sowjets mit einer irgendwie in Erscheinung tretenden Opposition überhaupt nicht zu rechnen. Hier herrschte bei Sozialdemokraten und Kommunisten Übereinstimmung, aber auch die bürgerlichen Parteien sahen davon ab, diese Maßnahme in den Blockausschüssen auch nur zu diskutieren.
Auch bei der Enteignung der »Kriegsverbrecher, Naziaktivisten und Kriegsgewinnler« gingen die Parteien und auch die Bevölkerung mit. Die entschädigungslose Enteignung wurde durch eine am 30. Juni 1946 in Sachsen durchgeführte Volksabstimmung eingeleitet, die eine beachtliche Mehrheit von 77,7 Prozent für die Enteignung ergeben hatte.
Von den rund 4 000 in den Listen der Zentralkommission aufgeführten Betrieben wurden 1 861 enteignet, wovon 1 002 Betriebe in landeseigene Verwaltung genommen wurden.
Die Debatten im Zentralsekretariat drehten sich weniger um die Frage, ob das Ergebnis des Volksentscheides als »Nationalisierung«, »Sozialisierung« oder als »Enteignung der Kriegsverbrecher« zu bezeichnen sei, weniger also um die Fragen der Theorie als um die Praxis.
Die Wirtschaft war dreigeteilt: Ein Teil der Betriebe arbeitete ohne deutschen Einfluß nur für die Sowjets und nahm Zubringerarbeit von dem übrigen Teil der Wirtschaft in Anspruch. Dieser Teil war aufgegliedert in einen »landeseigenen« und einen privatwirtschaftlichen Sektor.
Die von der Landesverwaltung eingesetzten Organe wünschten nun eine Planung, die sich nicht nur auf die Lenkung der Produktion und die Verteilung der Rohstoffkontingente für die landeseigenen Betriebe erstrecken sollte, sondern auch auf die gesamte sächsische Industrie, also auch auf die privatwirtschaftlich betriebene.
Nach dem positiven Ergebnis der Volksabstimmung in Sachsen wurde in der übrigen Zone von einer Abstimmung Abstand genommen. An die Stelle von Volksentscheiden traten hier Verordnungen der deutschen Verwaltungen auf Grund einer Ermächtigung der SMAD.

Die rechtliche Grundlage für die damit eingeleitete Neuordnung der gewerblichen Wirtschaft bildete der SMAD-Befehl Nr. 124 über die Beschlagnahme und provisorische Übernahme. Auf Grund des Befehls wurde ein erheblicher Teil der Betriebe unter Sequester gestellt, vor allem die größeren und mittleren Betriebe, die fast sämtlich in irgendeiner Form an der Kriegsproduktion beteiligt gewesen waren oder während des Krieges ausländische Zwangsarbeiter beschäftigt hatten. Einbezogen wurden ferner die »herrenlos« gewordenen Betriebe, das heißt vor allem diejenigen, deren Eigentümer oder Leiter vor der Okkupation durch die Rote Armee in die Westzonen gegangen waren. Für diese Betriebe wurden Treuhänder eingesetzt.
Die unter Sequester stehenden Betriebe wurden dabei in drei Gruppen aufgeteilt: Betriebe, die dem Volksentscheid über die Enteignung unterlagen; Betriebe, die nach erfolgter Prüfung wegen mangelnder oder geringfügiger Belastung den Eigentümern zurückgegeben werden sollten (vor allem kleinere Betriebe); Betriebe, über die sich die SMAD die endgültige Entscheidung vorbehielt.

Erste Ansätze einer Planwirtschaft

Bereits im September 1945 und in den folgenden Monaten wurden von Marschall Shukow Produktionsbefehle für Rohstoffe und einige der wichtigsten industriellen Erzeugnisse für die Landwirtschaft und das Transportwesen herausgegeben. Mit ihnen sollte zunächst eine kurzfristige Wirtschaftsplanung als Grundlage für die Wiederherstellung eines geregelten wirtschaftlichen Kreislaufs eingeleitet werden. Zugleich kam es der SMAD aber darauf an, mit diesen Produktionsbefehlen und im Zusammenwirken mit den Gewerkschaften und den einzelnen deutschen Verwaltungen eine Aktivität bei der Arbeiterschaft auszulösen, um schnell zu einem hohen Produktionssoll, nicht zuletzt für die zu leistenden Reparationen aus der laufenden Produktion, zu gelangen.
Um eine weitere Erhöhung wirtschaftlicher Leistungen zu erreichen, wurde am 19. Oktober 1945 durch den Befehl Nr. 103 die Aufstellung von Quartals-Wirtschaftsplänen in der sowjetisch besetzten Zone für das Jahr 1946 angeordnet. Durch sie sollten die Reparationslieferungen, der Bedarf der Besatzungsarmee und auch der Bedarf der Zivilbevölkerung sichergestellt werden.
Bereits nach Ablauf des zweiten Quartals zeigte sich, daß der aufgestellte Plan in sich sehr fehlerhaft war. Man hatte zunächst die Registrierung aller Betriebe mit mehr als zehn Arbeitern angeordnet. Später folgte die Anweisung, zu berichten, welche Erzeugnisse 1946,

insbesondere im ersten Quartal, hergestellt werden können. Dazu wurde die Angabe der zu dieser Produktion erforderlichen Roh- und Hilfsstoffe verlangt. Die Wirtschaftsämter der Länder und Provinzen sammelten die eingegangenen Meldungen, faßten sie in Berichten zusammen, die in der Zentralverwaltung für Industrie zu einer Gesamtübersicht vereinigt wurden. Das Ergebnis dieses Vorgehens war aber kein Produktionsplan, sondern ein Kapazitätsplan der Industrie. Durch Kontrollen und Stichproben wurde außerdem noch festgestellt, daß die Meldungen der Betriebe mangelhaft und ungenau waren. Während eine Anzahl Betriebe ihre Kapazitäten zu hoch angaben, weil sie glaubten, dadurch höhere Rohstoffzuweisungen erhalten zu können, meldeten andere Betriebe zu geringe Kapazitäten, um eingelagerte Rohstoffvorräte als wertbeständige Kapitalsanlage zu horten.

Für das erste Quartal 1946 war eine Kapazität von 2,89 Milliarden Reichsmark errechnet worden und der Plan, unter Berücksichtigung der geschilderten Faktoren, aufgestellt. Nach Ablauf des ersten Quartals stellte sich jedoch heraus, daß er nur mit 87 Prozent erfüllt worden war.

Ulbricht befand sich in einer mißlichen Lage. Er sollte dem ZS Auskünfte geben, konnte es aber nicht. Ich erkundigte mich bei ihm nach einem Rohstoffbedarfsplan, der dem Produktionsplan gegenüberzustellen sei.

In die Enge getrieben, verabredete er ein Treffen mit dem sowjetischen Wirtschaftsexperten Kowal.

Kowal war groß, breitschultrig und hatte das Gesicht eines gutmütigen Bauern. Er strahlte Ruhe und Besonnenheit aus. Er kannte die Schwächen der angestrebten Planung. Bei ihm kamen alle Zahlen zusammen, auch die der SMAD. Trotzdem bezweifelte er die Richtigkeit des Zahlenbildes, weil nicht geplant, sondern in den Betrieben improvisiert wurde. Er gab zu, daß es nicht so bald gelingen würde, die aus allen Fugen geratene Wirtschaft einheitlich und planend zusammenzufügen.

Etwas unbedacht bezeichnete ich die Planrechnung als eine »Milchmädchenrechnung«, aber Kowal stimmte zu, daß für die Planung des zweiten Quartals andere Methoden angewandt werden mußten. Nach diesen bildeten dann die vorhandenen und die zu erwartenden Rohstoffe die Grundlage. Seither unterschieden wir den Produktionsplan und den Rohstoffbedarfsplan.

Besonders ausgewählte Fachleute der Zentralverwaltung für Industrie wurden zu Planungskolonnen zusammengestellt und in die Wirtschaftsämter der Länder und Provinzen delegiert. Dort wurden in Gemeinschaftsarbeit auf der Grundlage der Rohstoffbasis, jedoch

ohne eine neue Befragung der Betriebe, die Pläne für das zweite Quartal aufgestellt.
Hiernach erhielten die Betriebe Produktionsauflagen.
Aber die weitergehenden Demontagen ganzer Betriebsanlagen für Reparationen machten dann auch diesen Plan wieder zunichte. Ein Plan für das dritte Quartal war dadurch von vornherein in Frage gestellt. Vor allem war für die Verteilung an die Zivilbevölkerung bisher nichts verfügbar.

Die sowjetischen Aktiengesellschaften

Mit Befehl Nr. 167 der SMAD vom 5. Juni 1946 gingen 213 deutsche Betriebe, die wichtigsten Gewerbebetriebe in der Zone und in Ostberlin, als »SAG-Betriebe« in den Besitz der Sowjetunion über, darunter bedeutende Werke der Metallurgie, der Chemie, des Schwermaschinen-, Maschinen- und Waggonbaus sowie der Elektroindustrie. Sie verfügten über fast ein Drittel der Industriekapazität der Zone.
Diese SAG-Betriebe erhielten sofort eine sowjetische Betriebsleitung, die eine Übernahmebilanz und ein Übernahmeprotokoll aufzustellen hatte. Auf diese Übernahmebewertung hatten deutsche Stellen keinen Einfluß.
Bei der Übernahme der Betriebe annullierten die Sowjets alle Zahlungsverpflichtungen, die vor der Übernahme lagen.
Die Betriebe waren dem Ministerium für Außenhandel in Moskau unmittelbar unterstellt. Sie beschäftigten zunächst 300 000 deutsche Arbeiter und Angestellte.
Die SAG-Betriebe waren Fremdkörper im deutschen Wirtschaftsgefüge, weil sie ausschließlich von Sowjets geleitet wurden und außerhalb aller deutschen Rechtsbeziehungen standen. Die Produktion ließ sich nicht in einen deutschen Produktionsplan einordnen, weil Moskau unabhängig von Karlshorst über die Fertigerzeugnisse disponierte. Die in den SAG verarbeiteten Rohstoffe wurden jedoch überwiegend aus deutschem Besitz genommen. Die SAG gaben auch Fertigungsaufträge an die deutsche Zubringerindustrie, die diese Aufträge bevorzugt behandeln mußte, womit zwangsläufig alle Planansätze für die deutsch gebliebene Wirtschaft durcheinandergeraten mußten.

Sowjetische Kompensationsgeschäfte

Bedingt durch alle diese Faktoren: ein fremdes Wirtschaftssystem, Demontagen, Reparationen, SAG-Betriebe und sowjetische Handelsorganisationen, verstärkt durch die Selbsthilfe von Betrieben, Stadt- und Kreisbehörden drohte der mühsam begonnene Wiederaufbau der Wirtschaft zu einem neuen Chaos zu führen.

Beauftragte Betriebsräte einzelner Unternehmungen bereisten die Zone und versuchten, mit Landräten, Bürgermeistern, am liebsten aber mit einzelnen Bauern wegen zusätzlicher Lebensmittellieferungen zu verhandeln, und boten dabei zum Austausch Erzeugnisse ihrer Betriebe an. Auf diese Weise wurden teilweise mit Duldung, vielfach aber auch mit aktiver Unterstützung sowjetischer Orts- und Kreiskommandanten die Kompensationsgeschäfte angekurbelt. Offiziell wurde nur wegen angeblicher freier Spitzen, die über dem Erfüllungssoll liegen, verhandelt. Beim Angebot von Schuhen, Textilien und anderen Bedarfsgütern konnte aber kein Bauer widerstehen, Kartoffeln, Mehl oder auch Fleisch aus den Ablieferungsbeständen abzugeben.

Schnell wurden vom Zentralsekretariat allerorts Ausschüsse ins Leben gerufen, um den Auswüchsen des Kompensationshandels, insbesondere aber auch dem immer weiter um sich greifenden Schleichhandel entgegenzuwirken. Aber die Ausschüsse versagten oder begünstigten sogar vielfach den Schwarzhandel. Da die zivilen Verwaltungsstellen mit dem Schwarzen Markt nicht fertig werden konnten, entschlossen sich die Sowjets, ein Exempel zu statuieren. In einem Befehl der SMAD Halle für das Land Sachsen-Anhalt wurde festgestellt, daß in zahlreichen Betrieben des Landes (sie wurden namentlich aufgeführt) Veruntreuungen von Lebensmitteln vorgekommen seien.

Verhaftungen größeren Ausmaßes wurden vorgenommen, darunter auch der Bezirkspräsident von Magdeburg, ein alter Sozialdemokrat, der in dem SMAD-Befehl besonders genannt wurde. Nach dem Befehl sollte der Eindruck entstehen, als sei der Bezirkspräsident der Schuldige, als habe er die Kompensationsgeschäfte veranlaßt.

Daraufhin stellte ich im Zentralsekretariat die Frage, ob ein alter sozialdemokratischer Funktionär, der an den Verhältnissen ebensowenig oder ebensoviel schuld sei, wie etwa der kommunistische Wirtschaftsdezernent in der Verwaltung in Halle, für eine Verhaftung und Anprangerung prädestiniert sei, weil er Sozialdemokrat ist. Wilhelm Pieck antwortete, daß ich eine solche Frage in einer vereinigten Partei von Sozialisten gar nicht stellen sollte. Den Verhaftungsgrund müßte ich in Karlshorst erfragen. »Wieso ich?« gab ich zur Antwort. »Das Zentralsekretariat muß diese Frage an Karlshorst richten.«

Das wurde dann auch beschlossen. Beschlossen wurde gleichzeitig, in Karlshorst auch das Thema der sowjetischen Handelsgesellschaften anzuschneiden, die sich noch viel verheerender auswirkten als die Kompensationsgeschäfte.

Fast ein ganzes Dutzend solcher Handelsgesellschaften befanden sich in Berlin und unterhielten in fast allen größeren Städten der sowjetischen Zone Filialen. Die einzelnen Gesellschaften hatten sich spezialisiert. Die »Techno-Export« kaufte Näh-, Rechen-, Schreibmaschinen und Autos auf und verkaufte sie ins Ausland. Die »Export-Import Holz« handelte mit Zellstoff und Papier, die »Export-Lyon« mit Textilien. Mit chemischen Erzeugnissen handelten »Jenapra« und »Bromexport«. Die »Derunapht« führte synthetischen Treibstoff aus, und die »Sojuspuschina« übernahm in Leipzig das Monopol für Pelzwaren. Es gab kaum eine Sparte im Wirtschaftsleben der Zone, in die nicht eine der sowjetischen Gesellschaften eingedrungen war.

Die bekannteste und bei der Bevölkerung bestgehaßte wurde die »Rasno-Export«. Sie nutzte die Not der Bevölkerung nach Kräften aus und holte aus ihr heraus, was herauszuholen war. Sie übernahm Gold und Silber, jeden Schmuck bis zu Trauringen, alte Gemälde und wertvolles Porzellan. Sie bezahlte in Zigaretten zu Schwarzmarktpreisen. In verschiedenen Städten wurden Läden eröffnet. Sie waren plötzlich da. Niemand wußte, wer die Genehmigung hierzu gegeben hatte. Als die Polizei eingreifen wollte, wurde ihr bedeutet: Nix eingreifen!

Ulbricht zuckte nur mit den Schultern: »Ich weiß von nichts!«

Der Fall Dr. Buschmann

In den Verhandlungen mit uns, aber auch nach außen hin wurde von der SMAD immer wieder betont, daß die Einrichtung der deutschen Zentralverwaltungen ausschließlich durch die Notwendigkeit einer Verwaltungs- und Planungstätigkeit auf überregionaler Ebene bedingt sei und keinen Vorgriff auf eine gesamtdeutsche Entwicklung darstelle.

Den Zentralverwaltungen fehlte zunächst auch jede Koordinierung untereinander. Sie arbeiteten auf den ihnen zugewiesenen Fachgebieten nebeneinander, und zwar als Hilfsorgane gleicher Abteilungen bei der SMAD, die ihrerseits den Zentralverwaltungen nach und nach weitere Aufgaben zuwies und so ihre eigenen Abteilungen entlastete.

In dem Jahr ihres Bestehens hatten sich in den Zentralverwaltungen bereits viele personelle Änderungen vollzogen, nicht nur bei den Angestellten, sondern auch bei den Abteilungsleitern und Präsidenten. Die Gründe hierfür waren nur selten sachlicher Art. Die Leiter unserer personalpolitischen Abteilung, Grete Keilson und Alexander Lösche, hatten monatelang mit der Schlichtung von Differenzen und mit Umbesetzungen zu tun. Die Reibereien wurden stets von kommunistischer Seite ausgelöst, die sich in eine ruhige und sachliche Verwaltungsarbeit nicht einordnen wollte. Dann setzten die Intrigen ein.

Ein typischer und besonders bedeutender Fall, der noch eine große Rolle spielen sollte, war der des Präsidenten der Zentralverwaltung für Handel und Versorgung, Dr. Buschmann, der von der SPD in die SED gelangt war.

Dr. Buschmann sah nicht nur äußerlich wie ein Manager aus, er war auch einer. Er war Direktor eines bekannten Asbest-Zementschieferwerks gewesen und bewohnte im Grunewald eine Villa. Als entschiedener Antifaschist hatte er während der Nazizeit mehreren Widerstandskreisen angehört. Dr. Buschmann stand den Sowjets unvoreingenommen gegenüber. Er hatte auch keine Hemmungen, die Vereinigung zur SED zu bejahen, obwohl ihm sein kommunistischer Abteilungsleiter Freund das Leben sauer machte.

Der Ehrgeizling Freund, der in enger Fühlung mit den personalpolitischen Apparatschiks der KP stand, hatte die Intrigen gesponnen, um den »Bourgeois« Buschmann loszuwerden.

Nach langem Kesseltreiben hielt es Dr. Buschmann nicht mehr aus und bat im September 1946 Marschall Sokolowski schriftlich um seinen Rücktritt. In seinem Schreiben führte er an, daß der sowjetische Wirtschaftsoffizier Kutscherenko erklärt habe, in seiner Zentralverwaltung herrschten ähnliche Verhältnisse wie bei der von Dr. Friedensburg geleiteten Zentralverwaltung für Brennstoffe. (Dr. Friedensburg war inzwischen wegen »faschistischer Umtriebe« entlassen worden.) Diesen Vorwurf versuchte Dr. Buschmann mit der Feststellung zu entkräften, daß von den 495 Mitgliedern seiner Zentralverwaltung 31 in der Ost-CDU, 125 in der SED und 4 in der LDP organisiert seien. Bei den Betriebsratswahlen habe die SED fünf und die Ost-CDU zwei Sitze erhalten. Allerdings sei unter den fünf SED-Mitgliedern nur ein Mitglied der früheren KPD. Die Drohungen und Nötigungen, mit denen die ehemaligen KPD-Mitglieder ihren Einfluß zu verstärken suchten, hätten sie viel Sympathien gekostet. Einseitig werde der sehr fähige Abteilungsleiter Dr. Jacobsen gerügt, und ihm würden stets Schwierigkeiten bereitet, während der unfähige, aus der KP stammende Abteilungsleiter Freund sich beson-

derer Protektion erfreue. Dr. Buschmann berichtete ferner, daß er wiederholt aufgefordert worden sei, Dr. Jacobsen zugunsten des KP-Funktionärs Freund zu entlassen, aber er werde diesem Drängen nicht nachgeben.
Der Brief Dr. Buschmanns endete mit den Worten: »Ich bitte Sie, Herr Marschall, um meine Entlassung, weil ich am Ende meiner psychischen und physischen Kräfte bin. Es war mein Ziel, eine deutsche Verwaltung aufzubauen unter Verwertung der großen Erfahrungen, die uns die Vertreter der Sowjetdemokratie in der Sowjetischen Militär-Administration in Deutschland übermitteln. Wenn ich mich denen beugen würde, die Intrigen spinnen, dann würde nur ein unproduktiver Apparat entstehen, der sich nur auf die Einsetzung durch die Besatzungsmacht stützen könnte, nicht aber auf die Macht einer fortschrittlichen deutschen Demokratie.«
Der Brief Dr. Buschmanns wirbelte einigen Staub auf. Marschall Sokolowski ordnete eine Untersuchung an. Selbst Ulbricht anerkannte im Prinzip die Argumente Buschmanns. Einhellig war man daher der Ansicht, daß diese wertvolle Kraft erhalten bleiben mußte. Ich sollte den Versuch machen, Buschmann umzustimmen. Nachdem ich mit ihm gesprochen hatte, mußte ich dem Zentralsekretariat berichten: »Buschmann kann einfach nicht mehr. Er kann nicht mehr gegen Intrigen ankämpfen. Er ist wirklich physisch und psychisch am Ende.«
Dies veranlaßte Otto Meier zu der Feststellung, daß nicht nur in diesem Fall Intrigen gegen führende Sozialdemokraten gesponnen werden.

Oberst Tulpanow im »Seehaus«

Das Verhältnis zwischen den kommunistischen Mitgliedern im Zentralsekretariat und uns von der SPD war schwer definierbar. Wilhelm Pieck spielte die Rolle des »Vaters der Einheit« ganz vorzüglich. Zu Otto Grotewohl hatte er ein gutes Verhältnis. Sie saßen oft in gemeinsamen Beratungen beieinander. Grotewohl mußte sehr bald den Eindruck gewinnen, daß er an jeder zu treffenden Entscheidung vollgültig mitwirkte. Ein ähnliches Verhältnis hatte sich zwischen Dahlem und mir herausgebildet. Bei uns vieren konnte man also von einer kameradschaftlichen Zusammenarbeit sprechen, in die Dahlem und ich auch Anton Ackermann einbezogen.
Eine Funktion, die einem Mitglied des Zentralsekretariats nicht zukam, bekleidete August Karsten. Pro forma unterstand ihm die Kassenverwaltung. Aber die war bei Alfred Oelßner sen. in so guten

Händen, daß für ihn dabei nichts zu tun übrigblieb. Indirekt unterstanden ihm die Parteigüter. Dazwischengeschaltet war jedoch Lore Pieck, die die eigentliche Geschäftsführung in Händen hielt.
August Karsten hatte darum viel Zeit. Er hatte auch stets einen guten Tropfen vorrätig. Wer zwischendurch, besonders nach anstrengenden Sitzungen ein bißchen Entspannung suchte, ging zu August Karsten und nahm unter dem Ölgemälde von Philipp Scheidemann Platz.
Wir hatten zwei Genossen als Mitglieder des Zentralsekretariats in die Einheitspartei gebracht, die von kommunistischer Seite nur schwer zu tolerieren waren: den Brausekopf Otto Meier und besagten August Karsten. Beide grundverschieden, aber jeder in seiner Art ein Original. Beide vertraten die Auffassung, daß die SED keine kommunistische Kader-, sondern eine Massenpartei sei, in der sich die ehemaligen Sozialdemokraten nicht überfahren lassen dürften. In jeder Sitzung warteten sie auf ihr Stichwort. Wer auch immer mit einer Kritik an einer Maßnahme begann, so sachlich er dabei auch vorgehen mochte, einer von den beiden fand bestimmt einen Punkt, wo er einhaken und sein Lieblingsthema aufs Tapet bringen konnte, nicht selten überspitzt und mit unnötiger Lautstärke.
Nach der Analyse der Pariser Außenministerkonferenz, insbesondere der Regelung der Reparationsfrage, waren im »Karsten-Kabinett«, wie wir den beliebten Treffpunkt in August Karstens Büro zu nennen pflegten, Äußerungen gefallen, die nach Karlshorst weitergetragen wurden.
In der nächsten ZS-Sitzung bat Wilhelm Pieck, uns für eine Sondersitzung am nächsten Sonntag im »Seehaus« freizuhalten. Oberst Tulpanow wolle an der Sitzung teilnehmen und über die Grundsätze sowjetischer Außenpolitik sprechen. Tulpanow war häufig Gast im »Haus der Einheit«. Es gab oft konkrete Anlässe, Anträge und Anfragen zu besprechen. Diese Besprechungen vollzogen sich fast im »Vorbeigehen«; er suchte das eine oder andere Mitglied des Zentralsekretariats in dessen Arbeitszimmer auf. Von Sitzungen des ZS hatte er sich jedoch bisher ferngehalten.
Die Mitteilung Piecks, daß Tulpanow zum »Seehaus« hinauskommen würde, um vor dem gesamten ZS die sowjetische Außenpolitik, vor allem im Hinblick auf die Reparationen, zu begründen, rief Erstaunen hervor.
Alle ZS-Mitglieder waren mit ihren Frauen bereits am Sonnabendnachmittag im »Seehaus« eingetroffen. Tulpanow erschien am Sonntagvormittag. Da noch nicht alle Mitglieder bei seiner Ankunft anwesend waren, unternahm er einen kurzen Spaziergang zum See. Grotewohl und Ackermann begleiteten ihn.

Tulpanows Besuch wurde von uns nicht als offizielles, sondern als informelles Informationsgespräch aufgefaßt.
Otto Grotewohl eröffnete die Sitzung und begrüßte den Gast einmal als den Vorsitzenden des sowjetischen Parteiaktivs bei der SMAD und zum anderen als den Freund der SED. Die Mitglieder des ZS klatschten Beifall. Tulpanow führte dann etwa folgendes aus:
Die Presse der kapitalistischen Länder versuche mit ihrer Interpretation der sowjetischen Außenpolitik, das Vertrauen der werktätigen Massen zur Sowjetunion zu untergraben; sie spreche von einer Großmacht, so wie es eben noch andere Großmächte gebe, die Großmachtpolitik betreiben, so wie sie eben auch von anderen Großmächten betrieben würde. Die Außenpolitik der Sowjetunion vertrete die Interessen des russischen Staates, ohne sich viel um das Wohl der Völker und das Interesse des Friedens zu kümmern. Offen oder weniger offen erkläre diese Presse ihren Lesern: Seht, auch die Sowjetunion betreibt imperialistische Außenpolitik.
Tulpanow bemühte sich, diese Argumentation zu widerlegen. Die Sowjetunion sei lediglich an der Erhaltung des Friedens interessiert und daran, jene Kräfte zu entmachten, die diese Bestrebungen zunichte machen könnten: den deutschen Monopolkapitalismus nämlich, der bereits zwei Kriege entfacht habe.
Die westdeutschen Besatzungszonen seien bereits wieder zu einem Sammelplatz der Reaktion geworden, die eines Tages erneut ihr Haupt erheben werde. Die Sowjetunion wünsche die baldige Herstellung der Einheit Deutschlands als demokratische Republik, die nicht wieder von reaktionären Kräften umgebracht werden kann. »Unsere Deutschlandpolitik ist einfach. Sie ist nicht schwer zu begreifen. Es ist eine Sicherheitspolitik. Eine Politik zur demokratischen Entwicklung in Deutschland und damit eine Entwicklung zum Frieden mit einem demokratischen Deutschland.«
Nachdem Tulpanow seine Rede beendet hatte, schlug Wilhelm Pieck vor, von einer Diskussion abzusehen, damit die »instruktiven Ausführungen Tulpanows nicht zerredet würden«.
Das Ergebnis der »Seehaus«-Sitzung mit Tulpanow war eine Entschließung, die vom Parteivorstand in seiner Sitzung am 17. Juli 1946 angenommen wurde. Sie bekräftigte die Zustimmung zu den Molotow-Erklärungen auf der Pariser Außenminister-Konferenz.
Auf dieser Konferenz, die am 12. Juli beendet worden war, hatte Frankreichs Außenminister Bidault sein Veto gegen die in den Potsdamer Beschlüssen vorgesehene Errichtung deutscher Zentralstellen für Finanz, Verkehr, Außenhandel und Industrie eingelegt, mit der Begründung, daß erst die Grenzen des deutschen Nachkriegsstaates festgelegt sein müßten.

Diese Haltung machte es Molotow leicht, als Befürworter der deutschen Einheit aufzutreten. Er ergriff aber auch die Gelegenheit, Stalins Verzicht auf eine Kontrolle des Ruhrgebiets zurückzuziehen und nachdrücklich eine Viermächtekontrolle für dieses Gebiet zu fordern, um ein Wiederentstehen der deutschen Rüstungsindustrie zu verhindern. Außerdem führte er lebhafte Klage darüber, daß die Westmächte die Aufstellung eines Reparationsplanes verschleppten. (Die sowjetischen Reparationsforderungen beliefen sich bekanntlich auf 10 Milliarden Dollar.)

Auseinandersetzungen über die bevorstehenden Wahlen

Innerhalb des Zentralsekretariats war inzwischen darüber Klarheit geschaffen worden, daß in Deutschland die Wiederherstellung der wirtschaftlichen und politischen Einheit nur auf der Grundlage einer parlamentarischen Republik möglich sei, die nicht mit einer Volksdemokratie gleichzusetzen ist.
Man war übereingekommen, zunächst Gemeinde- und anschließend Landtagswahlen auszuschreiben. Die SMAD erließ sogleich Wahlbestimmungen, die im Zentralsekretariat der SED und anschließend im gemeinsamen Ausschuß der antifaschistisch-demokratischen Parteien diskutiert wurden.
In einem gemeinsamen Aufruf stellte der Zentrale Ausschuß fest, daß alle bisher durch freiwillige Initiative und Mitwirkung der Antifaschisten trotz großer Schwierigkeiten und Widerstände erreichten Erfolge das Werk gemeinsamen Wirkens seien, für das die Parteien die Verantwortung vor dem Volk auch gemeinsam übernehmen. Die Parteien seien entschlossen, den Wahlkampf im Geiste der bisher gemeinsam geleisteten Arbeit in würdiger, sachlicher Form zu führen. Sie riefen daher auch ihre Anhänger in Stadt und Land auf, die Wahlvorbereitungen im gleichen Geiste zu treffen. Der gemeinsame Ausschuß war davon überzeugt, daß trotz Verschiedenheit der Weltanschauungen und der Wahlprogramme auch in Zukunft die erfolgreiche Fortführung der Aufbauarbeit die Aufgabe aller Parteien und des ganzen deutschen Volkes sein müsse.
Die SMAD entschloß sich, die bisherigen Provinzen in autonome Länder zu verwandeln und anschließend an die Gemeindewahlen Landtagswahlen in der sowjetisch besetzten Zone anzuordnen.
Offen blieb eine Frage, die schon in Sitzungen des Aktionsausschusses — also vor der Vereinigung — angeschnitten worden war und die jetzt von ehemaligen Sozialdemokraten neu gestellt wurde: »Welche Haltung nimmt die Partei zur Oder-Neiße-Linie ein?«

Ich wies darauf hin, daß diese Frage vor den Wahlen geklärt werden müsse, zumal wir alle in den Versammlungen darauf angesprochen würden.
Einige Kollegen pflichteten mir bei. Otto Meier und Anton Ackermann wurden beauftragt, einen entsprechenden Entwurf auszuarbeiten, der nach etlichen Beratungen und Abänderungen am 19. September 1946 schließlich dem Parteivorstand zur Beschlußfassung vorgelegt wurde.
In der Entschließung heißt es zum Schluß: »Indem die Sozialistische Einheitspartei Deutschlands... dem deutschen Volk Achtung und Vertrauen bei den anderen Völkern, besonders bei seinen Nachbarvölkern, zu verschaffen sucht, will sie erreichen, daß bei bevorstehenden Friedensverhandlungen das deutsche Volk einen erträglichen Friedensvertrag erhält. Die Sozialistische Einheitspartei Deutschlands wird alles tun, damit auch in den Fragen der künftigen Grenzen Deutschlands die Stimme des deutschen Volkes auf der Friedenskonferenz Gehör findet.«
Um den endgültigen Text dieser Entschließung ist gekämpft worden, wobei es einer Mehrheit innerhalb des ZS darauf ankam, in der Entschließung festzuhalten, daß gemäß den Potsdamer Beschlüssen eine endgültige Grenzregelung erst durch einen Friedensvertrag vorgenommen würde.
Im SED-Zentralsekretariat wurde auch um die Termine und die Reihenfolge der Wahlen diskutiert. Fest stand, daß die Gemeindewahlen vorangehen mußten. Ein Problem war der Termin für die Wahlen in Groß-Berlin. Es wurde beschlossen, sämtliche Wahlen in der Zone, die Gemeinde- und Landtagswahlen, vor die Wahlen in Berlin zu legen, damit die Ergebnisse dieser Wahlen der SED in Berlin einen zusätzlichen Auftrieb geben könnten. Keinesfalls durften die Wahlen in Berlin vor den Wahlen in der Zone stattfinden.
Bei der Festlegung der Termine wurde das rote Sachsen vorangestellt. Nach dem Ergebnis des Volksentscheids war hier mit der höchsten Stimmenzahl für die SED zu rechnen.
Ein weiterer Diskussionsgegenstand im ZS war der Vorschlag Ulbrichts, auch Kandidaten der »Massenorganisationen«, wie der Gewerkschaften (FDGB), der »Vereinigung der gegenseitigen Bauernhilfe« (VdGB), des Kulturbundes usw. aufzustellen. Sowohl Max Fechner als auch ich sprachen uns gegen diesen Vorschlag aus. Ich begründete meine Ablehnung mit dem Hinweis, daß eine Wahl, bei der außer den Parteien noch andere Organisationen zugelassen würden, uns in Westdeutschland kompromittieren müßte. Die Wahl würde als eine manipulierte Wahl — ich vermied es, sie als eine »volksdemokratische« Wahl zu bezeichnen — angesehen werden. Die

übrigen ehemaligen Sozialdemokraten schlossen sich meiner Meinung an, Helmuth Lehmann jedoch nur bedingt. Er machte die Konzession, daß die »Vereinigung der gegenseitigen Bauernhilfe« eigene Kandidaten aufstellen solle, um der Mentalität der Bauern Rechnung zu tragen.

In diesem Sinne wurde dann auch beschlossen. Sachsen hat später eigenmächtig den Beschluß doch noch auf den Kulturbund ausgedehnt.

Die ehemaligen Sozialdemokraten waren, was den Ausgang der Wahlen anging, pessimistischer als die Kommunisten, insbesondere als Pieck und Ulbricht. Aber es war wohl ein Zweckoptimismus, den die beiden zur Schau trugen. Dafür sprach schon die Tatsache, daß sie den Vorschlag gemacht hatten, Kandidaten der Massenorganisationen gesondert herauszustellen.

Die Vorbereitungen begannen. Die SED startete eine Großaktion von Kundgebungen. Allerorts mußten die Bürgermeister in öffentlichen Versammlungen mit Diskussionsfreiheit selbstkritisch Bericht erstatten, zugleich aber die großen Verdienste der Partei beim Aufbau herausstellen. Auch Ost-CDU und LDP waren aktiv. Sie sahen sich aber plötzlich Schwierigkeiten gegenüber, mit denen sie nicht gerechnet hatten. Kandidatenlisten, die alle Parteien den Kommandanten zur Genehmigung einreichen mußten, wurden ihnen zurückgereicht, weil ihre Kandidaten von den Kommandanten als »nazibelastet« bezeichnet wurden. In vielen kleineren Gemeinden war es den beiden Parteien noch nicht einmal möglich, Ortsgruppen zu bilden, weil »Unbelastete« gar nicht vorhanden waren.

Es kam deshalb im September 1946 in der Sitzung des Einheits-Ausschusses zu stürmischen Auseinandersetzungen. Jakob Kaiser wies an Hand vieler Beispiele nach, daß es tatsächlich in vielen Landgemeinden keine nazistisch »Unbelasteten« gebe. Dessenungeachtet existierten dort aber SED-Ortsgruppen, deren Kandidaten genehmigt worden seien, obwohl auch sie PGs gewesen waren. Kaiser forderte, daß alle Blockparteien sich dafür einsetzen müßten, für eine Beseitigung dieser Ungerechtigkeiten zu sorgen. Er erzwang gemeinsame Verhandlungen mit der SMAD und erreichte, daß den bürgerlichen Parteien »Zugeständnisse« gemacht wurden. Sie sollten zu guter Letzt noch Erleichterungen für das Ein- und Nachreichen von Listen erhalten.

Sofort gingen sie daran, neue Listen aufzustellen und den Kommandanturen vorzulegen. Aber nicht in allen Fällen wurde die »Überprüfung« bis zur Wahl beendet.

Der Wahlsieg der SED bei den Kommunalwahlen im September 1946 war darum nicht überraschend. Die SED erhielt 57,1 Prozent der abgegebenen Stimmen. Dazu kamen noch die für die Sonderliste der »Vereinigung der gegenseitigen Bauernhilfe« und die Liste der demokratischen Frauenausschüsse abgegebenen Stimmen mit 3 Prozent. Zusammen konnte sie also über 60 Prozent der Stimmen verfügen.

Die Landtagswahlen in der Zone im Herbst 1946

Vor den für den 20. Oktober 1946 vorgesehenen Landtagswahlen sollte noch einmal ein Bekenntnis zur parlamentarischen Demokratie abgelegt werden. Dazu mußte ein Entwurf für eine gesamtdeutsche Verfassung dienen, der der Öffentlichkeit von der SED rechtzeitig vor den Landtagswahlen übergeben wurde.
Dieser Verfassungsentwurf, in Übereinstimmung mit Karlshorst, insbesondere mit Semjonow, in mehreren Sitzungen des SED-Zentralsekretariats erörtert, sollte bei der Bevölkerung eine Diskussion auf breitester Grundlage, besonders in der sowjetisch besetzten Zone, auslösen, wozu viele organisatorische Vorbereitungen getroffen waren.
»Alle Staatsgewalt geht vom Volke aus! — Gleiche Rechte für alle Bürger und besonders Gleichberechtigung der Frauen! — Für Glaubens- und Gewissensfreiheit! — Die SED tritt ein für den Schutz des rechtmäßig und durch eigene Arbeit erworbenen Privateigentums! — Arbeiter, Bauern, Mittelständler und Intellektuelle, sichert den Sieg der SED, um Deutschland vor den drohenden Gefahren zu retten! Für Frieden, Freiheit und Brot!« Das waren Leitsätze aus dem Wahlaufruf der SED. Es waren aber auch die Leitsätze für alle Mitglieder des Zentralsekretariats für die von ihnen in den Wahlversammlungen zu haltenden Reden. In den Vordergrund wurde die Parole gestellt: »Einheit Deutschlands und ein gerechter Frieden.«
Die Wahlversammlungen waren gut vorbereitet, die Redner wochenlang vorher eingeteilt. Mir waren eine Anzahl Versammlungen in Mecklenburg-Pommern, in Sachsen-Anhalt, in der Mark Brandenburg und in Berlin zugewiesen worden. Nicht überall gab es Lautsprecher. Am Ende der Wahlreisen war jeder von uns ziemlich heiser. Eine Versammlung, die nicht überfüllt war, gab es nicht. Sie wurden allgemein als Kundgebungen — teilweise im Freien auf Marktplätzen — abgehalten. Dadurch ließen sich Diskussionen vermeiden. Der Versammlungsbesuch hätte Rückschlüsse auf das erfolgreiche Abschneiden der SED ziehen lassen. Die örtlichen Wahlhelfer jedoch, die die Kleinarbeit zu leisten hatten, gaben in privaten Aussprachen ein realistischeres Bild, als es die Kundgebungen zeigten.

Allerorts tauchten auch noch in den Versammlungen alte Freunde und Bekannte auf, die irgendwann in diesen Ort verschlagen worden waren. Alle hatten viel auf dem Herzen. Sie, aber auch die Funktionäre des Ortes stellten Fragen, dabei manche, die nicht zu beantworten waren. Auch etliche Antworten, im guten Glauben gegeben, stellten sich später als falsch heraus. Aber sie vermittelten auch den Alltag, der aus den Kundgebungen wie weggeblasen schien. Und der Alltag brachte allen Sorgen, auch den kommunistischen Funktionären. Die Bevölkerung darbte. Sie darbte allzu lange, um noch Ursache und Wirkung klar erkennen zu können.

Im Zentralsekretariat der SED wurde die Frage angeschnitten, wie am besten zu verhindern sei, daß die fünf Länder der sowjetisch besetzten Zone verfassungsmäßig und gesetzgeberisch sich zu selbständig entwickelten, wie sich dies in Westdeutschland angebahnt hatte. Übereinstimmend wurde die Notwendigkeit erkannt, daß die SED-Fraktionen in den Landtagen ihren Einfluß geltend machen müßten, um stärkere Abweichungen zu verhindern. Zu diesem Zweck sollten sie vom Zentralsekretariat auf dem laufenden gehalten werden, wie umgekehrt das Zentralsekretariat von ihnen ständig unterrichtet werden sollte. Das war aber nur gewährleistet, wenn die Mitglieder des Zentralsekretariats zugleich Mitglieder der Länderparlamente wurden. So kam es, daß wir in den einzelnen Ländern kandidierten: Otto Grotewohl, Anton Ackermann und Hermann Matern in Sachsen, Walter Ulbricht und Käte Kern in Sachsen-Anhalt, Wilhelm Pieck und Otto Meier in Brandenburg, Helmuth Lehmann und Paul Merker in Thüringen, Franz Dahlem und ich in Mecklenburg, Max Fechner und Elli Schmidt in Berlin.

Die Landtagswahlen in der sowjetischen Zone am 20. Oktober 1946 endeten mit einem relativen Erfolg der SED: in Mecklenburg, Thüringen und Sachsen hatte die SED etwa 50 Prozent der Sitze erhalten, in Sachsen-Anhalt 45,8 Prozent, wobei die Abgeordneten der Massenorganisationen (Bauernhilfe, Kulturbund und Frauenausschuß) das Übergewicht der SED noch verstärkten. Im Landtag der Mark Brandenburg dagegen hatten die »bürgerlichen« Parteien mit 31 Abgeordneten der Ost-CDU und 20 der LDP ein gewisses Übergewicht gegenüber den 44 Abgeordneten der SED, die trotz der 5 Abgeordneten der Bauernhilfe nicht die absolute Mehrheit besaß.

Die Wahlbeteiligung war recht stark; sie schwankte zwischen 89,3 in der Mark Brandenburg und 91,6 Prozent in Sachsen-Anhalt.

Als nun das Ergebnis der Landtagswahlen vorlag und in der Sitzung des Zentralsekretariats dazu Stellung genommen werden mußte, war es August Karsten, der als erster ungefragt und ohne Wortmeldung einen kurzen Kommentar abgab: »Es hätte schlechter ausfallen kön-

nen!« Damit war alles gesagt. Walter Ulbricht hatte eine Erklärung für die Öffentlichkeit vorbereitet. Sie wurde von Otto Grotewohl vorgelesen:
»In der sowjetischen Besatzungszone hat die Sozialistische Einheitspartei Deutschlands den gleichen Erfolg errungen wie bei den Gemeindewahlen ...«
Die Feststellung stimmte zwar nicht, aber es erhob sich kein Widerspruch. Man ließ sie passieren. Das Ergebnis in der Zone war nicht so interessant wie das von Berlin.

Berlin entscheidet sich gegen die SED

Auf Anordnung der Alliierten Kommandantur erließ der Magistrat am 17. August 1946 die Wahlordnung für die Wahl der Stadtverordneten und Bezirksverordneten. Es wurden im wesentlichen die vor 1933 gültigen Wahlbestimmungen übernommen. Zum Wahltag wurde ebenfalls der 20. Oktober 1946 bestimmt.
In Berlin kandidierten u. a. die Mitglieder des ZS, Max Fechner und Elli Schmidt. Besonders Max Fechner hatte als Versammlungsredner keinen leichten Stand. Es meldeten sich in seinen Versammlungen SPD-Mitglieder, die etliche Male eine Diskussion erzwangen. Sie erinnerten ihn an das Ergebnis der ursprünglich von ihm vorgeschlagenen Urabstimmung und fragten, warum er als Berliner dieses Ergebnis nicht respektiert hätte. Fechners Hinweis, daß er sich der Gesamtpartei verantwortlich fühle, wurde mit dem Zwischenruf »Feigheit« bedacht.
Die SED legte das Schwergewicht ihrer Propaganda in die Betriebe, vornehmlich in Ostberlin. Sie bot viele Redner auf, anfangs auch Diskussionsredner für die SPD-Versammlungen, da die SPD mehrmals zu Diskussionen einlud.
Als der SED-Landesvorstand aber die dahinterstehende Taktik, nämlich die SPD-Wahlversammlungen durch eine Diskussion interessanter zu machen, durchschaute, wurden diese Versammlungen gemieden.
Der Propagandastoß der SPD sowie der beiden bürgerlichen Parteien richtete sich konzentriert gegen die SED als der einseitig der sowjetischen Politik verhafteten Partei. Vielfach variiert wurde der SED zur Last gelegt, daß die Sowjets eine Kontensperre verhängt hätten, die Industrie »ausgeplündert« worden sei, in Berlin mehrere Kategorien der Lebensmittelversorgung eingeführt werden mußten, anstatt Berlin ausreichend aus dem angrenzenden Zonengebiet zu versorgen.

Da ich mit meiner Familie im amerikanischen Sektor in Berlin-Zehlendorf wohnte, kandidierte ich neben der Kandidatur zum Landtag in Mecklenburg als Spitzenkandidat der SED zur Bezirksversammlung in Berlin-Zehlendorf. Nach der Wahl habe ich das Mandat abgegeben.

Nach Zehlendorf hatte die SPD als Versammlungsredner Hermann Lüdemann, der nicht mehr Landessekretär in Mecklenburg war, sondern in Kiel lebte, und Gustav Dahrendorf aus Hamburg geholt. Sie traten gemeinsam in der Wahlversammlung auf.

Ich besuchte diese Versammlung und sprach beide in der Diskussion an:

»Vor wenigen Monaten gehörten wir drei noch zur gleichen Partei. Wir sprachen die gleiche Sprache. Alle drei wollten wir das gleiche: die Überwindung der politischen Spaltung der Arbeiterklasse, die Wiedervereinigung Deutschlands. Heute treten wir in einer öffentlichen Versammlung als politische Gegner auf ...«

Lüdemann antwortete: »Gniffke hat recht. Aber das war zu einer Zeit, als wir noch nicht annehmen konnten oder wollten, daß die KPD die Vereinigung benutzen werde, um in ihr die Sozialdemokratie zu ersticken. Ich hoffe, daß Gniffke sich zusammen mit allen anderen in die kommunistische SED eingeschmolzenen Sozialdemokraten eines Tages doch noch aus dem Würgegriff der kommunistischen Taktiker lösen kann.«

Die am Vorstandstisch mit den Rednern sitzenden alten Freunde klatschten Beifall. Nach Schluß der Versammlung ging ich zum Vorstandstisch und begrüßte sie. Ich lud Dahrendorf ein, mich zu besuchen. Und er kam.

Seit seiner Flucht waren wir das erste Mal wieder beisammen. Er erzählte von seiner schwierigen Fahrt durch die Heide nach Hamburg, wie er dort zum Geschäftsführer der »Produktion«, der Konsum-Genossenschaft Hamburg, gewählt worden sei und daraufhin ein Angebot, die Lizenz einer Zeitung zu übernehmen, abgelehnt habe.

Schließlich kamen wir dann auf die Vereinigung und auf die Zusammenarbeit im Zentralsekretariat zu sprechen. Ich erzählte, daß die Zusammenarbeit allmählich immer besser geworden sei. Anfangs sei es so gewesen, als hätte eine Glaswand Kommunisten und Sozialdemokraten getrennt. Wir sahen uns, wir hörten uns, wir waren uns im Grundsätzlichen einig, faßten gemeinsame Beschlüsse, und trotzdem stand eine Glaswand zwischen uns. Sie sei auch heute noch manchmal da, aber nicht immer. Es gebe Sitzungen und andere Begegnungen, in denen sich die Mentalitätsunterschiede anzugleichen scheinen, allerdings mit einer Ausnahme, und diese Ausnahme heiße Ulbricht.

Gustav Dahrendorf erwiderte, er sei in seiner Vaterstadt Hamburg auch innerhalb der Parteiorganisation wieder sehr schnell heimisch geworden. Was jedoch das Verhältnis zu Kurt Schumacher anbelange, so möchte er meinen Vergleich mit der Glaswand übernehmen. Wir trennten uns am späten Abend mit dem Gefühl, trotz allem Freunde geblieben zu sein.

Als in der Nacht vom 20. zum 21. Oktober 1946 die Resultate der Berliner Wahlen bekannt wurden, war die Niederlage der SED offensichtlich. Sieger war die SPD. Sie hatte in Berlin 48,7 Prozent erhalten. Am zweiter Stelle stand die CDU mit 22,1 Prozent, dann folgte die SED mit 19,8 Prozent und schließlich die Liberaldemokratische Partei mit 9,4 Prozent der Stimmen. Von den über zwei Millionen abgegebenen Stimmen — die Wahlbeteiligung lag bei 92,3 Prozent — hatte fast 1 Million Berliner für die SPD gestimmt. Im neu gewählten Berliner Magistrat hatte die SPD 63, die CDU 29, die SED 26 und die LDP 12 Sitze.

Auf Grund dieses Wahlergebnisses wurde nun ein Sozialdemokrat, Dr. Ostrowski, zum Oberbürgermeister ernannt, dem drei Stellvertreter, Dr. Acker von der SED, Dr. Friedensburg von der CDU und Louise Schroeder von der SPD, zur Seite standen. Der Wahlsieg der SPD spiegelte sich auch in der Verteilung der Dezernate wider. Von den 15 Dezernaten erhielt die SPD 7, die CDU 3, die LDP 2, während die SED sich mit dem einzigen Dezernat der Städtischen Betriebe begnügen mußte.

Vor allem die ehemaligen Sozialdemokraten im ZS hatten diese Wahlergebnisse in den Ländern der sowjetisch besetzten Zone, besonders aber in Berlin, sehr deprimiert. Jeder wollte jetzt davor gewarnt haben, die Vereinigung von KPD und SPD vor der Wahl vorzunehmen. Max Fechner als Vertreter des ZS bei der SED-Stadtverordnetenfraktion raunte mir zu: »Hätte ich die SPD-Liste angeführt, ich könnte jetzt den Sieg begießen.«

Es war nicht zu leugnen: Die kleine Oppositionsgruppe der Sozialdemokratischen Einheitsgegner von vor einem halben Jahr war zu einer starken Partei, zu der erfolgreichsten im Berliner Wahlkampf geworden. Diese Feststellung wurde in der Zentralsekretariatssitzung getroffen. Wie aber sagt man dies den Mitgliedern, den Wählern? Welche Auswirkung wird das Berliner Wahlergebnis auf die Länder der Zone, auf die übrigen Parteien, auf die Blockpolitik und auf die Regierungsbildungen haben? Alle diese Fragen wurden eifrig diskutiert.

Im Zentralsekretariat war das Berliner Wahlergebnis das Hauptthema der Diskussion. Die SED hatte schließlich in Berlin etwas aufzuweisen. Sie hatte sich beim Wiederaufbau als Motor betätigt.

Die Ernährung der Bevölkerung war rationiert, die Organisation arbeitete zuverlässig. Die Anzahl der beförderten Personen auf den städtischen Verkehrsmitteln war prozentual gegenüber der Vorkriegszeit gestiegen. Die kommunalen Versorgungsbetriebe waren ausgebaut, Kranke, Arbeitslose und Arbeitsunfähige von einer einheitlichen Sozialversicherung oder vom Sozialamt betreut worden.

Die Bekämpfung von Seuchen und Krankheiten lag wieder in den Händen zuverlässiger Mediziner und eines geprüften Pflegepersonals.

Die Finanzen der Stadt waren geordnet, rund 200 000 beschädigte Wohnräume wiederhergestellt. Der Schulbetrieb funktionierte wieder. Auch am Ausbau der Wirtschaft wurde ständig gearbeitet. In Berlin gab es fast keine Arbeitslosen.

Die SED hatte geglaubt, auch in Berlin mit einem Wahlerfolg rechnen zu können. Unter dem Gesichtspunkt der geleisteten Aufbauarbeit war das Ergebnis enttäuschend. Es war darum auch nur zu verstehen, wenn angenommen werden mußte, daß die Wähler mit dem Stimmzettel gegen etwas protestieren wollten.

Jetzt galt es, eine offizielle Erklärung der Partei herauszugeben. Sie begann mit der Feststellung, daß immerhin jeder fünfte Wähler in Berlin sich für »die konsequente Politik der Sozialistischen Einheitspartei« entschieden habe. Danach hieß es:

»Die Sozialdemokratische Partei Berlins hat die größte Stimmenzahl erhalten. Ihr Erfolg ist aber nicht als das Resultat einer entschlossenen Politik der Demokratie, des Friedens und des Sozialismus zu werten, auf die der größte Teil der sozialdemokratischen Arbeiter seine Hoffnung setzt. Der Erfolg beruht vielmehr darauf, alle Schuld an der gegenwärtigen Not nicht dem Faschismus und dem Hitlerkrieg zuzuschreiben, sondern den sozialistischen Kräften, die nach dem Zusammenbruch den Mut besaßen, die Verantwortung und Führung in der Verwaltung zu übernehmen, und die unter schwersten Bedingungen große Aufbauarbeit geleistet haben.

Soweit kleinbürgerliche Wählerschichten ihre Stimme der Sozialdemokratischen Partei gaben, sind viele von ihnen nicht etwa deren Parole auf Verwirklichung des Sozialismus gefolgt, sondern sie gaben gefährlichen chauvinistischen Stimmungen Ausdruck und glaubten, sich damit den Folgen des Hitlerkrieges und des Zusammenbruchs entziehen zu können. Die Sozialdemokratische Partei hat nunmehr in erster Linie die Verantwortung zu übernehmen. Hunderttausende sozialdemokratischer Wähler erwarten die Erfüllung dessen, was ihnen versprochen wurde, insbesondere die sofortige Verbesserung ihrer Lebenshaltung, die Erweiterung der demokratischen Rechte und die Verstaatlichung der Konzerne.«

Aktion »Ossawakim«: deutsche Fachleute in die UdSSR

Während wir im SED-Zentralsekretariat noch über den Ausgang der Wahlen berieten, hatten wir nicht die leiseste Ahnung, daß wir in den folgenden Tagen einen weit unangenehmeren Beratungsstoff geliefert bekommen würden.

In der Nacht vom 21. zum 22. Oktober 1946 herrschte in vielen Dienststellen des sowjetischen NKWD in der Zone Hochbetrieb, Telefone klingelten, Fernschreiber rasselten.

Gegen zwei Uhr nachts erfüllte plötzlich Motorenlärm die Straßen. Harte Kolbenschläge an die Haustüren sorgfältig auf Listen verzeichneter Personen gaben Aufschluß über die geheimnisvolle Geschäftigkeit der Besatzungstruppen. Die Aktion »Ossawakim« war angelaufen. Dieser Name soll eine Zusammenziehung aus russischen Wörtern sein und sinngemäß »Sonderverwaltung zur Durchführung von Verlagerungen« bedeuten. Der planmäßige Abtransport deutscher Techniker und Spezialisten in die Sowjetunion hatte begonnen.

Ohne jede Ankündigung luden NKWD-Soldaten die überraschten, erschrockenen, ja verzweifelten Menschen auf bereitgestellte Lkws, fuhren sie zu den abgesperrten Bahnhöfen, stapelten Möbel auf, stopften Hausrat, Kisten, Handwagen, Fahrräder eilends in ebenfalls bereitstehende Waggons, versiegelten die Schiebetüren und wiesen den praktisch Inhaftierten Abteile in D-Zug-Wagen an, die sie nicht mehr verlassen durften.

Erschütternde Szenen spielten sich ab. In den meisten Fällen folgten die Frauen ihren Männern in das ungewisse Schicksal. Oftmals mußten kurz vor der Abreise Zustimmungserklärungen abgegeben werden. Fachkräften in Berliner Betrieben wurde von Dolmetschern folgender Befehl verlesen:

»Da der Betrieb, in dem Sie arbeiten, in die UdSSR verlegt wird, haben Sie sich mit Ihrer gesamten Familie zur Abreise in die UdSSR bereit zu halten. Sie haben mit Ihrer Familie auf der Bahn Personenwagen zu besteigen. Für den Abtransport des Hausrates stehen Ihnen Güterwagen zur Verfügung. Der neue Vertrag wird mit Ihnen nach der Ankunft in der UdSSR abgeschlossen werden. Die vertraglichen Verhältnisse werden die gleichen sein, wie sie für Facharbeiter in Rußland gelten. Sie werden zunächst auf die Dauer von drei bzw. fünf Jahren in die Sowjetunion verpflichtet. Für die Fahrt werden Ihnen Lebensmittel und Bekleidung zur Verfügung gestellt. Sie haben mit einer Fahrtdauer von drei bis vier Wochen zu rechnen.«

Wie ein Lauffeuer hatte sich die Kunde von den sowjetischen Arbeitsverpflichtungen in die Sowjetunion in der gesamten Zone

herumgesprochen. Verwandte der Betroffenen, aber auch Betriebsdelegationen, Bürgermeister und Stadträte suchten den Bundesvorstand des FDGB und die Büros des Zentralsekretariats der SED auf und schilderten das Vorgehen der Besatzungsmacht und die Unruhe, die diese Aktionen bei der Bevölkerung ausgelöst hatten.
Zweifellos hat es sonst, bevor Befehle erlassen oder irgendwelche Aktionen eingeleitet wurden, erste Informationen von Karlshorst mindestens an Walter Ulbricht gegeben. Im Falle der Aktion »Ossawakim« waren alle Mitglieder des ZS überrascht worden, ebenso die Vorstände der Gewerkschaften.
Das zuverlässigste Material über die Durchführung dieser Aktion hatte der FDGB zusammengetragen. Die SED-Vorstandsmitglieder Herbert Warnke, Roman Chwalek, Bernhard Göring und Hermann Schlimme hatten sich bei Wilhelm Pieck zum Vortrag angemeldet. Aber es kam gar nicht erst dazu, den Vorsitzenden der Partei zu sprechen. Am Vormittag des 22. Oktober gab es im Hause nur ein Gesprächsthema: der nächtliche Abtransport. Gerüchte schwirrten umher, alle waren von einer großen Ratlosigkeit ergriffen. Ich ging zu Grotewohl, bei dem schon Pieck und Ulbricht saßen. Sie hatten mit Karlshorst telefoniert, ohne eine kompetente Auskunft zu erhalten. Pieck schlug vor, das ZS solle zusammentreten, um den Bericht der Gewerkschaftsfunktionäre entgegenzunehmen. Das geschah. Inzwischen waren auch kommunale und Betriebsfunktionäre eingetroffen. Da wir sie nicht warten lassen wollten, wechselten wir in den Saal des Parteivorstandes hinüber, um allen Beschwerdeführern und Berichterstattern Gelegenheit zu geben, alles vorzutragen, was sie vorzutragen beabsichtigten.
Nach einigen Stunden faßte das ZS folgenden Beschluß:
»Das Zentralsekretariat der SED bedauert, daß Arbeitsverpflichtungen vorgenommen worden sind, die nicht im Einklang stehen mit unseren gewerkschaftlichen Grundsätzen. Das Zentralsekretariat der SED legt Wert darauf festzustellen, daß nach diesen Grundsätzen Arbeitsverpflichtungen nur auf freiwilliger Grundlage durchgeführt werden sollten. Es empfiehlt, wegen der zu vereinbarenden Bedingungen den FDGB einzuschalten.«
Grotewohl fragte, was die »Freunde« in Karlshorst dazu sagen würden. Ulbricht zog die Schultern hoch und erwiderte: »Kein Kommentar.«
Bernhard Göring und Max Fechner kamen nach der Sitzung in mein Zimmer. Göring berichtete: »Hunderte von Spezialisten mit ihren Familien sind ›abgereist‹. Es genügt nicht zu fordern, daß in Zukunft nur Freiwillige in die Sowjetunion fahren. Wir müssen wissen, was mit den ›Abgereisten‹ geschehen ist und wo und wie sie unter-

gebracht worden sind. Mit ihnen müssen ordnungsgemäße Verträge geschlossen werden.«

Wir pflichteten Bernhard Göring bei und versprachen, diese Forderung im Zentralsekretariat zu vertreten. Anläßlich der Debatte über diese Forderung erfuhren wir durch einen Bericht, den das Sekretariat Lehmann/Merker vorlegte, daß allein aus Dessau 400 Spezialisten aus den Junkers-Werken mit ihren Familien in eine kleine Ortschaft in der Gegend von Kuibyschew, 800 km südöstlich von Moskau, verfrachtet worden waren. Man erfuhr von etwa 280 Spezialisten der Jenaer Zeiss-Werke, die nach Krasnogorsk bei Moskau gebracht wurden, sowie von Verschickungen von Spezialisten aus vielen anderen Werken. Aus den Chemnitzer Wirkwarenbetrieben wurden Werkmeister und Facharbeiter mitsamt ihren Spezialmaschinen nach Sowjetrußland transportiert.

Im Zuge der »Arbeitsverpflichtungen« kam es zu weiteren Demontagen von Maschinen und Apparaten, die beim neuerlichen Durchkämmen der Betriebe den Inspizienten interessant erschienen. Wir kamen zu der Ansicht, daß die Sowjets besonders an den Fachleuten interessiert waren, die während des Krieges Geräte für Fernsteuerung, Funkmessung, Düsen- und Rückstoßmotoren, Flugzeuge oder V-Waffen hergestellt hatten. Es handelte sich weiter um hervorragende Techniker, die Spezialmaschinen zu konstruieren in der Lage waren. Außer der Entwicklung bestimmter Geräte bestand ihre Aufgabe hauptsächlich darin, Russen an den aus Deutschland »importierten« Maschinen auszubilden. Auch der Nachbau solcher Maschinen mußte von den deutschen Ingenieuren organisiert und kontrolliert werden.

Die Aktion »Ossawakim« — diese Bezeichnung erfuhren wir erst später — unmittelbar nach den Wahlen hat in den betroffenen Gebieten, und nicht nur in diesen, viel Unruhe ausgelöst. Und auch im Parteihaus war sie immer wieder Gegenstand privater Gespräche.

Die offizielle Diskussion im ZS war beendet, als Lehmann und Merker berichteten, daß die SMAD unseren Forderungen zugestimmt habe. Aber inoffiziell ging die Diskussion weiter. Sie wurde auch vor dem Kamin im »Seehaus« fortgesetzt. Die Äußerungen waren bitter geworden. Wir Sozialdemokraten fragten uns: »Will man uns, will man die SED mit diesen Aktionen kompromittieren? Wie soll unsere Arbeit unter solchen Umständen weitergehen?«

Eine rein rhetorische Frage, auf die keiner eine Antwort wußte.

Landtagswahlen in West und Ost

Auch im Westen fanden im Herbst 1946 Landtagswahlen statt. Ihre Ergebnisse zeigten, daß CDU und SPD dort zu den führenden politischen Kräften geworden waren, während die KPD weit hinter den Erwartungen mancher Ostberliner Funktionäre zurückblieb. Immerhin konnte sie in einigen Landesregierungen wie Württemberg-Baden, Nordrhein-Westfalen, Niedersachsen und Rheinland-Pfalz noch einen Ministerposten erhalten und einige Abgeordnete in die Länderparlamente entsenden.

Ein sehr anderes Bild ergab sich dagegen zur gleichen Zeit in der Sowjetzone. Durch die Steuerung der Wahlen mittels einseitiger Bevorzugung der SED, durch Erleichterung der Propagandamöglichkeiten, Zuteilung der notwendigen Materialien und beträchtliche Behinderung der bürgerlichen Parteien lag hier das politische Schwergewicht bei der SED. Allerdings gab es nach den ersten Wahlen eine Reihe von Gemeinden, Kreisen und Städten, in denen die Ost-CDU bzw. die LDP zur stärksten Partei geworden war. Die SED hatte auch in der sowjetisch besetzten Zone nicht die Mehrheit errungen. Von insgesamt 520 Landtagssitzen hatte sie nur 249 erhalten. Die Mehrheit erhielt die SED erst durch die Addition der 15 Mandate, welche die »Vereinigung der gegenseitigen Bauernhilfe« erreicht hatte, und eines Mandats des Kulturbundes, das diesem in Sachsen zugefallen war. Die CDU hatte 133 und die LDP 122 Landtagsmandate errungen.

In Brandenburg und Sachsen-Anhalt hatten sich somit bürgerliche Mehrheiten ergeben, während in den anderen Ländern die SED zusammen mit den Mandaten der Bauernhilfe eine Mehrheit errechnen konnte.

Gleich nach den Wahlen gab die SMAD den Parteien die Weisung, daß stets die stärkste Partei in den Gemeinden den Bürgermeister bzw. den Oberbürgermeister und in den Kreisen den Landrat zu stellen habe. In gleicher Weise sollte es auch in den Ländern gehandhabt werden, wobei zu berücksichtigen war, daß das Innen- und das Kultusministerium immer einem Kommunisten vorbehalten bleiben sollte. Das Amt des Ministerpräsidenten und ein anderes wichtiges Ministeramt sollte aus Paritätsgründen einem ehemaligen Sozialdemokraten zufallen.

In den Ländern Mecklenburg, Sachsen und Brandenburg konnte die neue Landesregierung schnell nach dem im Zentralsekretariat aufgestellten Schlüssel gebildet werden.

Weit schwieriger gestaltete sich die Regierungsbildung in Thüringen und Sachsen-Anhalt, wo die SMAD Wert darauf legte, daß einige

bürgerliche Repräsentanten herausgestellt wurden. Als solche waren die bisherigen Landespräsidenten, für Thüringen der Rechtsanwalt Dr. Rudolf Paul und für Sachsen-Anhalt Professor Dr. Hübener, vorgesehen. Paul hatte vor 1933 zur Deutschen Demokratischen Partei gehört, sich nach 1945 zunächst keiner Partei angeschlossen. Hübener war Mitglied der Liberal-Demokratischen Partei.
Für alle überraschend hatte Dr. Paul, der in seiner Eigenschaft als Landespräsident den thüringischen Vereinigungsparteitag begrüßt hatte, seiner Rede die Beitrittserklärung zur SED beigefügt. Damit hatte er sich als Verbindungsmann zu den westdeutschen Kollegen abgewertet.
Das Zentralsekretariat der SED stellte sich zunächst gegen die Kandidatur Dr. Pauls, General Kolesnitschenko hielt jedoch daran fest. Er — das war sein Argument — »kann besser verhandeln mit SED-Ministerpräsident Paul als mit parteilosem Präsident«.
In Sachsen-Anhalt, wozu die ehemaligen sozialdemokratischen Hochburgen Magdeburg, Halberstadt, Dessau, Bitterfeld und Halle gehörten und wo im Bezirk um Halle mit dem Leunawerk die KPD einmal großen Einfluß ausgeübt hatte, hatte die SED die empfindlichste Niederlage erlitten, empfindlich vor allem deshalb, weil hier Walter Ulbricht kandidiert und natürlich an einen sicheren Sieg geglaubt hatte. Zusammen mit Walter Ulbricht hatte Käte Kern, Tochter aus altem sozialdemokratischem Darmstädter Hause, die Niederlage hinnehmen müssen. Jetzt war Sachsen-Anhalt das einzige Land der Sowjetzone, das nach diesen Wahlen mit Professor Hübener (LDP) einen »bürgerlichen« Ministerpräsidenten erhielt.

Die Stimme »von unten«

Zu Dahlems und meinen Aufgaben gehörte es, mindestens einmal im Monat eine Konferenz mit KP-Funktionären aus Westdeutschland zu veranstalten, um ein lebensnahes politisches Bild aus den westlichen Besatzungszonen zu erhalten. Über jede dieser Konferenzen wurde ein Bericht verfaßt, der allen Zentralsekretariatsmitgliedern zugeleitet wurde.
Außerdem hielten Dahlem und ich abwechselnd allmonatlich Konferenzen mit den Organisationsleitern der Landesvorstände und mit den Leitern der personalpolitischen Abteilungen ab.
Wir hatten ein großes Arbeitspensum zu bewältigen. Nach jeder Berichterstattung — die Berichterstattung war das Wesentliche aller Konferenzen — mußten wir uns die Frage stellen: Wieviel Wahrheit steckt in den Berichten?

Sie deckten sich jedenfalls nicht völlig mit unseren persönlichen Wahrnehmungen. Wir selbst waren geneigt, wo auch immer, Fortschritte festzustellen. Wir waren allzugern bereit, schöngefärbte Berichte als objektiv wahr zu akzeptieren. Dann aber kamen wir selbst hinaus in die Kreise, in die Blockausschüsse der Länder und in die Fraktionssitzungen. Die Berichte, die wir hier zu hören bekamen, waren wahrheitsgetreuer und realistischer.
Ein solcher Bericht ging uns zum Beispiel von der Genossin G. Zinke vom Bezirk Prenzlauer Berg — direkt vor unserer Haustür — zu. Wie Franz Dahlem dazu im Zentralsekretariat erklärte, gab er eine weitverbreitete Stimmung in den Mitgliederkreisen Berlins wieder. Da dieser Bericht einer treuen alten KPD-Genossin sehr charakteristisch ist für die Erfahrungen, die wir damals allerorts machen mußten, sei er hier im Wortlaut abgedruckt:
»Was ist? Niemand will Funktionär werden. Man drängt den Mitgliedern die Ämter auf. Die wenigen, die wirklich arbeiten, werden müde. Ein Referat halten? Nun ja! Aber Treppen steigen, Broschüren verkaufen, wie ungern und liederlich wird das gemacht. Man hat gepredigt, hat Anweisungen herausgegeben, Beispiele aufgezeigt, und die Erfolge? Die Literatur-Zuteilungen habe ich an die Stadtbezirke geleitet.
Da sind vorgekommen: Unterschlagung, Beiseiteschaffung von Unterlagen, Hortung von zeitgebundenem Material, Zurücksendungen! Nun ja, bei einer demoralisierten Bevölkerung kann man nicht verlangen, daß die Parteimitglieder Engel sind. Aber — die Begeisterung zur Sache, die Freude an der Arbeit, der innere Trieb dazu — wie wird das immer wieder herabgedämpft durch solch deprimierende Zustände! Es ist nun mal unsere Aufgabe, den Menschen sagen zu müssen, was sie nicht hören wollen, Taten zu verlangen, die sie nicht tun wollen.
Sozialismus! Das soll ein fernes, verschwommenes Nebelland bleiben — ähnlich dem Paradies der Kirche. Gewiß, wir können in unermüdlicher Kleinarbeit jeden Mitläufer beeinflussen, aber wo bleibt der gewaltige Auftrieb, den wir ersehnen? Da sind 10 Prozent der Genossen, die lesen und lernen, da sind 20 Prozent, die kaufen, aber nicht lesen, und 70 Prozent verlassen sich darauf, was ein mehr oder weniger guter Redner sagt, und vermengen das mit eigenen Phantasie-Erzeugnissen. Wir haben auf unsere Papierflut hin einen bösen Abtrag erlebt. Was sagen die Mitglieder unter sich? ›Nun haben die ‚da oben' wohl gemerkt, daß sie Scheiße gemacht haben. Bloß immer uns 'rumjagen, und die sitzen am grünen Tisch. Wat denn, noch ne Broschüre? Sollen lieber dafür sorgen, daß die Zeitung besser wird. Lächerlich machen wir uns mit der Presse.‹

Wütend haben die Genossen am Dienstag nach der Wahl die Plakate abgekratzt. Die Vorübergehenden sagten hämisch: ›Na, wir haben nicht geklebt und doch gesiegt!‹ Kann man denen auf diesen schlagenden Witz mit einem Vortrag antworten? Aber so manches Mal haben wir das Empfinden, als ob ihr ins Abstrakte entschwebt. Dieses Durchsetzenwollen eines Beschlusses um jeden Preis, auch wenn sich die Bedingungen geändert haben! Dieses Pochen auf Parteidisziplin! Wer will — sabotiert doch.
Ein Beispiel: Die uns aufgedrückte Menge an Broschüren haben wir heruntergedrückt in jede Gruppe. Ergebnis: viele Tausende Außenstände, viele tausend Mark Schulden. Anstatt daß etwas von der Partei Herausgebrachtes begehrenswert wäre, heißt es: ›Müssen die aber ein Geld haben!‹ Wir verstehen noch nicht Maß und Ziel. Was wir brauchen, ist nur ein wenig Taktgefühl in der Parteiführung. Man sollte darauf achten. Was uns fehlt, ist eine Sprache, die dem Genossen Straßenfeger verständlich ist. Was wir üben müssen — Sparsamkeit in Worten. Genossen! Ich will nicht kritisieren, nur aussprechen — was ist! Eine Tatsache: Eine Gruppe beschließt: Haus- und Hofagitation. ›Mensch‹, heißt es da, ›da können wir det janze alte Material umsetzen. Dann ist die Gruppe die Schulden los.‹
Was sagt nun eine Hausfrau, die, schon um den lästigen Besucher loszuwerden, 0,20 RM anwendet und nun ein dünnes Heft aus schlechtem Zeitungspapier in der Hand hält, wo draufsteht: ›Vortrags-Disposition Nr. 11, Der neue Fünfjahresplan in der UdSSR.‹ Was eine Disposition ist, weiß sie nicht. Sie reagiert: ›Was geht mich das an?‹ Sie fragt allenfalls, was heißt UdSSR?, und dann benutzt sie das Heft, um den schwarzgeräucherten Topf darauf abzustellen, den sie gerade vom Herd genommen hat.
Die Gruppe freut sich — alle Ladenhüter verkauft — vier Abonnenten geworben (die nächsten Monat abspringen). Nein, Genossen, es ist schwer, auf dem vielseitigen Instrument ›Volksmeinung‹ zu spielen. Bis jetzt haben wir nur Mißakkorde hervorgebracht. Fangt oben an! Sparsamkeit, Taktgefühl und engste Verbindung und Befragen nach unten . . .
Generalreinigung im Literaturwesen. Laßt euch mal zurückbringen, was die Kreise nicht absetzen. Ihr werdet staunen.
Ich bin alte Genossin. Wir müssen fraglos eine gewisse Diktatur ausüben — aber auch da dürfen wir Fingerspitzengefühl nicht vergessen.«

SED-Führer und Marschall Sokolowski

Wir steckten in einem bösen Winter. Der Winter 1946/47 war kälter als der Winter zuvor. Die Kälte kroch die Menschen an, in Berlin und in den Zonen, besonders in der sowjetischen, deren Kohlenbasis allzu gering war. Sie hatte nur wenig Steinkohle, dagegen viel Braunkohle. Aber die Braunkohle mußte wegen des Steinkohlemangels für Industriezwecke und zur Feuerung für Lokomotiven verwendet werden. Überall wartete man sehnsüchtig auf den Frühling. Überall, wohin wir kamen, wurden wir gefragt: »Wann wird es endlich besser werden?«
Viele glaubten nicht mehr an eine Besserung. Ihre Kräfte waren von Hunger und Kälte erschöpft. Sie starben, zu einem großen Teil sogar freiwillig.
Überall in der Zone gab es Gas- und Stromsperren. Auch in Berlin. In dem sowjetischen Sektor 4, in den Westsektoren im Durchschnitt 8 Stunden täglich.
Hatte jeder von uns bisher die Lage auf das entsetzliche Kriegsabenteuer und die Nazi-Abenteurer abschieben können, so wurden wir jetzt gefragt: »Wie lange soll der trostlose Zustand noch andauern? Gibt es keine Normalisierung mehr? Ist das der garantierte mittlere Lebensstandard?«
Diese Fragen stellten nicht nur die ehemaligen sozialdemokratischen, sondern auch die ehemals kommunistischen Funktionäre.
Alle diese Beobachtungen waren Gegenstand von Diskussionen im Zentralsekretariat und in Karlshorst. Koval legte uns den Plan für 1947 vor. Pieck, Grotewohl und Ulbricht gaben bei diesen Besprechungen schon Dankeserklärungen für die vorgesehenen Verbesserungen der Lebensbedingungen ab, noch ehe sie verwirklicht waren. Ich hielt auch die Verbesserungen nicht für ausreichend und sagte dies auch in aller Offenheit. Darüber hinaus gab ich meiner Skepsis Ausdruck, daß der Plan überhaupt erfüllt werden kann.
Am 11. Januar 1947 gab Marschall Sokolowski die Zustimmung zu einer Erklärung, in der es hieß:
1. Nachdem die Bauern ihre Ablieferungspflicht erfüllt haben, werden die Lebensmittelkarten VI und in den Städten Leipzig und Dresden die Lebensmittelkarte V abgeschafft. An ihre Stelle treten in der sowjetischen Besatzungszone die Lebensmittelkarte IV und in den Städten Leipzig und Dresden die Lebensmittelkarte III.
2. Dem Ersuchen der Sozialistischen Einheitspartei Deutschlands, die Demontagen endgültig einzustellen, wird stattgegeben.
Die Einstellung der Demontagen, Herabsetzung der Reparationen, Steigerung der landwirtschaftlichen Erzeugung durch Bereitstellung

von Düngemitteln und eine bessere Versorgung der Bevölkerung mit Lebensmitteln und Bedarfsgütern war vorgesehen.

Obwohl, wie ich vorausgesagt hatte, nicht alle Zusagen eingehalten wurden — wenige Monate später wurden wieder Schienenstränge, ganze Nebenstrecken, weitere Industriebetriebe und Grubenanlagen demontiert —, gelangten wir doch halbwegs zu einer Konsolidierung der Lebensverhältnisse.

Pieck und Ulbricht traten bei Verhandlungen in Karlshorst stets in devoter Haltung auf. Es war nie ein Gespräch unter gleichen. Grotewohl hatte sich diesem Verhandlungsstil weitgehend angepaßt. Nur mit Semjonow schien er zu einer freundschaftlichen Übereinstimmung gekommen zu sein. Dafür mied Semjonow Ulbricht.

Eine Ausnahme war auch Tulpanow, der seine Besprechungen betont kameradschaftlich führte, und zwar mit allen ZS-Mitgliedern. Verhandlungen mit Tulpanow waren etwas Alltägliches. Anders war es, wenn wir als eine Abordnung des Zentralsekretariats nach Karlshorst gerufen wurden. Das war dann jedesmal etwas »Besonderes«. Dann wurde nicht auf gleichberechtigter Ebene verhandelt. Dann waren Pieck, Ulbricht und Grotewohl immer irgendwie gehemmt.

Ich hatte diese Hemmungen nicht, ebensowenig Otto Meier und Helmuth Lehmann. Sie wurden aber nur selten hinzugezogen, sehr selten auch August Karsten, Käte Kern, Paul Merker und Elli Schmidt. Sehr zurückhaltend war Max Fechner. Anton Ackermann, der oft an diesen Veranstaltungen teilnahm, gab sich sehr aufgeschlossen — gleichberechtigt.

In den ZS-Sitzungen bezeichneten Otto Meier, August Karsten und ich die Dankesbezeigungen für irgendwelche Zugeständnisse der SMAD als unnormal und übertrieben.

Jedesmal, wenn wir von unangenehmen Dingen — wie beispielsweise neuerlichen Demontagen — überrascht wurden, riß der Beschwerdefaden nach Karlshorst für einige Zeit ab. Ich habe nie erfahren, ob alle ZS-Mitglieder, z. B. auch Ulbricht, vorher nicht informiert wurden. Ulbricht, in den Sitzungen darauf angesprochen, beteuerte jedenfalls immer seine Unwissenheit.

Erst nach Wochen, wenn immer bohrender nach der Ursache solcher Wortbrüche gefragt wurde, gab meist Pieck zu Beginn einer Sitzung die Erklärung ab, daß die neuerlichen Demontagen noch zur ursprünglichen Demontageweisung gehörten und »man« in Karlshorst irrtümlich der Meinung gewesen sei, die Durchführung der Demontageorder sei bereits beendet gewesen. Jetzt aber sei sie endgültig abgeschlossen.

Die Moskauer Außenministerkonferenz

Inzwischen machten sich in der Weltpolitik die Ost-West-Gegensätze immer deutlicher bemerkbar. Zwar wurden am 10. Februar 1947 nach mehr als einjähriger Vorbereitung in Paris die Friedensverträge mit Italien, Rumänien, Bulgarien, Ungarn und Finnland unterzeichnet, aber in der deutschen Frage kam es zu immer größeren Kontroversen zwischen den im Krieg verbündeten Mächten.
Eine besondere Rolle spielte dabei die Außenministerkonferenz, die vom 10. März bis 24. April 1947 in Moskau tagte. Trotz der offiziell versicherten Verhandlungsbereitschaft kam die Konferenz nicht vom Fleck, vor allem, nachdem am 12. März, dem Tag nach Konferenzbeginn, der damalige US-Präsident die sogenannte Truman-Doktrin verkündet hatte: Truman verband die Zusicherung wirtschaftlicher Hilfe für Griechenland und die Türkei mit der unmißverständlichen Erklärung, die USA würden sich einer weiteren Ausbreitung des sowjetischen Einflusses in Europa und Asien entgegenstellen.
Molotow, der damals die Sowjetunion als Außenminister vertrat, sah sich erstmals einem einheitlichen politischen Willen der Westmächte gegenüber. Zwar kam es schließlich zu einer grundsätzlichen Übereinstimmung der Außenminister der USA, der UdSSR, Englands und Frankreichs, in Deutschland Zentralverwaltungen als Vorstufe einer künftigen provisorischen deutschen Regierung einzusetzen, aber über ihre Zusammensetzung kam keine Einigung zustande, weil eine von den Sowjets geforderte Viermächtekontrolle des Ruhrgebietes von Briten und Amerikanern, die ihre Zonen zur Bi-Zone vereinigt hatten, abgelehnt wurde, desgleichen das sowjetische Verlangen nach höheren Reparationen aus der laufenden Produktion und die Anerkennung der Oder-Neiße-Linie. Die Sowjets hofften, ihren Standpunkt mit Unterstützung Frankreichs durchsetzen zu können. Als die Erörterung der Ruhrkontrolle in Verbindung mit der gesamtdeutschen Frage in vollem Gange war, unterzeichneten die Vertreter Englands, Frankreichs und der USA am 21. April 1947 ein separates Abkommen über die Verteilung der Ruhrkohle. Dieses Abkommen war der erste Schritt einer gemeinsamen Deutschland-Politik der drei Westmächte.
Zu dem Ergebnis der Moskauer Konferenz nahm das Zentralsekretariat am 6. Mai 1947 Stellung:
»Auf der Moskauer Konferenz ist der Wille der Alliierten erkennbar geworden, zu einer dauerhaften Friedensregelung für Deutschland zu kommen... Das Zentralsekretariat begrüßt, daß als eine Grundbedingung der Demokratisierung Deutschlands die Durchführung

der Bodenreform in allen Besatzungszonen für das Jahr 1947 sichergestellt wird... Wenn auch die Zulassung der Parteien für Gesamtdeutschland noch nicht erlaubt wurde, so ist doch die Vereinbarung über den freien Austausch von Nachrichten und demokratischem Gedankengut in allen Zonen ein wesentlicher Schritt hierzu... Die Forderung der Sozialistischen Einheitspartei Deutschlands auf Herbeiführung eines Volksentscheides über die Einheit Deutschlands und die zukünftige Staatsform wird immer dringender.«

Zulassungsprobleme: SED im Westen, SPD im Osten

Die Frage der Zulassung der SED in Westdeutschland wurde von den Westmächten mit der Gegenforderung auf Wiederzulassung der SPD in der sowjetischen Besatzungszone gekoppelt.
Die Umbenennung der in den Westzonen zugelassenen kommunistischen Partei in »Sozialistische Einheitspartei Deutschlands« wurde überall, wo entsprechende Anträge gestellt wurden, von den Militärbehörden als irreführend zurückgewiesen. Der geringe Prozentsatz abtrünniger oder von der SPD ausgeschlossener Sozialdemokraten, der zur KPD stieß, wurde für eine Umbenennung als nicht ausreichend angesehen.
Die Führer der KPD in den Westzonen wurden von den Kommunisten im SED-Zentralsekretariat politisch als zweit- und drittklassig bewertet. Sie hatten sich immerhin noch eine gewisse Selbständigkeit bewahrt. Der Einfluß, den das Zentralsekretariat auf sie ausüben konnte, war unzureichend.
Um hier Abhilfe zu schaffen, wurde am 14. Februar 1947 in Berlin eine »Sozialistische Arbeitsgemeinschaft« zwischen SED und Vertretern der KPD in den Westzonen gegründet. Das Zentralbüro der Arbeitsgemeinschaft befand sich in Berlin, die westdeutschen Verbindungsbüros bei den KP-Leitungen. Zur Leitung dieser Arbeitsgemeinschaft wurde ein Ausschuß gebildet, dem einige Mitglieder des Zentralsekretariats der SED und KP-Führungsmitglieder aus der britischen und der amerikanischen Besatzungszone angehörten, dazu einige aus der französischen Besatzungszone, deren Namen jedoch nicht bekanntgegeben werden sollten. Die Federführung im Ausschuß lag bei Franz Dahlem und mir.
Außerdem war mir seit dem Bestehen der SED die Aufgabe zugefallen, Kontakt mit den westlichen Besatzungsmächten zu halten. Am 1. April 1947 richtete das Zentralsekretariat einen Brief an die britische Militärregierung, in dem Beschwerde darüber geführt wurde, daß die englische Militärregierung Vertreter der Sozialistischen

Einheitspartei Deutschlands nicht wie Vertreter der anderen Parteien als Redner in der britischen Zone auftreten lasse, »obwohl gerade die Sozialistische Einheitspartei Deutschlands nachweisen kann, daß in dieser Partei die Kräfte vereinigt sind, die am aktivsten im Kampf gegen den Hitlerismus in Deutschland gestanden haben«.
Dieser Brief war auf Anregung des englischen Unterhausabgeordneten Zilliacus geschrieben worden. Zilliacus hatte uns kurz zuvor besucht.
Wir erörterten mit ihm die Komplikationen, die wir mit der britischen Militärregierung hatten, und er empfahl uns, den Beschwerdebrief zu schreiben und ihm einen Durchschlag für eine Unterhausanfrage zuzuleiten, was dann auch geschah.
Eine Änderung der Politik der britischen Militärregierung wurde jedoch damit nicht erreicht.
Auch die Amerikaner beschäftigten sich mit dem »Zulassungsproblem«. Am 29. April 1947 wurde ich zu Verhandlungen zum »Omgus«, dem amerikanischen Hauptquartier in Berlin-Dahlem, bestellt.
Das Gespräch mit dem zuständigen Sachbearbeiter, einem Mr. Bolten, steuerte sehr schnell auf die entscheidende Frage zu, ob die SED in der amerikanisch besetzten Zone Deutschlands zugelassen werden könne.
Mr. Bolten erklärte, General Clay sei entschlossen, die Zulassung der SED in der amerikanischen Zone von der Wiederzulassung der SPD in der Ostzone abhängig zu machen.
Ich meinerseits wies darauf hin, daß jede Besatzungsmacht eine solche Frage entscheiden könne, wenn ein entsprechender Antrag vorliege. Meines Wissens habe aber die SPD keinen derartigen Antrag bei der SMAD gestellt.
»Muß demnach die SED auf ihre Zulassung verzichten, solange die SPD es unterläßt, einen Antrag auf Zulassung zu stellen?« fragte ich.
Bolten antwortete: »Die SPD ist grundsätzlich bereit, einen Antrag auf Wiederzulassung zu stellen. Aber zuvor müßten noch einige Fragen geklärt werden, beispielsweise die der Sicherung für die Antragsteller und ihre nachfolgende Betätigung in der Zone. Sind Sie bereit, in Karlshorst vorzufühlen, ob Geneigtheit besteht, erfolgversprechende Verhandlungen zu führen?«
Ich sagte zu.
Als Mr. Bolten mich dann noch fragte, ob ich auch bereit sei, mit Vertretern der SPD bei ihm zusammenzukommen, um weitere Einzelheiten zu besprechen, antwortete ich: »Ich halte das nicht für notwendig, zumal ja auch Ihrer Auffassung nach die Besatzungsmächte

sich möglichst wenig einmischen sollten. Die SPD verlangt von mir offenbar eine Gefälligkeit. Dazu bin ich prinzipiell bereit, aber nur unter der Voraussetzung, daß ich um diese Gefälligkeit nicht auf dem Umweg über eine Besatzungsmacht gebeten werde, sondern von dem betreffenden Parteivertreter der SPD direkt. Er weiß genau, wo ich anzutreffen bin, und zwar sowohl im Büro wie in meiner Privatwohnung. An beiden Stellen habe ich Telefon. Die SPD kann also ohne weiteres ein Treffen mit mir verabreden. Jedenfalls bin ich sehr gern bereit, Vertreter der SPD zu empfangen, um ihre Wünsche kennenzulernen. Soweit die Berliner SPD-Leitung in Frage kommt, so wird Ihnen ihr Generalsekretär, Dr. Suhr, bestätigen können, daß ich erst vor einigen Wochen bei ihm im SPD-Büro in der Ziethenstraße war. Man muß nicht etwas kompliziert machen, wenn es einfach geht.«
»Sie meinen also, daß Oberst Tulpanow durch Ihre Vermittlung bereit sein würde, Vertreter der SPD zu empfangen?«
»Ich kann Ihnen noch nicht einmal sagen, ob Oberst Tulpanow für eine solche Besprechung zuständig ist, ebensowenig, ob es meiner Vermittlung überhaupt bedarf. Aber, wie gesagt, ich bin bereit, die SPD-Vertreter zu empfangen und mich mit ihnen über alle Fragen, die von Interesse sind, zu unterhalten. Und ich bin bereit, die Fragen weiterzuleiten und dabei zu klären, welcher der in Karlshorst zuständigen Herren bereit ist, sie zu empfangen.«

Auf Vortragsreise in Westdeutschland

Franz Dahlem und ich machten um diese Zeit eine Versammlungstournee durch die amerikanisch besetzte Zone. Überall hatten wir überfüllte Versammlungsräume. Wir sprachen in vielen Großstädten, oftmals auch im Freien. In Karlsruhe hielten wir die Versammlung in der Markthalle ab, weil ein anderer Saal nicht zur Verfügung stand. Da hatte die verhältnismäßig kleine KP 2 000 Stühle aus Karlsruher Wohnungen entliehen, beschildert und in die Halle gebracht.
In Stuttgart suchte ich die Witwe des sozialdemokratischen Verlegers J. H. W. Dietz auf. Mit sowjetischer Lizenz hatte die SED den Dietz-Verlag als Parteiverlag neu erstehen lassen. Dazu sollte ich die Zustimmung der Erbin einholen. Sie hörte sich alles an, war sehr liebenswürdig und, wie sie sagte, bereit, sich meine Vorschläge zu überlegen. Mehr war vorerst nicht zu erreichen.
Bei meinen Vortragsreisen nahm ich überall auch die Gelegenheit wahr, ehemalige politische Freunde der SPD aufzusuchen. Die politischen Gegensätze hatten den persönlich-menschlichen Beziehungen

noch nicht allzusehr geschadet. So besuchte ich in Stuttgart auch Erich Rossmann, den Generalsekretär des Länderrats. Er war sehr bemüht, Gegensätze auszuräumen, damit es zu einer Wiedervereinigung mit der SPD kommen könne. Mit ihm und anderen führenden Sozialdemokraten blieben trotz ihrer Ablehnung der SED die freundschaftlichen Beziehungen bestehen.
Ich besuchte auch Erwin Schoettle, um ihn zu fragen, ob die sehr frostigen Beziehungen zwischen SPD und KPD in Württemberg etwas erwärmt werden könnten. Seine Antwort war: »Es gibt keine frostigen Beziehungen, weil es zu einer Partei, deren Auffassungen über Demokratie nicht die unsrigen sind, überhaupt keine Beziehungen geben kann.« Lächelnd fügte er hinzu, er sei zwar kein Prophet, aber soviel wisse er, daß alte Sozialdemokraten immer wieder zur SPD zurückfinden werden. Das glaube er auch von mir.

Tulpanow deutet Wiedergründung der SPD in der Zone an

Anfang April 1947 bat mich Tulpanow nach Karlshorst. Als ich sein Dienstzimmer betrat, erhob er sich, setzte seine Mütze auf und eröffnete mir, er sei zwar Strohwitwer, aber trotzdem werde ich bei ihm gut zu essen bekommen. Wir fuhren in seine Privatwohnung, weil er, wie er mir versicherte, Wichtiges mit mir zu besprechen habe. Damit hatte er mich neugierig gemacht. Aber ich ließ mir meine Neugierde nicht anmerken.
Nach dem Essen kam erst die unvermeidliche dozierende Einleitung: »Die Tatsachen zeigen, daß auf der Moskauer Außenministerkonferenz angesichts der Schwierigkeit und Bedeutung des zu lösenden deutschen Problems einiges geleistet worden ist. Wer nicht wunderglaubig ist, muß erkennen, daß die Erzielung gemeinsamer Beschlüsse über ein solches Problem Zeit, Geduld, guten Willen und ernste Mühe kostet. Die Moskauer Tagung ist auch deshalb von so grundlegender Bedeutung, weil dort der Standpunkt der Mächte in den strittigen Fragen präzisiert wurde. Damit ist, bei gutem Willen aller Beteiligten, der Weg für die notwendige, wenn auch vielleicht mühselige Arbeit gebahnt, die vertretenen Gesichtspunkte einander näherzubringen und einmütig Beschlüsse zu erzielen.«
Diese Arbeit wäre zweifellos bedeutend leichter und erfolgreicher, wenn sich alle Mächte strikt an die vorherigen Vereinbarungen hielten. Die Moskauer Tagung hätte noch deutlicher als die früheren Außenministerberatungen gezeigt, daß die Sowjetdelegation sich konsequent und unerschütterlich für die epochemachenden Beschlüsse

der Konferenzen von Jalta und Potsdam über Fragen der Nachkriegsgestaltung einsetze, während andere Delegationen offen den Weg der Revision und Verletzung dieser Beschlüsse gingen.
»Man muß schon sehr kurzsichtig und allen Realitätssinnes bar sein, um glauben zu können, das deutsche Problem könne auf Grund von Schemata gelöst werden, die aus Übersee eingeführt und als heilige Schrift präsentiert werden, an der kein Jota geändert, ja, die nicht einmal erörtert werden darf. Tritt man der Wirklichkeit realistischer gegenüber, so erkennt man natürlich, daß in den deutschen Angelegenheiten ein Fortschritt nur möglich ist, wenn man die Lebensinteressen und den Standpunkt der europäischen Länder berücksichtigt, die an der Abwendung einer neuen deutschen Aggression am meisten interessiert sind.«
Nach dieser Erklärung und dem Hinweis, daß sich in Westdeutschland die Reaktion wieder in alle Schlüsselstellungen der Wirtschaft und Verwaltung gesetzt habe, fragte er, wie die verhängnisvolle Entwicklung zu bremsen sei. Er habe sich darüber den Kopf zerbrochen und dabei festgestellt, daß die SED außer zur KPD keine Verbindung von Belang zu anderen fortschrittlichen Kräften in Westdeutschland habe. Die schärfsten Gegensätze hätten sich dabei zu der Schumacherschen SPD entwickelt. »Vielleicht war die Vereinigung von KPD und SPD verfrüht, vielleicht war sie in ihrer Totalität in der sowjetisch besetzten Zone ein Fehler. Gemachte Fehler sollte man korrigieren.«
»Was heißt das?« warf ich hier ein.
»Es heißt«, fuhr Tulpanow fort, »daß eine SPD in der sowjetisch besetzten Zone eventuell wieder zuzulassen wäre, eine Aufgabe, die dir zufallen könnte.«
Tulpanow schwieg, und ich tat zunächst das gleiche.
Immer wieder ging mir die Frage durch den Kopf: Was steckt dahinter? Die SPD hatte in der sowjetisch besetzten Zone ein Rundschreiben versenden lassen, in dem es hieß:
»Die SED bereitet sich zur Zeit auf die Trennung vor. Sie bemüht sich um das Herausstellen von Personen der früheren SPD, die als Kristallisationspunkte für die kommende SPD gelten sollen. Auf den Schulen der SED spricht man von Oppositionsgruppen innerhalb der Partei und läßt durchscheinen, daß eine Trennung doch wohl nicht mehr vermeidbar sei. Man habe Verständnis dafür, wenn sich diese Opposition um bestimmte Personen, die eine gewisse Sicherheit für eine positive Kritik bieten, zusammenfände. In diesem Zusammenhang werden Namen genannt wie z. B. Fechner und Gniffke vom Zentralsekretariat; Trabalski, Land Sachsen; Hoffmann, Thüringen; Prübenau, Provinz Sachsen...«

Daß Tulpanow dieses Rundschreiben bekannt sein mußte, war außer Zweifel. Ich sagte es ihm, und er bestritt es auch nicht.
»Aber mein Vorschlag«, so versicherte er, »hat nichts mit diesem Rundschreiben zu tun. Wir wissen doch beide, daß die SPD nur einen Versuchsballon losgelassen hat.«
Wir unterhielten uns dann noch eine Stunde lang über einige andere Fragen, verabredeten ein gemeinsames Rundfunkgespräch über wirtschaftliche Probleme, aber der eigentlichen Frage, derentwegen er mich zu sich gebeten hatte, war ich ausgewichen, und Tulpanow hatte sie auch abgetan mit einem: »Überleg es dir!«
Am 22. April 1947 veranstaltete die SED aus Anlaß ihres einjährigen Bestehens eine Festkundgebung, auf der auch Tulpanow sprach. Zum Schluß seiner Rede sagte er:
»Uns ist bekannt, daß die SED sich die Entfaltung ihrer Arbeit in ganz Deutschland zum Ziel gesetzt hat. Dasselbe erstrebt eine Reihe anderer demokratischer Organisationen. Im Namen unserer Regierung hat Außenminister Molotow seine Meinung zu dieser Frage dargelegt. Wir haben keinen Grund, auch nicht in dieser Frage, die Entwicklung und Entfaltung irgendeiner demokratischen Organisation zu behindern.«

Wachsende Probleme, Sorgen und Enttäuschungen
(April 1947–Februar 1948)

Unsere Diskussion über die deutsche Einheit – Jakob Kaisers Initiative – Die politische Dampferfahrt – Debatte in der SED-Führung: Sollen wir nach München gehen? – Die Münchner Konferenz vom Juni 1947 – Der Tod des sächsischen Ministerpräsidenten Dr. Friedrichs – Deutschlands Wirtschaftseinheit zerbricht – Der Marshallplan und die SED – Geheime Reise der SED-Führer zu Stalin – Parteitag der Ost-CDU und Ulbrichts »deutscher Plan« – Der 2. SED-Parteitag im September 1947 – Ulbricht erhält die wenigsten Stimmen – Neue Differenzen im SED-Zentralsekretariat – Offenes Gespräch bei August Karsten – Die Verhaftungen machen mir Sorgen – Ulbricht verkündet Bildung einer »Zentralverwaltung des Innern« – Kominform und SED – Grotewohl feiert die russische Oktoberrevolution – Kaiser und Lemmer widersetzen sich dem »Volkskongreß« – Der »Volkskongreß für Einheit und gerechten Frieden« – Meine Aussprache mit Grotewohl und Lemmer – Ulbrichts Machtstellung festigt sich – Auch in der LDP gärt es – Diskussion über den Viermächtestatus Berlins – Die Deutsche Wirtschaftskommission (DWK)

Unsere Diskussion über die deutsche Einheit

Für die Sowjets war die sowjetisch besetzte Zone Deutschlands in erster Linie ein Faustpfand. Es war ihnen gelungen, einen Gürtel volksdemokratischer Satellitenstaaten entlang ihrer Westgrenze zu schaffen. Sie mußten mit dem Widerstand insbesondere der USA und Englands gegen die »volksdemokratische« Mißachtung der Selbstbestimmung rechnen, ja sogar mit einer gefahrvollen Zuspitzung der Gegensätze innerhalb der Kriegskoalition.
Eine solche Zuspitzung blieb jedoch aus. Das demontierte Faustpfand brauchte nicht eingesetzt, nicht abgeliefert zu werden, um die Verbündeten zu beruhigen. Es blieb weiter für ein etwaiges künftiges Tauschgeschäft erhalten. Das Tauschobjekt Deutschland sollte das Sicherheitsbedürfnis der Sowjetunion befriedigen. Letzten Endes sollte Deutschland die Sowjetunion vor Deutschland schützen.
Das war das Ergebnis einer inoffiziellen Analyse der Lage, wie sie von Zeit zu Zeit im »Seehaus« oder beim ungezwungenen Zusammentreffen im Parteihaus vorgenommen wurde.
Aber jede Diskussion verstummte, wenn Walter Ulbricht auftauchte. Er und seine engsten Mitarbeiter wurden als unwillkommene Beobachter empfunden. Dagegen waren Anton Ackermanns Gedankengänge denen der einstigen Sozialdemokraten sehr verwandt. Auch er benutzte, frei von Suggestion, sein Denkvermögen, in dem Bestreben, die Schleier der zukünftigen Entwicklung zu lüften. Sein Verlangen nach der wirtschaftlichen und politischen Einheit Deutschlands auf der Grundlage einer parlamentarischen Demokratie war echt.
Mit dem Ergebnis der Außenministerkonferenz in Moskau hatten sich sowohl das Zentralsekretariat als auch der Parteivorstand der

SED mehrfach beschäftigt, ebenso die Führungsgremien der beiden anderen Parteien und nicht zuletzt der Zentrale Blockausschuß.

Einigkeit wurde darüber erzielt, daß die deutschen Parteien versuchen müßten, sich in die Vier-Mächte-Verhandlungen einzuschalten, um durch gemeinsame Willenskundgebungen die Wiederherstellung der wirtschaftlichen und nach Möglichkeit auch der politischen Einheit herbeizuführen.

In einer Sitzung des Zentralen Blockausschusses am 22. Mai 1947 wurde das vom britischen Außenminister Ernest Bevin verkündete Dreipunkteprogramm diskutiert. Dieses Programm forderte gemäß den Potsdamer Beschlüssen die Wiederherstellung der deutschen Wirtschaftseinheit bis zum 1. Juli 1947, die Errichtung einer deutschen Zentralverwaltung und die Schaffung einer gesamtdeutschen Vertreterkörperschaft mit beratender Funktion (gesamtdeutsche Repräsentation), deren Aufgabe die Ausarbeitung einer provisorischen Verfassung sein sollte.

Auf die Frage Ernst Lemmers, ob die Sowjetunion bestrebt sein werde, den von der SED vorbereiteten Verfassungsentwurf durchzusetzen, erwiderte Grotewohl, daß der SED-Entwurf zunächst nichts anderes sein wolle als eine Diskussionsgrundlage. Der Entwurf sei der Öffentlichkeit übergeben worden, um endlich überhaupt eine Diskussion in Gang zu bringen. Ich bedauerte, daß in Westdeutschland wenig Konstruktives für die Wiedervereinigung geleistet werde. Man rede immer nur davon, daß die Siegermächte für die Wiederherstellung der Einheit zuständig seien, übersehe aber geflissentlich, daß beispielsweise die Franzosen lieber nur 45 Millionen Deutsche an ihrer Ostgrenze sehen als 60 Millionen.

Jakob Kaiser sprach sich für die Bildung einer »Nationalen Repräsentation« aus. Dabei richtete er an Wilhelm Pieck die direkte Frage, ob er bereit wäre, sich gegebenenfalls als einziger Vertreter der SED einer kleinen Verhandlungskommission für die Vorbereitung einer »Nationalen Repräsentation« anzuschließen.

Pieck antwortete: »Wenn das Zentralsekretariat die Zustimmung gibt — womit gerechnet werden kann —, dann bin ich durchaus bereit, an der Vorarbeit teilzunehmen.«

»Zu der ›Vorarbeit‹ würden Verhandlungen mit Dr. Adenauer und Dr. Kurt Schumacher gehören.«

»Natürlich — mit wem auch immer. Wenn es notwendig ist, sogar mit dem Teufel. Es geht ja um die Einheit Deutschlands.«

Hier schaltete sich Ulbricht ein: »Zunächst ist es ja noch nicht soweit — ja? — Stellen wir fest: wir sind bereit, an der Durchführung des Bevinschen Dreipunkteprogramms mitzuarbeiten. Gut — dann müßte festgestellt werden, ob die führenden Politiker in West-

deutschland Erlaubnis bekommen — ja — Erlaubnis bekommen, in einer Gesamtdeutschen Repräsentation mitzumachen, ja?«
Ich entgegnete ihm: »Es scheint doch so zu sein, daß drei Besatzungsmächte, die Briten, die Sowjets und die Amerikaner, die Bestrebungen unterstützen würden, zu einer Einheit zu kommen, wenn sich bei einer deutschen Mehrheit eine Lösung anbahnen würde.«
»Vielleicht«, meinte Grotewohl, »sollten Jakob Kaiser und Ernst Lemmer in Westdeutschland sondieren. Um noch einmal auf den Verfassungsentwurf zurückzukommen — es sollte noch ein zweiter Entwurf — meinetwegen ein Gegenentwurf — vorbereitet werden.«
»Von uns aus kann man die Weimarer Verfassung als Verhandlungsgrundlage nehmen«, erklärte Pieck.

Jakob Kaisers Initiative

Kaiser und Lemmer machten sich auf den Weg nach Westdeutschland. Ihre erste Station war Hannover. Dr. Kurt Schumacher hörte sich die Abgesandten, die führenden CDU-Politiker, an und — lehnte eine Teilnahme der SPD an einer gesamtdeutschen Repräsentation ab. Seine Begründung — es fehlen die wirtschaftlichen Voraussetzungen.
Jakob Kaiser hatte die Vertreter der Arbeitsgemeinschaft der CDU/CSU nach Berlin gebeten, um auch mit ihnen Verhandlungen zu führen. In dem Bestreben, die Einwände Schumachers zu entkräften, erklärte er: »Die nationale Repräsentation ist notwendiger als je. Die Gefahr des wirtschaftlichen, politischen und geistigen Auseinanderfallens Deutschlands ist durch die Ereignisse der letzten Wochen so groß geworden, daß jeder weitere Verzicht auf eine deutsche Initiative eine Versündigung am eigenen Volke bedeutet.
Wenn Politiker in Westdeutschland erklären, die Herstellung einer nationalen Repräsentation erfordere erst gewisse wirtschaftliche Voraussetzungen, zu denen die Aufhebung der Zonengrenze gehöre, so darf man solchen Auffassungen nicht Raum geben. Man muß ihnen entgegentreten. Denn es kann nicht die Aufgabe der Männer sein, die in dieser Zeit eine politische Verantwortung übernommen haben, auf die Hilfe von außen zu warten.«
Jakob Kaiser setzte sich aber auch bei seinen politischen Freunden nicht durch, obwohl er Unterstützung aus Bayern fand: Joseph Müller, der »Ochsensepp«, stellte sich auf die Seite Kaisers und Lemmers.
Dr. Konrad Adenauer zeigte sich von vornherein desinteressiert: er war der Einladung erst gar nicht gefolgt.

Als dann der ehemalige Reichstagspräsident Paul Löbe in einem Artikel eine deutsche Repräsentation als dringend notwendig bezeichnete, suchte Jakob Kaiser, dadurch ermutigt, Schumacher ein zweites Mal auf, jedoch wiederum erfolglos. Nach Kaisers Bericht im Zentralen Blockausschuß habe Schumacher kurz angebunden erklärt: Der Plan zur Bildung einer nationalen Repräsentation gehe wahrscheinlich auf den Vorschlag des russischen Volkskommissars Berija zurück. Er sei darum abzulehnen. Ich fragte Lemmer, der mir gegenübersaß: »Was soll daraus werden?« Seine Antwort: »Ich weiß es nicht!«
»Vielleicht sollte man an Kurt Schumacher vorbei und zunächst nur mit Dr. Adenauer verhandeln.«
»Die beiden können sich zwar nicht riechen«, gab Lemmer zur Antwort, »aber in der Ablehnung unseres Vorschlages sind sie sich einig. Wir erwarten jedoch eine neue Initiative von Bayern her.«
Der negative Verlauf der von Kaiser geführten Verhandlungen trug die ersten Differenzen in das SED-Zentralsekretariat. Besonders die ehemaligen Sozialdemokraten waren von dem Ergebnis erschüttert. Aber auch manche kommunistischen Kollegen waren ratlos.
Nur Ulbricht schien kein anderes Ergebnis erwartet zu haben.
Ernst Lemmer sollte mit seiner Ankündigung, von Bayern her würde eine neue Initiative für eine deutsche Repräsentanz eingeleitet werden, recht behalten. Sepp Müller hatte den bayerischen Ministerpräsidenten Dr. Ehard bestimmen können, auf der Ebene der Ministerpräsidenten die Initiative zu ergreifen. Die Einladung zu einer gemeinsamen Sitzung löste im Zentralsekretariat heftige Diskussionen aus. In den Vordergrund der Aussprache traten die Fragen: Erstens, handelt es sich um eine rein deutsche Initiative? Zweitens, stecken die Amerikaner dahinter? Drittens, wenn die Amerikaner dahinterstecken, protegieren sie eine Repräsentanz durch die Ministerpräsidenten -- oder gar eine durch die Ministerpräsidenten zu bildende gesamtdeutsche Regierung?
Die Ehardsche Initiative paßte nicht in das sowjetische Konzept. Ulbricht reagierte darum sogleich ablehnend. Für ihn war Ehard ein »amerikanischer Agent«. — »Ein Agent ist gelegentlich auch ein Makler«, hielt ich ihm entgegen. »Es gibt auch ehrliche Makler. Bei Ehard möchte ich zunächst annehmen, daß er ein ehrlicher Makler für die Wiedervereinigung Deutschlands ist. Man darf seine Initiative auf keinen Fall abwürgen.«
Otto Meier unterstützte mich: »Wir wissen nicht, welche Absichten hinter der Einladung stehen. Es erscheint mir auch zunächst nicht wichtig, dies zu wissen. Es kommt vielmehr darauf an, daß einmal ein Anfang gemacht wird, auf deutscher Ebene mit gesamtdeutschen Gesprächen zu beginnen.«

Dieser Standpunkt begann sich durchzusetzen. Auch Anton Ackermann, Paul Merker und Elli Schmidt sprachen in diesem Sinne. Otto Grotewohl, der in der Zentralsekretariatssitzung den Vorsitz führte, wies darauf hin, daß wir eine Entscheidung gar nicht allein treffen könnten. Sie müßte im »Zentralen Blockausschuß« getroffen werden. Es komme jetzt darauf an, für diese Sitzung unseren Standpunkt festzulegen.

Walter Ulbricht schlug vor, dem Ministerpräsidenten Dr. Ehard durch einen der mitteldeutschen Ministerpräsidenten mitteilen zu lassen, daß zu der in Aussicht genommenen Konferenz auch die Partei- und Gewerkschaftsvertreter hinzugezogen werden müßten.

Wieder entstand eine lebhafte Debatte, in der das Für und Wider dieses Vorschlages erörtert wurde. Eine entsprechende briefliche oder telegrafische Mitteilung an Dr. Ehard hätte, davon waren die meisten von uns überzeugt, eine Ablehnung zur Folge gehabt und damit die sowjetzonalen Ministerpräsidenten von vornherein von der Tagung ausgeschlossen. Das wollte eine Sekretariatsmehrheit vermieden wissen.

Schließlich einigten wir uns darauf, den sächsischen Ministerpräsidenten Dr. Rudolf Friedrichs zu beauftragen, sich mit seinem bayerischen Kollegen in Verbindung zu setzen, um ein Treffen zu vereinbaren. So geschah es. Die beiden Herren trafen sich in Hof. Am 28. Mai 1947 berichtete Dr. Friedrichs in einer Sitzung des Zentralsekretariats, Dr. Ehard wolle daran festhalten, daß in einer ersten Sitzung nur die Ministerpräsidenten zusammenkommen. Er sei zudem der Meinung, daß man froh sein könne, wenn der erste Versuch einer gesamtdeutschen Konferenz gelänge. Man müsse es deshalb vermeiden, diese in Aussicht genommene erste Konferenz durch zusätzliche Forderungen zu gefährden.

Dr. Friedrichs berichtete weiter, daß sich die erste Konferenz, so wie sie geplant sei, nicht mit Fragen der Wiedervereinigung beschäftigen, sondern in der Hauptsache die Frage untersuchen wolle, wie man der Not des Winters besser als früher begegnen könne.

Dieses Verhandlungsthema erschien den Mitgliedern des Zentralsekretariats insgesamt zu mager. Die SED-Ministerpräsidenten wurden nach Berlin gerufen. In einer gemeinsamen Sitzung mit ihnen kam es zu einer Übereinkunft, die Bedingungen für ihre Teilnahme nochmals telegrafisch vorzutragen. Sie wurden in die Form einer Empfehlung gekleidet:

1. Zur Konferenz die Vertreter der Parteien und Gewerkschaften hinzuzuziehen, um so mehr, als sich die Parteien in Bälde über eine gesamtdeutsche Beratung und die Schaffung einer nationalen Repräsentation verständigen werden.

2. In den Mittelpunkt der Tagesordnung die Schaffung der wirtschaftlichen und politischen Einheit Deutschlands zu stellen, da nur durch sie den Nöten der Länder und des deutschen Volkes mit Aussicht auf Erfolg begegnet werden kann.
3. In Anbetracht des gesamtdeutschen Interesses den Tagungsort nach Berlin, der Hauptstadt Deutschlands, zu verlegen, die zudem der Sitz der vier Besatzungsmächte und des Kontrollrates ist.

Diese Bedingungen waren in einer voraufgegangenen Sitzung des Zentralen Ausschusses als Verhandlungsvorschlag akzeptiert worden. Jetzt erhielten die Ministerpräsidenten von Sachsen und Thüringen den Auftrag, auch mit Professor Dr. Hübener, dem LDP-Ministerpräsidenten von Sachsen-Anhalt, die Lage zu besprechen und sein Einverständnis für die Absendung des Telegramms einzuholen. Professor Hübener riet von dem Vorschlag ab, Gewerkschaftsvertreter hinzuziehen zu lassen, sprach sich aber für die Teilnahme von Vertretern der großen Parteien aus.

In entsprechend abgeänderter Form wurde das Telegramm schließlich aufgegeben. Dr. Ehard antwortete sofort. Er bezog sich auf die Dr. Friedrichs gegenüber abgegebene Begründung und lehnte erneut die Ausweitung der Konferenz ab.

Wieder trat das SED-Zentralsekretariat zusammen. Eine definitive Entscheidung sollte aber erst nach einem nochmaligen Anhören der SED-Ministerpräsidenten getroffen werden. Sie wurden zum 3. Juni 1947 nach Ostberlin eingeladen.

Die politische Dampferfahrt

Am Montag, dem 2. Juni 1947, unternahm das Zentralsekretariat gemeinsam mit den 700 in dem Apparat des Zentralsekretariats beschäftigten Angestellten einen Dampferausflug auf dem Müggelsee. Hier bot sich die Gelegenheit zu zwanglosen Gesprächen mit den Kollegen.

Ich beobachtete, wie Ulbricht seit einer Stunde mit Grotewohl auf und ab ging. Das Thema der Unterhaltung war nicht schwer zu erraten. Es konnte sich nur um die Münchner Konferenz handeln. Auch Max Fechner hatte das beobachtet, und nun begannen wir einen gemeinsamen Spaziergang.

Auf dem Parkplatz stiegen wir in meinen Wagen, um ungestört die ganze Situation bereden zu können. Wir beschlossen, alles daranzusetzen, um auf der Konferenz in München auch vertreten zu sein. Dieser Anfang, von München her zu einer überparteilichen Beratung zu gelangen, mußte gemacht werden. Wir warteten ab, bis sich Gro-

tewohl und Ulbricht wieder trennten, und wandten uns dann an Grotewohl, um ihn für unseren Standpunkt zu gewinnen. Wir fragten ihn, welchen neuen Dreh »der Bärtige« wieder ausgeheckt habe.
»Will er die Absage?«
»Er will die Absage«, antwortete Grotewohl. »Die Gründe sind plausibel genug.«
»Und die wären?«
»Die wesentlichen sind, daß die Ministerpräsidenten der Länder in bezug auf die zukünftige Gestaltung Deutschlands keine verbindlichen Aussagen machen können und dürfen.«
»Dr. Ehard hat kürzlich eine Aussage gemacht, und zwar namens der CSU. Er hat gesagt, die CSU will den Bundesstaat«, entgegnete ich.
Grotewohl erwiderte: »Er hat aber auch gesagt, daß er die Zusammenfassung der politischen Macht in einer vom ganzen Volk gewählten Volksvertretung ablehne.«
»Halten wir uns doch an sein Einladungsschreiben«, sagte Fechner. »Hier bekennt er sich zur Zusammengehörigkeit aller Teile Deutschlands und zum gemeinsamen Willen des Aufbaus einer neuen demokratischen Form.«
Ich fügte hinzu: »In München entscheidet sich die Frage, ob wir uns isolieren oder bei jeder Gelegenheit, wenn es nur um die Wiederherstellung der Einheit geht, dabeisein wollen.«
Schließlich gelang es Fechner und mir, Otto Grotewohl von der Notwendigkeit zu überzeugen, daß unsere Ministerpräsidenten an der Münchner Konferenz teilnehmen müßten. Während des Spazierganges unterrichteten wir nacheinander die einzelnen Kollegen von unserer Auffassung. Der morgigen Abstimmung konnten wir jetzt mit Gelassenheit entgegensehen.

Debatte in der SED-Führung: Sollen wir nach München gehen?

Am nächsten Tag war die Stimmung im Zentralsekretariat viel friedlicher, als wir nach den Vorbereitungen vermutet hatten. Jeder von uns fand auf seinem Platz den Text einer Mitteilung, die uns von einem unserer Vertrauensleute in Westdeutschland telefonisch übermittelt worden war.
»Auf der Zusammenkunft aller sozialdemokratischen Ministerpräsidenten, Minister und Fraktionsvorsitzenden wurde die Münchner Konferenz vorbesprochen ... Schumacher verlangte, nach entsprechenden Diskussionsbeiträgen des Berliner Vertreters Reuter und anderer, in kategorischer Form eine politische Demonstration gegen

die SED. Für den Fall, daß die ja immerhin als Gäste nach München eingeladenen Ministerpräsidenten der Ostzone erscheinen würden, soll ein sozialdemokratischer Ministerpräsident die Erklärung abgeben, daß die Ministerpräsidenten der Ostzone keine ausreichende demokratische Legitimation hätten, weil bei ihnen die SPD in den Landtagen nicht vertreten sei, die sich ja mit der KPD zur SED vereinigt hat. Man ist sich klar darüber, daß diese Anzweiflung einer vollgültigen demokratischen Repräsentation die Münchner Konferenz wahrscheinlich zum Scheitern bringen wird.«
Gleich nach Eröffnung der Sitzung fragte Ulbricht mit Bezug auf dieses Telefonat: »Haben wir es nötig, ja, uns provozieren zu lassen?«
Sofort begann eine rege Aussprache. Dr. Friedrichs, der sächsische Ministerpräsident, konnte an der Sitzung nicht teilnehmen, da er erkrankt war. An seiner Stelle war sein Stellvertreter, Kurt Fischer, der Intimus Walter Ulbrichts, erschienen.
Die Aussprache zeigte sehr bald, daß die Mehrheit im Zentralsekretariat für die Teilnahme an der Konferenz war.
»Und wie sollen sich unsere Ministerpräsidenten bei der geplanten Demonstration verhalten?« fragte Ulbricht. Ich antwortete: »Ruhig! Es ist nicht denkbar, daß die sozialdemokratischen Ministerpräsidenten die Konferenz verlassen und damit auffliegen lassen.«
Daraufhin holte Ulbricht zum entscheidenden Schlag aus: »Am 6. September vorigen Jahres hat der damalige amerikanische Außenminister Byrnes in Stuttgart eine Rede gehalten und dabei die Katze aus dem Sack gelassen — die Katze aus dem Sack gelassen, Genossen. Die Amerikaner wollen eine Regierung bilden — ja? Die soll bestehen aus einem deutschen Nationalrat, ja, dem die Ministerpräsidenten der Länder angehören. Der ›Deutsche Nationalrat‹ soll auch mit der Vorbereitung des Entwurfs einer Bundesverfassung für die ›Vereinigten Staaten von Deutschland‹ beauftragt werden. Wir haben uns zu überlegen, was steckt hinter dem Plan — oder wer steckt dahinter? Genossen, es steckt dahinter das amerikanische und englische Monopolkapital — ja? Und was will es erreichen? Es will erreichen, Deutschland durch Zersplitterung zu schwächen, um damit einer künftigen Konkurrenz der deutschen Industrie auf dem Weltmarkt vorzubeugen; die west- und süddeutschen föderalen Länder zu einem kolonialen Anhängsel des westlichen Monopolkapitals zu machen, um sich damit feste Positionen in Mitteleuropa zu schaffen; diese Länder in einen Westblock zu pressen, um dadurch eine breite Basis für die Expansionspolitik in ganz Europa zu schaffen.
Die geplante Konferenz in München ist ein erster Versuch, fertige Tatsachen im Sinne einer bundesstaatlichen Aufgliederung Deutschlands zu schaffen.«

Otto Meier entgegnete, was auch Dr. Ehard oder die Amerikaner im Schilde führen mögen, die Teilnehmer an der Konferenz seien dadurch doch nicht festgelegt. Sie könnten jederzeit, wenn dies die Situation erfordere, mit einer entsprechenden Erklärung aussteigen.
Auch Ackermann meinte: »Unsere Ministerpräsidenten können auf die Potsdamer Beschlüsse verweisen, die die Errichtung einer deutschen Zentralverwaltung fordern.«
Ulbricht wollte noch wissen: »Es ist in München geplant, ein Sekretariat als ständige Einrichtung zu schaffen.«
»Das braucht doch nicht schlecht zu sein«, sagte ich.
»Das bedeutet, daß das föderalistische Prinzip auf kaltem Wege verwirklicht werden soll — ja?«
Jetzt wurde ich ungeduldig: »So geht das nicht! Wir können nicht die Teilnahme an einer Konferenz ablehnen, weil irgendwelche Vermutungen angestellt werden, die, wenn sie eintreten sollten, nicht in unsere Konzeption passen. Ich beantrage, daß unsere Ministerpräsidenten die Einladung annehmen und an der Konferenz, die am 6. Juni in München beginnt, teilnehmen.«
Mein Antrag wurde von mehreren Kollegen unterstützt. Von den Ministerpräsidenten sprachen sich Dr. Paul, Thüringen, und Wilhelm Höcker, Mecklenburg, für die Teilnahme aus. Wilhelm Pieck erkannte, daß eine Abstimmung eine Mehrheit für die Teilnahme erbringen würde. Er lenkte deshalb schnell auf die vorgesehene Tagesordnung der Konferenz über, nach der lediglich Fragen zur Überwindung der Not zu erörtern waren.
Nachdem Otto Grotewohl darauf hingewiesen hatte, daß eine Beratung der Notlage ganz zwangsläufig zu einer Erklärung der Herstellung der wirtschaftlichen Einheit, wenn nicht auch der politischen, führen müßte, schlug Ulbricht vor, daß die sowjetzonalen Ministerpräsidenten einen Antrag auf Erweiterung der Tagesordnung stellen sollten, wenn die vorliegende unserem Standpunkt in bezug auf die Wiederherstellung der Einheit Deutschlands nicht genügend Rechnung tragen sollte. Dieser Vorschlag wurde einhellig gebilligt. Die Abstimmung über die Frage der Teilnahme an der Münchener Konferenz ergab die erwartete Mehrheit für unseren Standpunkt.
Als Sprecher der Delegation für München wurde Dr. Paul bestimmt. Die Ministerpräsidenten verabredeten Zeit und Ort ihres Treffens auf der Autobahn. Bis auf Dr. Steinhoff, Brandenburg, waren sie an dem vereinbarten Treffpunkt auch alle pünktlich zur Stelle.
Dr. Steinhoff waren die Interzonenpapiere von der SMAD in Potsdam zunächst verweigert worden. Erst nach umständlichen Rückfragen in Karlshorst konnte er seine Reise antreten. So traf er in München erst kurz vor der Rückreise seiner Kollegen ein.

Die Münchner Konferenz vom Juni 1947

Am 5. Juni 1947 waren die Ministerpräsidenten in München eingetroffen. Am Abend vor der Sitzung wurde ihnen der Entwurf einer Tagesordnung übergeben. Alle 14 Tagesordnungspunkte bezogen sich lediglich auf Fragen zur Überwindung der Not, ohne ihre grundsätzliche Voraussetzung, die politische und wirtschaftliche Einheit, zu erwähnen. Es war weder von der Errichtung eines ständigen Sekretariats noch von einer Zentralverwaltung für ganz Deutschland die Rede.
Dr. Paul erkundigte sich, ob es sich bei der Vorlage nur um einen Entwurf handele. Als ihm dies bestätigt wurde, beantragte er, zugleich namens seiner sowjetzonalen Kollegen, als Punkt 1 in die Tagesordnung aufzunehmen: »Bildung einer deutschen zentralen Verwaltung durch Verständigung der demokratischen Parteien und Gewerkschaften zur Schaffung des deutschen Einheitsstaates«.
Der Antrag wurde abgelehnt. Die Ministerpräsidenten aus der französisch besetzten Zone erklärten, daß ihnen von ihrer Besatzungsmacht die Teilnahme an der Konferenz untersagt worden sei, wenn die Frage der nationalen Einheit behandelt werden sollte.
Der stellvertretende Ministerpräsident Bayerns, Dr. Hoegner, gab zu erkennen, daß die Tagesordnung mit der amerikanischen Militärregierung abgestimmt und darum nicht abänderungsfähig sei.
Unter Bezugnahme auf die Erklärung, daß das vorgelegte Vierzehnpunkteprogramm nur den Entwurf einer Tagesordnung darstelle, zog Dr. Paul sich mit seinen Kollegen aus der sowjetisch besetzten Zone ins Hotel zurück. Während Fischer auf eine Abreise drängte, bestand Dr. Paul darauf, nach einer Lösung zu suchen, die ein Verbleiben und die Teilnahme an der Konferenz ermögliche. Professor Dr. Hübener und Dr. Friedensburg unterstützten ihn dabei.
Dr. Paul, der die gegensätzlichen Meinungen zu dieser Frage im Zentralsekretariat kennengelernt hatte, wußte, daß es allein auf sein Geschick ankam, um die erste gesamtdeutsche Konferenz doch noch zu einem Erfolg werden zu lassen. Er akzeptierte die vorgelegte Tagesordnung unter der Voraussetzung, daß den sowjetzonalen Ministerpräsidenten durch Abgabe von Erklärungen die Möglichkeit gegeben werde, ihren Standpunkt zur Herstellung einer wirtschaftlichen Einheit vertreten zu können. Als ihnen auch das versagt wurde, reisten Wilhelm Höcker und Kurt Fischer noch am gleichen Abend ab. Paul, Hübener und der inzwischen ebenfalls eingetroffene Steinhoff blieben noch bis zum Mittag des nächsten Tages.
Unterdessen hatte die Rumpfkonferenz ihren Anfang genommen. Sie tagte bis zum 7. Juni abends. Es wurden neun Resolutionen an-

genommen, die als Ergebnis der Konferenz von allen interessierten Politikern genau überprüft wurden.
In einer parteiamtlichen Erklärung des 1. Vorsitzenden der LDP, Dr. Wilhelm Külz, wurde das Ergebnis der Münchner Konferenz mit folgenden Worten eingeschätzt:
»Das gesamte Ergebnis der Münchner Besprechungen bleibt angesichts des Verlaufs dieser Besprechungen unbefriedigend. Im übrigen stellen die angenommenen Resolutionen im letzten Grunde nichts anderes dar als eine Zusammenfassung und Wiedergabe der bedrückenden Zustände, die uns wie auch den alliierten Mächten hinreichend bekannt sind. Programmatische und konkrete Vorschläge politischer und wirtschaftlicher Art sind in den Entschließungen nur spärlich zu bemerken.«
Aber auch die Westberliner Presse nahm zu dem Ausgang der Konferenz Stellung. Unter der Überschrift »Der ferngelenkte Auszug« verkündete der »Telegraf«, Pieck und Ulbricht hätten von dem bayerischen Bad Tölz den Rückzug der sowjetzonalen Ministerpräsidenten gelenkt. Das war ein Märchen.
Auch das SED-Zentralsekretariat trat sogleich zu einer Sitzung zusammen, um zu dem Ergebnis der Konferenz Stellung zu nehmen.
Wilhelm Pieck machte den Vorschlag, zwei Mitglieder des Zentralsekretariats — »am besten Ulbricht und mich« — sogleich nach München zu entsenden, um dort den Standpunkt der SED in einer Pressekonferenz darzulegen. Ich lehnte ab, zumal ich in dieser Frage von Anfang an mit Ulbricht nicht übereingestimmt hatte, fügte aber hinzu: »Ich bin natürlich nicht gegen eine Demonstration für die Herstellung der Einheit. Wenn sie in paritätischer Zusammensetzung vorgenommen werden soll, dann bitte: Ulbricht — Fechner.« Pieck überhörte den Vorschlag. Er fragte jetzt vielmehr Friedrich Ebert, ob er mit Ulbricht fahren wolle. Ebert, inzwischen reguläres Mitglied des Zentralsekretariats, erkannte seine Chance, stimmte zu und reiste mit Ulbricht nach München.
Ulbrichts Kommentar war: »Die bisherigen Erfahrungen lehren, daß das Volk nur leben kann, wenn die Macht der Schieber, der Großagrarier und Konzernherren gebrochen ist. Solange Kriegsverbrecher und aktive Nazis in den leitenden Organen der Wirtschaft sitzen und ihre Monopolinteressen vertreten, kann es nicht besser werden.«
Und Grotewohl schrieb in einem Artikel: »Die Stimmen von 16 Ministerpräsidenten genügen nicht, wo die Millionen eines ganzen Volkes sprechen müssen. Darum muß die letzte Stimme Deutschlands, die Stimme des ganzen Volkes in einer Volksabstimmung zu Gehör kommen.«

Der Tod des sächsischen Ministerpräsidenten Dr. Friedrichs

In Dresdens Vorort »Weißer Hirsch«, auf dem Meisenberg, hatte die sowjetische Besatzungsmacht die Villen eines Straßenzuges beschlagnahmt und hier die neue Prominenz angesiedelt. Es wohnten nebeneinander und gegenüber die Mitglieder des Landessekretariats der SED und die Mitglieder der Landesregierung. Anfang und Ende der Straße waren von Schlagbäumen abgeriegelt, die Schranken von Polizei bewacht, so daß nur ein besonderer Ausweis den Eintritt in das »Prominenten-Getto« freigab. Ausgenommen waren Besucher, die nach telefonischer Rückfrage Einlaß fanden. Die Mitglieder des Zentralsekretariats wohnten, sooft sie in Dresden zu tun hatten, hier bei ihren Freunden. Walter Ulbricht bei seinem Freund Kurt Fischer, ich vis-à-vis bei dem Landtagspräsidenten Otto Buchwitz und seiner Familie.
Der Zufall wollte es, daß wenige Tage nach dem Scheitern der Konferenz in München mehrere Mitglieder des Zentralsekretariats unabhängig voneinander in Dresden weilten. Otto Grotewohl und Hermann Matern als Mitglieder des Landtags, Walter Ulbricht aus irgendeinem anderen Grund und ich, weil ich eine Konferenz der Geschäftsführer der Parteibetriebe wahrzunehmen hatte.
Am Abend saßen wir alle zusammen in der Wohnung von Kurt Fischer. Die Differenzen zwischen dem Ministerpräsidenten Dr. Rudolf Friedrichs und ihm als seinem Stellvertreter waren immer größer geworden. Ulbricht hatte einige Male versucht, zwischen beiden zu vermitteln, jedoch ohne Erfolg. Beide mußten vor einigen Wochen vor das Zentralsekretariat geladen werden. Ulbricht deutete die Schwierigkeiten dahingehend, der Klassenfeind habe es verstanden, Zwietracht zwischen die beiden zu säen. Friedrichs' Reaktion war sehr heftig. Fischer und sein Anhang, rief er, das sind die »Klassenfeinde«, die weit mehr tun, als nur »Zwietracht säen«. Das Land stöhne unter dem Terror, den Fischer ausübe. Fischer sei ein Lügner und Betrüger und er, Friedrichs, könne das auch beweisen. Fischer antwortete seelenruhig, er sei ein Bolschewik — sonst nichts.
Grotewohl und Matern erhielten den Auftrag, sich bei ihrem nächsten Aufenthalt in Dresden das Beweismaterial, von dem Friedrichs gesprochen hatte, vorlegen zu lassen.
Jetzt saßen wir nun also bei dem Beschuldigten, Grotewohl, Ulbricht, Matern, Selbmann, damals sächsischer Wirtschaftsminister, und ich. Alkoholische Getränke machten uns alle gesprächig.
Fischer erzählte, er habe kürzlich die Vertreter der Kirche zu sich bestellt. Während die Geistlichen sich in seinem Zimmer befanden, habe er in der Kleiderablage ihre Mäntel durchsuchen lassen. »Nun,

was meint ihr, was die Hochwürden in ihren Taschen hatten?« fragte er mit zynischer Miene. Da keiner etwas sagte, gab er die Antwort selbst: »Seife, Rasierzeug, Strümpfe und Nachtzeug!« Er wollte sich vor Lachen ausschütten — obwohl niemand seiner Gäste mitlachte. Ich war empört. Als ich mich von dem Schock erholt hatte, fragte ich sachlich, aber ziemlich bissig: »Sag mal, Kurt, ist es wahr, daß etwa 30 Prozent deiner Polizeibeamten kriminell vorbestraft sind, einer, wie ich hörte, sogar 18mal?« Nach dieser Frage habe ich den »Bolschewik« Fischer zum ersten Male erregt gesehen. Er sprang auf, ging zum Telefon und zitierte Hofmann, den Polizeichef des Landes, und Opitz, den Polizeipräsidenten, herbei. Opitz erschien als erster, und Fischer wiederholte ihm meine Frage. Lakonisch antwortete Opitz: »Ausgeschlossen, der Prozentsatz ist viel zu hoch.« Das reichte mir. Zusammen mit Fritz Selbmann verließ ich die Runde.
Selbmann lud mich ein. Wir gingen in seine Wohnung. Er war ehemaliger Kommunist, nicht emigriert, sondern hatte ein Jahrzehnt unter den Nazis im Zuchthaus verbracht. Unermüdlich hatte er an sich gearbeitet, auch ein Buch geschrieben, in dem ein Kapitel die Überschrift trug: »Eine Vernunft, eine Wahrheit, eine Philosophie.« Wir sprachen über Freundschaft im allgemeinen und über die von Ulbricht und Fischer im besonderen. Schließlich schrieb er mir in ein Exemplar seines Buches »Wahrheit und Wirklichkeit« die Widmung: »Erich Gniffke — Nach einer inhaltsreichen Nacht dezidiere ich Dir diese Zeilen. Denke nach über den Unterschied zwischen einer Sau und einem Schwein.   Dein Fritz Selbmann.«
Am nächsten Vormittag absolvierte ich meine Geschäftsführersitzung. Hier erreichte mich der Anruf des Ministerpräsidenten Friedrichs. Nach einem Schwächeanfall hatte er einige Tage das Bett gehütet und war jetzt wieder im Amt. Er bat mich inständig, am Abend zu ihm zu kommen. Er werde seine Frau zu Freunden schicken, damit wir ungestört miteinander reden könnten. Er habe so viel auf dem Herzen, daß er sich einmal aussprechen müsse. Ich sagte zu und fuhr am Abend wieder zum Meisenberg.
Wie verabredet traf ich ihn zunächst allein an. Er gab mir einen Überblick über die Zustände in Sachsen: Immer mehr dringen die Kommunisten vor. Unter den fadenscheinigsten Gründen werden ehemalige Sozialdemokraten aus ihren Positionen gedrückt. Er nannte mir ein Dutzend Namen von alten bewährten Sozialdemokraten, die in den letzten Wochen aus ihren Ämtern entfernt worden waren. Friedrichs war sicher: hier handelte es sich um eine planmäßige Aktion, hinter der Kurt Fischer stand. Er führte mich an seinen Schreibtisch, öffnete die rechte Tür und zeigte mir einen Stoß Akten, etwa 30 cm hoch. »Erich«, sagte er, »sieh hier diese Akten. Sie ent-

halten das Belastungsmaterial gegen Fischer. Ich zeige es dir, damit du weißt, wo es zu finden ist, wenn ich nicht mehr dasein sollte.«
Ich protestierte: »Was heißt das, wenn du nicht mehr dasein solltest? Du bist ein Mann, dem die Gesundheit aus allen Knopflöchern guckt. Du bist nur überarbeitet und mußt gründlich ausspannen.«
»Mag sein«, antwortete er, »aber manchmal befällt mich ein Gefühl der Ahnung. Ein Gefühl, daß ich eines Tages sehr plötzlich nicht mehr sein werde. Und dann ist da noch etwas anderes. Der ständige Kampf gegen Fischer — wie schlecht Fischer wirklich ist, wirst du aus den Akten einmal ersehen —, der macht mürbe. Allmählich verliert man auch das Vertrauen zu sich selbst und zu seinen engsten Mitarbeitern und Freunden. Fischer korrumpiert, wen er gebrauchen kann. Und das alles steht hier drin. Auch, wie er sich persönlich bereichert hat.«
Fischer hatte die Maßnahmen zur Durchführung der Bodenreform zu veranlassen und auch die Bergung und Sicherstellung der Kunst- und Kulturgüter aus dem Besitz des enteigneten Adels und Großgrundbesitzes. Hier waren Friedrichs eine Reihe von Unregelmäßigkeiten Fischers zur Kenntnis gelangt, auf die er jetzt anspielte.
»Er ist ein gefährlicher Bursche, dieser Fischer. Du wirst das alles erkennen, wenn du diese Akten liest.«
Friedrichs schloß den Schreibtisch wieder ab, und wir setzten uns in eine Sesselecke. Er redete sich den aufgestauten Zorn von der Seele. Es war inzwischen 11 Uhr abends geworden. Da wurde Besuch gemeldet, Wilhelm Koenen, der kommunistische Landesvorsitzende der SED. Er habe gehört, daß ich bei Friedrichs sei, so führte er sich ein. Vielleicht hätte ich einen Auftrag für ihn. Ich hatte keinen. Trotzdem nahm er Platz. Eine halbe Stunde später brachten der Minister Gäbler und dessen Frau Friedrichs' Gattin heim. Auch sie setzten sich zu uns. Plötzlich faßte sich Rudolf Friedrichs an die Brust, von einem Unwohlsein befallen. Er mußte sich hinlegen. Am nächsten Tag wurde er ins Friedrichstädter Krankenhaus gebracht, wo er am 14. Juni 1947 einem Herzinfarkt erlag.
Einen Tag vor der Beisetzung fuhr ich wieder nach Dresden, um mit der Witwe über den »Nachlaß« im Schreibtisch zu sprechen. Aber Otto Buchwitz, so sagte sie mir, habe sich bereits darum gekümmert. Als ich den Schreibtisch aufschließen ließ, sah ich, daß das Fach mit dem Material über Fischer bereits leer war[*].

---

[*] Eine Untersuchung des Falles, die Dahlem und ich später im Auftrag des Zentralsekretariats vornahmen — allerdings getrennt, da Dahlem mich bei seinen Nachforschungen nicht zuzog —, ergab, daß unter Fischers Dienstaufsicht zahlreiche Kunstwerte unkontrollierbar verschwunden waren. Aber Fischer wurde nicht abgelöst, sondern weiterhin gehalten.

Deutschlands Wirtschaftseinheit zerbricht

Zu den zunehmenden Sorgen und Bedenken über die innere Entwicklung in der Zone traten noch die über das immer mehr fortschreitende Auseinanderleben der beiden Teile Deutschlands. Im Mai und Juni 1947 wurde die wirtschaftliche Spaltung Deutschlands immer deutlicher — vor allem durch die Bildung des Zwei-Zonen-Wirtschaftsrates im Westen und die darauf folgende Gründung der ständigen Wirtschaftskommission im Osten.

Am 29. Mai 1947 veröffentlichten die beiden Oberkommandierenden der amerikanischen und der britischen Zone, die Generäle Clay und Robertson, eine Proklamation zur Gestaltung der »Bizone«. Danach waren sogleich ein Wirtschaftsrat, ein Exekutivausschuß und nach besonderen Richtlinien eine Verwaltung zu bilden.

Am 25. Juni trat der Wirtschaftsrat zu seiner konstituierenden Sitzung im Saal der Frankfurter Börse zusammen. Ihm gehörten 54 Parteivertreter an, davon 21 von der CDU/CSU, 20 von der SPD und 5 von der FDP. Die Kommunisten waren durch drei Mitglieder vertreten. Die übrigen 5 Sitze hatten kleinere Parteien inne, die in der weiteren politischen Entwicklung der Bundesrepublik Deutschland keine Rolle mehr spielten.

Das SED-Zentralsekretariat entsandte mich als Beobachter nach Frankfurt. Ich unterhielt mich mit etlichen meiner Bekannten, insbesondere auch mit meinem Freund Gustav Dahrendorf, der zum Vizepräsidenten des Wirtschaftsrates gewählt worden war.

Zwischen den beiden großen Parteien, der CDU und der SPD, war ein Kampf um die Besetzung der Positionen der Abteilungsdirektoren entbrannt. Es ging in erster Linie um die Abteilung Wirtschaft, die das bisherige Zwei-Zonen-Verwaltungsamt für Wirtschaft, das in Minden domizilierte, aufzunehmen hatte. Dieses Amt war bisher von dem Sozialdemokraten Dr. Viktor Agartz verwaltet worden. Die SPD leitete von da her ihren Anspruch auf die Direktorenposition ab, den die CDU — unterstützt von den anderen »bürgerlichen« Vertretern — abwehrte. Die CDU bestimmte fortab den wirtschaftlichen Kurs, der abweichend von ihrem Ahlener Programm zu einem marktwirtschaftlichen Liberalismus führte.

Das Zentralsekretariat der SED hatte zu der Bildung des bizonalen Wirtschaftsrates erklärt, daß dadurch offenkundig der Beratung der Außenminister vorgegriffen und die Beratungen über die Wiederherstellung der Einheit Deutschlands erschwert werden sollen.

Die Zwei-Zonen-Vereinigung bedeute Unterordnung unter die Kräfte des westlichen Monopolkapitals, die ihre Weltherrschaft errichten wollten.

Als Antwort auf das Vorgehen der britischen und amerikanischen Oberbefehlshaber wurde von der SMAD am 14. Juni ein Koordinierungsausschuß, die »Ständige Wirtschaftskommission«, gebildet. Dieser Kommission wurde die Aufgabe zugewiesen, die Methoden der Wirtschaftsplanung zu verbessern und vor allem die planwirtschaftlichen Maßnahmen der Länder mit denen der Zentralverwaltungen zu koordinieren. Der Kommission gehörten die Präsidenten der mit wirtschaftlichen Aufgaben betrauten Zentralverwaltungen an, ferner der Vorsitzende des FDGB und der Vorsitzende der »Vereinigung der gegenseitigen Bauernhilfe«. Durch die Beiordnung der Gewerkschafts- und Bauernorganisation sollte ein Ansporn aller wirtschaftlichen Kräfte erreicht werden.

Der Marshallplan und die SED

Am 5. Juni 1947 hielt der Außenminister der USA, George C. Marshall, seine berühmte Rede, die einen grundsätzlichen Wandel der amerikanischen Politik zur Folge hatte und in der er ein großzügiges Hilfsprogramm der amerikanischen Regierung für alle Länder Europas, ohne Unterschied ihrer politischen Systeme, ankündigte. Kurz darauf kam der britische Außenminister Ernest Bevin mit dem französischen Außenminister Bidault überein, den sowjetischen Außenminister Molotow zu einer Aussprache über dieses Projekt nach Paris zu bitten.
Die Außenminister tagten vom 27. Juni bis zum 2. Juli. Molotow sagte »njet«. Trotz der negativen Einstellung der Sowjets zu dem Plan, der für diese ein Plan des Dollar-Imperialismus, eine Dollarspekulation mit dem Hunger, ein politischer Plan zur Rettung des bankrotten Monopolkapitals darstellte, forderten die französische und die britische Regierung alle europäischen Staaten auf, an einer Konferenz teilzunehmen, deren Ziel die Ausarbeitung eines Programms sein sollte, um den Wiederaufbau Europas auf Grund des von Mr. Marshall entworfenen Plans vorzunehmen. Sechzehn Staaten sagten zu. Die Tschechoslowakei, die ursprünglich ebenfalls ihre Teilnahme zugesagt hatte, sagte dann, wie alle anderen Ostblockstaaten, wieder ab.
Anfang Juli 1947 hielt die SPD in Nürnberg ihren Parteitag ab. Dr. Schumacher, der sich in seinem Referat mit dem amerikanischen Hilfsprogramm beschäftigte, erklärte am 1. Juli:
»Ein Projekt von so gewaltigem Ausmaß ist niemals eine vorwiegend geschäftliche Angelegenheit, sondern zeugt von echter Hilfsbereitschaft.«

Aber noch immer hatte die SED zum Marshallplan keine eindeutige Stellungnahme abgegeben. Eine Woche nach der anderen verstrich, bis schließlich am 23. Juli — eine Verspätung, die von aufmerksamen Beobachtern sicher bemerkt worden war — das Zentralsekretariat eine offizielle Entschließung bekanntgab. Darin wurde der Marshallplan wieder als eine Finte des amerikanischen Monopolkapitalismus bezeichnet, der Deutschland — wie schon einmal — unter dessen Botmäßigkeit bringen sollte.

Statt dessen forderte sie die sofortige Freigabe eines umfassenden Interzonenverkehrs und die Bildung gesamtdeutscher zentraler Verwaltungen, Demokratisierung des deutschen Wirtschaftslebens durch Beseitigung der Macht der Konzernherren und Großgrundbesitzer, durch Enteignung und Verstaatlichung der Betriebe der Kriegsverbrecher und Naziaktivisten und durch Verwirklichung des vollen Mitbestimmungsrechts der Werktätigen in allen Bereichen der deutschen Wirtschaft.

Zum Schluß wurde die Hoffnung ausgesprochen, »daß die kommende Londoner Tagung der Außenminister eine Verständigung über den dem deutschen Volke zu gewährenden Friedensvertrag bringt und damit die Voraussetzung schafft, daß ein einheitliches demokratisches Deutschland entsteht«. Die deutschen antifaschistisch-demokratischen Parteien werden sich in einer gesamtdeutschen Beratung verständigen, »um die Stimme des deutschen Volkes auf der Londoner Konferenz zu Gehör zu bringen«.

Geheime Reise der SED-Führer zu Stalin

Die Verzögerung der SED-Antwort auf den Marshallplan war keineswegs ein Zufall, denn zwischen der Verkündung des Plans und der Antwort des SED-Zentralsekretariats lag ein für die weitere Entwicklung der Dinge entscheidendes Ereignis: die Reise einiger SED-Führer nach Moskau zu Stalin.

Ich hörte erst Anfang Juli davon. Ohne vorherige Anmeldung kam Wilhelm Pieck in mein Zimmer. Er müsse etwas mit mir erörtern, bevor die Angelegenheit im Zentralsekretariat zur Sprache komme. Es handele sich um eine streng vertrauliche Sache, die nicht nach außen dringen dürfe. Nachdem ich ihn gebeten, es nicht allzu spannend zu machen, und ihm Vertraulichkeit zugesichert hatte, sagte er: »Es handelt sich um eine Reise von einigen Genossen nach Moskau. Der Genosse Stalin will eine Kommission von uns empfangen — inoffiziell und geheim. Das Zentralsekretariat soll zur Geheimhaltung verpflichtet werden.«

»Nun gut, was soll ich dabei tun?«
»Du und Franz Dahlem müßt während unserer Abwesenheit die Vorsitzenden vertreten, und zwar so, daß unsere Abwesenheit wenig bemerkt wird.«
»Wir werden tun, was wir können. Wer soll zur Kommission gehören?«
»Nur vier Mann: Grotewohl, Ulbricht, Fechner und ich.«
Der Aufenthalt in Moskau dauerte eine Woche. Die vier mußten einige Tage warten, bis sie in den Kreml geholt wurden. Nach ihrer Rückkehr nach Ostberlin berichteten sie im Zentralsekretariat über ihre Reise. Wiederum wies Pieck auf das Schweigegebot hin, bevor er Otto Grotewohl das Wort zur Berichterstattung erteilte.
Im Kreml, berichtete Grotewohl, habe er als erster vor den Mitgliedern des sowjetischen Politbüros sprechen müssen. Der Empfang sei sehr herzlich gewesen. In seiner Einführung sei er davon ausgegangen, daß alle Vorgänge, die zur Verschmelzung geführt haben, bekannt seien. Er habe deshalb nur aufgezeigt, welche Einwände von sozialdemokratischer Seite im Westen und in Berlin erhoben werden. Er habe die Schwierigkeiten aufgezeigt, die die westlichen Besatzungsmächte machen, um eine Vereinigung sozialdemokratischer und kommunistischer Arbeiter zur SED zu verhindern. Er habe weiterhin auf die Notlage der Bevölkerung hingewiesen.
An der anschließenden Aussprache hätten sich dann vornehmlich Molotow, Berija, Shdanow und Suslow beteiligt, zunächst mehr fragend, um das von Grotewohl entworfene Bild ergänzt zu erhalten. Stalin habe aufmerksam zugehört und dabei unaufhörlich eine Zigarre nach der anderen zerbrochen, den Tabak in seine Pfeife gestopft und geraucht. Als erster habe Shdanow das Wort zu längeren Ausführungen genommen, in denen er die Behauptung aufstellte, daß der Dollar-Imperialismus dabei sei, den Sieg über den deutschen Faschismus und den japanischen Imperialismus zu gefährden.
Schließlich habe sich Stalin erhoben, sei eine Zeitlang auf und ab geschritten und habe schließlich erklärt: »In der Frage der Einheit Deutschlands müssen wir schrittweise weiterkommen. Wir müssen weiterkommen, allen Widerständen zum Trotz. Nur dürfen wir uns nicht der Illusion hingeben, daß der Kampf, der um diese Einheit zu führen ist, schnell gewonnen sein wird. Er kann 5, 6 oder gar 7 Jahre dauern. Die SED ist eine deutsche Partei. Wir werden sie unterstützen, denn sie muß den Kampf um die Gestaltung Deutschlands von innen her führen. Es geht darum, daß die reaktionären Kräfte in der Wirtschaft und der Verwaltung ausgeschaltet, daß echte demokratische Reformen durchgeführt werden. Die SED muß sich mit der Kommunistischen Partei in den Westzonen vereinigen. Ein Sektierer-

tum darf sich in den Arbeiterparteien nicht breitmachen. Die Kommunistische Partei in Westdeutschland sollte sich am besten umbenennen, in ›Sozialistische Volkspartei Deutschlands‹ etwa.
Die Zerstörungen in Europa sind groß. Der Wiederaufbau nimmt viel Zeit in Anspruch. Wir müssen bei uns aufbauen, wir müssen auch anderen Völkern helfen.
Deutschland braucht seine Einheit und seinen Friedensvertrag. Erst dann ist der Kampf um einen dauerhaften Frieden gewonnen. Darauf kommt es uns entscheidend an. Und darum müssen wir länger in Deutschland bleiben, als uns selbst lieb ist.
Genosse Grotewohl hat die Frage der Grenzziehung angeschnitten. Was beispielsweise die Ostgrenze angeht, so kann die SED als eine deutsche Partei selbstverständlich einen anderen Standpunkt einnehmen als wir oder die Polen. Die SED braucht in der nationalen Frage den anderen Parteien keinen Agitationsgrund gegen sich zu geben.«
Mit diesem Besuch schien die Unabhängigkeit der Sozialistischen Einheitspartei Deutschlands gesichert zu sein.
Nur wenige Tage später besuchte Max Fechner den Präsidenten der Zentralverwaltung Gesundheit, Dr. med. Konitzer, bei dem er in Behandlung war. Fechner konnte seinen Mund nicht halten und berichtete Konitzer von dieser Reise. Am folgenden Tage wurde Dr. Konitzer verhaftet. Fechner mußte im Zentralsekretariat eine gehörige Philippika über sich ergehen lassen. Ansonsten passierte ihm nichts.
Anschließend an diese Sitzung saß ich mit Franz Dahlem zusammen. Wir sprachen über diesen Fall.
»Was Max da angerichtet hat, ist unverzeihlich«, sagte Dahlem. »Die Sowjets vergessen so leicht nichts.«
»Was kann Konitzer dafür, wenn Fechner sein Schweigegebot bricht?« entgegnete ich.
»Natürlich nichts. Er ist zweifellos auch nicht deshalb verhaftet worden.«
»Und was hat Max Fechner zu erwarten?«
»Mindestens das, daß er Moskau nie wiedersieht und daß er nicht so bald wieder ins Vertrauen gezogen wird.«
»Hast du den Eindruck, daß die ›Geheimniskrämerei‹ notwendig war?«
»Man wird in Moskau Gründe dafür gehabt haben.«

Parteitag der Ost-CDU und Ulbrichts »deutscher Plan«

Zwei Wochen vor Beginn des 2. Parteitages der SED im September 1947 fand auch der 2. Parteitag der CDU der sowjetisch besetzten Zone statt. Er wurde vom damaligen Zweiten Vorsitzenden, Ernst Lemmer, eröffnet, der als Gäste Oberst Tulpanow, die Vertreter aller politischen Parteien der Zone sowie auch zahlreiche Teilnehmer aus dem Westen, darunter den Ministerpräsidenten von Nordrhein-Westfalen, Karl Arnold, begrüßen konnte.
Nachdem Oberst Tulpanow die Grüße der sowjetischen Militärverwaltung überbracht hatte, sprach Jakob Kaiser als Vorsitzender der sowjetzonalen CDU, wobei er sich ganz besonders für die Unterstützung aller Maßnahmen einsetzte, die zur Wiedervereinigung Deutschlands führen könnten. In diesem Zusammenhang bedauerte er die englisch-amerikanischen Pläne für eine Bi-Zone und äußerte auch die Befürchtung, daß der Marshallplan die Zerstückelung Deutschlands eher fördern würde, wenn er nicht die sowjetische Besatzungszone mit einbezöge.
Es war ein außerordentlich starkes und leidenschaftliches Bekenntnis zur Einheit Deutschlands, wie wir es seit 1945 von ihm gewohnt waren. Jakob Kaiser trat auch für die Schaffung eines Konsultativrats ein, der die Möglichkeit der Wiedervereinigung der Besatzungszonen erörtern und gegebenenfalls vorbereiten sollte. Trotz vieler Schwierigkeiten, die der CDU bei ihrer politischen Betätigung in der Ostzone immer wieder gemacht worden waren, bekannte sich Jakob Kaiser zur Fortsetzung der Blockpolitik, erteilte aber auch gleichzeitig etwaigen Totalitätsansprüchen der SED, wie sie nach seiner Beobachtung in der Blockpolitik manchmal sichtbar geworden waren, eine eindeutige Absage.
»Blockpolitik ist eine der möglichen Formen für loyale Zusammenarbeit der Parteien in außerordentlicher Zeit ... solange und sofern sie nicht von einer der Parteien benutzt wird, sich eine ideologische und praktische Vorherrschaft zu sichern.« Er fügte hinzu, »daß dafür in der sowjetischen Besatzungszone immerhin Neigung und Gefahr gegeben ist«.
Dieses Referat Jakob Kaisers sollte — das stellte sich aber erst später heraus — entscheidend nicht nur für die weitere Entwicklung der Zone, sondern auch für Jakob Kaiser selber sein. Dies galt vor allem für seine Erklärung: »Eins aber wissen wir heute schon: Deutschland hat sich in seiner Mehrheit gegen den dogmatischen Marxismus entschieden. In der Auseinandersetzung der ideologischen Prinzipien hat sich mit am stärksten das Bekenntnis zu einer Politik aus christlicher Verantwortung erwiesen.«

Wenige Tage nach dem CDU-Parteitag erschien, sozusagen als Beitrag zur Leipziger Herbstmesse, ein Sonderdruck des SED-Zentralorgans »Neues Deutschland« mit einem Artikel Ulbrichts unter dem großspurigen Titel »Der deutsche Plan«, der gleichzeitig in deutscher, russischer, englischer und französischer Sprache veröffentlicht wurde.
»Der Deutsche Plan« war im Zentralsekretariat nicht diskutiert worden. Er löste deshalb bei den Mitgliedern Überraschung aus, die sich jedoch legte, als Pieck vertraulich mitteilte, daß Ulbricht nur seinen Namen für diesen Plan zur Verfügung gestellt habe. In diesem »deutschen Plan« setzten sich die Sowjets mit dem Marshallplan auseinander, wobei das Ruhrproblem in den Mittelpunkt gestellt wurde. Ulbricht fand in »seinem Plan« zugleich die Ergänzung für sein auf dem Parteitag zu haltendes Referat.

Der 2. SED-Parteitag im September 1947

Am 22. Mai 1947 hatte die SED-Parteiführung den Beschluß gefaßt, den 2. Parteitag der SED zum 20. September nach Berlin einzuberufen. Im Unterschied zu späteren Parteikonferenzen und Parteitagen wurden diesmal die demokratischen Spielregeln für die Wahl der Delegierten noch ernst genommen. Da ich für die Vorbereitung der Organisation verantwortlich war, lag mir daran, sowohl die Parität zwischen ehemaligen Kommunisten und ehemaligen Sozialdemokraten zu garantieren, als auch die neuen, nach der Vereinigung der SED beigetretenen Mitglieder und Funktionäre gebührend zu berücksichtigen. Ich gab daher entsprechende Richtlinien an die Landes- und Kreisvorstände.
Auf dem 2. Parteitag selbst, der vom 20. bis 24. September 1947 in der Deutschen Staatsoper tagte, war also zumindest äußerlich noch die Parität gewahrt. Das Programm sah vor, daß Wilhelm Pieck den politischen Bericht und ich den Organisationsbericht des Parteivorstandes geben sollten. Anschließend folgten die Referate Otto Grotewohls über den »Kampf um die nationale Einheit und um die Demokratisierung Deutschlands« und Walter Ulbrichts über den »demokratischen Neuaufbau in Wirtschaft und Verwaltung«.
Zum Parteitag waren außer dem Mitglied des ZK-Sekretariats der KPdSU, Michail Suslow, und dem führenden sowjetischen Partei-Ideologen und damaligen Chefredakteur der »Prawda«, Pjotr Pospelow, führende Vertreter der kommunistischen Parteien Jugoslawiens, Ungarns, Frankreichs, Schwedens, Norwegens und Luxemburgs erschienen, ferner Vertreter der Besatzungsmächte, die stellvertretende

Berliner Oberbürgermeisterin Louise Schroeder, Stadtverordneten-Vorsteher Otto Suhr sowie als Gäste von der CDU Ernst Lemmer und Dr. Heinrich Krone und von der LDP Wilhelm Külz.
Nach den Begrüßungsansprachen, die sehr viel Zeit in Anspruch nahmen, unterstrich Wilhelm Pieck in seinem Referat den Wunsch nach einem deutschen Friedensvertrag; er verband ihn mit einer scharfen Kritik am Marshallplan, den er ein »sehr gefährliches Täuschungsmanöver« nannte, durch das die einzelnen Länder Europas zu Werkzeugen der imperialistischen Pläne des amerikanischen Monopolkapitals gemacht werden sollten.
Pieck schloß mit der Folgerung, dem deutschen Volk selbst die Möglichkeit zu geben, durch eine allgemeine Volksabstimmung über die Einheit Deutschlands zu entscheiden.
In meinem Bericht wies ich zunächst auf den Charakter der Partei hin: »Für eine sozialistische Partei, für eine Massenpartei, wie sie die Sozialistische Einheitspartei Deutschlands darstellt, sind nicht nur der Organisationsaufbau, die Organisationsform und der Mitgliederbestand entscheidend, sondern auch der Geist, der ihr innewohnt...
Dieser Geist kann nur ein demokratischer Geist sein. Eine sozialistische Massenpartei ohne demokratische Grund- und Geisteshaltung ist undenkbar. Parteidemokratie erfordert, daß alles ausgesprochen wird, was Anlaß zu Lob und Tadel geben kann. Kontrolle und Kritik ist nicht nur das statutenmäßig verankerte Recht eines jeden Mitglieds, sondern ist sozialistische Pflicht aller Genossen ohne Unterschied. Auf dem Nährboden der Partei sprießen und entfalten sich immer neue Kräfte, die unserer Bewegung das Gesicht einer vielgestaltigen Einheitlichkeit und einer einheitlichen Vielgestaltigkeit geben. Freiheit der Persönlichkeit in einer Massenorganisation? Jawohl, gerade in ihr und gerade durch sie!«
Besonders betonte ich, daß außer der politischen Zuverlässigkeit auch fachliches Können vorhanden sein müsse, wenn die großen Aufgaben gelöst werden sollen.
Abschließend erklärte ich:
»Eine kritische Untersuchung der Zusammensetzung unserer Partei nach Geschlecht und Alter zeigt mit aller Anschaulichkeit, daß die Heranziehung von Frauen und Jugendlichen zum parteipolitischen Leben in weit größerem Maße als bisher vonnöten ist.«
Otto Grotewohl stellte den Grundgedanken der Demokratie und der Selbstbestimmung in den Mittelpunkt seines Referats. Besondere Aufmerksamkeit fanden seine Ausführungen gegen die Idee einer »Neutralität« Deutschlands zwischen Ost und West: »...Wo sind denn die Kräfte und Voraussetzungen, die Deutschland befähigen

oder in den Stand setzen, eine Brücke zu sein? Sie sind nirgends vorhanden. Wir fürchten auch, daß weder Amerika noch Rußland Neigung und Lust haben werden, über eine solche Brücke zueinanderzukommen.«
Obwohl sich Grotewohl damals noch nicht so eindeutig für eine Ostorientierung der SED aussprach wie später, war in seiner Ablehnung der »Brücken«-Theorie bereits der erste Schritt in diese Richtung getan.
Letzter Redner war Walter Ulbricht, der eine gesamtdeutsche Wirtschaftsplanung und die Erweiterung des Interzonenhandels in den Vordergrund seiner Ausführungen stellte und einen langfristigen Wirtschaftsplan bis zum Jahre 1950 forderte.
»In einer demokratischen Wirtschaftsordnung«, erklärte Ulbricht, »liegt das wirtschaftliche Schwergewicht bei den volkseigenen Betrieben. Aber auch die privatkapitalistischen Betriebe, die zahlenmäßig in der Mehrheit sind, haben weiterhin die Möglichkeit zur wirtschaftlichen Initiative und Betätigung. Es wird sich ein Wettbewerb zwischen den volkseigenen Betrieben und den Privatbetrieben entwickeln. Das ist eine gesunde Erscheinung.«

Ulbricht erhält die wenigsten Stimmen

Nach dem Parteitag kam Otto Grotewohl in mein Zimmer. Er beglückwünschte mich zu dem Erfolg meines Referates und meinte:
»Wir beide haben am besten abgeschnitten.«
»Haben wir das wirklich?« antwortete ich etwas skeptisch, »ich habe unseren alten Parteifreunden in der Abwehr der sogenannten sektiererischen Ansprüche der Kommunisten einiges unter die Füße geben wollen. Es scheint mir auch gelungen zu sein, wie mir viele meiner alten Freunde versichert haben. Aber Franz Dahlem, und nicht nur er, fragte, wie man so etwas macht, bei einem Organisationsbericht so viel Beifall zu bekommen.«
»Und Tulpanow?«
»Na ja — aber nicht nur er. Und dann bin ich gefragt worden, weshalb die Zahlen nicht bekanntgegeben worden sind, die bei der geheimen Wahl auf jedes der gewählten Vorstandsmitglieder entfallen sind.«
»Ich meinte auch das Wahlergebnis, als ich davon sprach, daß wir beide gut abgeschnitten haben. Was hast du geantwortet?«
»Nicht die Wahrheit. Ich konnte doch nicht gut sagen, daß Ulbricht so wenig Stimmen bekommen hat —, daß er fast durchgefallen wäre. Aber noch etwas anderes. Ich habe inzwischen die Delegiertenlisten

durchgesehen und mit den Namen der Delegierten auf dem Vereinigungsparteitag verglichen. Viele Namen von ehemaligen Sozialdemokraten sind nicht mehr dabei.«

»Innerhalb der SED gibt es aber doch noch eine große Anzahl guter alter sozialdemokratischer Funktionäre. Auch das hat der Parteitag gezeigt. Man hat ihnen die Hand drücken können, und ich habe ihnen gesagt: Wir gehören und wir bleiben zusammen.«

»Wir stecken mit ihnen in dem Experiment, das wir gemacht haben und das wir machen mußten«, bekräftigte ich, »jetzt müssen wir zusehen, wie es weitergeht.«

»Es ist bisher besser gegangen, als viele von uns angenommen haben.«

Ich dämpfte diesen Optimismus ein wenig mit der Frage: »War das, was wir auf dem Parteitag gezeigt haben, die Wiedergabe eines echten Parteilebens? Oder war es Regie? Wieweit sind wir bereits der Regiekunst verfallen?«

Neue Differenzen im SED-Zentralsekretariat

Unmittelbar nach Beendigung des zweiten Parteitages wurde beschlossen, das Zentralsekretariat von bisher 14 auf 16 Mitglieder zu erweitern. Von kommunistischer Seite wurde zu den bisherigen Mitgliedern Pieck, Ulbricht, Dahlem, Ackermann, Merker, Elli Schmidt und Matern noch Walter Beling hinzugezogen, von sozialdemokratischer Seite kam zu Grotewohl, Fechner, Meier, Lehmann, Käte Kern, August Karsten und mir als neues Mitglied Friedrich Ebert. Diese Veränderung war schon kurz vor dem Parteitag von Wilhelm Pieck angeregt worden. Sein Wunsch hatte allgemein überrascht, um so mehr, als Pieck dieser Frage großes Gewicht beizumessen schien. Auf seinen Wunsch hin wurde eine Kommission eingesetzt, der außer den beiden Vorsitzenden Ulbricht, Fechner, Dahlem und ich angehörten.

Bevor die Kommission zusammentrat, fragte ich Grotewohl nach den Hintergründen dieser Regelung. Er erwiderte, daß Pieck die Frage mit ihm besprochen habe. Es gehe darum, die sozialdemokratische Parität zu verstärken. Von August Karsten, der den an ein Mitglied des ZS zu stellenden Ansprüchen wohl unbestritten nicht genüge, werde man sich über kurz oder lang trennen müssen. Zunächst würde ihm ein kommunistischer Genosse als Parität beigegeben.

»Was soll dann mit August Karsten geschehen?«

»Wilhelm Pieck hat vorgeschlagen, einen Verband der Arbeits- und

Kriegsinvaliden zu gründen und August Karsten den Verbandsvorsitz zu übertragen.«
Ich benutzte die Gelegenheit, Grotewohl zu erklären, daß mir viel daran gelegen wäre, die Abteilung Parteibetriebe, die mich arbeitsmäßig sehr belastete, an August Karsten abtreten zu können. Auf den Ausgangspunkt unseres Gespräches zurückkommend, sagte ich: »Aber du sprachst eben von der Verstärkung des sozialdemokratischen Flügels.«
»Da haben wir an Fritz Ebert gedacht.«
»Wer ist ›wir‹? Der Vorschlag stammt doch von Ulbricht. Er ist das Ergebnis der Münchner Reise, nicht wahr? Trotzdem, mir soll es recht sein. Und wer soll die Parität zu August Karsten werden?«
»Da liegt tatsächlich ein Vorschlag von Walter vor. Ich glaube, Bernstein heißt der Genosse.«
Hiergegen erhob ich jedoch energischen Protest. Die Abteilung »Parteibetriebe« hatte bis vor einigen Wochen den ehemaligen sudetendeutschen Kommunisten Rudolf Appelt zum Abteilungsleiter. Nachdem er Vizepräsident der Zentralverwaltung Außen- und Interzonenhandel geworden war, hatte man an seine Stelle einen gewissen Bernstein gesetzt. Ich hatte diesem Wechsel nur widerwillig zugestimmt und nur, um Appelt, den ich schätzengelernt hatte, bei seinem Aufstieg nicht hinderlich zu sein.
Der Kommunist Appelt und der Sozialdemokrat Erwin Brillke hatten vorzüglich zusammengearbeitet, obwohl Appelt Brillkes Vorgesetzter war. Bei dem Wechsel setzte ich wenigstens durch, daß Erwin Brillke gleichberechtigt mit Bernstein arbeitete.
Nun sollte dieser Bernstein, der erst wenige Wochen zuvor aus sowjetischem Offiziersdienst ausgeschieden war, gleich Parteivorstandsmitglied und eventuell sogar Mitglied des Zentralsekretariats werden. Das konnte nicht akzeptiert werden. Außerdem lagen einige Beschwerden weiblicher Angestellter gegen ihn vor.
Bernsteins Tätigkeit hatte damit begonnen, daß er sich ein möbliertes Haus in Klein-Machnow verschaffte. Auf Antrag der Gemeindeverwaltung wurde sogleich eine Untersuchung dieser »Aktion« eingeleitet. Bernstein mußte das Haus räumen.
Ich erörterte die Angelegenheit mit Franz Dahlem. Auch er war gegen eine Nominierung Bernsteins. Wir einigten uns auf Walter Beling als unseren Kandidaten. Beling war bis dahin zusammen mit dem Sozialdemokraten Sepp König aus Zehlendorf Leiter der Organisationsabteilung gewesen. Ihre Zusammenarbeit war des öfteren von Dahlem und mir als vorbildlich anerkannt worden.
Während wir noch darüber sprachen, kam Anton Ackermann in unser Zimmer. Als wir ihn ins Bild gesetzt hatten, sagte er: »Ich bin

weder gegen Ebert noch gegen Beling. Aber ich bin gegen die Vergrößerung des ZS. Es ist ohnehin schon zu groß. Wenn es jetzt noch weiter vergrößert werden soll, dann stecken bestimmte Absichten dahinter. Und diese Absichten sind leicht zu durchschauen: eines Tages wird dieses Gremium aufgeteilt. Ein kleineres übernimmt dann als Politbüro die Führung der KPD im Gewande der SED.«
Einige Tage später tagte die Kommission bei Wilhelm Pieck. Der Vorschlag Ebert fand ohne Erörterung die Zustimmung aller.
Dann kam Pieck auf die Parität zu August Karsten zu sprechen.
Wie mir Grotewohl später versicherte, hatte er Pieck zwischen Tür und Angel davon unterrichtet, daß ich die Parteibetriebe abgeben und mich für eine Zusammenlegung der Geschäftsabteilungen einsetzen wolle.
Wilhelm Pieck schlug nun vor, die Geschäftsabteilungen zu vereinigen — ohne zu erwähnen, daß dies mein Vorschlag war; er hatte das nicht »mitbekommen«. Als er jetzt Bernstein als Parität zu Karsten nannte, protestierte ich sofort.
Pieck ließ mich jedoch gar nicht aussprechen, sondern polterte dazwischen:
»Es kann nicht angehen, daß du über das ganze Parteivermögen allein verfügst. Käme es doch noch einmal zur Spaltung der Partei, so bekäme womöglich die SPD das ganze Vermögen der Partei.«
Das war ein richtiger Zornesausbruch. Wir guckten uns zuerst alle verdutzt an, dann mußte ich lachen und steckte damit die anderen an. Es herrschte allgemeine Heiterkeit, nur Pieck blieb ernst. Er konnte nicht begreifen, weshalb wir lachten.
Ich sagte: »Ich weiß nicht, Wilhelm, wer dir da etwas eingeblasen hat, was gar nicht stimmt.
Einmal habe ich als Mitglied des ZS, dem die Abteilung Parteibetriebe unterstellt ist, keine materielle Verfügungsgewalt. Zudem will ich ja diese Funktion an Karsten und seine zukünftige Parität abgeben.
Ferner: Genau wie die anderen Gesellschafter der Parteibetriebe habe ich kein Verfügungsrecht. Auch nicht als einer der Kollektiv-Geschäftsführer in einigen Gesellschaften.
Und schließlich wende ich mich gegen die Kandidatur Bernsteins aus sachlichen Gründen.«
Nachdem Dahlem und Grotewohl die Gründe gegen Bernstein vorgetragen hatten, schlug Dahlem Walter Beling vor. Nach einigem Hin und Her einigten wir uns schließlich darauf — es war Grotewohls Vorschlag —, daß Beling und Karsten zu meiner Entlastung paritätisch für die Parteibetriebe zusammenarbeiten sollten, daß ich jedoch die Verantwortung noch behalten müßte.

Offenes Gespräch bei August Karsten

Der 2. Parteitag war von allen, die mit der Vorbereitung beauftragt waren, ausgezeichnet organisiert worden. Da mir die Federführung übertragen worden war, hatte ich meinen Sekretär, Ingo Wachtel, beauftragt, die Sekretäre der anderen in die Kommission berufenen Mitglieder des ZS mit heranzuziehen. Sie und alle Mitarbeiter waren befriedigt von dem äußerlich glänzenden und harmonischen Verlauf des Parteitags. In einer gemeinsamen Sitzung sprach ich allen an diesem Erfolg Beteiligten meinen Dank und meine Anerkennung aus.
Nach dieser Sitzung fand sich ein kleiner Kreis noch im Zimmer von August Karsten zusammen: Fechner, Meier, Wachtel, Dr. Scheele und Rolf Krankemann. Karsten bat mich auch dazu. Als ich das »Scheidemann-Zimmer« betrat, wurde gerade die Frage erörtert, ob das auf dem Parteitag gezeigte Bild äußerer Harmonie dem hinter den Kulissen bestehenden entspreche.
»Was soll denn das hier?« rief ich aus. »Ihr wißt doch, solche einseitigen Fêten hat man auf der anderen Seite nicht so gern.«
»Meine Tür ist für alle geöffnet«, erwiderte Karsten. »Es ist reiner Zufall, daß sich ein so einseitiger Kreis zusammengefunden hat.«
»Das mag sein. Aber glauben tut man uns das nicht. Aber weil ihr gerade von dem äußeren und inneren Bild gesprochen habt: Hinter den Kulissen geht etwas vor, und das richtet sich gegen dich, August.«
»So, was wirft man mir denn vor?«
»Eine nicht allzu korrekte Geschäftsführung.«
»So etwas hat Grotewohl schon angedeutet. Ich werde eine Kontrolle beantragen. Anscheinend geht es darum, mir etwas am Zeuge zu flicken, um von der Geschäftsführung Lore Piecks abzulenken.«
Otto Meier mischte sich in die Unterhaltung: »Ich denke gerade an den Empfang im Haus der Sowjetkultur und an die nachfolgende Sitzung mit den ausländischen Genossen. Ich weiß nicht, wie euch bei den Gesprächen zumute gewesen ist, die da geführt wurden.«
»Na, ebenso wie dir«, entgegnete Fechner.
Und ich fügte hinzu: »Da muß ich mich Max anschließen.« — Alles lachte, und ich fuhr fort: »Es hat sich wieder einmal gezeigt, daß wir, sobald sich der kommunistische Flügel zahlenmäßig und dazu noch international verstärkt, zu einem Grüppchen von Außenseitern werden. Wir werden zwar von allen sehr freundlich behandelt, aber so, wie man eben ›Konzessionsschulzen‹ behandelt. Innerhalb des ZS ist das natürlich anders. Wir haben eine ausgeglichene Parität, sind miteinander bekannt und vertraut.« Damit hatte ich mit allgemeiner Zustimmung das Bild hinter den Kulissen gezeichnet.

Die Verhaftungen machen mir Sorgen

Als die »Rote Armee« in Deutschland einrückte, folgte ihr das NKWD auf dem Fuße. Es spannte ein Polizeinetz über das gesamte Besatzungsgebiet. Keinem Deutschen, auch nicht den deutschen Kommunisten, wurde mitgeteilt, nach welchen Grundsätzen die Polizeiorganisation vorzugehen beabsichtigte. Tatsache ist, daß es sehr bald eine Anzahl Deutsche gegeben hat, die sich als Denunzianten oder Agenten in den Dienst der verschiedenartigsten Polizeiorganisationen stellten, zu denen auch der Geheimdienst gehörte. Im Osten wie auch im Westen hatte keine politische Partei Einfluß auf die polizeilichen Maßnahmen der Besatzungsmächte. Die Polizeiformationen der sowjetischen Besatzungsmacht unterschieden sich insofern von denen der westlichen Besatzungsmächte, als sie über die Sonderformation des NKWD verfügten, die nicht der SMAD unterstand. So konnte die SMAD keinen entscheidenden Einfluß nehmen, wenn es galt, Verhaftungsfälle aufzuklären. Es war sogar nicht ganz ungefährlich, an eine systematische Aufklärung heranzugehen, weil man damit zum Ausdruck brachte, daß man den polizeilichen Maßnahmen vom Standpunkt der Gerechtigkeit nicht traute.

Allen Warnungen zum Trotz habe ich mich über ein Jahr lang dieser Aufgabe unterzogen. Dabei hatte ich verschiedentlich Erfolg. So in dem bereits geschilderten Fall des Stadtrats Bollmann aus Halberstadt, des Sohnes der früheren preußischen Landtagsabgeordneten Minna Bollmann.

Dieser Erfolg und ein anderer, der in Dresden zusammen mit Otto Buchwitz verzeichnet werden konnte, waren vorausgegangen, als ich in Hamburg eine Pressekonferenz abzuhalten hatte.

Ganz zufällig hatte ich vor meiner Abreise nach Westdeutschland von einem Fall erfahren, der sich im Bezirk Dresden zugetragen hatte. Ein Funktionär war nach Westdeutschland »geflüchtet«. Er wollte sich auf diese Weise von der Verantwortung seiner Frau und seiner Familie gegenüber befreien. Dieser Mann war nach Hamburg gegangen und nahm als Journalist an der Pressekonferenz teil. Auch das war ein Zufall. Er wurde mir nun als Kronzeuge dafür vorgeführt, daß Tausende von Sozialdemokraten ihrer Gesinnung wegen in der sowjetisch besetzten Zone eingesperrt worden sind. Als mir der Name genannt wurde, konnte ich seinen Fall darlegen. Ich habe aber dann darauf hingewiesen, daß das Vorgehen der sowjetischen Polizei in keiner Weise von deutschen Parteistellen beeinflußt werden kann. Trotzdem sei ich bereit, soweit mir die Möglichkeit hierzu geboten würde, alle Fälle nachzuprüfen, bei denen der Verdacht besteht, daß die Verhaftung nur aus Gesinnungsgründen erfolgt ist.

Ich fügte hinzu: »Bitte Namen nennen! Sie können mir auch schriftlich nach Berlin mitgeteilt werden.«
Dieses »Bitte Namen nennen« löste eine Aktion aus, die in meinem Büro bald einige Ordner füllte. Eine Zeitung hatte diesen Appell aufgegriffen. Sie berichtete über Verhaftungen von vielen tausend Sozialdemokraten und nannte auch Namen, allerdings nur 53, und fuhr dann fort: »Allein in der Osterwoche 1947 wurden in Halle, Magdeburg, Gera, Leipzig und Dresden etwa 130 Sozialdemokraten verhaftet...
Im Zwickauer Landgerichtsgefängnis waren am 1. März 1947 400 Sozialdemokraten in Haft, in Dresden in der Haftanstalt des Oberlandesgerichts sogar 900. Im KZ Buchenwald sind 800 SPD-Funktionäre gefangengehalten.«
Diese Veröffentlichung wälzte sich wie eine Lawine auf mich zu. Sie wurde nicht nur von anderen Zeitungen übernommen, sondern mir in Dutzenden von Briefen direkt oder durch andere zugeleitet. Immer wieder wurden die gleichen Zahlen und die gleichen Namen genannt.
Ich hatte gefordert: »Namen nennen!«, nicht weil ich zweifelte, daß vom NKWD Verhaftungen vorgenommen wurden, sondern weil ich bei etwaigen Fehlgriffen ernsthaft versuchen wollte, wenigstens denjenigen zu helfen, die davon betroffen waren. Ein solcher Versuch setzte aber die gleiche Ernsthaftigkeit bei allen voraus, die mithelfen wollten, ungeklärte Fälle aufzuhellen. Eine solche Ernsthaftigkeit lag jedoch in den Zeitungsartikeln und Briefen oft nicht vor.
Ich hatte das Stichwort »Namen nennen« in die Zonenpresse übernehmen lassen in der Erwartung, daß sich alle Angehörigen von Verhafteten melden würden, die der Überzeugung waren, daß die Verhaftungen zu Unrecht vorgenommen worden waren. Es haben sich auch Angehörige und Freunde von solchen Personen gemeldet. Für eine Anzahl konnte ich mit Erfolg tätig werden. Ein Erfolg blieb mir jedoch versagt, wenn es sich um Belastete aus der Zeit vor 1945 handelte, auch wenn sie nach 1945 der Sozialdemokratischen Partei beigetreten waren. Es gab mehrere derartige Fälle.
Besonders sorgfältig wurden von mir und meinem Sekretär Ingo Wachtel die in dem Artikel genannten Namen überprüft, immer wieder zurückgefragt, wenn Zweifel in die Stichhaltigkeit der Angaben gesetzt werden mußten.
Nachdem ich meine Ermittlungen im großen und ganzen abgeschlossen hatte — für etliche Verhaftete hatte ich, unabhängig von ihrer Parteizugehörigkeit, auch vieles erreicht —, beschäftigte sich das ZS abschließend mit dieser meiner »nebenberuflichen« Tätigkeit. Es wurde beschlossen, daß sie künftig von Wilhelm Meissner, Grote-

wohls Sekretär, fortgesetzt bzw. abgewickelt werden sollte. Es hatte sich eine recht umfangreiche Korrespondenz ergeben, die ich bei meinem großen Arbeitsgebiet nicht auch noch bewältigen konnte.
Das Ergebnis dieser Aktion für mich war, daß ich bei der SMAD Mißtrauen erweckt hatte. Grotewohl versicherte mir, wie froh er wäre, daß ich jetzt aus diesem Engagement heraus sei.

Ulbricht verkündet Bildung einer »Zentralverwaltung des Innern«

»Bericht von Walter Ulbricht.« Nichts weiter stand zu diesem Punkt auf der Tagesordnung des Zentralsekretariats. Als ich die mir zugeleitete Tagesordnung zur Kenntnis genommen hatte, ging ich gleich zu Dahlem hinüber. Sein Sekretär, Hans Seigewasser, saß bei ihm, um seine Weisungen entgegenzunehmen.
»Du kommst wegen der Zentralverwaltung des Innern?« fragte Dahlem sofort.
»Erraten! Weißt du Näheres?«
»Nicht allzuviel, nur, daß die SMAD seit Monaten an der Einrichtung einer Zentralverwaltung des Innern arbeitet.«
»Für die Verwaltung soll eine ehemalige Schuhfabrik in Pankow vorgesehen sein?«
»Das ist möglich. Du weißt also auch davon? Ich habe erst vor einigen Tagen davon erfahren.«
»Ich weiß nichts Genaues. Aber dafür sind wir beide für die Personalpolitik zuständig, um erst dann von einer neuen Verwaltung etwas zu erfahren, wenn sie schon fertig ist.«
Auch Dahlem meinte: »Wir sollten uns das nicht gefallen lassen. Aber bitte nimm zur Kenntnis, daß Walter nicht mit mir darüber gesprochen hat.«
Wir waren beide auf den Bericht Ulbrichts gespannt. Von Max Fechner erfuhr ich, daß auch er als sein Partner nicht unterrichtet worden war.
Es war überhaupt keiner der Kollegen informiert worden, denn einer nach dem andern rief bei mir an, um zu hören, ob ich etwas wüßte.
Ulbricht berichtete dann, daß seit einigen Monaten die SMAD damit begonnen habe, eine zentrale Verwaltung des Innern hier in Berlin aufzubauen. »Erst jetzt haben ›die Freunde‹ mich autorisiert, dem Zentralsekretariat Bericht zu erstatten.«
Die Zentralverwaltung sollte vor allem die Aufgabe haben, eine zentralisierte, schlagkräftige Polizeitruppe zu schaffen, damit die SMAD nach und nach auch ihre Truppen verringern und schließlich ganz zurückziehen könne.

Während Dahlem sich darüber beklagte, daß das personalpolitische Ressort im ZS ausgeschaltet worden sei, wies ich darauf hin, daß es nach dem Viermächtebeschluß nur eine in die kommunalen Verwaltungen eingebaute Polizei geben dürfe. Wenn davon jetzt abgewichen werde, ergebe sich die Frage, was die westlichen Vertreter im Kontrollrat dazu sagen werden.
Ulbrichts einzige Antwort war: »Ich bin mit den Fragen, die nach und nach auf uns zukommen werden, nicht befaßt — nicht beschäftigt worden, ja? — Die Vorarbeiten hat die SMAD durchgeführt, ja?« —
»Auch die Personalbesetzung?« wollte Dahlem wissen.
»Auch die Personalbesetzung, soweit die leitenden Kader in Frage kommen. Man wird den Kommunalverwaltungen nicht alle Polizeikräfte wegnehmen. Aber es wird daneben eine Volkspolizei geben.«
Ich wandte mich an Ackermann: »Hast du nicht einmal in einem Artikel geschrieben, die Tatsache, daß eine Zentralverwaltung des Innern nicht gebildet wurde, sei ein Beweis dafür, daß erst in einem wiedervereinigten Deutschland die Polizeifrage geregelt werden wird?«
»Ich bin genauso überrascht wie ihr alle«, entgegnete Ackermann, »daß jetzt schon über die Länder eine Verwaltung des Innern für die ganze Zone gesetzt werden soll.«
Grotewohl wollte den Grund dafür in der Entwicklung Westdeutschlands sehen, wo, wie er ausführte, genau wie nach 1918, eine Demokratie ohne Demokraten, in allen Schlüsselstellungen sogar mit Antidemokraten errichtet worden sei.
Eine Argumentation, der Ulbricht lebhaft beipflichtete.
Nach der Sitzung fragte ich Max Fechner, weshalb er sich so zurückgehalten habe. Seine Antwort war ausweichend.
»Wie du weißt, haben Walter und ich eine Arbeitsteilung vereinbart. Aber unabhängig davon verändert sich ja kommunalpolitisch nichts, wenn die Polizei einer zentralen Verwaltung unterstellt wird. Die Demokratie auf kommunaler Ebene funktioniert ohne Polizei sogar besser als mit ihr.«
Ich erwiderte: »Nehmen wir einmal an, Deutschland bleibt noch auf Jahre hinaus durch die Zonengrenzen getrennt und wir bekommen so bald keine gesamtdeutsche Regierung. Dann könnte doch der Fall eintreten, daß uns Walter Ulbricht durch seine Zentralverwaltung des Innern regiert.«
Damit verließ ich Fechner, der grübelnd zurückblieb.

Kominform und SED

Während wir im politischen Gefüge der Sowjetzone mit immer größerer Besorgnis den Machtzuwachs Walter Ulbrichts und die Durchlöcherung unserer Ziele und Hoffnungen erleben mußten, wurden wir auch von außen immer stärker unter Druck gesetzt. Am 5. Oktober 1947 traf uns die Nachricht von der Gründung des »Informationsbüros der Kommunistischen Arbeiterparteien«, im allgemeinen Sprachgebrauch »Kominform« genannt, genauso überraschend wie die westliche Welt. Kein Hinweis, keine Andeutung hatte selbst uns, die SED-Führer, auf dieses Ereignis vorbereitet. Erst durch die Presse erhielten wir Kenntnis von der im September 1947 in Polen stattgehabten »informatorischen Beratung von Vertretern der kommunistischen Parteien der Sowjetunion, Polens, Ungarns, der Tschechoslowakei, Bulgariens, Rumäniens, Jugoslawiens, Frankreichs und Italiens« und der auf dieser Tagung erfolgten Gründung des »Kominform«*.

Die entscheidende Rede auf der Gründungstagung hatte das damalige Mitglied des Politbüros, Shdanow, gehalten, der sich äußerst scharf gegen die USA und die übrigen Westmächte wandte, ja die USA mit dem Hitler-Faschismus verglich.

Kaum waren die Meldungen über die Kominform-Tagung in der Weltpresse erschienen, als die Zeitungsreporter uns mit Fragen bombardierten. Vor allem wollten sie wissen, ob die SED auch an der Tagung teilgenommen bzw. ob sie sich mit den Darlegungen des Kominform identifiziere.

Das ZS mußte mußte also unverzüglich zu diesem Ereignis Stellung nehmen. Ackermann hatte auf Piecks Veranlassung eine Entschließung vorbereitet. Die SED könnte zwar, meinte Pieck, auf eine Stellungnahme verzichten, da sie an der Konferenz nicht teilgenommen habe. Ein Schweigen könnte aber mißverstanden werden. Ackermanns Entwurf wurde mit kleinen Änderungen einstimmig angenommen. In der Erklärung wurde das Echo in der Öffentlichkeit als künstlich erzeugte Erregung bezeichnet, die völlig unverständlich sei. Eine solche Verständigung aller Arbeiterparteien der Welt wäre die stärkste Sicherung des Weltfriedens. Aus diesem Grunde habe die SED es begrüßt, daß Vertreter der sozialistischen Parteien in Ost und West Sympathieerklärungen für ihre Arbeit abgegeben hätten. Bisher sei die SED mit den verschiedenen Bestrebungen zur Gründung neuer internationaler Organisationen nicht befaßt wor-

---

* Abkürzung für Informationsbüro der Kommunistischen Arbeiterpartei. Gegründet 1947 zum Zweck des Erfahrungsaustausches und der Koordinierung aller kommunistischen Parteien sowie ihrer Kontrolle durch die KPdSU.

den. Sie werde aber jeder Entwicklung, die einer Stärkung des Friedens dient, ihre Zustimmung und Mitwirkung geben.
Später sagte Otto Meier zu mir: »Die Dritte Internationale ist tot — es lebe die Internationale! Haben wir nichts mit ihr zu tun?«
Sehr bald sollten wir jedoch mit dem Kominform durchaus etwas zu tun haben — zunächst allerdings lediglich als Zulieferer für die technische Ausrüstung. Walter Ulbricht gab auf einer der nächsten Sitzungen des Zentralsekretariats bekannt, daß der Kominform-Apparat, der sich zunächst (bis zum Bruch Jugoslawiens mit Moskau im Sommer 1948) noch in Belgrad befand, darum gebeten habe, die zu errichtende Druckerei-Anlage der Kominform-Zeitung durch Lieferung von Maschinen zu unterstützen.
Das war leichter gesagt als getan. Die großen Druckereien in der Zone waren längst beschlagnahmt. Jetzt mußten auch die wenigen privaten Betriebe noch Maschinen hergeben, besonders in Thüringen und Sachsen. Die Druckereibesitzer wurden zum General Kolesnitschenko geladen und veranlaßt, »freiwillig« einen Teil ihrer Maschinen abzuliefern. Auch sollten Maschinen der Kommunistischen Parteien in Polen, der Tschechoslowakei und in Österreich zur Verfügung gestellt werden. Als ich davon erfuhr, erhob ich in einer Sitzung des ZS energisch Einspruch. Daraufhin wurde beschlossen, daß Maschinen ohne Gegenleistung, an wen auch immer, nicht mehr abgegeben werden dürften, wenn nicht ein ausdrücklicher Befehl der Besatzungsmacht vorliege.

Grotewohl feiert die russische Oktoberrevolution

Außer der leidigen Kominform-Angelegenheit hatten wir uns in diesen Wochen noch mit einem weiteren Problem zu befassen — nämlich mit dem Versuch der sowjetischen Besatzungsmacht und der mit ihr zusammenarbeitenden KP-Funktionäre, die ideologisch-politische Linie der SED weiter dem sowjetischen Standpunkt anzugleichen. Dazu sollte das Referat Otto Grotewohls vor dem SED-Parteivorstand am 15. Oktober 1947 dienen, das dem Thema »Dreißig Jahre Oktoberrevolution« gewidmet war.
Zum erstenmal hatte nicht Otto Grotewohl selber das Referat verfaßt. Einige kommunistische Dozenten der SED-Parteihochschule waren die Autoren. In ihm wurde der bolschewistische Weg Rußlands nach 1917 als Vorbild gepriesen und die 1918 in Deutschland begangenen »Fehler« in oft recht einseitiger Weise verurteilt. Das Manuskript wurde ihm erst kurz vor der Verlesung übergeben. Grotewohl las das Referat ab.

Unmittelbar darauf wurde eine offizielle Erklärung verlautbart, in der es hieß: »Der Parteivorstand stimmt dem tiefschürfenden Referat über den 30. Jahrestag der Sozialistischen Oktoberrevolution zu.
Entgegen dieser fortschrittlichen Entwicklung in der Sowjetunion hat das deutsche Volk am 9. November 1918 einen anderen Weg eingeschlagen. Es hat infolge des Einflusses reaktionärer Ideologien und der Spaltung der Arbeiterbewegung nicht vermocht, eine sozialistische Staatsmacht zu errichten, sondern ließ die alten gesellschaftlichen Kräfte in ihren Machtpositionen ...
Heute gilt es für das deutsche Volk, die Lehren aus diesen geschichtlichen Ereignissen zu ziehen. Die Wiederholung der Fehler von 1918 muß vermieden werden. Wir müssen lernen, die für uns bedeutsamen Lehren der Sozialistischen Oktoberrevolution entsprechend den besonderen Bedingungen in Deutschland auszunutzen.«
Auch in der Rede Grotewohls selbst war die Novemberrevolution von 1918 in Deutschland und die Oktoberrevolution von 1917 in Rußland mit dem apodiktischen Satz verglichen worden:
»1918 ging in Deutschland die Phrase über den Inhalt, 1917 ging in Rußland der Inhalt über die Phrase.«
Wenige Tage später, am 7. November, hatte ich Gelegenheit, zu dieser Rede Grotewohls und zu der neuen Linie der Partei in der Öffentlichkeit Stellung zu nehmen. In einer Rede in Halberstadt verglich ich Brest-Litowsk mit Versailles. Hier wie dort ein Diktat, das respektiert werden mußte; der Vorteil für Rußland war, daß Versailles auf Brest-Litowsk gefolgt war. Rußland konnte sich aus der Diktatzange befreien, während Deutschland auf Jahre hinaus in ihr steckenbleiben mußte. Ich bestritt nicht, daß auch Fehler begangen worden waren, die hätten vermieden werden können, wies aber darauf hin, daß man nach dem Ersten Weltkrieg deutsche Politik nach den damaligen deutschen Bedingungen hätte machen müssen, genauso, wie man es auch heute tun müsse. Trotzdem sei es nicht schlecht, ein gutes Verhältnis zur Besatzungsmacht herzustellen. Es sei sicher eine Verleumdung, wenn man annehmen wollte, die sowjetische Besatzungsmacht beabsichtige, Deutschland die sowjetische Staatsform aufzuzwingen.
Wie ich später feststellen konnte, war meine Rede in Halberstadt von kommunistischer Seite sorgfältig registriert worden*.

---

* Viel später, am 17. Juli 1949, als ich schon im Westen war, kam Ulbricht auf diese Rede in einem Artikel in »Neues Deutschland« zurück: »Gniffke erklärte in einer Rede am 7. November 1947, man müsse die sozialdemokratischen Traditionen wieder lebendig werden lassen.« So konkret werde ich es nicht ausgedrückt haben. Gesagt habe ich jedoch, daß die von der KPD in der Weimarer Republik angewandten Praktiken sich dank der Vereinigung nicht wiederholen könnten.

Kaiser und Lemmer widersetzen sich dem »Volkskongreß«

Nur wenige Wochen nach Grotewohls Rede über die russische Oktoberrevolution wurden die Weichen der Parteilinie erneut in eine bestimmte Richtung gestellt. Es ging um die Gründung des »Deutschen Volkskongresses«.
Zunächst war noch keineswegs deutlich, was sein Ziel sein sollte. Auf einer Sitzung des Zentralsekretariats hatte Wilhelm Pieck die Frage aufgeworfen, welche Linie die SED gegenüber der von den bürgerlichen Parteien geforderten »gesamtdeutschen Repräsentation« einschlagen solle. Ein Erfolg der Verhandlungen darüber war nach der Absage Schumachers fraglich, nach der Absage Adenauers völlig aussichtslos geworden.
Wir waren uns darüber einig, daß die SED zwar der Motor für eine Neubelebung dieser Pläne sein müsse, die jedoch von allen Parteien des Zentralen Blocks, von möglichst vielen Parteien im Westen, von Organisationen und Persönlichkeiten getragen sein sollten.
Zum 24. November berief das ZS den Blockausschuß der drei Parteien ein. Auf dieser Sitzung gab Otto Grotewohl einen politischen Lagebericht, in dem er die USA beschuldigte, durch die Verkündung der Trumandoktrin die Verhandlungen der Moskauer Außenminister-Konferenz torpediert und die Hoffnung des deutschen Volkes auf den Abschluß selbst provisorischer politischer und wirtschaftlicher Vereinbarungen zerstört zu haben. Die USA hätten eine Verschleppungstaktik angewandt, um am 5. Juni den Marshallplan zu verkünden. In seiner Beurteilung der Auswirkungen dieses Planes übernahm Grotewohl die negativen Argumente Moskaus.
Im Hinblick auf die bevorstehende Londoner Konferenz der Außenminister forderte Grotewohl die Wiederherstellung der politischen und wirtschaftlichen Einheit Deutschlands.
Vormittags tagte das Zentralsekretariat. Wilhelm Pieck, der die Sitzung leitete, machte unter Hinweis auf die gescheiterten Bemühungen Jakob Kaisers um eine gesamtdeutsche Repräsentation den Vorschlag, alle Parteien Westdeutschlands zu einer gemeinsamen Beratung einzuladen. Sollten die westdeutschen Parteien eine solche Einladung ablehnen, so sollte ein »Volkskongreß« einberufen werden, um für die Londoner Außenminister-Konferenz eine gesamtdeutsche Willenskundgebung zu demonstrieren.
Jakob Kaiser antwortete sofort: »Nachdem mein Kollege Lemmer und ich bei den in Westdeutschland und hier in Berlin geführten Verhandlungen die Stimmung der Parteiführungen kennengelernt haben, verspreche ich mir nichts von einer derartigen Einladung. Ich bin aber nicht grundsätzlich gegen einen Versuch.

Entschieden bin ich jedoch gegen die Einberufung eines Volkskongresses, weil er ganz sicher nicht zu einer repräsentativen gesamtdeutschen Vertretung führen wird. Vom Westen her würde sich wahrscheinlich nur die Kommunistische Partei beteiligen. Dazu noch ein paar Außenseiter ohne politisches Gewicht.«
Auf Grotewohls Einwand: »Ihr Parteifreund Dr. Friedensburg und die Professoren Weber und Geiler sind doch wohl nicht als Außenseiter zu bezeichnen?«, antwortete Kaiser: »Sie wären wahrscheinlich auch keine Teilnehmer an dem geplanten Kongreß. Ich bin gegen die Teilnahme der CDU an dem Kongreß. Entsprechend werde ich mich einsetzen.«
Grotewohl machte einen erneuten Vorstoß: »Haben Sie nicht erklärt: Wenn Schumacher sich weigert, an einer solchen gemeinsamen Arbeit teilzunehmen, so müssen wir ohne Schumacher handeln...?«
Jetzt meldete sich Lemmer zu Wort: »Ein Volkskongreß in seiner voraussichtlichen Zusammensetzung kommt in den Verdacht, von der SED gelenkt und beherrscht zu sein.«
Das gab Ulbricht das Stichwort: »Als der Kollege Kaiser einen Vorstoß für eine gesamtdeutsche Repräsentanz unternommen hat, haben wir nicht gesagt, die CDU will uns beherrschen. Wir haben die Bemühungen unterstützt — ja? Wir haben jede Initiative unterstützt, die einige Aussicht auf Erfolg hatte. Wir haben sie auch unterstützt, um nicht in den Verdacht zu kommen, wir wären gegen die Herstellung der Einheit auf demokratisch-parlamentarischer Grundlage. Wir sind dafür — ja, wir sind dafür, daß das ganze Volk an den Bemühungen zur Herstellung der Einheit teilnimmt.«
Dr. Külz erklärte für die LDP: »Ich verspreche mir auch nichts von einer Einladung an die Parteien in Westdeutschland, obwohl ich am ehesten Aussicht hätte, meine politischen Freunde zu einer Besprechung nach Berlin zu bekommen. Die beiden größten Parteien im Westen, CDU und SPD, werden sich sicher nicht beteiligen. Da teile ich die Skepsis des Kollegen Kaiser. Der Gedanke, einen Volkskongreß einzuberufen, erscheint mir jedoch prüfenswert. Die LDP wird nicht grundsätzlich dagegen sein. Der überparteiliche Charakter eines solchen Gremiums müßte jedoch gewahrt bleiben.«
Während dieser Debatte wurde Jakob Kaiser ans Telefon gerufen. Die französische Kommandantur wollte ihn sprechen. Als er zurückkam, erklärte er kurz, daß er leider die Sitzung verlassen müsse, da er eine andere Verabredung wahrzunehmen habe. Seinen Standpunkt könne er nicht ändern. Wilhelm Pieck antwortete kühl, daß er dies sehr bedaure.
Da ein weiterer Punkt nicht auf der Tagesordnung stand, wurde die Sitzung geschlossen.

Auf eine Verlautbarung, wie sie nach solchen Sitzungen des Blockausschusses oft von Lemmer und mir verfaßt und herausgegeben wurden, verzichtete man.
Noch am gleichen Abend veranlaßten Pieck und Grotewohl die Einberufung einer außerordentlichen Sitzung des Parteivorstandes zum 26. November 1947. Wieder klagte Otto Grotewohl die USA an, den Wunsch des deutschen Volkes nach Einheit zu sabotieren. Dann schilderte er die Auseinandersetzungen im Zentralen Blockausschuß und die Weigerung Jakob Kaisers, sich an dem bevorstehenden Volkskongreß zu beteiligen. Er warf ihm einen grundsätzlichen Richtungswechsel seiner bisherigen Politik vor. Kaiser habe in einem kürzlich gehaltenen Vortrag die Entwicklung der politischen Verhältnisse in der sowjetischen Besatzungszone als gefahrvoll für die Einheit Deutschlands bezeichnet. Er habe es auch für nötig gehalten, in eine polemische Auseinandersetzung mit der SED einzutreten. Offensichtlich, so beendete Grotewohl seine Polemik gegen Kaiser, habe dieser sich endgültig entschlossen, die Politik der amerikanischen Besatzungsmacht in Deutschland zu vertreten.
Als Hauptpunkt seiner Rede verkündete Grotewohl dann die Einberufung eines »Deutschen Volkskongresses für Einheit und gerechten Frieden« nach Berlin. Angesichts der sich drängenden Ereignisse und der Tatsache, daß die Londoner Außenminister-Konferenz bereits begonnen habe, dürfe man sich nicht an Äußerlichkeiten und Formalitäten stoßen, es müsse vielmehr rasch gehandelt werden, um dem deutschen Volke die Auffassung der SED klarzumachen.
Der Vorschlag fand allgemeine Zustimmung, der Kongreß wurde für den 6. und 7. Dezember 1947 in die Staatsoper einberufen. Auf der Tagesordnung standen zwei Punkte:
1. Der Wille des deutschen Volkes nach einem gerechten Frieden, nach Demokratie und der Einheit Deutschlands.
2. Wahl einer Delegation zur Londoner Außenminister-Konferenz.

Der »Volkskongreß für Einheit und gerechten Frieden«

Die Teilnehmer an dem Volkskongreß, der vom 6. bis 8. Dezember im Admiralspalast tagte, bestand zu 62 Prozent aus SED-Mitgliedern, 10 Prozent westdeutschen Kommunisten, 12 Prozent LDP-, 10 Prozent Ost-CDU-Mitgliedern und 6 Prozent Parteilosen. Die Vorsitzenden der Ost-CDU, Jakob Kaiser und Ernst Lemmer, waren nicht erschienen.
Wieder hielt Otto Grotewohl das Hauptreferat. Nachdem er den westlichen Alliierten vorgeworfen hatte, die Beschlüsse des Pots-

damer Abkommens über die politische und wirtschaftliche Einheit bisher nicht nur nicht erfüllt, sondern ihnen durch Schaffung einer Bizone und demnächst sogar Trizone entgegengewirkt zu haben, forderte er eine Volksabstimmung für ganz Deutschland über die Frage, ob Deutschland ein Einheitsstaat sein oder zerrissen werden soll, danach Bildung einer zentralen Regierung zur Unterzeichnung des Friedensvertrags und Wahl einer Nationalversammlung zur Ratifizierung des Friedensvertrags. Dieser Friedensvertrag solle die politische und wirtschaftliche Einheit gewährleisten.
Für die Liberal-Demokratische Partei erklärte ihr Vorsitzender Dr. Külz: »Der Volkskongreß ist keine parteipolitische Organisation, sondern ein von der Ostzone aus unternommener Vorstoß für Einheit und Frieden. Wenn irgendeine Volksbewegung ihrer Zielsetzung nach Überparteilichkeit im wahrsten Sinne des Wortes besitzt, dann der Volkskongreß ... Mir ist es nicht zweifelhaft, daß die Bewegung weitergehen wird über die Parteigrenzen, über die Zonengrenzen, über die Ländergrenzen hinweg.«
In ähnlicher Weise äußerten sich auch die anderen Redner, darunter Max Reimann, der damalige KP-Vorsitzende der britischen Zone (er war der einzige Vertreter einer westdeutschen Partei), und Paul Wiegler, Vertreter des Präsidialrats des Kulturbundes.
Um diese Forderungen durchzusetzen, die der Londoner Konferenz der Außenminister vorzutragen wären, sollte ein Gremium mit einem Sekretariat eingesetzt werden, das, nach der Formulierung des der Ost-CDU angehörenden Vizepräsidenten der Zentralverwaltung für Land- und Forstwirtschaft, Luitpold Steidle, »die Fäden überallhin bis in die letzten Winkel Deutschlands spinnt und so den Kontakt mit allen Teilen des Volkes herstellt, um die Wünsche des deutschen Volkes in London konkret vertreten zu können«.
Die Grundziele des Volkskongresses wurden u. a. auch von den Liberaldemokraten Professor Dr. Kastner und Ministerpräsident Dr. Hübener, vom sächsischen Ministerpräsidenten Max Seydewitz sowie von Propst Grüber und Landesbischof Mitzenheim unterstützt.
Am 15. Dezember 1947 beantragte in London der sowjetische Außenminister Molotow, die Delegation des Volkskongresses — sie bestand aus 17 Delegierten, darunter Pieck, Grotewohl, Nuschke und Dr. Külz — zu empfangen. Sein Antrag wurde abgelehnt und die Konferenz auf unbestimmte Zeit vertagt. Der lakonische Kommentar des amerikanischen Außenministers Marshall dazu lautete: Nachdem alle Beteiligten ihre gegensätzlichen Meinungen geäußert hätten, habe man sich wohl nichts mehr zu sagen.
Die Westberliner Zeitung »Telegraf«, die man wahrlich nicht als sowjetfreundlich bezeichnen kann, schrieb am 16. Dezember 1947:

»Es kann kein Zweifel darüber bestehen, daß die sowjetische Regierung das Ende der Londoner Konferenz nicht gewünscht hat. Die russische Delegation ließ durchblicken, daß sie einen Bruch zwischen Ost und West vermeiden wollte.«

Meine Aussprache mit Grotewohl und Lemmer

Grotewohl und ich hatten das Bedürfnis, uns über die Lage, wie sie sich nach dem Scheitern der Außenminister-Konferenz in London für Deutschland, insbesondere für die sowjetisch besetzte Zone, ergeben hatte, auszusprechen. Ich wohnte immer noch außerhalb des sowjetischen Sektors in meinem Zehlendorfer Haus und schlug vor, daß wir uns dort treffen sollten.
Zwei Häuser weiter wohnte Prof. Ernst Reuter. Wir grüßten uns flüchtig, wenn wir einander zufällig begegneten. Verbindung hatten wir nicht aufgenommen. Er erhielt oft Besuch von gemeinsamen alten Bekannten, aber auch sie hielten sich mir gegenüber zurück.
Grotewohl, der nun schon fast zwei Jahre im Pankower »Getto« wohnte, hatte zunächst Bedenken, zu mir zu kommen, weil unser Treffen beobachtet werden könnte, sah dann aber doch ein, daß wir bei mir am ungestörtesten sprechen konnten.
Einen ganzen Sonntagnachmittag und -abend lang sprachen wir eingehend über alle Probleme, die uns beschäftigten. Ich hatte den Eindruck, daß die Sowjetunion mit ihrer Deutschlandpolitik in eine Sackgasse geraten war und uns in diese mit hineingeführt hatte, während Grotewohl den USA die Schuld an der gegenwärtigen Situation gab.
»Du meinst mit dem Marshallplan?«
»Auch mit dem Marshallplan.«
»Ich bin nicht sicher, ob es vom sowjetischen Standpunkt richtig war«, wandte ich ein, »sich und zugleich alle Oststaaten aus diesem Plan auszuschalten. Die Sowjetunion wird das Wirtschaftssystem der USA nicht ändern, ebensowenig wie die USA das sowjetische ändern können. Trotz der Systemunterschiede brauchen wir den Welthandel, und nicht nur wir, sondern auch alle Oststaaten. Im Kriege hat die Sowjetunion doch so etwas wie den Marshallplan angenommen. Weshalb nicht jetzt, beim Aufbau einer Friedenswirtschaft? Ohne Zweifel würden die Gegensätze auch in bezug auf Deutschland geringer werden, wenn die Sowjetunion sich im positiven Sinne in die durch den Marshallplan angelaufene Entwicklung eingeschaltet hätte. Die Entwicklung hätte nicht zum kalten Krieg zwischen den im Weltkrieg verbündeten Großmächten führen müssen.«

»Du sprichst so, als würdest du die Churchill-Rede in Fulton nicht kennen.«
»Du meinst die Rede in bezug auf die zu entwickelnden Vereinigten Staaten von Europa?«
»Sprich: Westeuropa.«
»Meinetwegen Westeuropa. Auch das wäre ein Vorteil, daß Deutschland eingebettet wird in einen Staatenbund oder Bundesstaat zusammen mit den bisherigen Kriegsgegnern, wie z. B. dem sogenannten ›Erbfeind‹ Frankreich.«
»Vor einigen Tagen schrieb die ›New York Herald Tribune‹, daß das Gebiet der Bizone als Ostgrenze des Marshallplans in Mitteleuropa mit Frankfurt als Hauptstadt entwickelt werden sollte.«
»Dazu wird es jetzt kommen. Das hätte aber nicht zu sein brauchen. Wenn das geschieht, ist die Ostzone auf lange Zeit abgehängt.«
»Dann bauen wir hier den Sozialismus auf.«
»Und überlassen die weitere Entwicklung in Westdeutschland, wie wir sagen, den ›amerikanischen Monopolkapitalisten‹ und den ›westdeutschen Reaktionären‹, anstatt in Gesamtdeutschland mit zu einem politischen Faktor zu werden, mit dem die Reaktion auf lange Sicht zu rechnen hat.«
»Was können wir tun, um die auseinanderstrebende Entwicklung zu verhindern?«
»Alles vermeiden, was die innerdeutschen Differenzen vergrößert.«
»Was soll deiner Meinung nach also konkret geschehen?« fragte Grotewohl.
»Es muß z. B. verhindert werden, daß Nuschke oder Steidle CDU-Vorsitzende werden. CDU-Vorsitzende sollten nur solche Persönlichkeiten sein, die als Gesprächspartner in Westdeutschland anerkannt werden und trotz einiger Gegensätze mit den westdeutschen Politikern im Gespräch bleiben.«
»Kaiser und Lemmer haben sich unmöglich gemacht.«
»Trotzdem müssen wir versuchen, wenigstens einen von ihnen zu halten. Ich bin für Ernst Lemmer. Traust du dir zu, Lemmer mit Hilfe von Semjonow gegen Tulpanow–Ulbricht zu halten, vorausgesetzt, daß Lemmer zu bleiben bereit ist? Wir sollten mit ihm ganz offen sprechen.«
»Hältst du es denn für möglich, daß Lemmer bleibt? Er hat sich doch mit Kaiser solidarisch erklärt.«
»Man muß mit ihm sprechen. Wenn er die Notwendigkeit erkennt und es für eine patriotische Pflicht hält, bleibt er. Aber auch für den Fall, daß er sich von Jakob Kaiser nicht trennen will, sollten wir uns mit ihm aussprechen. Vielleicht bleibt er mit Einverständnis Kaisers.«

Grotewohl war schließlich mit meinem Vorschlag einverstanden. Wir kamen überein, uns einschließlich unserer Frauen am zweiten Weihnachtsfeiertag bei mir zu treffen.

Am nächsten Tag besuchte ich Ernst Lemmer, der in Klein-Machnow bei Berlin wohnte, das zur sowjetisch besetzten Zone gehörte. Wir sprachen lange miteinander. Fast drei Jahre hatten wir jetzt im Zentralen Blockausschuß zusammengearbeitet. Vor 1933 gehörten wir beide zur Führung des »Reichsbanner Schwarz-Rot-Gold«. Wir kannten uns gut und hatten Vertrauen zueinander. Er nahm meine Einladung zum zweiten Feiertag an.

Nachdem wir dann mit unseren Frauen zusammen unseren Weihnachtskaffee getrunken hatten, zogen Grotewohl, Lemmer und ich uns in mein Zimmer zurück.

Ich warf zunächst die Frage auf, ob es im Jahre 1947 Chancen gegeben hätte, mit Hilfe einer gesamtdeutschen Repräsentation die Besatzungsmächte zu einer Kompromißlösung zu bewegen. Beide bejahten diese Frage. Grotewohl wies auf mehrere Gespräche mit dem Sonderbotschafter Semjonow hin, der eine gesamtdeutsche Vertretung aus zweierlei Gründen für dringend erforderlich angesehen habe. Einmal zur Abwehr der geplanten bizonalen Verpflichtung und zum anderen zur Herstellung einer wirtschaftlichen Einheit als Vorstufe einer gesamtdeutschen Regierung.

»Für eine Kompromißlösung brauchten die Sowjets die Mitwirkung und die Verantwortung der deutschen Parteien.«

Ernst Lemmer war zum gleichen Ergebnis gekommen. Als Grotewohl ihn fragte, ob Jakob Kaiser seine Auffassung teile, antwortete Lemmer: »Im Grundsätzlichen, ja. Kaiser ist jedoch nach und nach bitter geworden. Einmal, weil seine Bemühungen gescheitert sind, und zum anderen wegen des Vorgehens der sowjetischen Besatzungsmacht gegenüber der CDU. Ständig werden uns Schwierigkeiten gemacht. Die Dinge sind euch ja ebenso bekannt wie uns. Wir haben in unseren gemeinsamen Sitzungen immer wieder davon gesprochen.«

»Zugegeben, daß es diese Schwierigkeiten gegeben hat und noch gibt«, erwiderte ich. »Sie werden jetzt nach dem Scheitern der Londoner Konferenz vielleicht noch zunehmen. Wir sollten gemeinsam versuchen, mit ihnen fertig zu werden.«

Wieder behauptete Grotewohl, daß der »kalte Krieg« von den USA und nicht von den Sowjets ausgelöst worden sei und daß es die Franzosen gewesen seien, die in der Frage der Errichtung einer Zentralverwaltung ihr Veto eingelegt hätten. Sie, denen 45 Millionen Deutsche an ihrer Ostgrenze lieber seien als 60 Millionen, hätten zu der heutigen Situation sehr wesentlich beigetragen.

Auf den eigentlichen Zweck unseres Gesprächs hinlenkend, stellte ich die Frage, wer von den deutschen Politikern die Einheit verhindere und welches ihre Motive seien. Schumacher weise zwar jede Spaltungsabsicht der SPD zurück und belaste die Besatzungsmächte mit der alleinigen Verantwortung hierfür, insgeheim hoffe er jedoch, genau wie Dr. Adenauer, daß die westlichen Besatzungsmächte die Weisung zur Errichtung eines westdeutschen Staates gäben. Adenauer sei sich mit den Amerikanern darin einig, daß dem Großunternehmertum die alten Privilegien erhalten bleiben müßten.

»Ein bestimmender Einfluß auf die Entscheidungen und Anordnungen der alliierten Mächte steht uns Deutschen nicht zu«, erklärte Grotewohl. »Wohl aber können wir für die politische Willensbildung der Deutschen Erhebliches tun, woran die Besatzungsmächte in West und Ost nicht vorbeigehen könnten.«

»Zugegeben, daß die maßgebenden Politiker in Westdeutschland richtig gezeichnet sind«, setzte Lemmer hinzu, »aber wie sieht es in der Ostzone aus?«

»Hier haben wir Walter Ulbricht, der nur darauf wartet, in einer abgespaltenen Zone seine volksdemokratischen Experimente fortzuführen«, sagte ich.

Grotewohl widersprach: »Trotz allen Reformen, die die Sowjets durchgeführt haben, können wir nicht von ›volksdemokratischen Experimenten‹ sprechen.«

»Die aber sicher kommen, wenn der ›Wirtschaftsexperte‹ Ulbricht seine Vertrauensleute nicht nur in der gelenkten Wirtschaft, sondern auch an der Spitze der übrigen antifaschistisch-demokratischen Parteien hat«, entgegnete ich.

Zu Ernst Lemmer gewandt, fuhr ich fort: »Du und Jakob Kaiser habt Ulbricht keinen schlechten Dienst erwiesen. Wir stehen nach eurem Rücktritt vor der Frage: Wer kann in Zukunft mit dem Westen glaubwürdig verhandeln? Dank Ulbrichts Boshaftigkeiten und seiner überbetonten, einseitigen Ost-Orientierung kann dies niemand von der SED. Dr. Külz von der LDP? – Er ist ein schwankendes Rohr im Winde. Der sensible Nuschke? – Das könnte Ulbricht so passen, wenn Otto Nuschke Kaisers Nachfolge antreten würde!«

»Wir hätten uns früher abstimmen sollen«, meinte Lemmer bedauernd.

»Niemand von uns hat damit gerechnet, daß Kaiser die Teilnahme am Volkskongreß ablehnen würde«, stellte Grotewohl fest.

»Damit hat Kaiser seinen früheren, eindeutigen Standpunkt geändert. Seine fortschrittliche Politik hat in den mit den Interessen der Großindustrie verbundenen westdeutschen Unionskreisen starke Kritik hervorgerufen, der er jetzt erlegen ist.«

Zu Lemmer gewandt, sagte ich: »Wenn du erreichst, daß dein Vorstand sich hinter dich stellt, müßte es Grotewohl möglich sein, bei den Sowjets durchzusetzen, daß du an der Spitze der CDU bleibst.«
»Ich verstehe«, sagte Lemmer. »Ich muß mit Kaiser sprechen.«
Aber bereits in der nächsten Sitzung des Zentralsekretariats berichtete Ulbricht, die SMAD habe genehmigt, daß Jakob Kaiser von Otto Nuschke abgelöst wird.

Ulbrichts Machtstellung festigt sich

In London hatte der sowjetische Außenminister Molotow vorgeschlagen, in Berlin einen deutschen Konsultationsrat aus Vertretern der Länder und der demokratischen Parteien des gesamten Deutschland sowie auch aus Vertretern der freien Gewerkschaften und anderen größeren antifaschistischen Organisationen zu gründen — ein Vorschlag, der in dieser Form, vor allem weil er die Einbeziehung der von der SED gelenkten Organisationen »Demokratischer Frauenbund«, »FDJ«, »Vereinigung der gegenseitigen Bauernhilfe«, »Kulturbund zur demokratischen Erneuerung Deutschlands« usw. vorsah, keine Annahme finden konnte. Aber ein Konsultationsrat, zusammengesetzt aus Vertretern der Länder und der demokratischen Parteien, hätte zu einer Kompromißlösung führen und vor allem auch endlich die Parteien und Ländervertretungen in ganz Deutschland zusammenführen können. Mit dem Molotowschen Vorschlag, so schien es, war die Tür für Verständigungsverhandlungen immer noch einen Spalt offengeblieben. Sorgen wir also dafür — so sagte ich mir —, daß sie nicht zuschlägt.
Mit dieser sorgenvollen Hoffnung begann das Jahr 1948.
Diese Hoffnung teilte Walter Ulbricht allerdings nicht. Was er in dieser Situation tat, war ungewöhnlich: Vor den Abteilungsleitern hielt er eine Rede über das Scheitern der Londoner Konferenz.
Einige Tage danach kam mein Sekretär, Ingo Wachtel, in meine Wohnung, um mir persönlich zu berichten:
Ulbricht habe in der Sitzung erklärt, daß nach dem Scheitern der Londoner Konferenz und nach der Errichtung eines westdeutschen Separatstaates die Ostzone konsequent den volksdemokratischen Weg gehen müsse.
»Es gibt Genossen, die da glauben, wir haben bei uns schon eine Volksdemokratie — ja? Das aber ist ein Irrtum, ja? Dazu müssen noch viele Voraussetzungen geschaffen werden. Wir müssen erst noch die Massenorganisationen festigen, die bürgerlichen Parteien spalten und dann eine ›Nationale Front‹ aufbauen.«

Diesen Weg wolle und könne er nicht mehr mitgehen, sagte Wachtel. Er wolle und könne sich Leuten wie Ulbricht, Mielke (Chef der politischen Polizei) und ähnlichen nicht ausliefern.

Wachtel bewohnte mit seiner Familie in Klein-Machnow eine schöne, nett eingerichtete Wohnung. Ich fragte ihn, ob er dies alles im Stich lassen wolle. »Ich muß es tun«, war seine Antwort.

Tatsächlich wurde die Machtposition Walter Ulbrichts immer deutlicher. Er war in erster Linie für den Verwaltungsaufbau in der Zone verantwortlich, worüber er sowohl dem Zentralsekretariat als auch dem Parteivorstand Bericht erstatten mußte. Die Initiative für den Verwaltungsaufbau ging stets von der SMAD aus. Ihr Befehlsempfänger war Ulbricht.

Dabei blieb allerdings verborgen, inwieweit einzelne Befehle auf Ulbrichts Anregungen zurückzuführen waren. Jedenfalls konnte er sich umfassende Kenntnisse verschaffen, erfuhr alle geplanten Maßnahmen frühzeitiger als die übrigen Mitglieder des ZS, früher auch als alle deutschen Verwaltungsstellen, und sicherte sich auf diese Weise allen denen gegenüber, die auf seine Informationen angewiesen waren, eine Überlegenheit.

Diese Überlegenheit spielte er aus. Wie er sich dabei in Szene setzte oder sich durch seine Lebensgefährtin, Lotte Kühn, in Szene setzen ließ, wirkte unsympathisch und täppisch. Wann immer er eine Information zur Veröffentlichung freibekam, wurde sie zunächst Bestandteil einer Rede. Wann immer ein Querschuß gegen die Besatzungspolitik der Westmächte abgegeben werden sollte, ohne daß die Sowjets in Erscheinung treten wollten, bedienten sie sich seiner Person. Auf diese Weise umgab er sich mit einem Nimbus, ohne zu merken, wie komisch er dadurch wirkte. Es wirkte einfach komisch, wenn er der neuerrichteten Verwaltungsschule seinen Namen gab. »Bescheiden« rechtfertigte er sich damit, daß ihn das Lehrerkollegium so sehr darum gebeten hätte. Es war sein Vorteil, daß er sich selbst so ernst nahm. Für die Streber war er Autorität.

Schließlich war er auch als Ideologe der entschiedenste Vertreter des »demokratischen Zentralismus«*. Auf ihn steuerte er im Verwaltungsaufbau hin.

Nach dem Scheitern der Londoner Konferenz konnte er die Verwaltung des Innern zielstrebig ausbauen, eine kasernierte Volkspolizei unter seinem Freund Kurt Fischer weiterentwickeln und die Enteignungen in den Ländern vorantreiben.

---

* Der »demokratische Zentralismus«, das erstmals von Lenin entwickelte Strukturprinzip der kommunistischen Partei, der von ihr beherrschten Massenorganisationen und des Staates; sein Ziel: Sicherung der Parteiherrschaft über Staat und Gesellschaft einschließlich der Gerichtsbarkeit.

Auch in der LDP gärt es

Mit der Einberufung des ersten Volkskongresses war nicht nur in der CDU, sondern auch in der LDP eine offene Rebellion ausgebrochen, die sich gegen den Vorsitzenden der LDP, Dr. Külz, richtete. Dr. Külz war immer noch der Mann des Vertrauens der SMAD. Die Opposition gegen ihn rührte daher auch nicht von dieser Seite, sondern kam aus den Reihen der eigenen Partei. Es rebellierte der Landesverband Berlin, es knisterte bedenklich im Parteigebälk in Sachsen, besonders aber gärte es in Thüringen. Dort amtierte der Sohn von Dr. Külz als Justizminister. Külz jun. war durch Vermittlung der SMAD aus russischer Kriegsgefangenschaft befreit worden. In Weimar wurde er sehr kritisch beobachtet.
Am 7. Januar 1948 berief Dr. Külz sen. den Hauptausschuß seiner Partei nach Weimar. Er hatte einen schweren Stand. Als er schließlich erklärte, wer den Volkskongreß mitgemacht habe, habe den Eindruck gewinnen müssen, daß er auch nicht den Schimmer einseitiger Parteigebundenheit erkennen ließe, brach allgemeine Heiterkeit aus. Ein Zwischenruf verwies ihn an seinen Kollegen Artur Lieutenant, den zweiten Parteivorsitzenden, der auf dem ersten Volkskongreß den Bericht der Mandatsprüfungskommission gegeben hatte. Lieutenant hatte zwar der Mandatsprüfungskommission angehört und auch den Bericht erstattet, von der eigentlichen Tätigkeit der Kommission jedoch nichts bemerkt. Der Bericht war ihm auf dem Kongreß fix und fertig in die Hand gedrückt worden, er hatte ihn nur zu verlesen.
Zwischen Artur Lieutenant und mir war ein enges und gutes Verhältnis entstanden. Ich nannte ihn, wenn wir uns allein begegneten, scherzhaft »Genosse Oberlieutenant«. Bei einer solchen Gelegenheit berichtete er mir, daß man ihm und Dr. Külz in Weimar mit der Frage sehr zugesetzt habe: Ist der Volkskongreß die Vorstufe für eine Volksdemokratie wie in Polen und der Tschechoslowakei? Das eine sei Dr. Külz und ihm klargeworden: sie brauchten dringend einen Erfolg, wenn sie sich im Vorsitz der Partei halten wollten.
»Was für einen Erfolg meinen Sie?« fragte ich.
»Einen auf privatwirtschaftlichem Sektor. Wir haben an den Marschall geschrieben und um eine Unterredung gebeten.«
Am 7. Februar 1948 empfing Marschall Sokolowski die beiden Parteivorsitzenden. Sie vereinbarten die Veröffentlichung eines Kommuniqués über diese Besprechung, das als Interview aufgemacht war. Danach sollte in nächster Zeit eine Anordnung der SMAD ergehen, die Sequestrierung einzustellen und eine Revision strittiger Fälle vorzunehmen.

Auf die Frage der LDP-Politiker, ob der Marschall eine weitere Privatinitiative in der Zone für möglich halte und ob er bereit sei, eine Delegation von Unternehmern zu empfangen, wurde die Antwort erteilt, daß im Rahmen der Wiederherstellung und Entwicklung der Friedenswirtschaft der sowjetischen Zone die sowjetische Militärverwaltung »selbstverständlich auch die Initiative der Privatunternehmer unterstützen« werde. Der Marschall sei bereit, »Vertreter von Privatunternehmen zu empfangen«. Auch die Frage der LDP, ob zuverlässige Vertreter der alten Beamtenschaft wieder aufgenommen werden könnten, wurde von dem Marschall bejaht: »Es ist selbstverständlich, daß man ohne Berufsbeamte einen Staat nicht leiten kann.«

Auf die Frage schließlich, ob die ehemaligen einfachen Mitglieder der NSDAP, die sich keine Verbrechen hatten zuschulden kommen lassen, wieder in das wirtschaftliche und öffentliche Leben eingegliedert werden könnten, gab der Marschall eine konziliante Antwort: »Wir betrachten schon heute die ehemaligen nicht aktiven Mitglieder der Partei als gleichberechtigte Bürger der Gesellschaft.«

Wenige Tage später, am 12. Februar 1948, wurde der SMAD-Befehl Nr. 32 über die Zusammensetzung und die Vollmachten der Deutschen Wirtschaftskommission veröffentlicht, die »ihre Tätigkeit unter der Kontrolle der Sowjetischen Militäradministration in Deutschland ausüben« sollte. Mit diesem Befehl wurden die der LDP gegenüber gemachten Zugeständnisse zum Teil wieder illusorisch.

Diskussion über den Viermächtestatus Berlins

Am 7. und 8. Januar 1948 erörterten die westlichen Militärgouverneure mit den Ministerpräsidenten der Bizone Pläne über eine Reorganisation des Wirtschaftsrats in Frankfurt. Ihm wurde ein Länderrat als zweite Kammer beigegeben, womit die Errichtung einer westdeutschen Regierung perfekt geworden zu sein schien. Die Sitzung des SED-Zentralsekretariats am 10. Februar 1948 befaßte sich mit der in Frankfurt geschaffenen Lage. Otto Grotewohl stellte einleitend fest, daß durch diese Tatsache die Gefahr einer Spaltung Deutschlands aufs höchste gestiegen sei. Sollte die Spaltung tatsächlich vollzogen werden, so wäre das ein nationales Unglück für das deutsche Volk und würde zudem sehr schwerwiegende Folgen für die Bevölkerung Berlins, für die Hauptstadt Berlin, in der die Viermächteverwaltung ihren Sitz hat, nach sich ziehen.

Die Diskussion, die Grotewohls Ausführungen bekräftigte, war sehr lebhaft. Hermann Matern, der Vorsitzende der Berliner Parteiorga-

nisation, hob hervor, daß die Existenz des Kontrollrats die einzige Rechtsgarantie unserer Einheit sei. Der Kontrollrat habe seinen Sitz in Berlin, weil und insofern Berlin die Hauptstadt Deutschlands sei. Aus dem gleichen Grunde sei die Stadt von allen vier Mächten besetzt und in entsprechende Sektoren eingeteilt worden. »Würde Deutschland von einigen dieser Mächte gespalten«, so folgerte Matern, »würde damit nicht nur die Spaltung auch nach Berlin hineingetragen, sondern auch die rechtmäßige Grundlage der Viermächteverwaltung aufgehoben werden.«
Auf Helmuth Lehmanns Frage, was er darunter verstehe, antwortete Ulbricht an Materns Stelle:
»Das bedeutet, daß die Westmächte in der sowjetisch besetzten Zone, also auch in Berlin, nichts mehr zu suchen haben, ja?«
»Nun mal immer sachte mit die jungen Pferde!« warf ich ein. »Über eine rechtmäßige Grundlage würde erheblich gestritten werden. Es ist nicht gut anzunehmen, daß die sowjetische Besatzungsmacht ernsthaft erwägen wird, die westlichen Besatzungsmächte aus Berlin herauszubringen. Aber selbst wenn sie das wollte, so einfach ginge das nicht.«
»Ich weiß von einer Kontrollratssitzung«, erzählte Matern, »da haben die Engländer das Thema Rundfunk angeschnitten. Weil dieser im britischen Sektor liege, müsse er von den Russen geräumt werden. In dieser Debatte kamen auch die gegensätzlichen Besatzungsfragen zur Sprache. Auf die Frage der Engländer, wie sie aus Berlin hinauszubringen wären, habe der sowjetische Vertreter geantwortet: ›Durch Reparaturarbeiten an der Autobahn‹.«
Während Grotewohl der Ansicht war, daß dank dem zähen Festhalten der Sowjetregierung an dem Gedanken der Viermächteverwaltung über ein einheitliches und ungeteiltes Deutschland die Arbeiten im Kontrollrat weiter fortgesetzt werden, meinte Fechner skeptisch: »Die Arbeiten werden allmählich immer geringer werden, bis nichts mehr zu tun übrigbleibt.«
Dahlem schlug vor, die Schaffung einer bizonalen, wahrscheinlich sogar einer trizonalen Regierung in Frankfurt mit Proteststreiks zu beantworten.
Ulbricht und Matern wiederholten ihre Auffassung, daß bei einer Fortsetzung der westlichen »Spaltungsmaßnahmen« die Voraussetzungen für eine gedeihliche Zusammenarbeit entfallen würden und daß dann auch der Viermächtestatus in Berlin keine Existenzberechtigung mehr hätte. Matern wies auch nachdrücklich darauf hin, daß die Parteien, die »die Spaltung fördern oder als unabänderlich hinnehmen, für Berlin unabsehbare Gefahren und Schwierigkeiten heraufbeschwören«.

Die Deutsche Wirtschaftskommission (DWK)

Die verschiedenen Abteilungen der SMAD, die sich mit den wirtschaftlichen Angelegenheiten der sowjetisch besetzten Zone zu befassen hatten, waren von Anfang an gezwungen, diese mit ihren Fachleuten zu besetzen. Diese Fachleute waren — das konnte auch nicht anders sein — in der Sowjetunion im Sinne der dort bestehenden wirtschaftlichen Vorstellungen und Leitbilder geschult worden. Für sie war die Planwirtschaft das Gegebene.
Ganz abgesehen von vielen unangenehmen Problemen, die durch Reparationen, Beschlagnahmen und Fehldispositionen aufgeworfen wurden, war eine Mehrheit der am wirtschaftlichen Wiederaufbau interessierten Deutschen im grundsätzlichen mit den Sowjets einig, daß dieser Wiederaufbau sich in einer geplanten Wirtschaft vollziehen müsse.
Die von der SMAD geschaffenen Zentralverwaltungen wurden zunächst als Hilfsorgane eingesetzt. In all ihren Funktionen waren sie darum auch der SMAD unmittelbar unterstellt. Alle Hoheitsrechte lagen bei der SMAD.
Eine Änderung ergab sich nach den im Herbst 1946 abgehaltenen Gemeinde-, Kreis- und Landtagswahlen. Die von den Landtagen eingesetzten Regierungen hatten fortan Hoheitsbefugnisse auszuüben. Die parlamentarisch-demokratischen legislativen und exekutiven Befugnisse waren aber nur schwer auf die Gesamtplanung der SMAD abzustellen. Wollten die sowjetischen Abteilungen nicht selbst in die Funktionen der Länder eingreifen, so brauchten sie eine Zwischeninstanz zur Koordinierung und mit Weisungsbefugnis.
Zu diesem Zwecke wurden zunächst die Zentralverwaltungen verselbständigt und zum Zwischenträger der Anordnungen oder Befehle der SMAD gemacht. Doch diese Regelung erwies sich als unbefriedigend, sowohl für die SMAD als auch für die Länder. Durch den zwischen den Zentralverwaltungen der Wirtschaft abgeschlossenen Vertrag vom 10. Februar 1947, der mit Befehl Nr. 138 vom 4. Juni 1947 von der SMAD sanktioniert worden war, wurde ein erster Schritt zur Zentralisierung der Wirtschaftsplanung durch eine deutsche Verwaltung getan.
Es war jedoch nur ein erster Schritt, der, wie sich in der Praxis zeigte, noch nicht ausreichte, um eine Planung von oben über die Wirtschaftsministerien der Länder, die Wirtschaftsabteilungen der Landräte bis hinab zur letzten Gemeinde durchzuführen.
Die SMAD, die nach und nach den Zentralverwaltungen bzw. dem Sekretariat der »Ständigen Wirtschaftskommission« mehr Aufgaben und Befugnisse zugeteilt hatte, zog aus dem Nichtfunktionieren der

mehrgleisigen Wirtschaftspolitik mit dem Befehl 32 vom 12. Februar 1948 die Konsequenzen. Die »Ständige Wirtschaftskommission« wurde dadurch als »Deutsche Wirtschaftskommission« (DWK) in ein zentrales Wirtschafts- und Planungsamt umgewandelt. Sie war mit allen Vollmachten ausgerüstet, so daß die Zentralverwaltungen nicht mehr Hilfsorgane der SMAD-Wirtschaftsabteilungen waren, sondern als Berater der DWK fungierten. Die wirtschaftlichen Zentralverwaltungen wurden am 9. März 1948 zu Hauptabteilungen der DWK.

Die DWK sollte einen Vorsitzenden und zwei Stellvertreter erhalten sowie die Hauptabteilungen für Finanzen, Industrie, Interzonen- und Außenhandel, Handel und Versorgung, Land- und Forstwirtschaft, Brennstoff und Energie, Arbeit und Sozialfürsorge, Statistik, Transport, Post- und Telegrafenwesen, Umsiedler und einen Vertreter der Zentralkommission für Sequestrierung und Beschlagnahme. Ein dem Umfang der Planung angepaßtes Amt war damit geschaffen.

Es konnte nicht gleichgültig sein, in wessen Hände dieser Machtapparat gegeben wurde, insbesondere weil nach seiner Schaffung immer noch der Versuch einer wirtschaftlichen Vereinigung über die Zonengrenze hinweg angebahnt werden sollte. Daher gab es im SED-Zentralsekretariat in der Personalfrage eine längere Aussprache.

Mein Vorschlag, Fritz Ebert als Vorsitzenden für die Deutsche Wirtschaftskommission vorzusehen, wurde von allen ehemaligen Sozialdemokraten im ZS unterstützt.

Der Kandidat Walter Ulbrichts war jedoch der Abteilungsleiter im SED-Zentralsekretariat für Wirtschaft, Bruno Leuschner. Die Deutsche Wirtschaftskommission, so begründete Ulbricht seinen Vorschlag, dürfe nicht als Regierung wirken. Mit Fritz Ebert an der Spitze könnte aber leicht der Eindruck entstehen, als handele es sich hier um ein Regierungsamt.

Die Kandidaturen Ebert und Leuschner wurden fallengelassen, als Dahlem mit meiner Zustimmung Heinrich Rau, den Wirtschaftsminister von Brandenburg, vorschlug. Ihm ging von Potsdam her der Ruf voraus, für eine gute Zusammenarbeit stets bereit zu sein. Er wurde daraufhin gewählt und in das Zentralsekretariat der SED kooptiert.

Gegen den Einspruch Ackermanns übrigens, der erklärte, daß auch diese Erweiterung des ZS in der sich immer mehr abzeichnenden Richtung liege, aus dem Zentralsekretariat heraus noch ein übergeordnetes Organ, das Politbüro, zu schaffen. Gegen dieses Vorhaben trete er offen in Opposition, selbst auf die Gefahr hin, daß er sich eines Tages in einem Arbeitslager in Sibirien wiederfände.

Zu stellvertretenden Vorsitzenden der DWK wurden Bruno Leuschner und Fritz Selbmann bestimmt. In der Zusammensetzung der Deutschen Wirtschaftskommission blieb zum erstenmal jede paritätische Besetzung unberücksichtigt. Auf die Besetzung der einzelnen Positionen nahm die SMAD starken Einfluß. Alle bis dahin noch in den einzelnen Verwaltungen verbliebenen Sozialdemokraten wurden nun ausgebootet. Aber auch Spitzenfachleute aus den Reihen der ehemaligen Sozialdemokraten, wie der Verkehrspräsident Dr. Wilhelm Pfitzner, die Vizepräsidenten Dr. Mischler und Benecker sowie Professor Dr. Gleitze mußten ihre Ämter abgeben.

Aber es ging nicht nur um die personelle Besetzung, sondern auch um die tatsächliche Situation in der Wirtschaft. Und die sah so aus:

Die Produktion konnte mengen- und wertmäßig im Vergleich zum Vorjahr etwas gesteigert werden. Sie wuchs um etwa 5 Prozent auf 60 Prozent der mengenmäßigen Erzeugung von 1936.

Diese Steigerung wurde erzielt durch Verlängerung der Arbeitszeit, Ausnützung der Arbeitskraft, Senkung des Reallohnes, Unterversorgung der Bevölkerung und Hunger als Dauerzustand.

Die Angleichung an das sowjetische Wirtschaftssystem wurde durch weitere Enteignungen in der Industrie, weitere Ausschaltung der Privatinitiative auch im Handwerk und durch die staatlichen Handelsorganisationen vorangetrieben.

Im Außenhandel wurde die Wendung zur Sowjetunion und zu den Ostblockländern forciert. Zur Beschaffung sofort benötigter Grundstoffe aus Westdeutschland wurde der Schwarzhandel begünstigt und der offizielle Interzonenhandel vernachlässigt.

Die Entnahmen aus der laufenden Produktion zugunsten von Reparationen wurden von der Leicht- auf die Schwerindustrie verlagert, vermehrt und beschleunigt, die Machtpositionen der SAG gefestigt, ihr Produktionsanteil erhöht, die Lieferungen an die sowjetischen Handelsgesellschaften forciert, die Verschuldung der Ostzone an die Sowjets erhöht.

Über alle diese Zustände wurde in verschiedenen Sitzungen des Zentralsekretariats gesprochen, besonders über das trübste Kapitel, die Rentabilität der volkseigenen Betriebe. Walter Ulbricht wich einer gründlichen Diskussion stets aus. »Die Freunde«, so sagte er, »bereiten eine Änderung auf dem Wirtschaftssektor vor.« Damit kündigte er den »demokratischen Zentralismus« auch auf diesem Gebiet an.

Meine letzten Monate in der SED-Führung
(Februar 1948–Oktober 1948)

Ein peinliches Geburtstagsgeschenk – Die Telefonnummer des Mr. Biel – Sorgen wegen der Machtergreifung in Prag – Uranförderung in Aue – Politische Folgen einer Hundertjahrfeier – Wir beschließen ein internes Treffen – Der II. Volkskongreß im März 1948 – Ich werde Generalsekretär des »Deutschen Volksrats« – Der Tod von Wilhelm Külz – Pieck: »Gut, Erich, du bekommst dein Schwarz-Rot-Gold« – Die Ziele des »Deutschen Volksrats« – Fechner gerät in Schwierigkeiten – Unsere »Fraktionssitzung« in Fichtenau – Oberst Tulpanow ergreift offen Ulbrichts Partei – Otto Grotewohl ist immer noch optimistisch – Währungsreformen vertiefen die Spaltung – Das gefälschte »Geständnis« des Wilhelm Lohrenz – Ein freimütiges Gespräch – Ulbrichts »großer Tag« – Grotewohl schlägt sich auf die Seite Ulbrichts – Die SED-Führung verurteilt Jugoslawien – Ehemalige Sozialdemokraten in der Führung werden ausgeschaltet – Die geheime Losung: 7 : 2 – Ulbricht schafft Kontrollkommissionen – Das Kesseltreiben gegen Sozialdemokraten – Ich werde im SED-Pressedienst angegriffen – Die Flüsterkampagne gegen Fechner, Meier und mich – Ulbricht rechnet mit Tito und Gomulka ab – Die »Stadthaus«-Aktion in Berlin – Unsere Bedenken nehmen schlagartig zu – Abschied vom »Seehaus« – Ich bereite meine Flucht vor – Letzte Aussprache mit Pieck und Grotewohl – Meine Flucht in den Westen

Ein peinliches Geburtstagsgeschenk

Am 14. Februar beging ich meinen Geburtstag. Als ich am Morgen mein Büro betrat, erschienen die ersten Gratulanten, und dann hielt die Gratulationscour den ganzen Tag an. Es war üblich geworden, daß die Sekretariatsmitglieder bei diesen Feiern den Gratulanten zutranken. Zu diesem Zweck wurden Likör und Schnaps im Zimmer des Jubilars bereitgehalten. Bisher hatte meine Sekretärin bei diesen Gelegenheiten stets kalten Tee für mich vorbereitet und in mein Glas eingeschenkt, ohne daß es von den anderen bemerkt wurde. Mit dieser Kognakimitation pflegte ich dann meinen Besuchern Bescheid zu geben.
Dieses Mal wollte ich mit der »Tradition« brechen. Ich nahm die Gratulationen »trocken« entgegen. Gegen 10 Uhr vormittags erschienen Otto Grotewohl und Walter Ulbricht. Grotewohl eröffnete mir, daß er sich von jeder Arbeit frei gemacht habe und nun zum Feiern gekommen sei. Als Geschenk überreichte er mir ein kleines Päckchen, für das ich mich bedankte und das ich ungeöffnet zu den anderen Geschenken legte. Ich ahnte nicht, was es enthielt. Ich erklärte beiden, daß für Getränke nicht gesorgt sei. Daraufhin setzten sie sich in eine Sofaecke und erklärten, sie könnten warten, bis die Getränke kämen. Meine Sekretärin hatte alle Hände voll zu tun. Sie mußte die Geschäftsleitung anrufen und einige Flaschen Likör und Schnaps bringen lassen. Schnell bereitete sie mir auch wieder meinen Tee. So begann auch dieses Mal — gegen meinen Willen — die Feier in der bisher üblichen Form. Gratulanten kamen und gingen, und einige setzten sich fest, unter ihnen viele ehemalige Sozialdemokraten, Arbeiter und Angestellte, Präsidenten und Vizepräsidenten. Letztere kamen sogar meistens »paritätisch«, dem Anschein nach in voller

Harmonie. So auch Dr. Pfitzner und Otto Kühne. An diesem Tage wußte Pfitzner noch nicht, daß seine Tage im Amt gezählt waren. Nur Kühne wußte es und hoffte, daß er sein Nachfolger würde.
Erst am späten Nachmittag verließen die letzten Besucher mein Zimmer, mit ihnen auch Ulbricht und Grotewohl. Dann konnten meine Sekretärin und ich ans »Aufräumen« gehen. Erst jetzt kam ich dazu, die verschiedenen Geschenke auszupacken und näher zu betrachten. Dabei fand ich auch das Päckchen, das mir Otto Grotewohl überreicht hatte. Als ich es öffnete, sah ich, daß eine prallgefüllte Brieftasche darin lag. Obenauf befand sich ein Zettel mit den Worten: »Zum Ausgleich meines Schuldsaldos aus der Zeit vor 1945.« In der Brieftasche steckten 6 000 Mark.
Diese Summe hatte ich Grotewohl teilweise als Darlehen für die Errichtung eines Fischversandgeschäftes gegeben, mit dem er sich 1933 eine Existenz schaffen wollte, teilweise als Vorschüsse in der Zeit, als er noch Bezirksvertreter meines Heibacko-Herd-Vertriebs war. Später, als Grotewohl als Angestellter in meine Firma eintrat, wurde der Betrag als dubios verbucht, und nach unserer gemeinsamen Haft sprachen wir nicht mehr darüber. Jetzt erhielt ich nun das Geld mit dem Zettel und der Brieftasche sozusagen als Geburtstagsgeschenk. Ich empfand die gewählte Form als peinlich. Die Peinlichkeit hatte auch einen anderen Grund: Wir wußten, die Währungsreform stand kurz bevor.
Es war üblich, daß die Geburtstagsfeiern der Sekretariatsmitglieder am Abend im »Seehaus« fortgesetzt wurden. Ich hielt es jedoch wie bisher und lud den Kreis meiner engsten Freunde in meine Wohnung nach Zehlendorf ein. So saß ich auch dieses Mal wieder zusammen mit ihnen in meiner Wohnung am Ithweg, ohne zu ahnen, daß es das letzte Mal sein würde.
Kurze Zeit danach sollte ich meinen Wohnsitz in den sowjetischen Sektor verlegen. Anlaß dazu wurde ein Wortwechsel zwischen SED und SPD in der Stadtverordnetenversammlung. Es ging darum, daß im sowjetischen Sektor Berlins die Unruhe der Bevölkerung aus verschiedenerlei Anlässen wieder zugenommen hatte. In der Abwehr entsprechender Angriffe der SPD brauchte Max Fechner eine Retourkutsche in bezug auf den amerikanischen Sektor. Von SPD-Seite kam daraufhin der Zuruf, daß beispielsweise ich mich im amerikanischen Sektor doch ganz wohl zu fühlen scheine. Das hatte die Aufmerksamkeit der Beobachtungsoffiziere erregt. Die Meldung war nach Karlshorst gegeben worden und über Ulbricht in das Zentralsekretariat gelangt.
Die Freunde, erklärte Pieck, legten doch Wert darauf, daß die Spitzenfunktionäre im sowjetischen Sektor wohnten. Meine Einwände,

daß ich dann mein eigenes Häuschen aufgeben müsse und ein Umzug besonders meiner Frau nicht leichtfallen würde, fruchteten nicht. Pieck legte Wert auf einen Beschluß des Zentralsekretariats. Gegen zwei Stimmenthaltungen (außer mir hatte sich Otto Meier der Stimme enthalten) wurde der Beschluß gefaßt.
So sollte ich nun den amerikanischen Sektor verlassen und in den sowjetischen ziehen. Walter Beling wurde damit beauftragt, mir eine geeignete Wohnung zu suchen. Aber das tat ich allein, und zwar nicht im sowjetischen Sektor von Berlin, sondern in der Zone, 150 m von der Grenze zum britischen Sektor. Ich behielt das Haus am Ithweg und mietete eine Zweitwohnung in Groß-Glienicke, wo ich die letzte Kriegszeit illegal gelebt und den Einmarsch der Russen erlebt hatte.

Die Telefonnummer des Mr. Biel

Anläßlich des Besuches einiger Herren aus der Amerikanischen Botschaft in Moskau erhielten Grotewohl und ich eine Einladung zu einer Party bei den Amerikanern. Ich fragte Grotewohl, ob er Pieck davon unterrichtet habe.
Grotewohl erwiderte: »Ja, ich habe ihm die Einladung gezeigt und hinzugefügt, daß wir sie annehmen müssen.«
»Was hat Wilhelm dazu gesagt?«
»Das sollten wir entscheiden.«
»Diese Antwort erscheint mir etwas ungewöhnlich.«
»Wir sind übereingekommen, daß wir die Einladung annehmen, daß ich dann aber in letzter Minute krank werde und du mich entschuldigst.«
Ich sträubte mich: »Als der englische Verbindungsoffizier Major Spencer eine Abschiedsparty gab, war ich als einziger von uns eingeladen. Andere Parteien waren viel zahlreicher vertreten, auch die Kommandantur. Major Demidow, der Adjutant von General Kotikow, den ich dort traf, fragte mich grinsend, weshalb nur ich allein da sei.«
»Was hast du ihm denn geantwortet?«
»Das solle er den Gastgeber fragen. Aber ich habe mir vorgenommen, bei solchen Anlässen nicht mehr allein aufzutreten.«
»Wilhelm ist aber mit mir der Meinung, daß ich nicht hingehen sollte.«
»So muß ich eben jemand anderen mitnehmen.«
»Wen willst du denn ohne Einladung mitnehmen?«
»Nun, bestimmt nicht Ulbricht und auch keinen ohne Einladung.

Aber es liegt eine Einladung an Otto Buchwitz vor. Als Buchwitz vor einigen Monaten auf einer Versammlung in Zehlendorf gesprochen hat, wurde er von den Amerikanern eingeladen. Er konnte damals der Einladung nicht gleich folgen, hat aber versprochen, davon bei der nächsten sich bietenden Gelegenheit Gebrauch zu machen.«
Das war die Lösung. Otto Buchwitz wurde nach Berlin bestellt, und mit ihm zusammen fuhr ich zur Party. Gastgeber war Mr. Morris vom OMGUS. Außer den Herren aus Moskau waren noch Mr. Skamon und Mr. Biel von der Kommandantur anwesend.
Im Laufe des Abends zog sich Mr. Biel mit mir etwas zurück. Wir setzten uns abseits von der übrigen Gesellschaft. Mr. Biel sagte: »Ihr früherer Sekretär hat sich wegen eines Reisevisums an uns gewandt. Wir haben es ihm gegeben. Warum mag er Sie wohl verlassen haben?«
»Das werden die von Ihnen mit der Ergründung beauftragten Herren ganz zweifellos herausgefunden haben.«
»Er hat uns aus freien Stücken gesagt, daß Sie sich bei der innerparteilichen Entwicklung auch nicht mehr sehr wohl fühlen.«
»Vielleicht hatte er das Bedürfnis, sich mit dieser Behauptung interessant zu machen«, erwiderte ich.
»Vielleicht. Aber ich möchte Ihnen meine Telefonnummer geben. Mein Telefon steht auch nachts an meinem Bett. Sollten Sie mich einmal sprechen wollen, ich stehe Ihnen Tag und Nacht zur Verfügung. Die Nummer — vielleicht notieren Sie — ist . . .«
Ich unterbrach: »Lassen Sie das bitte. Ich benötige die Nummer nicht.«
»Vielleicht benötigen Sie sie irgendwann einmal doch.«
Er nannte sie. Ich entschuldigte mich, stand auf, ging hinaus zu einem stillen Ort, wo ich mir verschlüsselt die Telefonnummer notierte. Dann ging ich zu der Gesellschaft zurück und setzte mich neben Otto Buchwitz.

Sorgen wegen der Machtergreifung in Prag

Ende Februar 1948 rief mich Max Fechner an. Er habe Besuch, der auch mich interessieren werde. Er bat mich, zu ihm herunterzukommen. Bei ihm fand ich drei tschechische Sozialdemokraten. Sie berichteten uns über die Entwicklung in ihrem Lande, über die »Nationale Front«, zu der damals auch die Volkssozialistische Partei (eine linksdemokratische Partei, der Dr. Benesch bis zur Amtsübernahme als Staatspräsident führend angehört hatte), die Katholische Partei (zu vergleichen mit der Zentrumspartei in Deutschland) und die Slowa-

kisch-Demokratische Partei gehörten, über den Einbau der einheitlichen Gewerkschaftsbewegung in die »Nationale Front«, über die »Nationalen Ausschüsse« als neue Form der Verwaltung. Mit Hilfe der kommunistisch gelenkten »Nationalen Front« habe sich die parlamentarisch-demokratische Republik nach und nach zu einer »Volksdemokratie« entwickelt.
Diese Entwicklung ging schrittweise vor sich. Bei jedem Schritt überlegten sowohl die bürgerlichen als auch die sozialdemokratischen Politiker, ob sie den nächsten Schritt noch mitgehen könnten, oder was geschehen solle, um die demokratischen Freiheiten zu verteidigen. Alle haben immer wieder gezögert, sind dann aber doch mitgegangen, bis es jetzt zur völligen Niederlage gekommen sei.
Äußerer Anlaß war die Annahme einer neuen Verfassung. Nach einer von den Kommunisten in einer Sitzung des Zentralen Komitees der »Nationalen Front« erhobenen Forderung sollte das alte Parlament eine neue Verfassung beschließen. Gegen die Methoden, wie diese neue Verfassung dem Volke oktroyiert werden sollte, revoltierten die Mitglieder in den übrigen Parteien. Sie zwangen ihre Minister zum Rücktritt. Es waren 12, somit die Mehrzahl der Minister, die am 20. Februar 1948 das Kabinett Gottwald verließen. Fechner meinte: »Es wäre richtiger gewesen, eine neue Koalition zu bilden. Aber das ging nicht, weil Gottwald hätte zurücktreten müssen.«
»Oder Benesch ihn aus dem Amt hätte entlassen müssen«, ergänzte einer der Besucher.
»Die Kommunistische Partei organisierte zum 21. Februar eine Massenkundgebung in der Prager Altstadt. Sie ließ hier eine Entschließung annehmen, die ihr als Legitimation für das Verbleiben Gottwalds und Noseks im Amte diente. Das ZK der Kommunistischen Partei trat alsdann an die Sozialdemokratische Partei heran und forderte diese zu einer Zusammenarbeit auf. Zuvor hatte Nosek die Parteibüros durch die Polizei besetzen lassen.«
»Hat es nicht vorher schon Verhandlungen über die Vereinigung der beiden Parteien gegeben?« fragte ich.
»Doch, aber die Mehrheit der Partei hatte sich einer Vereinigung widersetzt. Auf dem Brünner Parteitag wurde der vereinigungsfreudige Fierlinger darum auch als Parteivorsitzender abgesetzt. Jetzt mußte sein Nachfolger Lauschmann* das Ultimatum der KP

---

* Bogumil Lauschmann war nach dem Zweiten Weltkrieg »Führer der Zentrumsgruppe« der Sozialdemokratischen Partei in der Tschechoslowakei. Es gelang ihm im November 1947, den mit der KP zusammenarbeitenden Parteivorsitzenden Fierlinger zu verdrängen. Während des Putsches hat Lauschmann dann kapitulieren müssen. Er wurde als stellvertretender Ministerpräsident in die Regierung Gottwald aufgenommen. Später wurde er auf den Posten eines Direktors des Elektrizitätswerkes von Bratislawa (Preßburg) abge-

annehmen. Am 25. Februar ist die Regierung Gottwald umgebildet worden.«

»Warum mußte Lauschmann das Ultimatum annehmen?«

»Theoretisch gesehen hätte die Sozialdemokratische Partei zusammen mit den bürgerlichen Parteien eine Mehrheitsregierung bilden und dem Druck ausweichen können. Praktisch war dies wegen des Zusammenspiels Gottwald—Nosek mit dem Gewerkschaftsführer Zapotocki nicht möglich. Zapotocki dirigierte die Massen. Er dirigierte sie gegen die Reaktionäre in den bürgerlichen Parteien und gegen die Reformisten, gegen die Rechtssozialisten. Zapotocki wurde dann, wie Lauschmann, im neuen Kabinett Gottwald stellvertretender Ministerpräsident.«

»Und die bürgerlichen Parteien?« wollte Fechner wissen.

»Die haben sich von ihren Führungen lossagen müssen, alsdann wurde die ›Nationale Front‹ mit neuen Männern besetzt. Die neuen Männer der bürgerlichen Parteien gehören auch dem neuen Kabinett an.«

»Also eine Machtübernahme durch die KP?«

»Durch die ›Einheit der Arbeiterklasse‹«, war die ironische Antwort.

»Was macht ihr nun? Geht ihr zurück?« fragte ich.

»Wir müssen. Wir haben unsere Familien dort.«

Fechner und ich blieben sehr nachdenklich zurück. Einige Tage später schreckte uns eine Drahtmeldung erneut auf:

»In den frühen Morgenstunden, am 10. März 1948, nahm sich der tschechoslowakische Außenminister, Dr. Jan Masaryk, der Sohn des Gründers des tschechoslowakischen Staates, in einem Anfall geistiger Umnachtung durch einen Sprung aus dem Fenster seiner Wohnung das Leben.«

Was steckt dahinter?

Diese Frage stellte ich in der nächsten Sitzung des Zentralsekretariats. Max Fechner berichtete über den Besuch der sozialdemokratischen Freunde und ihre recht beunruhigende Schilderung der Vorkommnisse.

Wilhelm Pieck schlug vor, Bruno Köhler kommen zu lassen, der uns einen zuverlässigen Bericht geben könnte.

---

schoben. In der Neujahrsnacht 1950 floh er; der gleichzeitig unternommene Fluchtversuch seiner Frau und seiner zwei Töchter mißlang. Unter anderem hielt sich Lauschmann längere Zeit in Jugoslawien auf. 1953 erschien in Wien sein Buch »Wer war schuld?«. Am 24. Dezember 1953 verschwand er plötzlich aus seiner Wohnung in Salzburg. Allem Anschein nach war er entführt worden. In einer Pressekonferenz in Prag am 5. Mai 1954 tauchte er wieder auf und gab eine »Erklärung« ab. Seitdem weiß man nichts mehr von ihm.

Bruno Köhler war bis vor einiger Zeit Leiter unserer Presseabteilung gewesen. Er war Sudetendeutscher, seine Frau Tschechin und Sekretärin von Gottwald. Das Zentralkomitee der tschechischen KP hatte inzwischen auch ihn durch Beschluß zum Tschechen gemacht. Er hatte daher Berlin verlassen und war in die Dienste der tschechischen KP getreten.
Walter Bartel, der Sekretär Wilhelm Piecks, rief ihn an und zwei Tage später übergab er dem Zentralsekretariat Köhlers Bericht.
Danach habe zwischen der KP und Benesch sowie Masaryk vollständige Übereinstimmung geherrscht. Masaryk sei »tatsächlich ein Opfer seiner Krankheit« geworden. Alle gegenteiligen Nachrichten seien falsch. Nosek habe jedoch den Plan eines Komplotts zum bewaffneten Aufstand aufgedeckt.
Die Organisatoren dieser Verschwörung seien Anhänger des ehemaligen Generals Prchala, der im Ausland sitze, aber mit der Reaktion im Lande zusammenarbeite.
Damit sei für das Zentralkomitee der tschechischen Kommunistischen Partei der Beweis erbracht gewesen, daß der Anschlag auf die tschechoslowakische Volksdemokratie, eingeleitet durch den Rücktritt der Minister, nicht allein Teil der tschechoslowakischen Reaktion sei, sondern Teil eines Gesamtplanes der »internationalen Reaktion«.
Ein weiterer Beweis dafür sei, daß die amerikanische monopolkapitalistische Presse seit Wochen darauf hinweise, der Ausgang der »Schlacht um Europa« hänge wesentlich von der Entwicklung in der Tschechoslowakei ab.

Uranförderung in Aue

Auf der Sitzung des Zentralsekretariats vom 16. Februar 1948, in der u. a. beschlossen worden war, daß ich mein Haus in Zehlendorf aufzugeben habe, gab es noch andere Überraschungen.
Wilhelm Pieck kündigte einen offiziellen Besuch des Vorsitzenden des Parteiaktivs bei der SMAD, Oberst Tulpanow, an. Dieser erschien dann in Galauniform und überbrachte uns mit einer feierlichen Ansprache eine Einladung des Parteiaktivs zur Hundertjahrfeier des Kommunistischen Manifests.
Er wies darauf hin, daß er die Festansprache halten werde. Er bitte das Zentralsekretariat jedoch, die Einladung an alle Spitzenfunktionäre der Partei weiterzuleiten sowie einen Redner zu bestimmen, der das Zentralsekretariat vertritt, und schließlich dem Parteiaktiv die Ehre zu erweisen, daß die Mitglieder des Zentralsekretariats im Präsidium Platz nehmen.

Nachdem Oberst Tulpanow sich verabschiedet hatte, fragte Pieck: »Wen bestimmen wir als Redner?«
Grotewohl schlug Anton Ackermann vor, Ackermann jedoch Otto Meier.
Wilhelm Pieck sagte: »Ich meine, daß ein ehemaliger Sozialdemokrat sprechen sollte. Ich bin deshalb für Erich Gniffke.«
Ich wehrte ab und unterstützte den Vorschlag Meier. Pieck beharrte jedoch auf seinem Vorschlag. Gegen meine Stimme wurde ich gewählt. Von Pieck war das sicher als eine Auszeichnung gedacht. Mir selbst wäre es lieber gewesen, ich hätte mich ideologisch nicht zu exponieren brauchen.
Noch ein anderer Punkt der Tagesordnung rief eine heftige Diskussion hervor. Es ging um das Gebiet Aue, in dem Uranium entdeckt worden war.
Die Sowjets hatten sofort den Abbau angeordnet. Die Arbeitsämter mußten die Arbeitskräfte vermitteln. Nach den uns zugegangenen Berichten waren die Bedingungen, unter denen dort gearbeitet werden mußte, menschenunwürdig.
Diese Frage war von mehreren Mitgliedern des Zentralsekretariats in der Sitzung gestellt worden. Paul Merker und Helmuth Lehmann, die über jeden Arbeitseinsatz im Zentralsekretariat zu berichten hatten, sollten darüber Auskunft geben. Sie konnten das aber nicht, weil das Gebiet von der sowjetischen Besatzungsmacht zum Sperrgebiet erklärt und ihnen ein Besuch verwehrt worden war. Besonders Merker hatte sich einige Male um eine Besuchsgenehmigung bemüht, jedoch immer ohne Erfolg.
»Der Arbeitseinsatz ist anscheinend überstürzt erfolgt«, sagte Matern. »Es werden jetzt beschleunigt Baracken gebaut.«
»Woher weißt du denn das?« wollte Otto Meier wissen.
»Ich habe das in Dresden erfahren«, war Materns Antwort.
»Dies ist ein sehr ernstes Problem«, erklärte Grotewohl. »Sowohl ich als auch der Genosse Buchwitz haben deshalb schon mehrere Male bei der SMAD vorgesprochen. Es wurde uns beiden zugesagt, daß alle Hilfsmaßnahmen für die Arbeitskräfte so schnell als möglich ergriffen werden.«
»Mit Zusagen haben wir ja schon einige Erfahrung«, meinte ich. »Nicht, daß sie nicht gehalten werden, aber der Zeitbegriff ist doch sehr unterschiedlich. Wir kennen genug Fälle, wo aus einem ›heute noch -- spätestens jedoch morgen‹ Wochen und Monate geworden sind. Wenn wir diese Beschwerden untersuchen wollen, so müssen wir in das Sperrgebiet hinein.«
Pieck schlug vor, eine Kommission zu wählen, für die die Einreise in das Sperrgebiet beantragt werden könne.

Sein Vorschlag wurde angenommen und Paul Merker, Hermann Matern, Franz Dahlem, Helmuth Lehmann, Fritz Ebert und ich zu Mitgliedern dieser Kommission bestimmt.
Eine Genehmigung zur Einreise in das Sperrgebiet wurde jedoch nicht erteilt. Sie wurde auch nicht abgelehnt. Unser Antrag wurde einfach ignoriert.

Politische Folgen einer Hundertjahrfeier

Am 12. März 1948 fand im festlich geschmückten großen Saal des sowjetischen Kulturhauses die Feier zum 100jährigen Erscheinungstag des Kommunistischen Manifestes statt.
»Ein Gespenst geht um in Europa – das Gespenst des Kommunismus.« Mit diesem Zitat aus dem Kommunistischen Manifest von Marx und Engels – wie konnte es auch anders sein – begann Tulpanow seine Rede. Dann erging er sich in Attacken auf die sogenannten sozialdemokratischen Reformisten, die sich mit Hilfe der Bourgeoisie gegen die revolutionäre Bewegung der werktätigen Massen gestemmt hätten.
Danach ging Tulpanow zu einem direkten Angriff auch auf die heutigen sozialdemokratischen Parteien Westeuropas über, die mit dem Marxismus gebrochen hätten und offen in das Lager der Anhänger der bürgerlichen Ideologie übergegangen seien.
Tulpanows Rede dauerte anderthalb Stunden. Fast eine Stunde beschäftigte er sich allein mit der Sozialdemokratie. Er lehnte sich dabei stark an die Rede an, die Shdanow auf der Kominform-Tagung gehalten hatte.
Als Vertreter des SED-Zentralsekretariats nahm ich, wie vorgesehen, anschließend das Wort. Nach einer geschichtlichen Würdigung des Kommunistischen Manifests von 1848 führte ich folgendes aus: »Der Marxismus ist kein Dogma, sondern eine Anleitung zum umgestaltenden Handeln. Wir müssen die Dinge im Hinblick auf ihre Veränderung betrachten, ihre Veränderlichkeit von vornherein erwarten, unsere Aufmerksamkeit auf das Veränderliche in der Welt richten. Nur dann werden wir die Welt so sehen, wie sie ist.
So können wir auch nicht an der Tatsache vorbeigehen, daß der Kapitalismus sich gewandelt hat, vom Früh- zum Hoch- und zum Monopolkapitalismus, daß er sich noch weiter wandeln wird als Folge vieler Einflüsse, des Krieges und einer Nachkriegszeit, in der wir jetzt stehen und von der wir noch nicht genau wissen, wohin sie führt. Eines wissen wir: Sie führt nicht zurück. Sie führt auch

nicht zurück in eine schrankenlose Ausbeutung, die Karl Marx im
›Kommunistischen Manifest‹ treffend angesprochen hat. In der Fortentwicklung haben wir nicht nur mit einer revolutionären, sondern auch mit einer evolutionären Entwicklung zu rechnen. Gleichgültig, ob revolutionär oder evolutionär: Mit Kampf zum Fortschritt!
Obwohl die Geschichte, besonders die der letzten Zeit, dazu geführt haben sollte, daß die gesamte sozialistische Arbeiterbewegung Einkehr hält, bleiben immer noch Theorie und Doktrin einer der Gründe der Trennung. Die Differenzen, die Probleme der Strategie und die Taktik betreffend, sie sollten in demokratischer Diskussion geklärt und durch den anleitenden Marxismus gelöst werden...«
Als ich geendet hatte, erhielt ich nur sehr spärlichen Beifall. Tulpanow trat auf mich zu und sagte: »Du hast ein Korreferat gehalten!« Ich antwortete: »These und Antithese ergeben die Synthese.«
Am nächsten Tag war im »Neuen Deutschland« und in der »Täglichen Rundschau« nur die Rede Tulpanows im vollen Wortlaut abgedruckt. Darunter stand lediglich der Satz: »Im Auftrage des Zentralsekretariats der SED sprach anschließend Erich W. Gniffke.«

Wir beschließen ein internes Treffen

In den letzten Monaten hatte sich viel Zündstoff angesammelt. Max Fechner, den Ulbricht von allen größeren politischen Entscheidungen ausgeschlossen und ganz in die Kommunalpolitik abgedrängt hatte, stand mit dem von ihm angestrebten demokratischen Aufbau von Staat und Gesellschaft von der kommunalen Basis her völlig neben der Entwicklung.
Auf einer Arbeitstagung, die der kommunalpolitische Beirat der SED unter Fechners Vorsitz vom 18. bis 21. Dezember 1947 in Alexisbad abgehalten hatte, operierte er immer noch auf den vor den Gemeindewahlen beschlossenen kommunalpolitischen Richtlinien. Eine einstimmig angenommene Entschließung bestätigte ausdrücklich die Gültigkeit dieser Richtlinien, die von der »sich selbst verwaltenden Gemeinde« als »Grundlage der demokratischen Ordnung« ausging.
Der ehemalige Sozialdemokrat Kurt Böhme, Ministerialdirektor im Innenministerium in Weimar, war von Fechner angehalten worden, auf Grund der Diskussion und der in Alexisbad gefaßten Entschließung einen richtungweisenden Artikel im »Demokratischen Aufbau« zu schreiben. Dieser Artikel erschien genau zu dem Zeitpunkt, da sich die »Deutsche Wirtschaftskommission« anschickte, die bisherige demokratische Ordnung umzustülpen.

Von dieser Entwicklung war Fechner völlig überrascht worden. Er war auf eine Diskussion gar nicht vorbereitet, als Ulbricht in einer Sitzung des Zentralsekretariats gegen den Artikel Böhmes polemisierte, und wich daher einer Stellungnahme aus. Er äußerte lediglich, daß er im Mai den Kommunalpolitischen Beirat einzuberufen gedenke, der sich mit der neu geschaffenen Lage beschäftigen werde. Danach würde er im Zentralsekretariat berichten.
Am nächsten Tag kam Max Fechner mit Otto Meier zu mir. Meier meinte, Fechner sei in der Sitzung zu defensiv gewesen. Er sei deshalb nach der Sitzung zu ihm gegangen, um ihm das zu sagen. Zu Fechner gewandt fuhr er fort: »Bitte, Max, wiederhole, was du mir darauf entgegnet hast.«
»Ich habe gesagt, in den letzten Monaten habe sich so viel ereignet und angesammelt, daß es einer gründlichen Aussprache bedarf, und zwar einer Aussprache unter uns — ohne die Kommunisten.«
»Einer Aussprache unter uns dreien?« fragte ich.
»Unter uns ehemaligen Sozialdemokraten im Zentralsekretariat.«
»Also eine Art Fraktionssitzung?«
»Unter bestimmten Voraussetzungen haben wir die Vereinigung mitgemacht«, erklärte Otto Meier. »Jetzt sind Dinge eingetreten, die diesen Voraussetzungen nicht mehr entsprechen.«
»Welche Dinge meinst du?« fragte ich ihn.
»Schon die DWK steht im Gegensatz zu den Grundsätzen und Zielen der Partei«, meinte Fechner.
Ich entgegnete: »Ich meine, jeder von uns hat Bauchschmerzen bekommen. Da ist die Polizei unter Kurt Fischer, da sind die Sorgen, die uns von draußen zugetragen werden. Aber lassen sich all diese Dinge nicht auch in der Zentralsekretariatssitzung besprechen?«
Otto Meier schüttelte den Kopf: »Du hast doch gesehen, wie die Prager Geschehnisse behandelt worden sind. Wir müssen erst einmal unter uns die Entwicklung gründlich analysieren und uns darüber klarwerden, was eventuell noch auf uns zukommt, was und wie wir das abwehren können.«
»Ich sehe eine gewisse Notwendigkeit ein, daß wir mal alle Probleme durchsprechen«, gab ich zu. »Aber wer soll eine solche Besprechung veranlassen?«
»Wir, das heißt Otto und ich, sind der Meinung, daß Grotewohl das tun müßte.«
»Gut, wollen wir drei mit Grotewohl sprechen?«
»Max und ich sind der Meinung, daß du das übernehmen solltest. Du solltest ihn von der Notwendigkeit einer solchen separaten Zusammenkunft überzeugen.« — »Und die anderen?«
»Mit denen reden wir.«

Ich erklärte mich einverstanden und unterbreitete Grotewohl unseren Plan. Ich war überrascht, daß er ihn nicht sofort ablehnte. Er sagte zwar nicht auf Anhieb zu, versprach jedoch, sich die Sache zu überlegen.

Der II. Volkskongreß im März 1948

Nach dem Scheitern der Londoner Außenministerkonferenz im Dezember 1947 manövrierten sich die Besatzungsmächte im Eilschritt auseinander. Auf die Bildung der Bizone hatte die SMAD mit der Schaffung der Deutschen Wirtschaftskommission geantwortet.
Am 23. Februar 1948 traten in London die drei Außenminister der westlichen Besatzungsmächte zusammen, um eine gemeinsame Deutschland-Politik zu erörtern. Die Vertreter Belgiens, Hollands und Luxemburgs waren hinzugezogen worden. Bevor die Konferenz zusammengetreten war, hatte die Sowjetunion bereits am 13. Februar gegen die Sonderberatung der Westmächte protestiert. Sie erblickte darin eine Verletzung des Potsdamer Abkommens. In Prag kamen daraufhin am 17. und 18. Februar die Außenminister einiger östlicher Kominformstaaten zusammen. Sie schlossen sich dem sowjetischen Protest an.
Unbeeindruckt davon tagten die Vertreter der Westmächte bis zum 6. März 1948. Die Tagung endete mit dem Entschluß, einen westdeutschen Staat entstehen zu lassen. Da jedoch noch nicht sämtliche Differenzpunkte gelöst werden konnten, wurde eine weitere Konferenz für April oder Mai in Aussicht genommen.
Schon im Februar hatte sich das Zentralsekretariat mit der Vorbereitung einer zweiten Tagung des »Volkskongresses« beschäftigt. Dabei wurde die Bildung einer »Nationalen Front« in Aussicht genommen, die in Permanenz tagen und den Einheitswillen des deutschen Volkes in einer ständigen Bewegung halten sollte.
Mit diesem Vorschlag gingen die SED-Vertreter in die Sitzung des Zentralen Blockausschusses, die erste Sitzung, an der die CDU-Vertreter Jakob Kaiser und Ernst Lemmer nicht mehr teilnahmen. An ihre Stelle waren Otto Nuschke und Georg Dertinger getreten.
Aber auch bei der LDP hatte es eine Umorganisation gegeben, da sich der Landesverband Berlin von dem sowjetzonalen Vorstand getrennt hatte.
Hierüber wurde in der Sitzung kein Wort gesprochen. Auf der Tagesordnung stand nur ein einziger Punkt: Vorbereitung eines zweiten Volkskongresses. Alle Anwesenden waren damit einverstanden, daß dieser im Gedenken an die Revolution von 1848 am

17. und 18. März in Berlin tagen sollte. Einverstanden waren auch alle mit dem Vorschlag, ein Gremium zu schaffen, das in verschiedenen Ausschüssen alle Fragen gründlich studieren und beschlußfähig vorbereiten sollte, die den künftigen Staatsaufbau betrafen. Auch die Verhandlungspunkte für einen zukünftigen Friedensvertrag sollten ausgearbeitet werden.

Nachdem man sich darüber einig geworden war, daß dieses Gremium aus 300 Mitgliedern der sowjetisch besetzten Zone und 100 aus Westdeutschland bestehen sollte, mußte das Kind nur noch einen Namen bekommen. Namensgeber wurde Dr. Külz, der die Bezeichnung »Deutscher Volksrat« vorschlug. Dieser Vorschlag wurde allseitig akzeptiert.

Am 17. März 1948 wurde in dem überfüllten Saal der Staatsoper der zweite »Deutsche Volkskongreß für Einheit und gerechten Frieden« eröffnet.

Referate über die Lehren der Revolution von 1848 hielten u. a. Otto Grotewohl und Wilhelm Külz. Über die zweite Frage — »die demokratische Umgestaltung der deutschen Wirtschaft« — sprachen Professor Dr. Alfons Gärtner (Präsident der Thüringischen Landesbank), Dr. Siegfried Witte (Wirtschaftsminister des Landes Mecklenburg) und Walter Ulbricht.

Der Kongreß protestierte scharf gegen die Frankfurter Beschlüsse und gegen die Schaffung eines westdeutschen Staates. Er trat für eine einheitliche demokratische deutsche Republik ein und verlangte die Wiederherstellung der wirtschaftlichen Einheit Deutschlands im Einklang mit dem Potsdamer Abkommen.

Der Kongreß wählte schließlich einen »Deutschen Volksrat« als »das beratende und beschließende Organ, das zwischen den Tagungen des Volkskongresses tätig ist«, wie es in der angenommenen Resolution heißt. Es wurde ein aus 29 Personen bestehendes Präsidium des Volksrats mit Wilhelm Pieck, Otto Nuschke und Wilhelm Külz an der Spitze gewählt.

Der Kongreß beschloß, in der Zeit vom 23. Mai bis zum 13. Juni Unterschriften zur Einleitung eines Volksentscheids über die Einheit Deutschlands zu sammeln.

Zur Hundertjahrfeier der 48er Revolution hatten SED und FDGB eine Massenkundgebung für den 18. März organisiert.

Der Sammelplatz für die Kundgebung des Ostsektors war der Gendarmenmarkt. Es herrschte kaltes und regnerisches Wetter, als sich um 11 Uhr vormittags der Demonstrationszug zum Friedrichshain in Bewegung setzte, um an den Gräbern der Märzgefallenen von 1848, Rosa Luxemburgs und Karl Liebknechts Kränze niederzulegen. Um 11 Uhr vormittags unterbrach auch der Volkskongreß seine

Sitzung. Es regnete so heftig, daß die meisten der führenden Funktionäre ihre Wagen zur Fahrt zum Friedrichshain benutzten.
Otto Grotewohl und ich marschierten mit dem Zug. Wir hatten dadurch Gelegenheit, die Situation zu erörtern. Ich erzählte ihm, daß ich von der Absicht der Kommunisten gehört hätte, mich in der Zentralsekretariatssitzung vom gleichen Abend als »Parität« zu Ulbricht vorzuschlagen, mit dem zusammen ich den Vorsitz in einem zu bildenden Sekretariat des Volksrats übernehmen solle. Als ich ihn weiter über die beabsichtigte Einrichtung des Volksrats informierte, wurde er sehr nachdenklich.
»Ist deine Information denn zuverlässig?« fragte er.
Als ich bejahte, berichtete er mir von einigen Unterredungen, die er mit dem Botschafter Semjonow gehabt hatte. Er hätte Besorgnis darüber geäußert, daß einige von Tulpanow und Ulbricht eingeleitete Maßnahmen über das Ziel der Moskauer Politik hinausgehen und die derzeitige an sich schon schwierige Lage noch komplizieren könnten.
»In welcher Beziehung?« fragte ich.
»Vielleicht kommen wir an der vorübergehenden Trennung von einem westdeutschen Staat nicht vorbei. Es sollte dann aber vermieden werden, Einrichtungen zu schaffen, die ein späteres Zusammenkommen der getrennten Teile Deutschlands unter Umständen ausschließen.«
»Du kennst die Sorgen, die wir und unsere alten Freunde im Zentralsekretariat haben. Wir wollten doch darüber sprechen. Wann kann das nun endlich geschehen?«
»Es wird geschehen. Aber ich will nicht illoyal sein. Darum habe ich mit Wilhelm Pieck über den Wunsch gesprochen, der an mich herangetragen worden ist. Pieck war nicht ablehnend.«
»Ich werde das den Kollegen mitteilen«, sagte ich.
Wir hatten den Friedhof erreicht. Um 12 Uhr mittags waren der Friedhof und die Straßen in seiner Umgebung mit Menschen angefüllt. In strömendem Regen mußten sie die Reden über Demokratie und deutsche Einheit über sich ergehen lassen.

Ich werde Generalsekretär des »Deutschen Volksrats«

Die außerordentliche Sitzung des Zentralsekretariats fand am selben Nachmittag in Piecks Zimmer statt. An der Kopfseite saßen Pieck und Grotewohl, an den Längsseiten die übrigen ZS-Mitglieder. Mein Platz war, durch eine Tischbreite getrennt, Walter Ulbricht gegenüber.

des Volkskongresses gewählten »Deutschen Volksrat« zu beschäftigen. Dieser mußte aus dem 29köpfigen Präsidium ein Sekretariat auswählen, in dem sowohl Parteien als auch Gewerkschaften vertreten waren.
Die Sitzung hatte den einzigen Zweck, sich mit dem auf der Tagung
Die drei Vorsitzenden des Präsidiums, Wilhelm Pieck, Otto Nuschke und Dr. Wilhelm Külz, gebunden an ihre Parteiarbeit, konnten nur die gelegentliche Repräsentation übernehmen, während das Sekretariat als ein ständiges Arbeitskollektiv die Arbeit der Kongreßbewegung zu lenken und die Arbeit des »Deutschen Volksrats«, insbesondere der Ausschüsse, zu koordinieren hatte.
Wilhelm Pieck schlug als Vertreter der SED Walter Ulbricht und mich vor und fügte hinzu:
»Eine Parität ist hier zweckmäßig. Die beiden Genossen müssen in dem Sekretariat auch gemeinsam den Vorsitz übernehmen.«
Als er geendet hatte, meldete ich mich sogleich zu Wort:
»Ich bin als Parität von Anfang an mit Franz Dahlem verheiratet. Diese Partnerschaft ist für uns beide bisher zufriedenstellend gewesen. Darüber hinaus auch noch eine weitere Partnerschaft mit Walter Ulbricht einzugehen, käme einem ›Fremdgehen‹ gleich. Ich lehne also ab. Mit Franz Dahlem zusammen bin ich gegebenenfalls bereit, die Aufgabe zu übernehmen.«
Grotewohl kam mir zu Hilfe: »Die Arbeitsleistung der Genossen Ulbricht und Gniffke ist heute schon sehr angespannt. Ich glaube, man kann beiden in enger Partnerschaft diese zusätzliche Arbeit nicht zumuten.«
Ich fuhr fort: »Eine Parität Ulbricht—Gniffke kann es schon aus politischen Gründen nicht geben. Ich habe sehr stark den Eindruck, daß die gesamtdeutsche Konzeption Walter Ulbrichts von der meinigen erheblich abweicht. In der DWK gibt es in der Spitze auch keine Parität mehr. Darum muß es eine solche auch nicht im Sekretariat des Volksrats geben. Wenn ihr mich als Vorsitzenden in das Sekretariat delegieren wollt, dann kann es nur einen Vorsitzenden geben, nämlich mich.«
»Gut gebrüllt, Löwe«, meinte Pieck. »In der gesamtdeutschen Frage gibt es zwar nur eine Konzeption in der Partei, an der wir hier arbeiten. Wenn die Kandidatur Ulbrichts aber auf Widerstand stößt, ziehe ich sie zurück.«
Nachdem auch Fechner, Grotewohl, Meier und Ackermann die Ansicht vertreten hatten, daß eine paritätische Besetzung des Volksrat-Sekretariats keine zwingende Notwendigkeit mehr sei, schlug Pieck mich als Vorsitzenden und Paul Merker als Mitglied vor, was auf allseitige Zustimmung stieß.

Vor der konstituierenden Sitzung des Volksrats suchte mich am nächsten Tag Oberst Tulpanow auf. Er gratulierte mir, auch im Namen des Marschalls, zu meiner Wahl als Generalsekretär des Deutschen Volksrats und der Kongreßbewegung für Einheit und gerechten Frieden. Zugleich sprach er mir das Vertrauen der SMAD aus, die bereit sei, alle Fragen des Volksrats mit mir zu erörtern. Er sei dazu bestimmt, eine vertrauensvolle Zusammenarbeit einzuleiten.

Am folgenden Tag, dem 20. März 1948, verlangte Marschall Sokolowski in einer auf seinen Wunsch hin einberufenen und unter seinem Vorsitz stattfindenden Kontrollratssitzung von den Vertretern der Westmächte Auskunft über alle in London getroffenen, Deutschland betreffenden Abkommen. Die Auskunft wurde verweigert, weil die Vertreter der Westmächte von ihren Regierungen hierzu nicht ermächtigt waren. Marschall Sokolowski erklärte, daß es unter diesen Umständen sinnlos sei, die Sitzung fortzusetzen. Mit den Worten: »Ich erkläre die Sitzung hiermit für vertagt«, verließ er mit seinen Mitarbeitern den Kontrollrat und machte dessen weitere Tätigkeit damit unmöglich.

Unter diesen zunehmenden Spannungen nahm der »Deutsche Volksrat« seine Tätigkeit auf. Das Sekretariat des »Deutschen Volksrats« sollte, laut Beschluß des SED-Zentralsekretariats, auch eine überparteiliche Wochenzeitung erhalten. Die Überparteilichkeit kam dadurch zum Ausdruck, daß als Herausgeber Erich W. Gniffke, Artur Lieutenant (Ost-LDP) und Luitpold Steidle (Ost-CDU) zeichneten. Chefredakteur wurde Albert Norden (SED).

Sekretariat und Redaktion wurden zunächst provisorisch im Hause der DWK untergebracht. Dort bekam ich auch mein zweites Dienstzimmer; das Zimmer im »Haus der Einheit« hatte ich beibehalten. Eines Tages erschien Oberst Jelisarow in meinem Büro in der Leipziger Straße, um mich zur Besichtigung des ehemaligen Goebbelsschen Propagandaministeriums abzuholen. Das Gebäude hatte unter den letzten Kriegsereignissen sehr gelitten und war nun seit Wochen als »Befehlsbau« aufgebaut und zur Wiederbenutzung hergerichtet worden. Dort wurden wir von Stadtkommandant General Kotikow erwartet. Er begrüßte mich als neuen Hausherrn dieses Gebäudes und stellte mir einige Bauingenieure vor, die mir für weitere Gestaltungswünsche zur Verfügung stehen sollten. Neben diesem Gebäude, so schwärmte mir der General vor, werde dann die Kongreßhalle mit einem Fassungsvermögen von 2 000 Personen erstehen. Ich muß, als ich so plötzlich vor diese neue Situation gestellt wurde, kein sehr geistreiches Gesicht gemacht haben. Jedenfalls fragte General Kotikow: »Sind Sie damit nicht einverstanden, Genosse Gniffke?«

»Doch, doch, Genosse General«, beeilte ich mich zu antworten. »Ich überlege nur, ob mir dieses Hausrecht zukommt.«
»Natürlich. Sie sind ja der Generalsekretär. Es ist das Haus des ›Deutschen Volksrats‹ und des Kongresses für Einheit und Frieden.«

Der Tod von Wilhelm Külz

Am 18. April 1948 starb der Vorsitzende der Ost-LDP, Reichsminister a. D. Dr. Wilhelm Külz, der gleichzeitig einer der Vorsitzenden des »Deutschen Volksrats« war. Oberstleutnant Nasarow von der SMAD suchte mich schon in den frühen Morgenstunden auf, um mir diese Nachricht zu übermitteln und mich zu veranlassen, die Beisetzung von Dr. Külz zum ersten Staatsakt des Deutschen Volksrats zu machen. Am Nachmittag hielt ich im Rundfunk eine Gedenkrede und besuchte anschließend die Witwe des Verstorbenen. Bei diesem Kondolenzbesuch traf ich wieder Nasarow. Er versuchte der Familie Külz jun., die inzwischen aus Weimar eingetroffen war, im Auftrage der sowjetischen Administration klarzumachen, daß die Leiche des Verstorbenen einbalsamiert werden müsse. Sie sollte dann offen im Sitzungssaal des Deutschen Volksrats aufgebahrt werden, damit die Massen an dem toten Präsidenten vorbeidefilieren könnten. Die Familie war von dieser Eröffnung wenig erbaut, und ich schloß mich ihrer ablehnenden Haltung an. Ich argumentierte, daß dies alles der russischen, aber keinesfalls der deutschen Mentalität entspreche. Bei uns werde der Sarg geschlossen, so daß auf eine Einbalsamierung verzichtet werden könne. Außerdem, so sagte ich, hätten wir hier keine entsprechenden Fachkräfte. Aber Oberstleutnant Nasarow verbiß sich hartnäckig in seinen Auftrag: »Wir haben die Fachkräfte und können sie per Flugzeug heranholen lassen.« Weder die Familie Külz noch ich ließen uns jedoch davon überzeugen. Am folgenden Morgen war Nasarow schon wieder bei mir. Ich hatte inzwischen die Entscheidung des SED-Zentralsekretariats eingeholt, die er nun anerkannte: Einbalsamiert wurde nicht. Außerdem war das Zentralsekretariat auch nicht bereit, Massen zum Defilieren aufzubieten.
Der Sarg wurde im früheren Reichsluftfahrtministerium, dem jetzigen Haus der Deutschen Wirtschaftskommission, aufgebahrt. In einer würdigen Feierstunde nahm das Präsidium des Deutschen Volksrats von dem Verstorbenen Abschied. Danach traten mit dem Verstorbenen die Anverwandten und die Parteifreunde die Fahrt in den Westsektor an, wo die Beisetzung stattfand. Der Tod von Dr. Wilhelm Külz hinterließ bei der Ost-LDP eine spürbare Lücke.

Wer sollte seine Nachfolge antreten? Mit dieser Frage beschäftigten wir uns im Präsidium und Sekretariat des Volksrats und nicht zuletzt auch im Zentralsekretariat der SED. Stellvertretende Vorsitzende der LDP waren damals Professor Dr. Kastner, Dresden, und Bürgermeister a. D. Artur Lieutenant, Berlin.
Lieutenant hatte sich in den letzten Wochen bei der SMAD unbeliebt gemacht. Gestützt auf die Zusage des Marschalls forderte er, endlich mit den Sequestrierungen Schluß zu machen und die Revision ungerechtfertigter Fälle vorzunehmen. Ulbricht meinte dazu, Lieutenant offenbare plötzlich einen »reaktionären Willen«. Er sei also als Nachfolger von Dr. Külz ungeeignet.
Und Kastner genieße in der LDP kein Ansehen. Mit dieser Feststellung hatte Ulbricht recht. Aber General Kolesnitschenko in Weimar hatte bereits einen Favoriten: Dr. Gärtner.
Zunächst mußte Artur Lieutenant aus der Konkurrenz genommen werden. Das geschah, indem man ihn als Finanzminister nach Potsdam berief. Der Ministertitel reizte ihn. Lieutenant nahm sofort an. So blieben nur Gärtner und Kastner in der Konkurrenz. Aber bei dieser Konkurrenz konnte der Wahlausgang nicht zweifelhaft sein. Alles schien nach Wunsch zu laufen, da flüchtete Dr. Gärtner in die Westzone. Bald danach folgte ihm auch Dr. Külz jun.
So blieb also nur Professor Kastner übrig. Mit geübtem Blick hatte er die Situation erfaßt, benützte die Lücke im Deutschen Volksrat und schlüpfte als Präsident hinein. Die LDP-Funktionäre in der Zone, die dagegen opponierten, wurden durch andere »fortschrittliche Kräfte« ersetzt. Bei der Suche nach diesen Kräften zeigten sich dann sehr bald als besonders geeignet für die weitere Politik der Ost-LDP der Freiherr v. Stolzenberg in Leipzig und Johannes Dieckmann in Dresden.
Professor Dr. Kastner, der nunmehr die Führung der Ost-LDP übernahm, war von Haus aus Rechtsanwalt, zugleich aber auch ein von wenig Skrupeln belasteter Geschäftsmann. Schnell witterte er alle Möglichkeiten und verstand es, seine Chance zu nutzen.

Pieck: »Gut, Erich, du bekommst dein Schwarz-Rot-Gold«

Ich hatte viel zu tun. Die regelmäßige Teilnahme an den Sitzungen des Zentralsekretariats war Pflicht. Vorher mußte ich mich bei meinen paritätischen Partnern, Dahlem, Beling und Ackermann, informieren, was es in unseren gemeinsam zu verwaltenden Abteilungen während meiner Abwesenheit gegeben hatte. Das war meistens nur an den Wochenenden im »Seehaus« möglich.

Im »Haus der Einheit« war ich nur noch sporadisch anzutreffen. Ein persönlicher Referent konnte mir noch nicht vermittelt werden. Alle irgendwie geeigneten Bürokräfte wurden außerdem für das Sekretariat im »Volksrat« benötigt. Dort mußten die verschiedenen Abteilungen eingerichtet werden — überparteilich, versteht sich. Wöchentlich einmal hielt ich eine Sekretariatssitzung ab, nachfolgend eine mit den Abteilungsleitern zur Koordinierung der Arbeiten der Ausschüsse und zur Vorbereitung der nächsten Volksratssitzung.
Ich mußte auch häufiger an Fraktions- und Landtagssitzungen in Schwerin teilnehmen. Auch dort waren im Block der Parteien und in Ausschußsitzungen vielfach Reibungen aufgetreten, die behoben werden mußten. Schließlich waren in allen Hauptstädten der Zone Sekretariate für die Kongreßbewegung einzurichten. Auch in den Ausschüssen mußte ich mich informatorisch blicken lassen.
Aus diesen Gründen sah ich meine Kollegen vom SED-Zentralsekretariat nur noch in den Sitzungen und wenn ich einmal ins »Seehaus« fuhr.
In der ersten Maiwoche 1948 hielt die SED ihren ersten Kulturtag ab, auf dem Otto Grotewohl den Marxismus als die Grundlage einer wahren, volksverbundenen Kunst für die Masse der deutschen Werktätigen bezeichnete. Anschließend sprach ich mit ihm über die Vorbereitung der Volksratssitzung. »Ich möchte«, so erklärte ich, »in dieser Sitzung den Beschluß fassen lassen, daß ›Schwarz-Rot-Gold‹ die Nationalfarben einer einigen deutschen Republik sein sollen.«
Otto Grotewohl, der sich von einem im rechten Augenblick gezündeten Funken schnell entflammen lassen konnte, stimmte begeistert zu: »Die Idee ist glänzend. Ich weiß, was ich dazu sagen werde.«
»Ich wollte eigentlich Fritz Ebert die Rede zuschieben.«
»Nein, nein. Die halte ich.«
Aber soweit war es ja noch nicht. Die Idee mußte erst das SED-Zentralsekretariat passieren und genehmigt werden. Mir aber war klar, daß die Farben des Deutschen Reiches »Schwarz-Rot-Gold« sein müßten. Darauf wollte ich Partei und Volksrat festgelegt wissen.
Dieses Thema war ein geeignetes Kamingespräch im »Seehaus«. In Einzelgesprächen hatte ich mir vorher schon eine Mehrheit gesichert. Pieck und Ulbricht hatte ich zuvor jedoch nicht gesprochen. Sie erfuhren erst am Kamin von dieser Idee. Wilhelm Pieck legte sich sofort quer. Es sei nach seiner Ansicht noch zu früh, um über die Farben der Republik zu sprechen. Ulbricht äußerte sich gar nicht. Ich ließ aber nicht locker und wurde dabei von Fechner, Grotewohl und August Karsten unterstützt. Pieck verfiel in nachdenkliches Schweigen. Er sagte nicht nein und nicht ja, und so schlief das Gespräch allmählich ein.

Die nächste Sitzung des Zentralsekretariats der SED beschäftigte sich mit der Vorbereitung der Volksratssitzung. Als Wilhelm Pieck gerade die Sitzung schließen wollte, meldete ich mich noch zu Wort und erklärte: »In Übereinstimmung mit der Mehrzahl der Kollegen möchte ich noch den Vorschlag machen, daß am 20. Mai ...«
Da wurde ich von Pieck unterbrochen: »Also gut, du bekommst dein Schwarz-Rot-Gold.«

Die Ziele des »Deutschen Volksrats«

Am nächsten Tag trat das Präsidium des »Deutschen Volksrats« zusammen und beschloß, ein offizielles Schreiben an die vier Besatzungsmächte zu richten, das die Oberbefehlshaber der vier Mächte von einem Beschluß des Deutschen Volkskongresses für Einheit und gerechten Frieden unterrichtete, ein Volksbegehren für die Herstellung der Einheit Deutschlands zu empfehlen. Es sollte vom 23. Mai bis 13. Juni 1948 in ganz Deutschland stattfinden.
Dieses Volksbegehren, so hieß es in dem Schreiben, entspreche dem Geist der Atlantikcharta vom 12. August 1941 und der Jalta-Konferenz vom 11. Februar 1945 sowie der Potsdamer Konferenz vom 2. August 1945, wonach es dem deutschen Volk und jedem einzelnen Deutschen gestattet sei, seine elementarsten Grundrechte wahrzunehmen.
Am 20. Mai 1948 fand eine Sitzung des »Deutschen Volksrats« statt. Zur Eröffnung der Tagung brachten Reichsbanner-Veteranen eine schwarzrotgoldene Fahne in den Saal. Es war die Fahne des Neuköllner Reichsbanners Schwarz-Rot-Gold, die 1933 vor dem Zugriff von SA, SS und Gestapo in Sicherheit gebracht und während der ganzen Nazizeit versteckt worden war. Nun wurde in dem festlich geschmückten Saal auf ein besonderes Zeichen dieses aus der Vergangenheit gerettete Banner entrollt. Die Mitglieder des Volksrats erhoben sich von ihren Plätzen, während ein Männerchor das Freiligrathsche Gedicht anstimmte, das Robert Schumann am 4. April 1848 komponiert hatte:

> In Kümmernis und Dunkelheit
> da mußten wir sie bergen!
> Nun haben wir sie doch befreit,
> befreit aus ihren Särgen!
> Ha! Wie das blitzt und raucht und rollt.
> Hurra, du Schwarz, du Rot, du Gold!
> Pulver ist schwarz, Blut ist rot, golden flackert die Flamme!

Otto Grotewohl beschloß den Festakt mit einer Ansprache, und anschließend redete ich über die Ziele der deutschen Volkskongreß-Bewegung. Danach sollte das geeinte Deutschland eine freie demokratische Republik, kein »Führerstaat« und damit auch kein Einparteienstaat sein; es soll sich sein Parlament in überwachter geheimer Wahl wählen; Deutschland soll ein Staat werden, in dem es keiner Partei möglich gemacht wird, die Demokratie zu überrennen, um ein totalitäres Regime aufzurichten. Deutschland soll ein sozialer Staat werden, in dem die werktätige Bevölkerung die ihrer Bedeutung und zahlenmäßigen Stärke angemessene Stellung erhält. Die in dem Deutschen Volksrat zusammengefaßten demokratischen Kräfte, so schloß ich meine Ausführungen, seien bereit, ihre positive Einstellung zu diesem Modell in allen Zonen Deutschlands unter Beweis zu stellen.

Fechner gerät in Schwierigkeiten

Inzwischen rüstete Max Fechner zur 3. Tagung des Kommunalpolitischen Beirats, die am 21. und 22. Mai 1948 in Eisenach stattfinden sollte. Vor seiner Abreise hatten wir noch Gelegenheit, miteinander zu sprechen.
Unter Walter Ulbricht war Leo Zuckermann Leiter der Abteilung Landespolitik. Auch er wollte an der Tagung teilnehmen, vielleicht als Beobachter, vielleicht auch als Störenfried, jedenfalls aber im Auftrage Ulbrichts.
Die Abteilungsleiter erhielten das benötigte Benzin für ihre Fahrten nur dann zugewiesen, wenn sie der Geschäftsabteilung eine Anweisung des zuständigen Zentralsekretariats-Mitglieds vorweisen konnten.
Für Zuckermann war Ulbricht bzw. Fechner zuständig. Da Ulbricht verreist war, hätte Zuckermann sich die Anweisung von Fechner geben lassen müssen. Statt dessen ließ er sich die Anweisung von Pieck geben. Als Fechner sich daraufhin bei Pieck beschwerte, wurde die Anweisung zurückgezogen. Aber Zuckermann fuhr doch. Das Benzin erhielt er von Kurt Fischer.
Auf der Konferenz wurde Fechner in seinem Referat ständig von Zuckermann unterbrochen. Durch seine wiederholten Zwischenrufe desavouierte er in aller Öffentlichkeit ein Mitglied des Zentralsekretariats. Anschließend meldete sich Zuckermann selber zu Wort und erklärte, daß alles, was auf dieser Konferenz verzapft werde, Unsinn sei. Es gab große Unruhe. Die Kommunalpolitiker stellten sich einmütig auf Fechners Seite und damit gegen Zuckermann und auch

Ulbricht. Kurt Böhme erhielt von Max Fechner wieder die Weisung, unbeirrt von dem Auftreten Zuckermanns die Thesen dieser Konferenz in der Zeitschrift »Demokratischer Aufbau« zu vertreten.
Diese Thesen, die von Max Fechner, Kurt Böhme und selbst von dem Altkommunisten Weidauer, Oberbürgermeister von Dresden, gemeinsam vertreten wurden, besagten, daß auch die sogenannten »Auftragsangelegenheiten« unter der Verantwortung der Vertretungskörperschaften auszuführen seien. Zwar hätten die Vertretungskörperschaften Richtlinien und gegebenenfalls auch Anordnungen von den Kontrollorganen übergeordneter Instanzen mit zu beachten, grundsätzlich jedoch hätte auf kommunaler Ebene die Verwaltung in Selbstverantwortung tätig zu sein.
Wütend kehrte Fechner nach Berlin zurück. Hier begann der Kampf um die Aufnahme des zweiten Artikels von Kurt Böhme, und in diesem Kampf unterlag Fechner. Der »Demokratische Aufbau« brachte nicht den Artikel von Böhme, dafür einen von Zuckermann, in dem er seine Angriffe allerdings nicht gegen Fechner, sondern gegen Böhme richtete.
In der entscheidenden Sitzung des SED-Zentralsekretariats, in der über den Streit zu entscheiden war, erklärte Ulbricht: »Genossen, wir sind über das Stadium der Selbstverwaltung in den Gemeinden und Kreisen hinaus. Es beginnt der Umschlag. Die Arbeiterklasse übt die Macht in ›demokratischem Zentralismus‹ von oben nach unten aus. Die Kommunalverbände aber noch nicht.«
»Und die Westzonen auch nicht«, warf ich ein.
Grotewohl meinte: »Wir sollten es vermeiden, starke Worte zu gebrauchen. Wir müssen einer zentralen Planung den Weg bis zur Gemeinde ebnen.«
»Das ist auf Grund unserer Beiratsbeschlüsse auch durchaus möglich«, rief Fechner heftig aus.
Karsten pflichtete ihm bei: »Wie kommt Zuckermann dazu, sich flegelhaft in Dinge einzumischen, die ihn gar nichts angehen?«
Pieck erklärte: »Das Verhalten von Zuckermann muß untersucht werden.«
Ulbricht schwieg sich aus.

Unsere »Fraktionssitzung« in Fichtenau

Jetzt drängte Max Fechner noch stärker darauf, daß die seit Monaten verabredete Separatbesprechung endlich zustande käme. Mit Ausnahme von Grotewohl hatte er bei den anderen Kollegen schon sondiert. Auf die Teilnahme Grotewohls lege er keinen großen Wert

mehr, erklärte Fechner. Er schlug vor, daß die Besprechung in seinem Hause in Fichtenau stattfinden solle. In Fichtenau, einem östlichen Vorort von Berlin, hatte Max Fechner vor einiger Zeit ein Einfamilienhaus erworben. Eine Besichtigung durch seine engeren Freunde war ohnehin längst fällig. Diese Begründung wurde von allen als stichhaltig für die Einladung angesehen. Um diese Zusammenkunft so unverfänglich wie möglich erscheinen zu lassen, waren auch die Ehefrauen eingeladen worden. Ende Mai war es soweit.
Fast alle kamen: Otto Meier, Helmuth Lehmann, Käte Kern und ich. Nur Fritz Ebert erschien nicht, und Otto Grotewohl war gar nicht erst eingeladen worden. Während unsere Frauen Kaffee tranken, zogen wir Männer und Käte Kern uns zu dem vorgesehenen Gespräch zurück. Max Fechner hatte einige Diskussionspunkte festgelegt.
Als Punkt 1 hatte er die kommunistische Machteroberung in Prag notiert, um daran, wie er sagte, ermessen zu können, in welchem Stadium wir uns befänden. In diesem Punkt kamen wir zu folgenden Feststellungen: Deutschland ist ein viergeteiltes und besetztes Land, somit der Tschechoslowakei nicht vergleichbar.
Auch die sowjetisch besetzte Zone allein ist nicht vergleichbar mit der Tschechoslowakei, auch dann nicht, wenn sie von dem übrigen Teil Deutschlands abgetrennt würde. Denn in der Zone wird die Macht von der SMAD ausgeübt.
Eine etwaige kommunistische Partei – man müßte untersuchen, ob eine solche mit anderen kommunistischen Parteien vergleichbare Partei in der Zone vorhanden ist – hat keine Macht zu erobern. Sie wird ihr, wenn sie sie ausüben soll, von der sowjetischen Besatzungsmacht zugewiesen.
Anschließend diskutierten wir die Frage, ob die SED eine mit anderen kommunistischen Parteien zu vergleichende Partei sei. Auch diese Frage wurde verneint. Über den Charakter der SED kamen wir vielmehr zu folgenden Schlußfolgerungen:
Die SED ist, trotz ihres Massencharakters, keine sozialdemokratische Partei mehr, wie sie vor 1933 oder vor 1914 bestanden hatte. Richtungskämpfe in freier Meinungsäußerung können auf keiner Parteiebene, am wenigsten auf dem Parteitag, ausgetragen werden.
Durch den Massencharakter der Partei, in der Altkommunisten und Altsozialdemokraten zusammengenommen nur noch eine Minderheit darstellen, ist die Partei strukturell jedoch auch keine kommunistische Kaderpartei im herkömmlichen Sinne.
Die SED ist eine von oben gelenkte Partei. Im oberen Lenkungsgremium sitzen Altkommunisten und Altsozialdemokraten zusammen, die aus ihrer unterschiedlichen Tradition heute, nach mehr als

zwei Jahren, die »Grundsätze und Ziele« der vereinigten Partei unterschiedlich bewerten. Die Traditionsunterschiede gehen wie ein Riß von oben bis unten durch die Partei.
Die Traditionsunterschiede lösen in der Spitze den Kampf aus, der uns zu diesem Gespräch zusammengeführt hat. Es geht einfach darum, ob der Ulbricht-Flügel im Zentralsekretariat und in der gesamten Partei die Führung übernimmt.
Die Ereignisse des letzten Jahres wurden vor allem unter dem Gesichtspunkt der voraussichtlichen Dauer der Abtrennung der Sowjetzone von dem übrigen Teil Deutschlands registriert. Die Trennung, und das war wieder eine übereinstimmende Feststellung, wird lange dauern, wenn die Sowjets nicht veranlaßt werden können, ihr Faustpfand, die Zone, herauszugeben. Zunächst werden sie jedoch die weitere Entwicklung in Europa, besonders in Westdeutschland, beobachten wollen.
Zum Abschluß der Diskussion, die sich über Stunden hinzog, kamen wir zu der Überzeugung, daß zwar das Experiment der organisatorischen Vereinigung von SPD und KPD zur SED zwangsweise gemacht werden mußte, daß es aber als gescheitert anzusehen ist. Im Widerspruch zu den Erklärungen der »Grundsätze und Ziele« durften sich die besonderen deutschen Bedingungen weder parteipolitisch noch nationalpolitisch durchsetzen.
Ulbricht ist nicht nur das Werkzeug für eine separatistische Politik, er ist auch machthungrig. Diesen Machthunger könnte er in einem vereinigten Deutschland nicht befriedigen. Durch die Unterstützung, die er von der Besatzungsmacht erhält, ist er gefährlich. Wir versprachen uns gegenseitig, alles zu tun, um seinen Einfluß zu brechen.

Oberst Tulpanow ergreift offen Ulbrichts Partei

Anfang Juni bat mich Oberst Tulpanow in sein Büro. Er empfing mich allein in seinem großen Arbeitszimmer. Vor ihm auf dem Tisch lag ein langer »Speisezettel«, den er mit mir durchging:
»Genosse Gniffke, Sie sind in Ihrer Arbeitsleistung bewunderungswürdig. Wie können Sie das alles nur schaffen? Und das alles, nachdem schon zwei Ihrer Sekretäre in den Westen geflohen sind! Zudem versammelt sich alles, was als Reformist, Schumacher-Agent, Saboteur oder aus einem anderen Grunde aus seinem Amt gejagt wurde, auch noch in Ihrem Büro. Für jeden Sozialdemokraten treten Sie ein.«
Ich hatte an dem langen angebauten T-Schenkel vor seinem Schreibtisch Platz genommen. Als er jetzt eine Pause machte, fragte ich,

welche Arbeitsleistung er bewundere und welche Sozialdemokraten er meine, für die ich mich nach seiner Auffassung zu Unrecht eingesetzt habe.
Darauf fing er an, ganz detailliert meine Arbeitsgebiete aufzuzählen. Er fügte hinzu: »Sie sind doch wirklich überlastet.«
Ich erwiderte: »Ich werde diese Ihre Auffassung in der nächsten Sitzung des Zentralsekretariats meinen Kollegen unterbreiten.«
»Und was war mit Ihren Sekretären?« fragte Tulpanow.
»Das wissen Sie doch längst sehr genau. Der eine hatte eine Betätigung aus der Nazizeit verschwiegen, und dem anderen hat die von Ulbricht entwickelte Konzeption der sogenannten Volksdemokratie nicht gepaßt.
Drüben wird uns vorgeworfen, daß Sozialdemokraten bei uns ihrer Gesinnung wegen verfolgt werden. Wenn Sie nun davon sprechen, daß Reformisten aus dem Amt gejagt werden, so scheint mir der Vorwurf von drüben nicht so unberechtigt zu sein.«
»Die Vorwürfe sind aber unberechtigt, denn es wird behauptet, daß Leute ihrer Gesinnung wegen verhaftet werden. Es wird keiner wegen seiner Gesinnung verhaftet. Wer verhaftet wird, hat sich nachweislich als Agent betätigt.«
»Als Schumacher-Agent?«
»Auch als Schumacher-Agent, wenn er Spionage betreibt. Es wird sehr genau untersucht, ob jemand, der verhaftet worden ist, sich strafbar gemacht hat. Da bedarf es nicht auch noch Ihrer Untersuchungen. Ich empfehle Ihnen, sich zurückzuhalten. Sie sind kein Untersuchungsrichter, sondern ein Mitglied des Zentralsekretariats.«
»Glücklicherweise bin ich kein Untersuchungsrichter. Als Mitglied des Zentralsekretariats habe ich jedoch mein Wort gegeben, daß ich versuchen werde aufzuklären, ob Sozialdemokraten ihrer Gesinnung wegen verhaftet worden sind, sagen wir irrtümlich oder auch auf Grund von Denunziationen. Wenn alles rechtens zugeht, brauchte eine Auskunftserteilung doch keine Schwierigkeiten zu machen.«
Tulpanow wiederholte: »Ich empfehle Ihnen dringend, sich künftig von dieser Tätigkeit zurückzuhalten, auch von einer Fraktionsarbeit.«
»Was soll das nun wieder heißen?«
»Es ist beobachtet worden, daß Sie ausschließlich bei Sozialdemokraten absteigen, wenn Sie auf Reisen sind.«
»Sie meinen: bei SED-Funktionären, die vor der Vereinigung zur Sozialdemokratie gehörten? Wie kann das anders sein, wenn das Wohnen im Hotel aus vielerlei Gründen nicht überall möglich ist. In Weimar ist es möglich, deshalb wohne ich dort auch im Hotel. In Schwerin, wo ich als Abgeordneter am häufigsten bin, wohne ich bei der Tochter des Landtagspräsidenten Carl Moltmann, mit der ich

und meine Frau schon seit vielen Jahren eng befreundet sind. Verpflegt werde ich eine Etage höher, bei Carl Moltmann.

In Dresden wohne ich beispielsweise bei Otto Buchwitz. Aber ich kümmere mich auch um die ehemals kommunistischen Genossen, besuche sie und nehme auch an ihren Freuden und Leiden teil. In Schwerin habe ich den bekannten Dichter Willi Bredel aufgesucht, der einen Jagdunfall hatte.

In Weimar besuchte ich den ehemaligen Kommunisten und jetzigen Landesvorsitzenden der SED, Erich Kops, der auch gerade das Bett hüten mußte, weil er sich auf der Jagd ins linke Bein geschossen hatte. Und in Dresden lag der ehemalige Kommunist Fritz Gosse vom SED-Landessekretariat zu Bett. Er hatte sich zur Abwechslung in den rechten Fuß geschossen. Wollen Sie es als Fraktionsarbeit bezeichnen, wenn jemand ein neues Haus bezieht und seine alten Freunde zu einem Besichtigungsbesuch einlädt?

Was ich schon gar nicht verstehen kann, ist, daß ich solche Fragen mit Ihnen anstatt im Zentralsekretariat meiner Partei erörtere.«

»Gerade im Zentralsekretariat macht sich die Fraktionsarbeit bemerkbar«, entgegnete Tulpanow. »Und zwar im Widerstand gegen alles, was der Genosse Ulbricht vorbringt.«

»Hat er sich bei der Besatzungsmacht darüber beschwert?«

»Ich spreche nicht als Vertreter der Besatzungsmacht, sondern als Vertreter einer befreundeten Organisation. Bei diesem Vertreter hat sich der Genosse Ulbricht nicht beschwert, aber er kann sehr gut beobachten. Wir befinden uns in einer krisenhaften Zeit. Da braucht die Partei einen standfesten und erfahrenen Mann, wie Walter Ulbricht einer ist. An ihm müssen sich die übrigen Sekretäre orientieren.«

»Nicht einer meiner Kollegen, ganz unabhängig von seiner parteipolitischen Herkunft, ist bereit, Ulbricht als Vorgesetzten anzuerkennen und Weisungen von ihm entgegenzunehmen.«

»Das Zentralsekretariat ist ein Kollektiv. Da gibt es keinen Vorgesetzten. Da müssen alle gut miteinander arbeiten, aber nicht gegen einen der erfahrensten Genossen.«

In dieser Art zog sich das Gespräch über Stunden hin. Zum Schluß wies Tulpanow darauf hin, daß dieses Gespräch »unter uns« bleiben solle. Und dann noch die Drohung: »Ein zweites solches Gespräch findet nicht statt. Merken Sie sich: Ich bin ein Bolschewik, ich bin ein Revolutionär.«

Otto Grotewohl ist immer noch optimistisch

Am nächsten Wochenende fuhr ich mit meiner Frau hinaus ins »Seehaus«. Ich hatte mich dort am Samstag nach dem Mittagessen gerade hingelegt, da klopfte es an die Zimmertür. Als ich öffnete, stand Otto Grotewohl draußen. Das war mir gerade recht, denn ich wollte ohnehin dringend mit ihm reden. Wir gingen hinaus und setzten uns mitten auf eine Wiese. Grotewohl stellte befriedigt fest, daß wir von diesem Platz aus etwaige Horchposten sofort wahrnehmen würden.

Ich erzählte ihm von meiner Unterredung mit Tulpanow und er mir daraufhin von der seinen. Tulpanow sei noch am gleichen Abend zu ihm gekommen, und sie hätten die halbe Nacht diskutiert. Tulpanow habe ihm berichtet, daß er zuerst mit mir und dann mit Fechner sehr ernste Gespräche hätte führen müssen. »Eure Sitzung in Fichtenau«, sagte Grotewohl, »muß in Karlshorst viel Wirbel gemacht haben.« Dann berichtete er, daß er versucht habe, Tulpanow die Situation in der Partei begreiflich zu machen, vor allem habe er darauf hingewiesen, daß die sozialdemokratischen Funktionäre es nicht gewohnt seien, sich kommandieren zu lassen. Sie müßten auch ihre Skepsis gegenüber Maßnahmen überwinden, die auf eine unsichtbare Lenkung hindeuteten. Der Parteizentralismus, der sich seit Monaten verstärke, erzeuge Widerstand, der sich nach unten hin verschärfe, weil besonders die unteren Parteieinheiten mit der zentralistischen Lenkung nicht Schritt halten könnten.

Tulpanow habe dann erklärt, es komme entscheidend darauf an, daß er, Grotewohl, mit Ulbricht zu einem besseren persönlichen Verhältnis komme. Grotewohl habe geantwortet, daß dies sehr schwer sei. Es gäbe auch sonst keinen Genossen im Zentralsekretariat, der ein gutes persönliches Verhältnis zu Ulbricht habe. Für eine kollektive Zusammenarbeit fehlten bei Ulbricht von vornherein alle Voraussetzungen. Ulbricht mache sich zum Mittelpunkt der Partei und schlage um sich, daß es manchmal schon komisch wirke.

Ich berichtete ihm über unsere Besprechung in Fichtenau und fügte hinzu, es wäre sicher besser gewesen, wenn er seine Zusage eingehalten und die Besprechung bei ihm stattgefunden hätte. Grotewohl antwortete: »Ich habe Tulpanow gesagt, daß eine solche Besprechung vorgesehen und Wilhelm Pieck davon unterrichtet gewesen sei.«

Ich fragte Grotewohl, ob er nicht erkenne, daß sich der Kampf gegen alle ehemaligen Sozialdemokraten innerhalb der SED neuerdings verschärfe, und ob er darin nicht einen Plan sehe. Ich fragte ihn weiter, ob ihm bekannt sei, daß die sowjetische Administration unter eigener Regie in Königswusterhausen eine Schule unterhalte, in der sie in Vierteljahrskursen Funktionäre für die Massenorganisationsarbeit ausbilde. Einer der Lehrer, ein Oberstleutnant der Roten Armee, habe in einem Referat vor den deutschen Schülern unlängst folgendes gesagt:

»Der Feind der Arbeiterklasse steht in den eigenen Reihen. Es sind die Reformisten, die in der Weimarer Republik als Minister fungiert haben und auf Arbeiter haben schießen lassen. Einer dieser Reformisten ist auch der frühere braunschweigische Polizeiminister Otto Grotewohl.«

»Dieser Offizier hat sich entschuldigen müssen«, antwortete Grotewohl.

»Was heißt hier entschuldigen?« entgegnete ich. »Der Offizier hat doch nicht seine Privatmeinung geäußert. Was interessiert es ihn, ob Otto Grotewohl vor 1933 Innenminister war. Von sich aus hat er doch keine Recherchen angestellt. Er muß doch das Material zugestellt bekommen haben. Vielleicht ist irgend etwas noch nicht programmgemäß gelaufen? Das Politbüro mit Ulbricht als Generalsekretär sollte vielleicht schon fertig sein? Was hältst du denn von dieser ganzen Entwicklung?«

»Ich bin nicht gegen die Schaffung eines Politbüros«, antwortete Grotewohl. »Nur wird es keinen Generalsekretär geben, solange es noch Vorsitzende gibt. Wenn es keine Vorsitzende mehr geben sollte, sondern einen Generalsekretär, dann bin ich der Generalsekretär.«

»Du meinst, es geht nichts mehr ohne dich. Willst du etwa Ulbricht als Befehlsempfänger ablösen?«

»Ich will eine Entwicklung verhindern, bei der Ulbricht der Generalsekretär wird und bei der sich seine Konzeption durchsetzt.«

»Seine volksdemokratische, seine separatistische oder seine parteiinterne? Ich fürchte, du hast mit der Entwicklung nicht mehr Schritt gehalten.«

»So bin ich also nach deiner Meinung ein ahnungsloser Engel?«

»In gewisser Hinsicht, ja. Anfang des Jahres wollten wir eine Entwicklung, die sich in der CDU durch den Abgang Kaisers anbahnte, aufhalten. Du wolltest dich für Ernst Lemmer einsetzen. Ich habe nichts mehr davon gehört.

Heute stehen wir vor der Gründung von zwei neuen ›volksdemokratischen Parteien‹ durch die Kommunisten. Nuschke hat davon erfahren. In meinem Beisein hat er Pieck darauf angesprochen. Pieck hat die Information mit dem Hinweis bestritten, ihm sei nichts davon bekannt.

Als ich Pieck später unter vier Augen fragte, weshalb er Nuschke belogen habe, antwortete er lakonisch: ›Den Gegner muß man belügen.‹

Alles in allem, wir werden von einer Entwicklung überrannt, die jedenfalls mir und auch noch einigen anderen unserer alten Freunde mehr als unangenehm ist. Wir beide sollten das einmal sehr gründlich überdenken.«
»Dazu brauchten wir viele Tage.«
»Das könnten wir auf einem gemeinsamen Urlaub tun.«
»In Bad Elster?«
»Meinetwegen auch da.«
»Wen schlägst du denn anstelle von Ulbricht vor? Was hieltest du von Matern?«
»Der ist zwar nicht ganz so durchtrieben wie Ulbricht, aber doch fast.«
»Wen schlägst du also vor?«
»Laß uns auch darüber in Bad Elster sprechen.«
»Aber eins kannst du mir glauben«, sagte Grotewohl abschließend, »wenn Ulbricht so weitermacht, schaltet er sich von ganz allein aus.«

Währungsreformen vertiefen die Spaltung

Die am 18. Juni in den Westzonen Deutschlands proklamierte Währungsreform wurde von den Sowjets als Verletzung der Beschlüsse von Jalta und Potsdam bezeichnet; sie werde die wirtschaftliche und politische Trennung von West- und Ostdeutschland nach sich ziehen. Wir fragten uns und jeder von uns wurde gefragt: Ist nun die Trennung vollkommen? Wir mußten die Ereignisse aneinanderreihen, um in ihrer Gesamtheit zu sehen, wie die Sowjets auf London und Frankfurt reagiert haben.
Bereits im Januar 1948 hatten allerdings die Sowjets begonnen, in den Verkehr zwischen Berlin und den Westzonen einzugreifen. Am 24. Januar 1948 wurde der Nachtzug Berlin—Bielefeld mit britischen Beamten und 120 Deutschen, deren Reise von den britischen Behörden befürwortet war, elf Stunden lang in der sowjetischen Zone festgehalten. Die Deutschen wurden nach Berlin zurückgebracht mit der Begründung, ihre Ausweispapiere seien ungenügend.
In den folgenden Wochen und Monaten verfügten die Sowjets eine Verkehrsbeschränkung nach der anderen, bis schließlich in den Nachtstunden zum 24. Juni jeder Personen- und Güterverkehr zum Erliegen kam.
In der gleichen Nacht befahlen die sowjetischen Behörden der zentralen Berliner Elektrizitätsverteilungsstelle (im sowjetischen Sektor gelegen), die Lieferung von elektrischem Strom aus den Elektrizitätswerken der sowjetischen Zone und des sowjetischen Sektors in

die Berliner Westsektoren einzustellen. Als Begründung für diese Maßnahme wurde Kohlenknappheit angegeben.

Am 24. Juni ordneten die sowjetischen Behörden an, die Auslieferung sämtlicher Lebensmittel aus der sowjetischen Zone an die Westsektoren Berlins einzustellen. Damit war die Blockade Berlins vollendet. Diese Einzelmaßnahmen zeugten deutlich von der Tendenz der Entwicklung. Diese hatte mit dem 20. März 1948 begonnen, als die sowjetische Delegation den Alliierten Kontrollrat verließ, und führte folgerichtig zum 16. Juni 1948, als die Sowjetdelegation sich auch aus der Alliierten Kommandantur zurückzog.

Nach der westlichen Währungsreform verfügte auch die Sowjetische Militärverwaltung eine Reform des Geldumlaufs in der Sowjetzone und in Groß-Berlin, natürlich als »notwendige Gegenmaßnahme« deklariert.

Der Kampf um Berlin begann in Frankfurt. Während im »Deutschen Volksrat« in Ostberlin am 20. Mai 1948 eine Volksabstimmung über die Struktur eines einheitlichen Deutschland in Anlehnung an die Weimarer Verfassung und mit Schwarz-Rot-Gold als Nationalfarben proklamiert wurde, unterrichtete Professor Ludwig Erhard, damals Direktor der neugeschaffenen Wirtschaftsverwaltung, auf der ersten Sitzung des Wirtschaftsrats-Ausschusses der Bizone die Vertreter Berlins, die Stadträte Professor Ernst Reuter und Gustav Klingelhöfer, über die bevorstehende Währungsreform. Wie die im Wirtschaftsrat vertretenen Vertrauensleute berichteten, hatten die Berliner SPD-Stadträte im Gegensatz zu Professor Erhard gefordert, daß die Westsektoren Berlins in die Währungsreform Westdeutschlands mit einbezogen werden, da ein Anschluß Berlins an eine östliche Währung nur die Eingliederung der Stadt in die sowjetische Besatzungszone zur Folge haben würde. Ernst Reuter habe erklärt: Die Teilung Deutschlands sei aufzuhalten, und wer die Währung hätte, hätte auch die Macht.

Während die Berliner in Frankfurt verhandelten und Parteien und Besatzungsmächte erfolgreich auf den westdeutschen Währungskurs brachten, stellte am 25. Mai die SPD-Fraktion der Berliner Stadtverordnetenversammlung den Antrag, an alle Besatzungsmächte zu appellieren mit dem Ziel, auf weiterem Verhandlungswege die Währungseinheit zu erhalten. Alternativ wurde vorgeschlagen, für Groß-Berlin eine Sonderwährung einzuführen, die »Berliner Bärenmark«. In den Tagen vor Inkrafttreten der Währungsreformen ging ein kleines, altes, runzliges Männchen durch das Haus der SED. Es war Alfred Oelßner sen., der Parteikassierer. Er flüsterte allen, denen er gewogen war, zu: »Bringt euer Geld, eure Ersparnisse zu mir. Alles Geld der Partei und der Parteibetriebe wird 1 : 1 aufgewertet.«

Unterdessen waren General Kotikow, der Sowjetkommandant von Berlin, und die KP-Funktionäre Hermann Matern und Roman Chwalek nicht untätig geblieben. Am frühen Nachmittag des 23. Juni organisierten sie eine Demonstration gegen die westliche Währungsreform, nachdem am Vormittag die westlichen Besatzungsmächte die Einführung der Westmark in den Westsektoren Berlins verfügt hatten.
Ein Teil der Demonstranten war in den Stadtverordnetensaal eingedrungen und hatte die Tribüne besetzt. Dr. Suhr, der Stadtverordnetenvorsteher, erklärte, daß er die Sitzung nicht eher eröffnen würde, bis die Tribüne wieder geräumt sei. Daraufhin erhob sich ein Proteststurm, der sich über die ebenfalls inzwischen besetzten Korridore bis auf die Straße fortpflanzte. Erst gegen Abend zogen die Demonstranten wieder ab.

Das gefälschte »Geständnis« des Wilhelm Lohrenz

Für den 27. Juni 1948 wurde eine SED-Parteivorstandssitzung einberufen. Es bedurfte großer Vorbereitungen, denn es sollte ein »großer, vielleicht historisch bedeutsamer Tag« werden.
In jeder SED-Parteivorstandssitzung hatte stets ein Mitglied des ZS als Berichterstatter zu fungieren. Er hatte über alles zu berichten, was an Problemen in der Sitzungspause von einem Monat an das ZS herangetragen worden war, womit es sich zu beschäftigen hatte, welche Beschlüsse es gefaßt und ausgeführt hatte.
Vor der Juni-Sitzung war den Mitgliedern der SED-Führung ein Präsidenten- bzw. Polizeibericht übergeben worden, der sich sehr ausgiebig und weitschweifig mit der Lage in Berlin und der sowjetischen Zone beschäftigte. Nach diesem Bericht wimmelte es in der Zone von Saboteuren, Spionen und »Schumacher-Agenten«, auch seien angeblich außerordentlich viele Sozialdemokraten in die »vorgenommenen Untersuchungen« verwickelt.
»Was sind Schumacher-Agenten?« wollte Otto Meier wissen.
»Solche, die nachweisbar für das Ostbüro der SPD arbeiten«, antwortete Mielke.
Ich fragte: »Was geschieht mit den Spionen, Saboteuren und ›Schumacher-Agenten‹?«
»Zunächst wird untersucht, ob strafbare Handlungen vorliegen. Wenn sich ein solcher Verdacht bestätigt, geht die Anzeige an die zuständige Staatsanwaltschaft.«
Ich fragte weiter: »Ist das alles eine rein deutsche Angelegenheit, oder kümmert sich auch die Besatzungsmacht darum?«

»Teils, teils. Ergeben sich bei der Untersuchung Verstöße gegen Kontrollratsgesetze, so geben die deutschen Verwaltungsstellen den Fall an die Besatzungsmacht weiter.«

Nach der Berichterstattung brachte Walter Ulbricht einen bestimmten Fall zur Sprache, er betraf Wilhelm Lohrenz.

Wilhelm Lohrenz hatte früher der kommunistischen Jugend angehört, sich dann ökumenischen Kirchenkreisen angeschlossen, von denen er sich aber auch wieder löste, und war dann zur SPD gegangen.

Im Jahre 1930 siedelte er von Ostpreußen nach Berlin über, trat aber politisch in keiner Weise in Erscheinung.

1945 stellte Lohrenz den Antrag, in die Kommunistische Partei aufgenommen zu werden. Dieser Antrag wurde abgelehnt. Lohrenz suchte nun Anschluß bei der SPD. Nach seiner Aufnahme gelang es ihm allzuschnell, Kreissekretär der SPD in Spandau zu werden. Zugleich entfaltete er eine rege Reisetätigkeit durch die Zone. Auf einer dieser Reisen wurde er vom NKWD verhaftet. Das war im November 1946 gewesen. Inzwischen hatte er ein »umfassendes Geständnis« in Form eines Briefes abgelegt. Diesen Brief las Walter Ulbricht jetzt vor. Dabei hatte Ulbricht nicht den Originalbrief vor sich, sondern eine Rückübersetzung aus dem Russischen ins Deutsche. Diese Rückübersetzung ließ den Verdacht aufkommen, daß dieser Brief nicht von Lohrenz selbst stammte, sondern von einem des Deutschen nur wenig mächtigen Untersuchungsbeamten.

In diesem »Geständnis« enthüllte Lohrenz, wer ihn alles zur Spionage veranlaßt habe. Das waren nicht nur die westlichen Besatzungsmächte, sondern auch etliche Berliner Spitzenfunktionäre der SPD. Selbst Dr. Schumacher erschien als Auftraggeber.

Ein freimütiges Gespräch

Als ich am folgenden Tag vom Leiter des Zentralsekretariats-Büros, Fritz Schreiber, einem ehemaligen Sozialdemokraten, Unterlagen für meinen nächsten Bericht holte, erzählte er mir — wir waren in unseren Gesprächen sehr offen —, er habe erst vor wenigen Tagen eine längere Unterredung mit Otto Grotewohl gehabt. Dabei wäre auch über den Brief gesprochen worden, den angeblich Wilhelm Lohrenz geschrieben hätte. Grotewohl konnte sich zunächst auf Lohrenz nicht mehr besinnen. Als Schreiber ihn daran erinnerte, daß Lohrenz im Februar und März 1946, als innerhalb der Berliner SPD die Kämpfe um die Vereinigung geführt wurden, stark hervorgetreten sei, erinnerte sich auch Grotewohl wieder des angeblichen Briefschreibers.

Wir wußten, daß Wilhelm Lohrenz sehr redegewandt war. Selbst wenn er in Erregung geriet, bediente er sich einer gewählten Ausdrucksweise. Der vorgelegte Brief stand, mindestens in der vorgetragenen Form, im krassen Gegensatz hierzu. Das war auch Otto Grotewohl nicht entgangen.
»Aber Brief hin und Brief her, was ist der tiefere Sinn dieser ganzen Aktion, denn eine Aktion soll hier doch wohl eingeleitet werden?« fragte Fritz Schreiber.
Ich antwortete: »Wir müssen versuchen, alle diese Dinge in einen Zusammenhang zu bringen. Was hat sich in letzter Zeit alles ereignet? Da tritt ein sowjetischer Oberstleutnant mit einer Erklärung gegen Grotewohl auf. Tulpanow warnt mich, weiter für verhaftete Sozialdemokraten einzutreten, spricht mit Grotewohl und Fechner im gleichen Sinne, und dann kommt die Sache mit dem Brief. Die Sowjets machen nichts ohne tiefere Absicht. Der Sinn dieser ganzen Geschehnisse scheint mir folgender zu sein: Man will weder gegen Grotewohl und Fechner noch gegen mich persönlich etwas unternehmen. Man warnt und will uns damit gefügig machen für das, was nun kommen soll. Und was da auf uns zukommen soll, zeichnet sich ja mit dem Brief sehr deutlich ab. Es soll ein Schlag werden gegen jede Art ›Sozialdemokratismus‹ innerhalb der SED.«
»Aber den Schlag können wir doch nur parieren, wenn wir ehemaligen Sozialdemokraten im ZS zusammenhalten«, meinte Schreiber.
»Mit wem kann und soll man denn noch zusammenhalten? Grotewohl kurvt doch bereits mit seiner ›Geschichte der KPdSU (B)‹ auf einer neuen Parteilinie herum und bereitet sich anscheinend auch darauf vor, diese neue Linie als folgerichtige Entwicklung zu bezeichnen.«
»Das ist auch mir klargeworden. Aber was ist mit den anderen, mit Max Fechner, Fritz Ebert, Otto Meier, Helmuth Lehmann und Käte Kern?«
»Wir, sowohl du als auch ich, haben doch mit allen gesprochen. Am unglücklichsten in seiner Haut ist zweifellos Max Fechner. Alle, auch er, fühlen ganz genau, daß sie jetzt politisch vergewaltigt werden sollen. Sie werden sich bis zu einem gewissen Grade dagegen wehren. Ob es aber Max Fechner nach der Unterredung mit Tulpanow noch bis zur letzten Konsequenz tun wird, erscheint mir mehr als zweifelhaft. Er würde riskieren, von hier fortgehen zu müssen und alles aufzugeben. Aber kann er das?«
»Nein, das glaube ich auch nicht. Noch weniger als er wird sich seine Frau von dem kleinen Haus in Fichtenau trennen können. Bei Fritz Ebert entwickeln sich die Dinge außerdem ganz anders, als wir

annehmen konnten. Hinter ihm steht seine Frau mit der täglichen Mahnung: Fritz, du mußt aufstehen. Wir wollen was werden.«
»Und Otto Meier?« fuhr ich fort. »Keiner hat besser erkannt als er, wohin das Parteischiff von Walter Ulbricht gesteuert wird. Er weiß, wo die Fußangeln des Leninismus-Stalinismus für uns Sozialisten liegen und wo sich diese Doktrin im Gegensatz zum Marxismus befindet.«
»Auch ich habe oft mit Otto Meier gesprochen. Ich kenne seine Schmerzen, weiß aber auch, wie sehr er Essen und Trinken zugeneigt ist.«
»Und diese Art ›Körperpflege‹ erscheint ihm bei der SED am gesichertsten. Es ist wirklich schade um ihn. Helmuth Lehmann ist krank, oder er bereitet durch die Krankheit schon seinen Abgang vor.«
»Käte Kern ist vollends unglücklich. Sie findet jetzt auch an Otto Grotewohl keine Stütze mehr. Sie hat nur Kommunisten um sich herum, die offensichtlich alles tun, um sie ganz mattzusetzen. Und drüben im Westen lebt ihre Familie, an der sie sehr hängt.«
»Aber gerade deswegen wird man sie in absehbarer Zeit nicht nach drüben lassen. Jeder wird in dem nächsten halben Jahr seine ›Bewährungsprobe‹ auf einer neuen Parteilinie durchzustehen haben.«
»Wenn es so ist, sollte man da nicht jetzt einen Trennungsstrich ziehen?« fragte Schreiber.
»Drüben wird man uns sagen, ihr hättet wissen müssen, daß alles so kommt. Ihr hättet die Vereinigung gar nicht mitmachen dürfen. Das sagt man uns heute, und das wird man uns auch noch später vorhalten, wenn wir uns eines Tages auf Grund der weiteren Entwicklung doch noch entschließen müßten, den Trennungsstrich zu ziehen.«
»Mußte denn alles so kommen?«
»Vielleicht nein, vielleicht ja. Ich weiß es nicht. Wir waren ja Objekt der Besatzungspolitik.«
Nach diesem freimütigen Gespräch trennten wir uns sehr nachdenklich.

Ulbrichts »großer Tag«

Unter diesen Bedingungen sollte ich auf der Partei-Vorstandssitzung am 27. Juni 1948 meinen Bericht geben, dessen Schwerpunkt bei der Volkskongreß-Bewegung lag, wobei ich auch Einzelberichte mit einbezog, die am Tage zuvor die Vertreter der westdeutschen KP eingereicht hatten.

Ich hatte meinen Bericht unter das Motto »Kritik und Selbstkritik« gestellt. Ich kritisierte, daß sich die führenden Kader der KPD drüben viel zu sehr neben die Entwicklung in Westdeutschland gestellt hätten. Ihre Beobachtungen seien ungenau und teilweise sogar falsch. Man hatte Tendenzen in die dortige Entwicklung hineinprojiziert, die zwar hier vertreten werden, aber nicht realistisch zu sein brauchen. »Was ergibt sich aus einer Berichterstattung, die kein objektives Bild vermittelt?« fragte ich und gab gleich die Antwort: »Eine Fehlbeurteilung!« Eine mehr oder weniger zufällig abgegebene zustimmende Äußerung eines Betriebsratsmitgliedes zur Vereinigung werde z. B. so aufgemacht, als stünde diese auch in Westdeutschland bereits unmittelbar bevor.

»Dagegen erleben wir hier bei uns so manches in entgegengesetzter Richtung. Irgendwo ist ein ehemaliger Sozialdemokrat — die Gründe müßten in jedem Falle untersucht werden — abtrünnig geworden. Er macht eine Dummheit und kommt womöglich noch mit den Gesetzen der Besatzungsmacht in Konflikt. Schon wird so ein Fall in der Partei diskutiert. Der eine oder andere bemerkt dazu: ›Na seht ihr, schon wieder ein Sozialdemokrat!‹ Es würde sich lohnen festzustellen, wieviel ehemalige Kommunisten aus Gründen, die nicht nur in der Gegenwart, sondern auch in der Vergangenheit liegen, inzwischen sang- und klanglos ausgeschlossen worden sind.

Wer sich kriminell etwas zuschulden kommen läßt, muß bestraft werden. Dabei ist es gleichgültig, welche politische Vergangenheit er hat. Wir müssen jedoch davor warnen, daß man ehemalige Sozialdemokraten bereits ohne Untersuchung für verdächtig hält. Wer an seiner politischen Vergangenheit hängt, wer traditionsgebunden mehr in der SPD und weniger in der SED sein Ideal sieht, ist noch längst kein Agent.«

Ich führte dann eine Reihe von Beispielen an, wo angebliche Sabotageakte in der Produktion sich als Materialmängel, unzulängliches Gerät, Versorgungsschwierigkeiten u. ä. herausgestellt hatten.

Direktoren, deren Sachkenntnis vielfach unzulänglich ist, müssen mit unzulänglichen Mitteln die Fabrikation in Gang halten. Die Arbeiter aber werden geschunden, um mit all den Unzulänglichkeiten fertig zu werden. Wenn dann hier und da Ausschußware produziert werde, dürfe man nicht gleich von »Sabotage« sprechen.

Die Diskussion nach meinem Bericht war kurz und sachlich. Selbst einige kommunistische Redner führten Beispiele an, wie grundlose Verdächtigungen den Parteifrieden gestört und zu unliebsamen Komplikationen geführt hatten.

Der Parteivorstand widmete sich nun dem Referat Walter Ulbrichts über den **Zweijahresplan.**

Ulbrichts »große Stunde«, die er ersehnt hatte, war gekommen. Der Zweijahresplan war ihm von den Russen fix und fertig geliefert worden, nachdem die Sowjetische Militär-Administration ihn mit der Wirtschaftskommission wochenlang durchberaten hatte. An diesen Beratungen hatten nicht nur leitende Angestellte der DWK, die zur SED gehörten, teilgenommen, sondern auch solche, die Mitglieder bürgerlicher Parteien waren. So waren deshalb auch die führenden Persönlichkeiten der bürgerlichen Parteien über alle Einzelheiten des Planes unterrichtet worden. Nachdem er endlich von der SMAD fertiggestellt war, mußte er zur Überraschung aller, die daran mitgearbeitet hatten, als Plan der SED plakatiert werden. Dazu war die Parteivorstandssitzung am 27. Juni 1948 ausersehen. Walter Ulbricht gab die ihm vorgeschriebene Begründung.

Es war der »Plan der Partei«. Damit sollte etwas Neues, etwas Neuartiges verkündet werden. Nicht mehr irgendwelche Sachverständige haben einen Plan erdacht, sondern die Partei. Die Partei, die alles kann, die alles macht — die Partei!

Die SED sollte damit zum Kristallisationspunkt allen gesellschaftlichen Lebens werden. Ulbricht wollte eins erreichen: Ulbricht-Partei und Arbeiterklasse sind identisch, vielleicht sogar Ulbricht-Zweijahresplan — deutsches Volk. So erklärte er u. a.: »Der Zweijahresplan ist der einzige Plan, der dem deutschen Volk helfen kann, denn er ist ein deutscher Plan.«

Demgegenüber stellte er den Marshallplan als Plan der Versklavung des deutschen Volkes hin. Als er dann deklamierte: »Heute glauben noch viele an das Wunder der Dollarhilfe, aber wie können Dollarkredite Nutzen bringen, wenn Deutschland mit Hilfe der Dollars durchgeschnitten wird?« geschah etwas Unvorhergesehenes: Ein gewaltiger Knall dröhnte durch den Raum. Mit unvorstellbarer Geschwindigkeit sprang Ulbricht vom Rednerpult und ging hinter dem breiten Rücken Wilhelm Piecks in Deckung. Alle brachen in schallendes Gelächter aus.

Was war geschehen? Die Verkündung des Planes sollte für die Wochenschau festgehalten werden. Bei den Dreharbeiten war eine Jupiterlampe mit lautem Knall zersprungen.

Als Ulbricht seine Fassung wiedergefunden hatte, fuhr er in seiner Rede fort. Er forderte eine Steigerung der Arbeitsproduktivität um 30 Prozent gegenüber 1947, womit 80 Prozent der Vorkriegszeit erreicht sein würden. Dann wandte er sich, und das war das Entscheidende der ganzen Sitzung, den politischen Konsequenzen der gegenwärtigen Situation zu:

»Nach Schaffung der demokratischen Grundlagen in Staat und Wirtschaft gilt es, die Demokratie zu festigen, den Staat auf neue Weise

zu leiten und die ganze Initiative des Volkes für den Neuaufbau der Wirtschaft zu entfalten.
Manche Werktätige glauben, daß sich mit der Entwicklung der demokratischen Ordnung der Klassenkampf abschwächt. Das Gegenteil ist richtig! Die kleinen Cliquen der Vertreter alter, vergangener Zeiten, unterstützt von den feindlichen Agenturen in den Westzonen, kämpfen um so verzweifelter. Es gibt kein friedliches Hineinwachsen in den Sozialismus. Sprechen wir es offen aus: Die Durchführung des Zweijahresplanes macht den entschiedenen Kampf gegen die Saboteure notwendig, gleichgültig, unter welcher Tarnung sie auftreten.«
Das Stichwort war gefallen. Die Diskussion konnte beginnen.
Alle hatten Zeit, das soeben Gehörte eine Nacht lang zu überschlafen, da die Aussprache für den nächsten Tag angesetzt war.
Nachdem Pieck die Sitzung eröffnet hatte, begaben sich nacheinander die Redner mit ihren vorbereiteten Reden ans Pult, 22 Kommunisten und 2 Sozialdemokraten. Es lief wie am Schnürchen.

Grotewohl schlägt sich auf die Seite Ulbrichts

Mit großer Spannung warteten nun alle Teilnehmer auf das Schlußwort Otto Grotewohls. Wie würde er sich zu dem nunmehr angekündigten Feldzug gegen die Sozialdemokraten verhalten?
Wer ist die Kraft, fragte er, die diesen Wirtschaftsplan ausführen kann? Das ist keine imaginäre Volkskraft, sondern einzig und allein die Kraft unserer Partei, die in der Lage ist, die Kräfte des Volkes zu mobilisieren, zu lenken und zu einem richtigen Einsatz zu bringen... Die Ausrichtung der Partei bei der Durchführung dieses Wirtschaftsplanes, fuhr er fort, habe sich eindeutig und ohne jeden Rückhalt nach dem Osten zu orientieren. Denn nur in den Ländern, in denen die Rote Armee als Befreier aufgetreten ist, herrsche heute Ruhe, Aufbau, Friede, Konsolidierung und Einheit. Schließlich ging Grotewohl sogar so weit, die Auseinandersetzung mit den »Schumacher-Leuten« eindeutig zu unterstützen: »Diese Auseinandersetzung müssen wir ideologisch führen gegen ein Netz politischer Untergrundarbeit, das in der Zone vorhanden ist.«
Die größte Enttäuschung für viele der Anwesenden aber war, daß sich Grotewohl auch dazu hergab, daß offensichtlich gefälschte Geständnis von Wilhelm Lohrenz als Rechtfertigung dafür zu benutzen, zum Kampf gegen die »Schumacher-Agenten« aufzufordern:
Nicht aus Zufall ist heute morgen die Veröffentlichung der Aussage des sozialdemokratischen Parteisekretärs Wilhelm Lohrenz erfolgt.

Nun wird man morgen sicher in manchen Zeitungen lesen, die Aussage eines Mannes, der verhaftet worden ist, ist erpreßt. Wir wissen jedoch genau, daß die Angaben dieses Mannes stimmen. Man stelle sich diese Ungeheuerlichkeit vor — er zitierte aus dem angeblichen Brief:
Im Februar 1946 hielt Schumacher in einem Restaurant in Tempelhof, Berliner Straße 92 oder 95, eine Sonderberatung der leitenden Funktionäre der SPD ab. Auf dieser Beratung wurde ein »leitender Ausschuß« gebildet, der die Vereinigung verhindern sollte. In diesem Ausschuß waren: Karl Germer, Klaus-Peter Schulz, Gerhard Aussner, Kiaulehn und ich.
Die gesamte Tätigkeit des leitenden Ausschusses erfolgte gemäß den Anweisungen der Amerikaner und Engländer. Schon im März 1946, also im Monat nach der Gründung des leitenden Ausschusses, führte der Mitarbeiter der amerikanischen Militärverwaltung, Morris, eine Beratung mit dem Ausschuß in Berlin-Zehlendorf durch, an der auch der Lizenzträger und Redakteur des »Tagesspiegel«, Erik Reger, die Amerikaner Wiesner, Morris und Silver sowie der Engländer Albo teilnahmen. Am 10. April 1946, kurz vor der Vereinigung der KPD und SPD, fand im Kasino am Zoo eine enge Beratung der leitenden Funktionäre der Berliner SPD-Organisation statt, an der ungefähr 25 Personen teilnahmen.
Die Besprechung führte Dr. Schumacher, der erklärte, daß wir gegenwärtig in der östlichen Besatzungszone eine breitverzweigte, streng zentralisierte illegale SPD-Organisation schaffen müssen. Wie Schumacher erklärte, sei eine der Hauptaufgaben der zu schaffenden Organisation die Sammlung von politischen und ökonomischen Nachrichten für die amerikanische Besatzungsmacht. So wurde die Spionage zur Hauptaufgabe der Partei erklärt. Zur praktischen Durchführung dieser Arbeit schlug Schumacher vor, bei der Berliner Organisation der SPD ein sogenanntes »Ostbüro« zu schaffen. Als Sekretär des Ostbüros wurde auf dieser Beratung Kiaulehn gewählt. In das Ostbüro wurden gewählt: Swolinzky, Suhr, Schmidt, Klingelhöfer und Mewes. Kiaulehn wurde im Oktober 1946 wegen Unterschlagung von 70 000 Reichsmark, die die Amerikaner für Spionagetätigkeit bestimmt hatten, von der Arbeit als Sekretär des Ostbüros entfernt. Das Ostbüro befand sich in der Ziethenstraße 18—19. Weiter wurde die gesamte Arbeit des Ostbüros von Swolinzky geleitet.
Anfang Juni 1946 teilte Swolinzky auf einer Parteiausschußsitzung den Kreisleitern mit, daß das Ostbüro bis zum Dezember 1946 von dem amerikanischen Geheimdienst für die Ausgaben zur Sammlung von Nachrichten 150 000 bis 180 000 Reichsmark monatlich bekommen wird. Diese Gelder wurden dann regelmäßig empfangen.

Diese Erklärungen könnten nicht das Ergebnis von Erpressungen sein, betonte Grotewohl, denn sie enthielten Angaben, die Wort für Wort den bekannten Tatsachen entsprächen.
Einen zaghaften Versuch, sich von den sturen Stalinisten zu distanzieren, machte er noch, indem er betonte:
»Ich bin nicht so töricht zu glauben, daß man diese Angelegenheit durch polizeiliche Maßnahmen erledigen kann, sondern man muß den Kampf aufnehmen und die Gegner politisch schlagen.« Aber dann schwenkte er wieder völlig auf die Parteilinie ein: »Man muß für eine klare und eindeutige Linie kämpfen. Ich für meinen Teil muß sagen, wenn solche Krankheitskeime durch Leute in unsere Organisation hineingetragen sind, zu denen ich einmal gehörte und die heute bei uns wirken, dann werde ich meine Ehrenpflicht darin sehen, eine solche Marodeur-Politik in unserer Partei unmöglich zu machen.«
Grotewohl und ich verließen gemeinsam den Sitzungssaal. Ich sagte zu ihm: »Heute ist eine Entscheidung gefallen. Unsere gemeinsame Urlaubsreise erübrigt sich damit.«
»Wir sprechen noch mal darüber«, war seine Antwort.
Sehr nachdenklich verließen die meisten der Parteivorstandsmitglieder die zweitägige Tagung. Einige davon waren am Abend meine Gäste in Glienicke-Aue. Im Garten, unmittelbar am Glienicker See, hatte ich ein kleines Holzhaus errichten lassen, von dem man einen schönen Blick auf den See hatte. Eine Idylle, in der man sich unter friedlichen Voraussetzungen hätte wohl fühlen können. Nach dem Essen zog ich mich mit einigen Freunden dorthin zurück. Hier sprachen wir aus, was eigentlich in der Vorstandssitzung hätte gesagt werden müssen.
Sehr bald kam das Gespräch auf Otto Grotewohl. Was war plötzlich in ihm vorgegangen? Vor einigen Monaten noch hatte er Fritz Schreiber gegenüber erklärt, er sei immer noch Sozialdemokrat und wolle als solcher angesehen werden.
Die Ereignisse hatten sich überstürzt, und das Schlußwort, das Otto Grotewohl auf dieser Parteivorstandssitzung hielt, hatte jede Möglichkeit versperrt, in Rede und Gegenrede eine Klärung der Lage herbeizuführen.
Unsere gemeinsame Urlaubsreise war sinnlos geworden. Wir hatten keine gemeinsame politische Plattform mehr. Es bestand kein Zweifel: wir waren politisch auseinandermanövriert worden. Otto Grotewohl hatte sich innerlich einen Ruck gegeben. Er hatte sich von seiner politischen Vergangenheit losgesagt, um auf einer neuen Parteilinie in Führung zu gehen. Wahrscheinlich hatte er sich gesagt: Wenn schon die neue Linie, dann nicht ohne mich. Er wollte an der Spitze

bleiben. Plötzlich war er nun davon überzeugt, daß der Lohrenz-Brief echt war.
Grotewohl ignorierte jetzt alles, was bis dahin das Problem in dem internationalen Ringen der Arbeiterklasse gewesen war, das Ringen um die Erkenntnis, ob eine Diktatur die Menschheit glücklich machen oder ob es nur den Weg einer demokratischen Entwicklung zum Sozialismus geben könne. Er hatte plötzlich keine Vorbehalte mehr gegen den »volksdemokratischen Weg« der osteuropäischen Länder, obwohl er wissen mußte, daß dieser Weg zur Spaltung Deutschlands führt und daß die »Volksdemokratie«, wie wir sie bisher kennengelernt hatten, innerparteilichen Kampf in Permanenz bedeutet, bis alles ausgeschieden ist, was nicht bereit ist, strammzustehen vor einem Parteiapparat, der allein die Linie bestimmt.
Ich entschloß mich, meine Anmeldung für Bad Elster wieder löschen zu lassen. Ich dachte zurück an die vielen Jahre unserer vorbehaltlosen Verbundenheit, an unseren gemeinsam geführten Kampf, an unsere gemeinsame Verhaftung. Es war nicht leicht gewesen, diesen Kampf zu bestehen, aber wir hatten ihn gemeinsam aufgenommen und es abgelehnt, in die Emigration zu gehen. Wir hatten versucht, irgendwie mit dem Leben fertig zu werden, und der Haß gegen das System der Diktatur hatte uns die Kraft dazu gegeben. Täglich beschworen wir damals die Segnungen der Demokratie.
»Demokratie ist eine geschichtliche Notwendigkeit«, hatte darum Otto Grotewohl auch im September 1945 ausgerufen und hinzugefügt: »Das müssen die Kommunisten erst noch begreifen lernen.«
Und nun diese Wandlung! Mir war sehr elend zumute.

Die SED-Führung verurteilt Jugoslawien

In der zweiten Junihälfte 1948 fand in Rumänien eine Beratung des Informbüros (Kominform) statt, zu der Vertreter der Kommunistischen Partei Jugoslawiens nicht hinzugezogen worden waren, weil hier eine Resolution gegen Jugoslawien beschlossen werden sollte. Dieses Dokument enthielt eine Fülle offensichtlich falscher Anschuldigungen gegen die jugoslawischen Kommunisten. Sie liefen darauf hinaus, daß die Führung der jugoslawischen Kommunistischen Partei eine der Sowjetunion gegenüber unfreundliche Politik betrieben habe, bei der sowjetische Militärfachleute in Verruf gebracht und die sowjetische Armee diskreditiert worden seien.
Zu Carl Moltmann, der während eines Aufenthaltes in Berlin bei mir wohnte, sagte ich: »Wir müssen ab sofort gegen eine neue Kategorie von Agenten kämpfen.«

»Gegen welche denn?« erkundigte sich Moltmann.
»Gegen die kommunistischen Agenten aus Jugoslawien!«
Am 3. Juli 1948 fand eine Sitzung des ZS statt, in der die Kominform-Resolution zur Debatte stand. Ulbricht hatte es übernommen, die »verwerfliche« Entwicklung in Jugoslawien und insbesondere die Entartungen der jugoslawischen Parteiführer aufzuzeigen:
»Genossen, diese Feststellung müssen wir treffen — ja? Diese Parteiführer Tito, Kardelj, Djilas und Rankovic haben den Boden des Marxismus-Leninismus verlassen. Sie haben eine nationalistische, antisowjetische und antimarxistische...«
Witzelnd warf Otto Meier ein: »... antistalinistische...«
»Jawohl, auch antistalinistische Linie bezogen. Sie sind zu Verrätern des internationalen Sozialismus herabgesunken.«
Es gab eine sehr lebhafte Diskussion, an der sich in der Hauptsache Pieck, Grotewohl, Matern, Otto Meier, Ebert und ich beteiligten. Auffallend war, daß sich Max Fechner und Anton Ackermann völlig zurückhielten.
Gegen zwei Stimmen — es waren die von Karsten und mir* — wurde eine Entschließung angenommen, in der es zum Schluß hieß:
»Die wichtigste Lehre der Ereignisse in Jugoslawien besteht für uns deutsche Sozialisten darin, mit aller Kraft daranzugehen, die SED zu einer Partei neuen Typus zu machen, die unerschütterlich und kompromißlos auf dem Boden des Marxismus-Leninismus steht. Dazu ist es notwendig, einen politisch festen, zielklaren Funktionärskörper in der Partei zu schaffen, die Kritik und Selbstkritik ohne Ansehen der Person zu entfalten und den Kampf gegen alle Feinde der Arbeiterklasse, insbesondere gegen die Schumacher-Agenten, mit rücksichtsloser Schärfe zu führen.
Das sind die Lehren, die wir für unsere Politik aus den Fehlern der Kommunistischen Partei Jugoslawiens zu ziehen haben.«
Zum erstenmal wurde damit die Forderung zur Umbildung der Partei in eine »Partei neuen Typus« erhoben.

---

* Ulbricht hat darüber später, Monate nach meiner Flucht in den Westen, im »Neuen Deutschland« geschrieben: »Der Brief des Informbüros hatte für die Klärung einer Reihe ideologischer Fragen und für die Hebung des ideologischen Niveaus der SED, für ihre Entwicklung zu einer Partei neuen Typus besonders deshalb große Bedeutung, weil die nationalistische Abweichung und die Theorie vom ›besonderen deutschen Weg‹ weite Verbreitung gefunden hatte. Im Parteiapparat der SED trat die Gruppe Gniffke, Schreiber und Co. gegen die Durcharbeitung des Briefes des Informbüros, gegen das systematische Studium der Geschichte der KPdSU und gegen die offene Kritik und Selbstkritik auf.« (»Neues Deutschland« vom 17. Juli 1949.)

Ehemalige Sozialdemokraten in der Führung werden ausgeschaltet

Bei dieser Umbildung der SED zu einer »Partei neuen Typus« wurde von Ulbricht alles getan, um die ehemaligen Sozialdemokraten in der Parteiführung auszuschalten. Auf der Sitzung des Zentralsekretariats am 3. Juli 1948 beantragte Ulbricht die Bildung einer »Zentrale für Aufbau und Aufklärung«. Er erklärte dazu: »Genossen, wir brauchen eine intensivere Propaganda ... eine solche Propaganda macht die Partei, das ist klar, ja? Aber jede Propaganda kostet Geld, viel Geld, ja? Diese Kosten müssen wir, ja, müssen wir von uns abwälzen. Deshalb die Zentrale für Aufbau und Aufklärung.«
Die neue Zentrale sollte, laut Ulbricht, die Öffentlichkeit über den wirtschaftlichen und politischen Aufbau in der Zone informieren und die zu diesem Zweck eingeleiteten Maßnahmen popularisieren. Presse, Rundfunk und demokratische Organisationen sollten ständig mit Informationsmaterial versorgt, Veranstaltungen, Wettbewerbe und Ausstellungen organisiert, ein Bilderdienst und Broschüren herausgegeben, Rundfunksendungen, Kurzfilme u. ä. vorbereitet werden. Die Zentrale sollte der Zentralverwaltung für Volksbildung unterstellt werden. Ulbricht hatte bereits die gesamte Zusammensetzung der führenden Mitglieder dieser neuen Institution vorbereitet, die alle der SED angehörten. Zum Chef wurde Rudolf Engel, zu seinem Stellvertreter Herbert Gute, der Staatssekretär im sächsischen Volksbildungsministerium, bestimmt. Dem entscheidenden Gremium der neuen Zentrale sollten außerdem Otto Winzer, der Leiter des SED-Pressedienstes, das ZS-Mitglied Edith Baumann, der Rundfunkintendant Hans Mahle und Rudolf Herrnstadt, der Chefredakteur der »Berliner Zeitung«, angehören.
Nach der Sitzung des Zentralsekretariats ging ich zu Franz Dahlem, um ihn zu fragen, ob mit ihm die Einrichtung des Informationsamtes besprochen worden sei.
»Ja, sowohl ich als auch Anton Ackermann sind davon unterrichtet worden«, antwortete Dahlem.
»Die Einrichtung und auch die Personalfrage?«
»Ja, alles.«
»Weshalb habe ich denn nichts davon erfahren?«
Dahlem war sehr verlegen und zögerte lange mit einer Antwort. Schließlich sagte er, er sei dazu angehalten worden, Stillschweigen zu bewahren. Mehr könne er leider nicht sagen. Selbst das, was er eben gesagt habe, sei schon zuviel gewesen.
Ich ging sofort zu Grotewohl und berichtete ihm von diesem Gespräch. Grotewohl bat Dahlem zu sich, und nun saßen wir zu dritt beisammen. Auf Grotewohls Frage, was es zwischen uns für Un-

stimmigkeiten gebe, antwortete Dahlem, daß er sich stets im besten Einvernehmen mit mir befunden und mich immer über alles informiert habe.

»Das ist bekannt«, erwiderte Grotewohl. »Weshalb soll sich das nun ändern?«

»Ich habe Erich vor Wochen gewarnt, er solle sich aus den Verhaftungs-Recherchen heraushalten. Leider hat er diesen Rat nicht befolgt. Erich hat über seine Auseinandersetzung mit Tulpanow zu Dritten gesprochen. Es besteht außerdem ein Mißtrauen gegen ihn wegen der Zusammenkunft bei Fechner in Fichtenau.«

»Es sind also die ›Freunde‹, die die Zurückhaltung anbefohlen haben?« fragte Grotewohl.

»Ich kann nicht mehr sagen, als ich bereits gesagt habe«, war Dahlems Antwort.

»Wie Erich mir sagte, hat sich wegen der Verhaftungen ein umfangreicher Schriftwechsel entwickelt. Wir werden in der nächsten Sitzung einen Beschluß fassen, wonach mein Sekretär den Schriftwechsel übernehmen wird, so daß Erich entlastet werden kann«, entschied Grotewohl.

Bisher hatte ich geschwiegen. Nun sagte ich: »Ich glaube, es geht hier um etwas ganz anderes, bei dem angebliches Mißtrauen nur ein Vorwand ist. Es geht jetzt darum, daß keine ehemaligen Sozialdemokraten mehr in Schlüsselpositionen von neu zu schaffenden Ämtern gelangen sollen. Das fing bei der Verwaltung des Innern an, dann kam die Deutsche Wirtschaftskommission und jetzt das Informationsamt.

Im ZS sorgte ein ›Mißtrauen‹ Fechner gegenüber dafür, daß er sein Mitspracherecht in allen Fragen des Verwaltungsaufbaus verlor. Jetzt geht es bei mir los. Ein ›Mißtrauen‹ hat dafür zu sorgen, daß ich bei der Personalpolitik abgehängt werde.

Das Verhältnis zwischen Grete Keilson und Alex Lösche in der Leitung der personalpolitischen Abteilung war bisher gut. Erst in den letzten Monaten wird Lösche zu oft ›versehentlich‹ bei Entscheidungen ausgeschaltet.«

Grotewohl nickte: »Wir müssen im Zentralsekretariat offen darüber sprechen.«

Dahlem und ich gingen in unsere Büros. Unterwegs sagte Dahlem: »Ich mache mir größte Sorgen wegen vieler Dinge, die auf uns zukommen.«

Die geheime Losung: 7 : 2

Anfang Juli 1948 fuhr Walter Ulbricht nach Halle, um dort an einer Landesvorstandssitzung der SED teilzunehmen. Hier gab er erstmals offen die Losungen für die Parteisäuberung bekannt. Er meinte, daß es viele Mitglieder in der SED gebe, die da glaubten, die Vereinigung auf paritätischer Grundlage sei vorbildlich vollzogen worden und nachahmenswert. Das sei jedoch ein großer Irrtum. Vorbildlich sei die Vereinigung in der Tschechoslowakei und in anderen Volksdemokratien vonstatten gegangen. Dort habe man die sozialdemokratische Partei zunächst gespalten, den rechten Flügel zerschlagen und dann erst die Vereinigung vorgenommen. Allerdings sei dabei ein besseres Verhältnis herausgekommen, nämlich das Verhältnis von 7 : 2, d. h. 7 Kommunisten und 2 Sozialdemokraten. Damit war das Stichwort für die sich anbahnende »Parteireinigung« gefallen.
Hermann Matern fuhr nach Magdeburg, um dort in einigen Betrieben zu sprechen. Als er zurückgekehrt war, gab er im ZS einen Bericht, wonach es in dem Magdeburger Bezirk von Schumacher-Agenten und Saboteuren aller Art nur so wimmele; er sei darum in seinen Versammlungen teilweise auf eine herausfordernd feindselige Stimmung gestoßen.
Zu dieser Zeit wurde ich von Wernigerode eingeladen, in einer Mitgliederversammlung zu sprechen. Diese Einladung nahm ich an, um dort und durch die Veröffentlichung meiner Rede in der Magdeburger »Volksstimme« gegen den neuen Kurs aufzutreten.
In Magdeburg suchte ich das Parteihaus des Bezirksverbands auf. Hier geriet ich in eine vertrauliche Sitzung ehemaliger Sozialdemokraten. Thema dieser Sondersitzung war die Ulbrichtparole 7 : 2. Es wurde heftig diskutiert. Ulbricht, so wurde gesagt, zeige nun mehr und mehr den Pferdefuß der Vereinigung. Die Stimmung in der Bevölkerung sei schlecht, in der Partei nicht besser. Ich teilte den Genossen mit, daß ich die Absicht habe, Ulbricht von Wernigerode aus zu antworten. Was ich dann auch tat.
Ich begann meine Rede mit der Feststellung, daß vom Westen her viel Propagandamaterial eingeschleust würde. In diesem, so fuhr ich fort, würde die Behauptung aufgestellt, die Vereinigung von SPD und KPD habe sich nicht bewährt. Sowohl Sozialdemokraten als auch Kommunisten würden das heute einsehen. Vor allem wäre die kommunistische Rechnung, aus Sozialdemokraten Kommunisten machen zu können, nicht aufgegangen.
Leider, so fuhr ich fort, gebe es noch immer Vorkommnisse, die einer solchen Propaganda Vorschub leisteten. Gegenwärtig gehe das Gerücht um, daß die SED von sogenannten »Rechtssozialisten« ge-

säubert werden solle, damit sich das ursprüngliche Verhältnis von
1 : 1 zugunsten der Kommunisten auf etwa 7 : 2 verschieben lasse.
Hier im Harz, bis hinauf nach Magdeburg, habe es ein ungefähres
7 : 2-Verhältnis schon immer gegeben, wenn auch umgekehrt, nämlich 7 Sozialdemokraten zu 2 Kommunisten. Erfreulicherweise hätten
sich bis heute die Kommunisten nicht darüber zu beklagen brauchen,
daß sie von der sozialdemokratischen Mehrheit »vergewaltigt« oder
überstimmt seien. »Ich will nicht sagen«, rief ich aus, »daß wir ehemaligen Sozialdemokraten bessere Menschen sind als unsere kommunistischen Brüder, aber eins dürfte zutreffen: Wir sind toleranter.
Die Toleranz wurde in der Sozialdemokratischen Partei schon vor
dem Ersten Weltkrieg groß geschrieben, zu einer Zeit, als es noch
keine Spaltung in der Arbeiterklasse gab. Die Toleranz innerhalb
der Arbeiterbewegung ist keine Moskauer Erfindung. Sie gehört zur
deutschen Arbeiterbewegung. Wenn sie sich nicht auch in der SED
durchsetzt, wird eine sozialistische Einheit in Gesamtdeutschland
nie zu erreichen sein.«
Nach meiner Rückkehr nach Berlin hatte ich damit gerechnet, daß
über meinen »Auftritt« in Wernigerode sogleich gesprochen werden
würde. Aber zunächst geschah nichts.

Ulbricht schafft Kontrollkommissionen

Immer deutlicher wurde das Bestreben Ulbrichts, die aus der Sozialdemokratie kommenden SED-Führer auf unwichtige Tagungen
abzuschieben, während er selbst hinter ihrem Rücken die entscheidenden Maßnahmen zur Festigung seiner eigenen Machtposition
ergriff.
So war es auch in der letzten Juliwoche 1948. Mich hatte man beordert, an einer Sitzung im Maxim-Gorki-Haus in Schwerin teilzunehmen. Während wir dort trockene wirtschaftliche Fragen zu behandeln hatten, wie etwa die Umstellung der Parteibetriebe nach
der Währungsreform, die Formen der Betriebsabrechnung und ähnliches, leitete Walter Ulbricht zur gleichen Zeit in Werder an der
Havel eine Arbeitstagung mit den Innenministern und führenden
Verwaltungsfunktionären.
Hier wurden neue Richtlinien für die Personalpolitik in der Verwaltung festgelegt. Diese Beschlüsse ließen an Deutlichkeit nichts zu
wünschen übrig. In den Richtlinien für die Personalpolitik in der
Verwaltung hieß es:
»In der Verwaltung ist kein Platz für Feinde der Demokratie, Agenten, Schumacher-Leute, Spione, Saboteure usw., die sich in den

Verwaltungsapparat eingeschlichen haben. Alle diese Elemente müssen entlarvt und entlassen werden. Um diese Aufgaben durchführen zu können, ist zunächst eine Kontrolle und Überprüfung der Personalabteilungen selbst erforderlich, um qualitativ starke, zentralisierte Personalabteilungen zu schaffen, die in der Lage sind, die richtige Auswahl der Menschen für den richtigen Platz treffen zu können.
Der Prüfstein für die fortschrittliche demokratische Gesinnung eines jeden Verwaltungsangestellten ist sein Eintreten für die Verwirklichung der demokratischen Einheit Deutschlands, seine Einstellung zur Sowjetunion und zu den Ländern der Volksdemokratie.«
Gleichzeitig wurde auf dieser Tagung beschlossen, eine »Zentrale Kontrollkommission« sowie »Landeskontrollkommissionen« ins Leben zu rufen, die nach autoritärem Prinzip ernannt wurden, und zwar von den Vorsitzenden der Deutschen Wirtschaftskommission gemeinsam mit dem Präsidenten der Deutschen Verwaltung des Inneren; die Landeskontrollkommissionen von den Ministerpräsidenten und Innenministern.
Die Landeskontrollkommissionen unterstanden der Zentralen Kontrollkommission, die Zentrale Kontrollkommission wiederum der DWK. Ihre Hauptaufgabe bestand in der Aufdeckung von sogenannten Wirtschaftsverbrechen.
In seinem Referat beschäftigte sich Ulbricht ausführlich mit der von Fechner vertretenen Auffassung, daß die Selbstverwaltung in den Gemeinden inzwischen vollständig praktiziert werde und ausschließlich die gewählten Abgeordneten die Verantwortung trügen. Dieser These setzte er seine These entgegen:
»Wir haben im Land keine Selbstverwaltung, sondern eine demokratische Staatsverwaltung. Die ›kommunale Selbstverwaltung‹ ist ein Teil unserer demokratischen Verwaltungsorganisation. Man (gemeint war sein Kollege Fechner) soll nicht Theorien aufstellen, als ob die kommunale Verwaltung aus unserer Gesamtverwaltung herausgelöst und der Staatsverwaltung nebengeordnet werden könne.«

Das Kesseltreiben gegen Sozialdemokraten

Am 28. und 29. Juli 1948 fand die 12. Tagung des Parteivorstandes statt, die sich vornehmlich mit Fragen der organisatorischen Festigung der Partei und ihrer »Säuberung von feindlichen und entarteten Elementen« zu beschäftigen hatte.
An der Parteivorstandssitzung habe ich nur kurze Zeit teilgenommen, da ich in meinem Büro vor Urlaubsantritt noch Rückstände

aufzuarbeiten hatte. Am 30. Juli sollte ich in Dresden auf einer Konferenz des Landeskongresses für Einheit und gerechten Frieden sprechen. Von dort aus beabsichtigte ich, nach Liebenstein weiterzufahren und dort eine Kur zu brauchen. Am Nachmittag des 29. Juli wollte ich die Reise antreten.
Bevor ich das Parteihaus verlassen konnte, erschien Otto Winzer bei mir mit der Bitte, einen Artikel für den SED-Pressedienst über das Thema »Kritik und Selbstkritik« zu schreiben. Im Hinblick auf meine Abreise lehnte ich ab. Otto Winzer verließ mich, kehrte jedoch wenige Minuten später in Begleitung von Wilhelm Pieck zurück. Er habe mich um diesen Artikel im Auftrage von Pieck gebeten, erklärte er, der jetzt seine Bitte persönlich wiederholen könne. Ich bat nochmals, von diesem Auftrag abzusehen, aber Pieck blieb hartnäckig. Ich könne, meinte er, diesen Artikel auch in Liebenstein schreiben. Er würde ihn durch einen Kurier abholen lassen. Ich gab schließlich nach, und wir vereinbarten den 10. August als Ablieferungstermin.
In Liebenstein wohnte ich in einem kleinen Hotel auf der Anhöhe in der Nähe des Kurgartens. Gegen Mitte des Monats traf dort auch mein Kollege Hermann Matern mit seiner Frau ein. Während er sich nur einige Tage in Liebenstein aufhielt, blieb seine Frau dort zur Kur. Jenny Matern war stellvertretende Hauptabteilungsleiterin in der DWK-Hauptabteilung »Arbeit und Sozialfürsorge«. Ich bin überzeugt, daß sie in Bad Liebenstein alle meine Besucher sorgsam registriert hat.
Es hatte sich allmählich herumgesprochen, daß ich in Bad Liebenstein zur Kur weilte, und so kamen immer mehr Besucher aus verschiedenen Städten Thüringens zu mir. Persönliche Freunde suchten mich auf, um von mir zu erfahren, wie es weitergehen solle. Einige meinten, es könne überhaupt nicht mehr weitergehen. Noch vor einem Jahr, so erzählten mir diese Freunde, war eine Mitglieder-Werbekampagne von der Partei veranstaltet worden. Das Werbesoll wurde immer höher geschraubt. Alle unteren Parteieinheiten wetteiferten miteinander, dieses Soll nicht nur zu erfüllen, sondern nach Möglichkeit überzuerfüllen. Dabei war auch vieles in die Partei hineingeschleust worden, was nicht hineingehörte. Nicht nur ehemalige Pgs ohne Entnazifizierungsverfahren, sondern auch kriminelle Elemente in großer Zahl. Eine Untersuchung habe ergeben, daß von 2994 wegen krimineller Verbrechen Verurteilten 607 der SED angehörten. Jetzt, im Sommer 1948, war alles wieder genau umgekehrt. Zwar mußte auch jetzt wieder ein Soll erfüllt werden, aber ein Soll im Hinauswerfen. Hinausgeworfen wurden vorzugsweise »Schumacher-Agenten«. Wer aber ist ein Schumacher-Agent? Jeder, der

einmal eine andere Ansicht geäußert hatte, wurde als »Agent« bezeichnet. Zu den Mitgliederversammlungen komme kaum jemand, weil sie »stinklangweilig« geworden seien und sich nur noch mit Entschließungen und Rundschreiben befaßten.
So klagten mir viele Besucher ihr Leid. Auch der »Reformist« Kurt Böhme besuchte mich, der sich mit seinem Artikel für den »Demokratischen Aufbau« die Ungnade Ulbrichts zugezogen hatte. Ulbricht hatte es sich nicht verkneifen können, ihn auf der 11. Parteivorstandssitzung namentlich herauszustellen, um seinem Kollegen Max Fechner eins auszuwischen:
»In der Zeitschrift ›Demokratischer Aufbau‹ veröffentlichte Genosse Böhme einen Aufsatz über Selbstverwaltung und Auftragsangelegenheiten, der gegen die Staatstheorie des Marxismus-Leninismus gerichtet ist.«
Kurt Böhme fragte mich besorgt, was er nun tun solle. Er habe doch nur geschrieben, was Fechner ihm gesagt habe. Nachdem er nun angegriffen werde, ließe ihn Fechner im Stich. Als er das letzte Mal in Berlin war, habe Fechner sich nicht von ihm sprechen lassen.
»Dabei will ich doch nur von dem Verdacht loskommen, ein ›Reformist‹ zu sein«, klagte Böhme.
»Weshalb hast du dich in Berlin nicht bei mir gemeldet? An wen hast du dich denn gewandt?« fragte ich.
»Ich habe mich bei dem Genossen Zinne von der Abteilung Kommunalpolitik gemeldet. Er war sehr einsilbig und konnte mir nicht sagen, ob Fechner verreist sei. Er ließe ihn nur noch sehr selten rufen. Er versuche, auf den Ulbricht-Kurs zu kommen.«
»Du willst also vom Geruch eines ›Reformisten‹ loskommen. Dann bleibt dir nichts anderes übrig, als ebenfalls auf Ulbricht-Kurs zu gehen«, sagte ich. »Am kommenden Sonnabend ist in Blankenburg eine Konferenz der Landräte, an der Ulbricht teilnimmt. Da fährst du am besten hin und sagst ihm, daß du bei mir gewesen seist und ich dir den Rat gegeben hätte, ihm zu sagen, die Sache mit dem ›Reformisten‹ sei eine böswillige Verleumdung, die er zurücknehmen müsse.«
Etwas ungläubig fragte Kurt Böhme: »Ja, meinst du wirklich, das soll ich tun?«
Ich antwortete: »Es kommt ganz darauf an, welche Konsequenzen du ziehen willst. Willst du aus dem politischen Leben ausscheiden?«
»Unter keinen Umständen. Ich sollte doch jetzt Oberbürgermeister von Gera werden, aber mit dem ›Reformisten‹ macht Ulbricht mir diesen Plan kaputt.«
»Na also, dann mußt du eben zu Ulbricht fahren und ihm beweisen, daß du kein ›Reformist‹ bist.«

Einige Tage später besuchte mich Kurt Böhme zum zweitenmal. Meine erste Frage war: »Na, was hat Ulbricht gesagt?«
»Er hat gesagt, es werde eben ein Reformist gebraucht, und der müsse ich sein.«
»Und wie ist das dann mit dem Oberbürgermeister?«
»Ich glaube, das wird glücken, denn ich soll aus dem Innenministerium heraus.«
Nicht, wie geplant, gemeinsam mit Otto Grotewohl in Bad Elster, sondern allein in Bad Liebenstein hatte ich, trotz vieler Besuche und gelegentlicher Ausfahrten mit Jenny Matern, Zeit und Muße genug, um einige Betrachtungen und Überlegungen anzustellen.
Ich überdachte das Potsdamer Abkommen und die nachfolgende Entwicklung, die zu einer wirtschaftlichen und politischen Einheit führen sollte, aber nicht geführt hat. Sind wirklich allein die Westmächte schuld, daß das Ziel der Einheit Deutschlands nicht erreicht worden ist? fragte ich mich. Diese Frage ist bisher stets bejaht worden, sowohl von den Sowjets als auch von der SED. War diese Auffassung wirklich richtig? War sie nicht zu einseitig? Hatte man überhaupt noch die Zeit, sie gründlich zu überprüfen, sich durch Rede und Gegenrede ein objektives Urteil zu erarbeiten? Waren die Prager Ereignisse mit Masaryks Fenstersturz der Anlaß, die Probleme klar zu erkennen? Oder ist das Verlangen nach Klarheit überhaupt verebbt? Verebbt durch kommunistische Beschwichtigungen und die innere Bereitschaft, diesen zu glauben?
War die sowjetische Deutschlandpolitik wirklich auf die Erfüllung des Potsdamer Abkommens gerichtet? Oder war sie so angelegt, daß die Westmächte bewußt zu Fehleinschätzungen und politischen Fehldispositionen verleitet werden sollten?
Wohin hat die Blockpolitik mit dem Schlagwort der »realen Demokratie« geführt? Ist das Potsdamer Abkommen erfüllt worden, wenn in dieser »realen Demokratie« die SED ihr Einparteien-Machtzentrum aufbauen konnte?
Wer ist diese Partei? Sind es die Mitglieder — die Funktionäre — der Parteivorstand — das Zentralsekretariat?
Ist es eine gelenkte Partei und wer lenkt sie?
Ist das Abkommen erfüllt durch die Schaffung von ebenfalls gelenkten Massenorganisationen?
Ist das Abkommen erfüllt, wenn die Erziehung durch eine Staatsjugendleitung vorgenommen wird, die einzig auf die Partei ausgerichtet ist?
Was ist das für eine Demokratie, bei der alle Vertreter von 12 Organisationen die gleiche »Kritik und Selbstkritik« zu üben haben und eine unterschiedslose Parteimeinung vertreten müssen?

Ist das Abkommen erfüllt, wenn die Rede- und Pressefreiheit allein schon durch eine gesteuerte Papierzuteilung unterbunden wird? Ist es erfüllt, wenn zu 90 Prozent Meinung aus einer einzigen Meinungsfabrik geliefert werden darf, während die restlichen 10 Prozent auch noch so gelenkt werden, daß sie sich nicht oppositionell betätigen können?
Ist das Abkommen von Potsdam erfüllt, wenn Parteien zusammengetan werden, ohne daß ihnen die Möglichkeit gelassen wird, wieder auseinanderzugehen, nachdem das Experiment der Vereinigung offensichtlich mißglückt ist? Ist es erfüllt, wenn sich eine Parteiführung nicht allein auf die Führung der eigenen Partei beschränkt, sondern auch andere Parteien je nach Bedarf gründen und steuern kann?
All diese Fragen gingen mir durch den Kopf und führten dann zu der Hauptfrage: Wohin führt das alles?
Ich fühlte, daß ich in all diesen Fragen schnell Klarheit gewinnen und eine Entscheidung treffen mußte.

Ich werde im SED-Pressedienst angegriffen

Als ich nach meiner Rückkehr wieder an meinem Schreibtisch saß und die Posteingänge durchgesehen hatte, fragte ich meine Sekretärin, was denn eigentlich aus meinem Artikel über »Kritik und Selbstkritik« geworden sei, den ich im Urlaub hatte schreiben müssen. Sie berichtete, daß sie bereits mehrmals mit der Redaktion des SED-Pressedienstes telefoniert habe, diese aber vor der Veröffentlichung noch eine Rücksprache mit mir wünsche.
Ich bestellte daraufhin einen der Redakteure zu mir. Er schlug mir eine völlig unwichtige Änderung in einem einzigen Satz vor, die ich akzeptierte. Es erschien mir jedoch mehr als merkwürdig, daß allein wegen einer solchen Lappalie der Artikel liegengeblieben sein sollte.
Wenige Tage darauf erschien er im SED-Pressedienst, wurde aber nur von einer einzigen Zeitung, der »Freiheit« in Halle, nachgedruckt. Auch das war seltsam. Im allgemeinen wurden Artikel der Mitglieder des Zentralsekretariats regelmäßig zuerst im »Neuen Deutschland« veröffentlicht.
Am 9. September schließlich brachte der SED-Pressedienst einen Gegenartikel. Er war viele Seiten lang und für eine Veröffentlichung in einer Zeitung gar nicht geeignet. Darin wurde mir klipp und klar nachgewiesen, daß ich mich auf einem reformistischen Holzwege befinde und ebenso verirrt sei wie die Jugoslawen.

Ich hatte einen arbeitsreichen Tag hinter mir, die betreffende Ausgabe des Pressedienstes stak noch ungelesen in meiner Tasche, und ich wußte infolgedessen noch nicht, was sie enthielt, als ich am Abend gegen 9 Uhr von der Berliner Redaktion des Nordwestdeutschen Rundfunks in meiner Wohnung angerufen wurde. »Was sagen Sie, Herr Gniffke, zu dem heutigen Angriff im SED-Pressedienst auf Sie?« fragte der Anrufer.
Ich glaubte mich verhört zu haben und fragte deshalb zurück: »Ein Angriff auf mich im SPD-Pressedienst?«
»Nein, im SED-Pressedienst«, berichtigte mich mein Gesprächspartner.
»Den muß ich dann erst einmal lesen; bitte rufen Sie mich später an«, antwortete ich.
Daraufhin nahm ich mir den Artikel vor, und als der NWDR zum zweitenmal anrief, gab ich folgende Erklärung ab:
»Der Artikel in der heutigen Ausgabe des SED-Pressedienstes ist zwar polemisch gehalten, aber doch eine wertvolle Ergänzung meines Artikels über ›Kritik und Selbstkritik‹. Er zeigt zudem, wie freimütig die Demokratie in der SED ist.« Mit Betonung fügte ich hinzu: »Punkt.«
»Mehr wollen Sie zu dem Artikel nicht sagen, Herr Gniffke?«
»Wenn ich Punkt sage, dann will ich nichts weiter sagen, und ich habe Punkt gesagt.«
Am nächsten Tag suchte ich Wilhelm Pieck in seinem Zimmer auf. Er war hochrot im Gesicht.
»Ich weiß schon, weshalb du kommst«, empfing er mich, »ich habe bereits eine Untersuchung eingeleitet.«
»Du weißt nicht, weshalb ich komme«, antwortete ich und erzählte ihm von dem Anruf des NWDR und daß ich ihm eine Erklärung abgegeben hätte.
Pieck verfärbte sich noch mehr: »Hast du die Erklärung da?«
Ich gab sie ihm.
»Gut, die ist gut«, stellte Pieck mit Befriedigung fest. »Winzer (der Abteilungsleiter des Pressedienstes) — ich habe ihn schon hier gehabt. Er ist einen Tag in Urlaub gewesen und ...«
Ich unterbrach ihn: »Und da hat Ulbricht den Artikel gegen mich lancieren lassen.«
Wilhelm Pieck überhörte diese Bemerkung und sagte hastig: »Wir werden deine Erklärung sofort veröffentlichen.«

Die Flüsterkampagne gegen Fechner, Meier und mich

Mein Kollege Helmuth Lehmann war von einer Landtagssitzung in Thüringen zurückgekommen. Sogleich kam er zu mir und erzählte: Ein ehemaliger Sozialdemokrat, der Genosse Feist, habe ihn aufgesucht und folgendes berichtet: Er sei in Bad Elster zur Kur gewesen, habe dort in Zimmergemeinschaft mit Ernst Lohagen, dem derzeitigen kommunistischen Kreisvorsitzenden der SED von Leipzig, und dem früheren KP-Minister von Nordrhein-Westfalen, Renner, gewohnt. Lohagen und Renner seien der Meinung gewesen, daß er, Feist, ebenfalls von der KP-Seite zur SED gekommen sei. Eines Abends hätten sie zu dritt Schnaps getrunken, und dabei sei Lohagen gesprächig geworden.

Der nächste Parteitag, so habe er gesagt, müsse gut vorbereitet werden. Es gelte, die Parität im ZS zu brechen und auch im Parteivorstand eine kommunistische Mehrheit zu sichern. Grotewohl müsse isoliert werden. Dabei müßten vor allem die Reformisten Gniffke, Fechner und Meier ausgeschaltet werden. Mit Fechner und Meier sei das leicht zu bewerkstelligen. Fechner sei ehrgeizig und darum leicht auf ein hohes Verwaltungsamt abzuschieben. Auch Meier könne man auf die gleiche Weise loswerden. Nur bei Gniffke sei die Sache schwierig, da er mehr Wert auf Einfluß als auf Titel lege. Er sei auch allzu vielseitig engagiert. Selbst Pieck sei eben wegen dieser Vielseitigkeit von ihm eingenommen. Vor allem mache die Freundschaft mit Grotewohl ein vorsichtiges Taktieren Gniffke gegenüber notwendig. Man müsse daher Gniffke erst einmal diffamieren und weichmachen. Er, Lohagen, habe dazu bereits Material gesammelt. Im Westen sei ein Verlagsunternehmen gegründet worden, in dem Gniffke sein Vermögen investiert habe, und diese Sache müsse jetzt zum Platzen gebracht werden. Im übrigen komme es nur darauf an, sich bei dem Vorgehen mit Walter Ulbricht zu koordinieren. Dann würde es schon klappen.

Ich fragte Helmuth Lehmann, ob er glaube, daß Feist sich das ausgedacht oder ob er die Wahrheit gesagt habe.

Diese Frage, so antwortete Helmuth Lehmann, habe er auch Feist gestellt und hinzugefügt, daß er von dieser Mitteilung offiziell Gebrauch machen werde. Feist habe daraufhin erklärt, er sei damit einverstanden und werde dafür einstehen.

Damit wurde wieder einmal ein Parteiverfahren fällig, das ich sofort in Gang brachte. Für Anfang Oktober 1948 waren Feist und Lohagen geladen. Gleich nach seiner Ankunft wollte Feist mich sprechen, aber ich lehnte eine Unterredung vor der Sitzung ab. Sie fand im Zimmer von Wilhelm Pieck statt. Pieck referierte zunächst, was

Helmuth Lehmann mir und dem Vorsitzenden mitgeteilt hatte. Lehmann konnte an der Sitzung nicht teilnehmen, da er erkrankt war und sich zur Kur in Bayern aufhielt. Lohagen bestritt alle wesentlichen Punkte, dabei sekundierte ihm Feist. Es sei doch alles ganz anders gewesen. Von der Vorbereitung einer Parteivorstandswahl mit einer Koordinierung zu Ulbricht sei keine Rede gewesen, ebensowenig davon, daß Fechner, Meier und Gniffke fortmüßten. Noch weniger sei davon gesprochen worden, daß Gniffke in Verbindung mit einer Verlagsgründung im Westen stünde.
Ich richtete direkt an Lohagen die Frage: »Hast du Anhaltspunkte dafür, die die Annahme rechtfertigen könnten, daß im Westen Deutschlands mit direkter oder indirekter Beteiligung von mir ein Verlagsunternehmen gegründet worden ist?«
»Nein«, war Lohagens Antwort.
»Hast du Anhaltspunkte dafür, daß ich überhaupt ein Vermögen, ob klein oder groß, besitze?«
»Nein.«
»Leider ist der Genosse Lehmann nicht anwesend. Nach dem heutigen Sitzungsergebnis ist in Bad Elster weder über Fechner noch über Meier oder mich gesprochen worden. Ich frage, ist das nach den detaillierten Mitteilungen Lehmanns glaubhaft?«
Jetzt wandte sich Wilhelm Pieck an Lohagen und Feist: »Was sagt ihr dazu?«
»Natürlich ist irgend etwas gesprochen worden«, räumte Lohagen ein. »Es wurden auch Namen genannt, und zwar im Zusammenhang mit dem Begriff der Parteitreue. Wir sprachen davon, wie weit diese bei dem einen oder anderen Mitglied des Zentralsekretariats ausgeprägt ist.«
»Welchen Anlaß hast du zum Beispiel, an meiner Parteitreue zu zweifeln?« insistierte ich.
Lohagen wich aus: »Ich weiß nicht, ob man auf eine so konkret gestellte Frage ebenso konkret antworten kann. Wir waren in guter Stimmung, und da haben wir Beispiele dafür gesucht, ob der eine oder andere unserer führenden Genossen in bestimmten Situationen immer richtig im Parteiinteresse gehandelt hat.«
»So, dann gib bitte einmal ein Beispiel, sofern es mich betrifft.«
»So ein Beispiel bietet ein Vorfall, der sich in Leipzig während der Messe abgespielt hat. In Leipzig gibt es ein einem Hotel angeschlossenes großes Vergnügungsetablissement mit Barbetrieb. Das gehört zwei Brüdern, die Millionäre und ganz offensichtlich Schieber en gros sind. Sie haben sich sogar in die SED eingeschlichen. Während der Frühjahrsmesse waren Grotewohl und Gniffke in Leipzig und haben an einem Abend dieses Lokal aufgesucht. Als das bei uns

in Leipzig bekannt wurde, habe ich gesagt, es ist unverantwortlich von Gniffke, daß nicht nur er dieses Lokal aufsucht, sondern auch noch Grotewohl mitnimmt.«
»Wann soll sich dieser Vorfall abgespielt haben?«
»Im Frühjahr.«
»Wie oft warst du seitdem in Berlin?« fragte ich weiter.
»Zu den Vorstandssitzungen und auch sonst. Vielleicht sechsmal.«
»Hast du diesen Vorfall hier schon einmal zur Sprache gebracht und vor wem?«
»Nein, ich hatte ihn fast vergessen.«
»Und in der ›guten Stimmung‹ ist er dir dann wieder eingefallen, und du mußtest ihn ›ausgeschmückt und unrichtig‹ zum besten geben?
Zur Richtigstellung folgendes: Mit dem Besuch des Lokals hat es seine Richtigkeit, nur konnte von einer ›Verführung‹ Grotewohls keine Rede sein. Er und ich und noch einige andere waren von dem Werbeleiter, der unsere Messestände gemacht hat, eingeladen. In einem kleinen Raum in diesem Hause, an dessen Tür ein Schild mit der Aufschrift ›geschlossene Gesellschaft‹ hing, bekamen wir einen kleinen Imbiß. Als ich dort ankam, fand ich außer Otto Grotewohl noch Max Fechner, Walter Beling und einige andere vor. Es war alles ganz ›paritätisch‹ besetzt. Auch einige Abteilungsleiter waren anwesend. Ich habe mich von 20 bis 22 Uhr in dieser ›geschlossenen Gesellschaft‹ aufgehalten, bin als letzter gekommen und als erster gegangen.«
»Die ganze Sache ist ja lächerlich«, stellte Pieck ärgerlich fest.
So verlief diese Angelegenheit wie das Hornberger Schießen. Ich erwähne sie nur deshalb so ausführlich, weil derartige Differenzen zu jener Zeit an der Tagesordnung waren. Nicht immer liefen sie wie das Hornberger Schießen aus. Besonders langwierige und harte interne Auseinandersetzungen gab es damals in der »Zentralverwaltung für Arbeit und Soziales«. Der erste Präsident dieser Zentralverwaltung, der Altkommunist Gustav Gundelach, war auf Grund einer Parteidirektive abgelöst worden, um die Parteiarbeit in Hamburg zu übernehmen. Als Abgeordneter der KP gehörte er auch dem ersten deutschen Bundestag an. Gundelachs Nachfolger in der Zentralverwaltung wurde Gustav Brack, ein Kollege aus meiner Gewerkschaftszeit vor 1933, mit dem ich außerdem auch persönlich befreundet war. Seine Stellvertreterin mit dem offiziellen Titel einer Vizepräsidentin aber war, wie schon erwähnt, Jenny Matern, die Frau von Hermann Matern.
Jenny hatte Ambitionen auf den Präsidentenstuhl der inzwischen zur Hauptverwaltung umgewandelten Dienststelle für Arbeit und

Soziales. Während Gustav Bracks Urlaub nahm sie eine Reihe von Personalveränderungen vor, wobei sie sich mit den leitenden Funktionären der Dienststelle überwarf. Nicht genug damit, versuchte sie auch eine Zensur aller Artikel auszuüben, die zum Thema Arbeit und Soziales in sowjetzonalen Presseorganen erschienen. All dies erfuhr ich aus einem Brief von Gustav Brack, den er mir am 8. September schrieb.

Ich war solcher Reibereien allmählich überdrüssig geworden. Deshalb ließ ich Lösche und Daub, die Abteilungsleiter der personalpolitischen Abteilung, zu mir kommen und übergab ihnen diesen Fall zur Schlichtung. Beide erklärten, daß sie mit diesem Fall ebensowenig fertig werden würden wie mit anderen Fällen, die sie zu bearbeiten hätten. Ich wies sie deshalb an, all diese Fälle in einem Exposé zusammenzustellen, damit sie insgesamt im Zentralsekretariat behandelt werden könnten.

Daub berichtete Franz Dahlem von diesem Auftrag, der daraufhin zu mir kam und wissen wollte, was ich damit bezwecke.

»Nichts anderes, als einmal einen Überblick über diese Differenzfälle zu erhalten. Man kann sie dann insgesamt diskutieren und überlegen, wie sie in Zukunft vermieden werden könnten.«

»Damit bin ich einverstanden«, erklärte Dahlem. »Ich werde diesen Antrag als unseren gemeinsamen Antrag formulieren.«

»Ich denke, du darfst nicht mehr mit mir zusammenarbeiten?«

»Ich wollte dich nur warnen. Innerlich stehe ich nach wie vor zu dir«, antwortete er schlicht.

Dann übergab er mir eine Resolution des Zentralkomitees der polnischen Partei »über die laufenden Aufgaben der Partei im Dorf auf dem Gebiet der Wirtschaft und Sozialpolitik«. »Hier ist der Klassenkampf des armen Bauern gegen die kapitalistische Ausbeutung durch die Dorfreichen gut aufgezeigt. Wir sollten ein ähnliches Dokument herausgeben«, meinte er.

Gerade als Franz Dahlem mein Zimmer verlassen wollte, trat Walter Ulbricht ein. Er gab sich unbefangen, als gäbe es zwischen uns keine Differenzen. »Hast du Lust, mich zu begleiten?« fragte er. »In der Wohnung eines unserer Funktionäre, des Genossen Hentschke, sitzt ein Parteitagsdelegierter der SPD. Er möchte Weisungen von uns entgegennehmen.«

Es erschien mir interessant genug, diese Art von Konspiration kennenzulernen. Ich fuhr deshalb mit und hörte mir an, welche Ratschläge Ulbricht zu erteilen hatte. Es war eine Schulungsstunde.

»Genosse, eine oppositionelle Diskussionsrede muß gut vorbereitet werden, ja? Zuerst in einigen Sätzen etwas Zustimmendes sagen, denn man darf eine Versammlung nicht gegen sich aufbringen. Erst dann sagen, was man sich vorgenommen hat zu sagen, ja?« Dann ging er Punkt für Punkt alle oppositionellen Standpunkte mit ihm durch, und am nächsten Tag fuhr der Delegierte, wohl vorbereitet, zum SPD-Parteitag nach Düsseldorf.

Ulbricht rechnet mit Tito und Gomulka ab

Am 15. und 16. September 1948 fand wieder eine wichtige Tagung des Parteivorstandes statt. Sie stand unter dem Motto: »Die Bedeutung der Entschließung des Kominformbüros über die Lage in der KP Jugolawiens und die Lehren für die SED.«
Wie zu erwarten, hielt Walter Ulbricht das Hauptreferat, an das er sich später, als der politische Kurs wieder geändert worden war, nur sehr ungern erinnert haben dürfte. Seine Rede stand ausschließlich im Zeichen der Abrechnung mit dem jugoslawischen Parteiführer Tito und dem polnischen KP-Führer Gomulka. In seiner Rede dankte Ulbricht »dem Genossen Stalin« überschwenglich, »daß er rechtzeitig die Fehler der jugoslawischen KP enthüllt und dadurch der gesamten internationalen Arbeiterbewegung in ihrem Kampfe gegen den Imperialismus und für die Sache des Sozialismus geholfen« habe. Anschließend warf Walter Ulbricht der jugoslawischen Parteiführung vor, einem kleinbürgerlichen Nationalismus erlegen zu sein in dem Wahn, Jugoslawien könne allein den Weg zum Sozialismus beschreiten, und zwar »einen besonderen jugoslawischen Weg«.
Die »Freundschaft mit der Sowjetunion« bezeichnete er als »Prüfstein« für jeden Antifaschisten.
Abschließend verkündete Ulbricht noch die »Lehren für die SED«: »Es ist notwendig, die Lehren aus der Geschichte der KPdSU unseren Parteimitgliedern zugänglich zu machen, in Betrieben und Massenorganisationen die Aufklärung durchzuführen über den Charakter der Volksdemokratien, darüber, daß in diesen Ländern der Weg des Übergangs zum Sozialismus beschritten wurde und daß die Frage der Ostgrenze stellen nichts anderes heißt, als in das Fahrwasser nationalistischer Politik zu gehen, d. h., sich als Werkzeug für den USA-Imperialismus benutzen zu lassen, der nicht nur bis zur Oder-Neiße-Grenze will, sondern am liebsten bis Warschau und zur Wolga.«
Nach einer Lobrede auf die SED proklamierte er die »Verschärfung des Klassenkampfes«. Damit verfolgte er vornehmlich den Zweck, die verschärften Unterdrückungsmaßnahmen zu rechtfertigen:
»Manche glaubten an einen besonderen deutschen Weg, der wahrscheinlich in der Abschwächung des Klassenkampfes und in einem

friedlichen Hineinwachsen in den Sozialismus bestehen sollte. Aber im Gegensatz zu diesen Auffassungen hat sich der Klassenkampf verschärft.«

In der Diskussion, die sich seiner Rede anschloß, ergriff Walter Ulbricht noch einmal das Wort, malte erneut das Schreckgespenst der Schumacher-Agenten an die Wand, um danach die Errichtung einer besonderen Partei-Kontrollkommission für die ganze Zone zu verlangen, Partei-Kontrollkommissionen in jedem Lande und in jedem Kreise.

Dann meldete sich Anton Ackermann zu Wort. Er übte Selbstkritik. Den von ihm bisher stets vertretenen »besonderen deutschen Weg zum Sozialismus« müsse er jetzt als falsch bezeichnen. Die Entschließung des Kominform-Büros habe ihm die Augen geöffnet. Als dann noch Fred Oelßner Ackermann ein langes Sündenregister vorhielt, bekannte sich dieser nochmals ausdrücklich zur Einsicht in seine bereits aufgezählten Fehler.

Schließlich wurde noch der Beschluß gefaßt, Ende November 1948 eine Parteikonferenz einzuberufen, die offensichtlich dem Zweck dienen sollte, die Umwandlung der Partei in eine »Partei neuen Typus« zu verkünden.

Die »Stadthaus-Aktion« in Berlin

Die Lage in Berlin war immer bedrohlicher geworden. Es verging keine Sitzung, in der sich das Zentralsekretariat nicht mit diesem Thema zu beschäftigen hatte. Immer wieder mußten Hermann Matern und Karl Litke Bericht erstatten, wie die Parteimitglieder und die Bevölkerung auf die eine oder andere Maßnahme reagieren, und immer heftiger wurde die Kritik Ulbrichts an den führenden Berliner Funktionären, vor allem an den Vorsitzenden Matern und Litke.

Der Hauptvorwurf, der der Berliner Parteiorganisation gemacht wurde, war, daß sie ständig vor auftauchenden Schwierigkeiten zurückwiche, weil die »klassenpolitische Durchbildung« der Partei nicht in ausreichendem Maße vollzogen und die Mitgliedschaft daher auch nicht intensiv genug auf den Kampf um Berlin eingestellt sei. Mit einer Partei in diesem Zustand könne der Kampf nicht erfolgreich zu Ende geführt werden. Das war vor allem die Feststellung Ulbrichts und somit auch die der Sowjets. Gemeinsame Beratungen zwischen ZS und Berliner Sekretariat führten immer wieder zur »Kritik und Selbstkritik«, aber nicht zu den von der Parteiführung erhofften spontanen Massenaktionen.

Auch Max Fechner wurde in die Kritik mit einbezogen. Er habe, so berichtete Hermann Matern, im Stadtverordnetenhaus nur ein einziges Mal eine Rede abgelesen, und zwar stockend und mit falscher Betonung, worauf ihn ein Mitglied der SPD-Fraktion ironisch aufmerksam gemacht habe. Dann aber, bei der Stadthaus-Aktion vom 27. August, hätte sich Max Fechner als Volkstribun feiern lassen wollen, was ihm aber nicht geglückt sei, weil größere Massen von Demonstranten ausblieben. (Nur die Unentwegten, die sich zu Pöbeleien und tätlichen Angriffen, selbst gegen eine weibliche Stadtverordnete, hatten hinreißen lassen, waren erschienen.)
Die gelenkten Störaktionen gegen das Stadthaus waren nicht populär. Nachdem bereits im Juli eine Demonstration nicht erwartungsgemäß verlaufen war, sollten am 27. August mit einer neuerlichen Demonstration weniger die Stadtverordneten als vielmehr die Verhandlungen in Moskau unter Druck gesetzt werden.
Für 14 Uhr war eine Sitzung der Stadtverordnetenversammlung angesetzt. Wie man mir berichtete, wurden die Demonstranten mit Lastwagen herangebracht. Über Lautsprecher und mit Transparenten forderten sie den Rücktritt des Magistrats. Zu der Sitzung der Stadtverordnetenversammlung war es gar nicht gekommen, weil der Ältestenrat sie auf Antrag der SPD-Fraktion abgesagt hatte. Ein Teil der Demonstranten drang in das Haus und in den Stadtverordnetensaal ein. Karl Litke, Altsozialdemokrat, jetzt SED-Fraktionsvorsitzender, hielt vor den Demonstranten eine Rede, in der er forderte, die Ostmark als Zahlungsmittel für Groß-Berlin einzuführen. Eine Delegation wurde durch »Zuruf gewählt«, die diese Forderung und noch einige weitere dem amtierenden Bürgermeister Friedensburg überbrachte, der die erkrankte Frau Louise Schroeder vertrat.
Die SPD hatte in den Betrieben zu einer Gegendemonstration vor dem Reichstagsgebäude aufgerufen. Hier rief einer der Redner, und zwar Ernst Reuter, aus:
»Einmal werden die Kommunisten erkennen müssen, daß alle ihre Versuche vergeblich waren!«
Aber Ulbricht und Matern gaben nicht auf. Sie waren sich der Hilfestellung des sowjetischen Stadtkommandanten Alexander Kotikow sicher. Mit dessen Hilfe kam es dann am 6. September 1948 zu einem revolutionären Akt. Sie installierten den »Antifaschistisch-Demokratischen Block« mit dem Altkommunisten Ottomar Geschke, dem stellvertretenden Stadtverordneten-Vorsteher, an der Spitze als *die* Berliner Volksvertretung.
In der ZS-Sitzung am 20. September 1948 mußte Hermann Matern selbstkritisch feststellen, daß die Parteiführung sich nicht intensiv genug in die Kommunalpolitik vertieft habe. Sie hatte dem Frak-

tionsvorstand zu viel Selbständigkeit gelassen. Otto Meier erkundigte sich, welcher Unterschied denn hier zwischen Partei- und Fraktionsführung gemacht werde. Es gebe schließlich zwei gleichberechtigte Vorsitzende der Berliner Organisation, und in der Person Karl Litkes seien beide Funktionen, die des Partei- und die des Fraktionsvorsitzenden, vereint.
»Wir müssen eine Umbesetzung vornehmen«, erklärte Pieck.
Meier wandte ein: »Die Vorsitzenden sind aber doch gewählt.«
»So müssen sie eben zurücktreten. Die Zentrale Kontrollkommission der Partei* braucht einen Vorsitzenden. Das muß ein politisch starker Mann sein. Hermann Matern halte ich für geeignet. Ich schlage ihn vor.«
Ich fragte: »Und Karl Litke?«
»Karl Litke hat völlig versagt. Er muß in die Verwaltung, am besten in die Sozialverwaltung. Man muß prüfen, ob es dort noch einen gehobenen Posten gibt. Wenn nicht, muß einer geschaffen werden.«
Soweit war schon alles gediehen. Sozialdemokratie hin, Parteidemokratie her, jetzt wurden die Figuren wieder zentralistisch hin- und hergeschoben.
»Ja, und wer soll die Nachfolge Litkes antreten?« Irgend jemand hatte es gefragt. Eine Diskussion mit für und wider, wie sie noch vor einem Vierteljahr üblich gewesen war, gab es nicht mehr. Jeder fühlte es. Die Fragen klangen nur noch matt. Es ist ja doch schon alles in Karlshorst beschlossen. Alle resignieren.
»Ja, auch an diese Stelle muß ein politisch starker Mann. Dafür ist Hans Jendretzky vorgesehen!« —
»Aber der ist doch von den Gewerkschaften zum Zonenvorsitzenden gewählt worden. Soll denn der zweite Vorsitzende Bernhard Göring bis zur Neuwahl allein die Zonenleitung ausüben?« —
»Bernhard Göring muß auch verschwinden. Er ist gegenwärtig in Prag. Wenn er zurückkommt, werden wir mit ihm sprechen. Er soll dann die HO-Geschäftsführung** übernehmen.« —

---

* Am 16. 9. 48 hatte der Parteivorstand die Errichtung einer Zentralen Parteikontrollkommission (ZPKK) sowie Landes- und Kreis-Kontrollkommissionen zur Überwachung der Mitglieder beschlossen. Sie konnten selbständig Nachforschungen anstellen und Verwarnung, Rüge, schwere Rüge, Ausschluß beschließen.

** Die von der Deutschen Wirtschaftskommission (DWK) im Herbst 1948 gegründeten HO dienten vor allem dazu, die abgeschöpfte »überschüssige« Kaufkraft zur Finanzierung der Staatsausgaben heranzuziehen. Bis 1958 hatten die HO das Monopol für den Verkauf freier Waren. Inhaber privater Einzelhandelsgeschäfte wurden durch unzureichende Warenzuteilungen gezwungen, ihre Geschäfte zu Spottpreisen an die HO zu verkaufen. Die HO ist somit nicht nur ein Mittel der Währungspolitik, sondern Instrument der Regierung zur Ausschaltung und Vernichtung des privaten Einzelhandels.

Unsere Bedenken nehmen schlagartig zu

Die beiden Altsozialdemokraten Bernhard Göring und Hermann Schlimme waren bereits vor 1933 in der deutschen Gewerkschaftsbewegung führend tätig gewesen. Beide hatten dem Zentralausschuß der SPD angehört. Bei Gründung des FDGB wurde Bernhard Göring neben Hans Jendretzky Vorsitzender des Zonenvorstandes und Hermann Schlimme neben Roman Chwalek Vorsitzender des Vorstandes von Groß-Berlin.
Hermann Schlimme war vor wenigen Wochen mit einer Delegation von einer Reise durch die Sowjetunion zurückgekehrt. In der letzten Parteivorstandssitzung hatte er begeistert von dieser Reise berichtet und erklärt, erst jetzt wisse er, was Sozialismus sei. Schlimme und alle anderen, die mit ihm zusammen diese Reise gemacht hatten, mußten sogleich mit der Berichterstattung in den Betrieben beginnen. Denn die Art Sozialismus, die die Arbeiterschaft nach dem Befehl 234 vom Oktober 1947 kennengelernt hatte, entsprach in keiner Weise ihrer Vorstellung. Es fiel ihnen schwer, in dem sowjetischen Stachanow-System, das durch diesen Befehl in die deutschen Betriebe verpflanzt worden war, die Befreiung von der Ausbeutung des Menschen durch den Menschen zu erblicken. Zwar gab es für eine Million Arbeiter markenfreies Essen, außerdem Akkordarbeit mit Prämienverteilung in Form von Textilien oder sonstigen Erzeugnissen für den persönlichen Bedarf. Aber die Arbeiter bekamen nicht alle das gleiche Essen. Etwa die Hälfte erhielt etwas Fleisch und Fett, die andere Hälfte fleischloses Essen. Die Einstufung richtete sich nach der Wichtigkeit der Arbeitsfunktion. Bei der Ausgabe der Mahlzeit marschierten dann die Arbeiter der Kategorie A an den Schalter, an dem Fleisch ausgeteilt wurde, und die Arbeiter der Kategorie B an den Ausgabeschalter der fettlosen Suppen. Aber die Kategorie B war ihrerseits wiederum bevorzugt gegenüber den Millionen Arbeitern anderer Betriebe.
Im weiteren Aufbau einer sowjetischen »Sozialisierung« wurden nun im Herbst 1948 staatliche Handelsorganisationen — abgekürzt HO — eingerichtet, die den privaten Einzelhandel im Laufe der Zeit immer mehr verdrängten.
Die Errichtung der HO-Organisation mit den HO-Läden hatte im SED-Zentralsekretariat große Debatten ausgelöst. In einer der Sitzungen hatte Otto Meier auch in diesem Fall das richtige Wort gefunden: »Die Verstaatlichung des Schwarzhandels ist kein Sozialismus!« Ulbricht hatte geantwortet: »Aber die Vorstufe dazu.«
Die Errichtung der HO war weder durch einen Beschluß des Zentralsekretariats noch des Parteivorstandes vorgesehen. Von Karlshorst

aus über die Deutsche Wirtschaftskommission begannen die Organisationen ihre Arbeit.
Sehr bald gab es in diesen Läden alles Erdenkliche an Konsumgütern zu Schwarzmarktpreisen: Kartoffeln, Gemüse, Fett, Brot, Kuchen, Fotoapparate, Fahrräder, Schreibmaschinen, Schuhe, Kleider — jedoch zu Preisen, die für Arbeiter unerschwinglich waren.
Bernhard Göring, der alte Sozialdemokrat und gläubige Christ, sollte nun aus der Gewerkschaftsführung ausgebootet werden und die HO-Leitung übernehmen. Als er von seiner Reise zurückkehrte, wurde ihm dieses Angebot unterbreitet. Er lehnte es mit Entschiedenheit ab. Dabei wies er darauf hin, daß durch die Einführung der HO-Läden die Stimmung bei den Frauen und Arbeitern keinesfalls gehoben werden könne.
Nach der Sitzung im Zentralsekretariat, in der Göring die HO-Geschäftsleitung angetragen worden war, kam er zu mir. Wir verabredeten einen Samstagnachmittagbesuch mit seiner Frau bei mir in Groß-Glienicke. Nach dem Kaffee unternahmen wir einen Spaziergang durch den Garten. Göring begann das Gespräch mit der Frage: »Was hast du dazu gesagt, daß man mich zum HO-Geschäftsführer machen wollte?«
»Gar nichts«, erwiderte ich. »Ich habe beobachtet, daß alte Freunde von uns in letzter Zeit durchaus nicht abgeneigt waren, einen ›Stellungswechsel‹ vorzunehmen.«
»Hast du wirklich angenommen, ich könnte zu einem solchen Angebot ja sagen?«
»Hermann Schlimme ist aus Moskau zurückgekommen und hat uns erzählt, daß er jetzt erst wisse, was Sozialismus ist. Anton Ackermann hat uns vor fast drei Jahren erzählen müssen, daß es einen besonderen deutschen Weg zum Sozialismus gibt. Als Tito einen besonderen jugoslawischen Weg einschlug, mußten auf Kommando alle Alt- und Neukommunisten über Ackermann herfallen, und ehe man ihn noch fragen konnte: Ackermann, was sagst du nun? — tat er Buße in Sack und Asche. Es sind in den letzten Monaten so merkwürdige Dinge passiert, daß man nur noch sagen kann: Ick wundere mir über jar nischt mehr!«
Göring wurde sehr schweigsam und nachdenklich. Es entstand eine längere Gesprächspause. Dann sagte er unvermittelt, er müsse sich einmal alles vom Herzen reden, was ihn schon lange bedrücke: »Mit welchem Elan sind wir 1945 wieder an unsere Arbeit gegangen, wir beim FDGB von Anfang an in Parität. Aber bald habe ich anfangen müssen zu schlucken, ich meine, 'runterzuschlucken. Da gab es den Ärger mit Ulbricht, weil er Hans Jendretzky wie einen Schuljungen behandelte, der immer bereit sein mußte, von ihm Befehle

entgegenzunehmen. Dann die Auseinandersetzungen zwischen Jendretzky und mir. Dabei muß ich ihm nachsagen, daß er Meinungsverschiedenheiten mit mir immer sehr kameradschaftlich ausdiskutiert hat und Vernunftgründen nicht unzugänglich war. Bei den Interzonenkonferenzen hat er sich stets taktvoll an meine Seite gestellt. Es entstanden dabei keine Differenzen. Es ging um die gesamtdeutsche Gewerkschaftseinheit, die auf der letzten Interzonenkonferenz endgültig gescheitert ist. Unser Ziel war, eine einheitliche deutsche Gewerkschaft in den Weltgewerkschaftsbund einzubringen. Heute ist es nun so weit, daß der Weltgewerkschaftsbund wieder auseinanderbricht. Die Gründe sind nicht nur politischer Art. Aber darüber könnte man stundenlang sprechen.

Wichtiger ist, wie es hier in unserer Zone zugegangen ist. Im Juni/Juli 1946 fanden die Betriebsratswahlen statt. Die Listen wurden gemeinsam mit der Partei aufgestellt. Damals gab es nahezu keine Funktionäre in den Betrieben, die bereit waren, Parteibefehle entgegenzunehmen. Der Druck der SMAD auf Ulbricht, für eine Erhöhung der Produktionszahlen zu sorgen, wurde von diesem an den FDGB weitergegeben. Auch die unteren Parteieinheiten wurden eingeschaltet. Bei der schlechten Ernährungslage organisierte sich in den Betrieben ein Widerstand gegen diesen Druck. Immer mehr Betriebsräte lehnten die Forderungen der Partei und der Gewerkschaften ab.

Angeblich waren Schumacher-Agenten an diesem Widerstand schuld. In den Berichten, die die Betriebsräte anfangs zu geben hatten, wiesen sie stets darauf hin, daß sie bei der schlechten Ernährungslage nicht für eine Steigerung der Produktion eintreten könnten. Von daher wurden die Gegensätze der Betriebsräte zu den Partei- und Gewerkschaftsleitungen in den Betrieben immer größer. Die Folge war, daß ihre Funktionen, besonders die der Mitbestimmung, abgebaut wurden und die betrieblichen Partei- und Gewerkschaftsleitungen zusammen mit den Henneckes* in Funktion traten. Die für September angesetzten Betriebsratswahlen wurden um sechs Wochen verschoben. Ich war überzeugt, daß sie nochmals verschoben werden,

---

* Adolf Hennecke, Sohn eines westfälischen Bergarbeiters, wurde nach dem Besuch der SED-Parteischule in Meerane von Oberst Tulpanow dazu ausersehen, »der deutsche Stachanow« zu werden. Nach sorgfältiger technischer Vorbereitung förderte der 45jährige H. am 13. 10. 48 in einem besonders günstigen Stollen im Zwickauer Kohlenrevier 387 Prozent des üblichen Fördersatzes. Dieser unechte Rekord wurde zum Anlaß genommen, die sowjetischen Stachanow-Methoden auf die deutschen Arbeitsverhältnisse zu übertragen und die Normen in allen Betrieben zu erhöhen. H. wurde später Abteilungsleiter in verschiedenen Ministerien, Abgeordneter der Volkskammer, Nationalpreisträger und Mitglied des Zentralkomitees der SED.

vielleicht gar nicht mehr stattfinden würden, nachdem bereits in einer Anzahl von Betriebsversammlungen gefordert worden war, die Funktionen der Betriebsräte auf die Gewerkschaftsausschüsse der Betriebe zu übertragen. Von diesen Ausschüssen wurde in jedem Betrieb ein Privilegierten-System entwickelt, das nach Ulbrichts Auffassung erforderlich war, um die qualifizierten Kräfte nicht abwandern zu lassen. Wir nennen uns Freier Deutscher Gewerkschaftsbund. Sind wir frei? Wir sind es nicht, wir unterstehen der Partei. Wer aber ist die Partei? Werden wir zu euch ins Zentralsekretariat zur Berichterstattung gerufen, so müssen wir uns rechtfertigen oder wie es so schön heißt: ›Kritik und Selbstkritik‹ üben.«
Als Göring geendet hatte, griff ich seine Frage nach dem Charakter der Partei auf:
»Du erinnerst dich doch an die erste Sechziger-Konferenz vom Dezember 1945? Grotewohl hatte damals darauf hingewiesen, daß die KPD sich zwar als die ›Partei des deutschen Volkes‹ bezeichne, hat dann aber verlangt, sie solle ausdrücklich bestätigen, daß sie sich als ›eine deutsche sozialistische Arbeiterpartei‹ betrachtet.
Von dieser Betrachtungsweise sind wir inzwischen abgekommen. Heute gibt es die Partei ›neuen Typus‹. Ihr ist jetzt die Auflage gemacht worden, bedingungslos die Führungsrolle der sowjetischen KP anzuerkennen.
Also: Wer ist die Partei? Nicht die Mitgliedschaft, nicht die deutsche Arbeiterklasse. Die Partei ist eine geführte Partei, eine Partei ›neuen Typus‹, unter der Direktive des Kreml.«
»Was soll geschehen?« fragte Göring.
»Ich weiß es auch nicht, vielleicht solltest du wirklich Geschäftsführer der HO werden. Ich denke, der ›Ersatzparteitag‹, die nächste Parteikonferenz, wird uns die Partei neuen Typus bescheren.«
»Und was sagst du zu dem Zweijahresplan?«
»Dazu ist sehr viel zu sagen. Ich bin gewiß für Planwirtschaft. Aus der liberalen Wirtschaftsunordnung — sie ist längst keine ›Ordnung‹ mehr — müssen wir heraus. Aber ich bin gegen die kollektivistische Totalplanung, wie sie die Sowjetunion praktiziert, weil sie nie zu einer geregelten Bedarfsdeckung führt. Eine Volkswirtschaft ist zu diffizil, um nach einem festgelegten Schema gelenkt werden zu können. Ich bin für die ›Expropriation der Expropriateure‹, wie es die Sowjets gemacht haben. Aber von da an trennen sich die Wege. Ich bin für eine Geld- bzw. Kapitalplanung. Diese Planung erfordert jedoch eine dezentralisierte, in sich konkurrierende Wirtschaft. Aber Plan hin, Plan her, meine größte Sorge ist, daß ich verurteilt bin, eine Sisyphusarbeit und, was noch schlimmer ist, die Vorarbeit zu einer endgültigen Spaltung Deutschlands zu leisten.«

Gerade so, als habe Wilhelm Pieck eine Antwort auf die Fragen geben wollen, die uns ehemalige Sozialdemokraten von Woche zu Woche und von Monat zu Monat mehr beschäftigten, veröffentlichte er am 14. Oktober 1948 im SED-Pressedienst einen Artikel.

»Die großen Aufgaben, die in der gegenwärtigen sehr komplizierten Situation der SED gestellt sind, haben in der Partei die ernste Frage aufgeworfen, ob ihr organisatorischer, politischer und ideologischer Zustand so ist, daß sie diese Aufgaben zu erfüllen vermag.
Die Frage, ob wir eine marxistische Partei sind, ob die Mitglieder der Partei mit den Lehren des Marxismus-Leninismus bekannt sind, ob wir eine disziplinierte, standhafte, gegen alle reaktionären Einflüsse gesicherte Partei, eine Partei neuen Typus sind, muß bei ernster Kritik und Selbstkritik verneint werden.
Es ist festzustellen, daß es dem Gegner gelungen ist, seine Agenten in unsere Reihen zu schicken, daß diese sogar Unterstützung in der Partei finden und daß die feindliche Propaganda erhebliche Verwirrung in unserer Partei hervorgerufen hat. Es sei verwiesen auf die Bildung von Schumacher-Agenturen in unserer Partei, auf das Aufkommen antisowjetischer Stimmungen, auf die ungenügende Teilnahme unserer Mitglieder am Kampf der Partei, auf das mangelnde Selbstvertrauen und auf die ernsten Schwankungen bei der Durchführung unserer Aufgaben.«
Von dieser Anprangerung der »Schumacher-Agenten« ging Wilhelm Pieck nun zu einer direkten Kritik an allen aus der Sozialdemokratie gekommenen SED-Mitgliedern und Funktionären über, die den revolutionären Inhalt des Marxismus durch revisionistische Auffassungen verwässert und die Ergebnisse der großen wissenschaftlichen Forschungsarbeit Lenins und Stalins in der Fortentwicklung des Marxismus als eine angeblich russische Angelegenheit aus ihrer Schulungsarbeit ausgeschaltet hätten. Daher seien sie ideologisch nicht gerüstet und sogar mit abwegigen Auffassungen in die vereinigte Partei gekommen, woraus sich »eine gewisse Überlegenheit der kommunistischen Genossen« ergeben habe, »die auch in der Emigration und bei ihrem Aufenthalt in der Sowjetunion ihr Studium der Fortentwicklung des Marxismus nicht eingestellt haben«.

Abschied vom »Seehaus«

Wenige Tage später, am 16. und 17. Oktober 1948, war ich zum letzten Mal im »Seehaus«. Im Laufe der Zeit hatten sich dort in unseren Zimmern Bücher und verschiedene Ausstattungs- und persönliche Erinnerungsstücke angesammelt, von denen ich mich nicht

gern trennen wollte. Nur zwei Personen waren davon unterrichtet, daß ich mich seit einigen Wochen mit dem Gedanken trug, mich »abzusetzen«, mein Sohn und meine Sekretärin. Letztere hatte die Aufgabe, täglich einiges von den persönlichen Schriftstücken und Akten aus meinem Büro in ihre Wohnung mitzunehmen. Zu diesem letzten Wochenende brachte mein Sohn sein Akkordeon mit ins »Seehaus«. Er sorgte für muntere Stimmung. Im Laufe des Sonntags verstaute er dann nach und nach die mitzunehmenden Sachen in den großen Akkordeonkoffer.
Samstag abend nahm ich an einem letzten »Kamingespräch« teil. Hauptthema war der »Zweijahresplan«. Pieck, Grotewohl, Dahlem und die anderen saßen um das offene Feuer und genossen die beschauliche Atmosphäre bei leiser Akkordeonmusik. Ulbricht war nicht anwesend, und auch Ackermann fehlte in der Runde.
Ich glossierte die übererfüllten Sollzahlen, worin mir die anderen, besonders aber Wilhelm Pieck, beipflichteten. Zwischendurch wurde getanzt. Nur Franz Dahlem beteiligte sich an keinem Gespräch und saß stumm in seinem Sessel. Schließlich trat ich zu ihm und fragte ihn, ob er denn überhaupt nichts zu sagen habe. Nein, er habe nichts zu sagen, erwiderte er, er könne sich nur wundern.
Der darauffolgende Sonntag war ein besonders schöner, stiller und sonniger Herbsttag. Gemeinsam unternahmen wir eine Wanderung um den See. Nach dem Essen fuhren alle nach Berlin zurück.
Am 22. Oktober 1948 trat der Volksrat zu seiner 5. Sitzung zusammen. Die Vorbereitung der Tagung hatte mir noch recht viel Arbeit gemacht. Die Sowjets hatten verlangt, daß der Volksrat einen Bericht der Deutschen Wirtschaftskommission entgegennehmen und beraten sollte. Das aber kam einer zonalen Parlamentsarbeit gleich.
Da den Bericht ein »Bürgerlicher« geben sollte, mußte nach dem geeigneten Mann gesucht werden. Kastner, der als Berichterstatter in Aussicht genommen war, befand sich zur Kur in Bad Elster.
Daraufhin hatte ich beschlossen, die Einladung mit der Tagesordnung zu verschicken, ohne den Bericht der DWK extra aufzuführen. Aber die Sowjets bestanden auf einem Bericht. Und nicht nur darauf, sie verlangten auch, daß dem Volksrat Adolf Hennecke und einige andere Kumpel, die ihn als Aktivisten inzwischen übertroffen hatten, vorgeführt werden. Die Drähte zu den Kommandanturen spielten, und die Kumpels mußten sich bereit halten, um mit Wagen abgeholt zu werden.
Schließlich kam Adolf Hennecke doch nur allein. Der Wagen, der ihn und die anderen Kumpels abholen sollte, hatte sich verfahren. Um wenigstens Hennecke noch rechtzeitig zur Volksratssitzung herbeizuschaffen, mußte auf die anderen verzichtet werden.

Adolf Hennecke wurde mit großem Applaus empfangen. Im Präsidium erhielt er den Platz neben mir. Ich fragte ihn anzüglich, wie er denn zu dem Namen »Adolf« gekommen sei. Er hatte Humor und antwortete: »Die anderen Kumpels wissen später auch nicht, warum sie ›Henneckes‹ genannt werden.«
Inzwischen hatte man sich entschlossen, Heinrich Rau den Bericht der DWK vortragen zu lassen. Danach wurde Adolf Hennecke das Wort erteilt. Er hielt pflichtgemäß eine Ansprache, in der er sein System schilderte, wie es von ihm ausgebaut wurde, bis er zu dem überraschenden Ergebnis gekommen sei, dem nun alle Kumpels nacheifern müßten.
Der Volksrat billigte einstimmig einen Verfassungsentwurf für die »Deutsche Demokratische Republik«, der dem Volkskongreß zur Annahme vorgelegt werden sollte. Danach sollte oberstes Organ der Staatsgewalt, ohne Berücksichtigung des Prinzips der Gewaltenteilung, die Volkskammer sein.
Abschließend wurde noch einstimmig ein Antrag angenommen, wonach der Deutsche Volksrat die obersten Befehlshaber der vier Besatzungsmächte ersuchen solle, jedem deutschen Staatsbürger und den in Deutschland ansässigen Staatenlosen einen einheitlichen Personalausweis auszugeben.
Dieser Antrag bot später die Handhabe, gesondert für die Ostzonen- und Ostsektorenbewohner einen Ausweis zu schaffen; es war ein erster Schritt zur Abriegelung der Zone.
Nach der Sitzung fand ein gemeinsames Essen statt. Als ich den Speisesaal betrat, steuerte ich auf einen freien Tisch zu, an den ich mich setzte. Ich blieb nicht lange allein. Otto Grotewohl und Wilhelm Pieck nahmen bei mir Platz. In die Unterhaltung ließ ich einfließen: »Ihr müßt mich morgen entschuldigen. Ich kann an der Sitzung des Zentralsekretariats nicht teilnehmen. Ich bleibe zu Hause, denn ich fühle mich nicht wohl.«
»Ist es wieder der Magen?« fragte Grotewohl. Ich antwortete: »Ja, es ist der Magen.«

Ich bereite meine Flucht vor

In einer parlamentarischen, einer — wie wir es damals nannten — »bürgerlichen Demokratie« ist jeder, der sich aktiv in die Parteipolitik begibt, letzten Endes seinem eigenen Gewissen verantwortlich. So sollte es wenigstens sein. Wenn einem Politiker das Gewissen sagt, daß er die Politik seiner Partei, aus welchen Gründen auch immer, nicht mehr mitmachen kann, so sollte er daraus die Konse-

quenzen ziehen. In der Regel geschieht das auch, und das bereitet in der klassischen Demokratie auch keine Schwierigkeiten.
Ganz anders ist es jedoch im Bereich eines kommunistischen Regimes, in einer »realen« Demokratie, die sich auch »Volksdemokratie« nennt.
Vor und nach der Vereinigung von KPD und SPD war, von kommunistischem und sowjetischem Standpunkt betrachtet, den Sozialdemokraten zunächst noch eine gewisse »Narrenfreiheit« gewährt worden. Sie konnten nach Herzenslust gegen marxistisch-leninistisch-stalinistische Grundsätze und Grundbegriffe verstoßen. Sie durften anderer Meinung sein als die Kommunisten, sie durften sogar opponieren. Die Antwort Ulbrichts lautete stets: »Gut, Genossen, wir müssen die Frage diskutieren.« Und die Fragen wurden diskutiert mit dem Erfolg, daß in den meisten Fällen die kommunistischen Argumente aufgeweicht wurden. Es bildete sich eine Front aus Sozialdemokraten und einigen Kommunisten gegen den doktrinären Stalinisten Ulbricht. Auch das wurde eine Zeitlang hingenommen. Es wurde, wenigstens in der Spitze der Partei, im Zentralsekretariat und im Parteivorstand, diskutiert wie in einer demokratischen Partei. Aber in den letzten Monaten war das alles anders geworden.
Die Illusion, daß die ehemaligen Sozialdemokraten gemeinsam vorstoßen und den Kurs der Partei noch herumreißen könnten, war zerplatzt. Die Weichen waren auf den Kurs zur Partei »neuen Typus« gestellt.
Die in Aussicht genommene Parteikonferenz, die ursprünglich Ende November stattfinden sollte, war auf den 6. Dezember 1948 verlegt worden. Ich hatte vorgehabt, vor diesem Forum eine Erklärung abzugeben und anschließend Konferenz und Partei zu verlassen. Nach der Terminverlegung wurde mir jedoch klar, daß ich bis dahin nicht mehr durchhalten könnte. Schon in der Familie war dies nicht möglich. Mein Schwager, Dr. Hellmut Stammler, Sohn des einst sehr bekannten Rechtsgelehrten Prof. Stammler, der in seiner politischen Haltung erzreaktionär war und u. a. auch ein sehr beachtetes antimarxistisches Buch geschrieben hat, wohnte ebenfalls in Groß-Glienicke-Aue. Während des Krieges war er als Offizier in verschiedenen Stäben an der Ost- und Westfront eingesetzt gewesen. Bis fünf Minuten vor zwölf hatte er an den »Endsieg« geglaubt. Rechtzeitig vor Kriegsende konnte er sich dann doch noch in das elterliche Wohnhaus in Wernigerode »absetzen«. Hier zog er die Majorsuniform aus und trat, als die Russen den Ort besetzten, in die inzwischen zugelassene KPD ein. Meine Schwägerin hatte aus erster Ehe einen Sohn, gleichaltrig mit meinem Sohn. Während des Krieges war er als Leutnant mit der Nahkampfspange dekoriert worden. Nach dem Kriege

besuchte er die Parteihochschule, so daß die ganze Familie bald sehr »linientreu« wurde. Meine Schwägerin, die Schwester meiner Frau, kam allein oder mit Sohn und Mann täglich in unser Haus. So konnte ich nicht einmal meine Frau, mit der ich die schwere NS-Zeit durchgestanden hatte und die im Gestapokeller in der Prinz-Albrecht-Straße gefoltert worden war, in meine Pläne einweihen, um sie ihrer Schwester gegenüber nicht unsicher zu machen. Wir hatten auch Gina, das Töchterchen meiner Tochter Lilo, bei uns, das ebenfalls von der ungewöhnlichen Tätigkeit nichts merken durfte.
Es war Sonntag abend. Als ich von der Volksratssitzung nach Hause kam, fand ich Gäste vor, und wir verplauderten zusammen den Abend. Sie verabschiedeten sich spät, und erst nachdem auch meine Frau schlafen gegangen war, ging ich in das Zimmer meines Sohnes. Wir trafen die letzten Dispositionen, die vor allem die Mitnahme von Kleidungsstücken, Bildern, Teppichen und Büchern betrafen, die sich leicht im Kofferraum meines Pkw verstauen ließen.
Am Dienstag mußte ich endlich meine Frau einweihen. Die Kleider- und Wäschetransporte ließen sich nicht mehr verheimlichen. Einmal passierten wir die Posten an der Kladower und das andere Mal wieder an der Potsdamer Straße. Weshalb wir so häufig hin- und herfuhren, hat uns zum Glück niemand gefragt.
In West-Berlin hatten wir drei Stellen aufgetan, an denen wir unsere Sachen abstellen konnten. Eine davon war die Wohnung einer Kusine, die andere die Wohnung meiner Sekretärin.
Am Mittwoch, dem 27. Oktober 1948, erschien in der Westberliner sozialdemokratischen Zeitung »Telegraf« ein Artikel mit der Überschrift »Krach im Hause der Zwietracht«. In dem Artikel wurde mehr auf den Busch geklopft, als daß wirkliche Vorgänge geschildert wurden. Differenzen innerhalb des Zentralsekretariats wurden in ihrem Ablauf geschildert, wobei mir die Rolle zugeschoben war, einen Stuhl zerbrochen und das Stuhlbein unter fürchterlichen Drohungen gegen Ulbricht geschwungen zu haben.
Eine Nachbarin in Glienicke-Aue hatte diesen Artikel meiner Frau sehr aufgeregt überbracht, während ich mit dem ersten »Transport« an diesem Morgen auf dem Weg zur Wohnung meiner Sekretärin nach Reinickendorf unterwegs war. Mein Sohn Gert kam mir nachgefahren, um mir den Artikel zu zeigen. Er machte uns nervös. Wer mochte ihn lanciert haben? Sollte meine Reaktion erprobt werden? Wir konnten uns keinen Vers darauf machen.
Mein Sohn beschwor mich, nicht mehr nach Glienicke-Aue zurückzufahren. Ich blieb deshalb bei Freunden in Kladow, das im Westsektor liegt, zurück. Dorthin sollte mein Sohn meine Frau und das Enkelkind Gina holen. Nachdem auch das ohne Zwischenfall geschehen

war, fuhren wir zusammen in die Wohnung meiner Kusine, Frau Wandel, nach Wannsee. Sie war Direktionssekretärin bei der Defa und hatte von Montag an vorsorglich Urlaub genommen. Mit ihr zusammen setzte mein Sohn den Abtransport der Sachen fort. Wir brauchten vor allen Dingen die im Glienicker Haus noch verhandenen Lebensmittel. Auch unsere sechs Hühner mußten ihr Leben lassen, damit sie auf dem Transport nichts ausgackern konnten.
Der Schwester meiner Frau hatten wir erzählt, daß ich verreisen müsse und meine Frau mitnehme. So verlief die ganze Aktion im großen und ganzen reibungslos. Auf die Möbel, die wir von Ersparnissen und dem im Februar 1948 zurückgezahlten »Schuldbetrag« Grotewohls angeschafft hatten, mußten wir verzichten. Das Häuschen in Zehlendorf am Ithweg wurde seit unserem unfreiwilligen Umzug von meiner Tochter bewohnt. Sie hatte in dem Rosselini-Film »Germania anno zero« eine Rolle übernommen und war nach ihrer Rückkehr aus Rom von der Defa verpflichtet worden. Zur Zeit dieser Ereignisse spielte sie eine Rolle in dem von Gerhard Lamprecht inszenierten Film »Quartett zu Fünft«. Auch sie war von uns nicht ins Bild gesetzt worden. Wir hatten es auch vermieden, Sachen in unser Haus am Ithweg zu bringen.
Am Freitag, dem 29. Oktober 1948, befand ich mich in der Wohnung meiner Sekretärin in Reinickendorf. Wir waren im Begriff, meine Austrittserklärung aus der Partei mit einer ausführlichen Begründung zu schreiben, als es an der Wohnungstür läutete. Meine Sekretärin öffnete. Vor der Tür stand ein Fahrer. Er sei, so sagte er, im Auftrage von Wilhelm Pieck gekommen. Man hätte vom Parteihaus her seit Mittwoch versucht, mich telefonisch zu erreichen. Da sich aber nie jemand gemeldet habe, solle er nun bei meiner Sekretärin anfragen, ob sie die Ursache hierfür kenne.
Dieser Kundschafter war der mir zugewiesene Fahrer kommunistischer Herkunft. Mein alter Fahrer, der früher Taxichauffeur gewesen war, hatte seinen alten Beruf wiederaufgenommen.
Meine Sekretärin führte den »Abgesandten« zu mir. Er sah die Schreibarbeiten. Ich sagte ihm, daß ich gerade dabei sei, einen Brief[*] an Pieck zu schreiben, und bat ihn, den Brief am Nachmittag abzuholen.
Gegen Mittag fuhr ich nach Wannsee zurück. Als ich dort eingetroffen war, rief meine Sekretärin an. »Sie waren eben beide hier«, sagte sie. »Pieck und Grotewohl. Sie haben gefragt, ob ich Verbindung mit dir hätte. Als ich bejahte, baten sie darum, ein Treffen für heute abend um acht Uhr in meiner Wohnung zu vereinbaren.«

---

[*] Wortlaut des Briefes, Anhang, S. 365

Letzte Aussprache mit Pieck und Grotewohl

Bereits am Nachmittag fuhr ich zur Wohnung meiner Sekretärin. Dort war inzwischen auch ihr Mann eingetroffen, ein Ingenieur, der bei Siemens arbeitete. Mit ihm wurde der technische Plan entworfen, wie das bevorstehende Gespräch von einem Nebenraum mitzuhören sei. Die Aufgabe wurde gut gelöst.
Grotewohl und Pieck erschienen pünktlich. Die Begrüßung war sehr freundschaftlich. Dann übernahm Pieck sogleich die Initiative, während Grotewohl sich zurückhielt.
Pieck beschwor mich, mein Vorhaben nicht auszuführen. Ich dürfe doch meinen Namen, den ich in der Arbeiterbewegung erworben hätte, nicht aufs Spiel setzen. Ich fühlte, daß es dem alten Mann sehr ernst war. Er war ehrlich überzeugt, daß der ihm von Moskau vorgeschriebene Weg der richtige sei. Das mußte ich ihm zugute halten. Für ihn gab es keinen anderen gangbaren Weg, der zu dem Ziele führte, das er erreichen wollte. Ein langes Menschenleben war er diesem Ziel nachgejagt. Jetzt sah er es zum Greifen nahe vor sich. Er wollte es erreichen durch die »Einheit der Arbeiterklasse«. Mit seinem Namen als »Einheitsvater« war diese Einheit verbunden. Außerdem waren die Sowjets seine Freunde, denen er vorbehaltlos vertraute und diente. Sie hatten ihm Asyl gewährt, ihm viele Ehrungen zuteil werden lassen. Es gab manches, was auch ihn belastete, aber da er gelernter Tischler war, wußte er: wo gehobelt wird, fallen Späne. Er war Praktiker und kein Theoretiker. Was ihm ins Konzept einer Rede geschrieben wurde, das sprach er aus.
Einige Monate zuvor hatte ich ihm bei der Vorbereitung einer Blockausschuß-Sitzung gesagt, was er vorzutragen gedenke, sei doch die Unwahrheit. Verschmitzt lächelnd hatte er geantwortet, sein Gewissen sei ruhig, wenn es gelte, den Gegner zu belügen.
»Aber, Wilhelm, es sind doch Menschen, mit denen uns eine Bündnispolitik verbindet!« hatte ich ihm entgegengehalten. »Na waaas — sind es auch Kommunisten? Nein! Also sind es Gegner!«
Ich dachte daran, wie er mich jetzt einschätzen mochte. Aber sein Ton blieb väterlich, versöhnlich: »Es können nur überreizte Nerven sein, die dich zu deinem Vorhaben bestimmen. Geh doch einige Wochen ins ›Seehaus‹. Nachher sieht alles wieder ganz anders aus.«
Diesen Rat überhörend, sagte ich: »Kommen wir zur Sache. — Ich hatte mir, als ich schließlich zu der verfrühten Vereinigung ›ja‹ sagte, die Entwicklung anders vorgestellt. Uns allen, die wir noch etwas von der Einheit unter August Bebel und Hugo Haase mitbekommen haben, schwebte diese Einheit vor, als wir nun den Weg zur Einheit

einschlugen. Du, der du unter Bebel als Parteisekretär gearbeitet hast, müßtest doch am besten wissen, welche Vorstellungen wir hatten. Sie zielten auf eine echte Parteidemokratie und keinesfalls auf eine Diktatur Ulbrichts, der letzten Endes auch ihr beide unterworfen seid.«
Hier wollte mich Pieck unterbrechen, aber ich sprach weiter und zeichnete die Entwicklung nach, die schließlich dazu geführt hatte, daß die Besatzungsmacht uns Ulbricht als Diktator vor die Nase gesetzt hatte. »Und sie«, so schloß ich zunächst meinen ›Diskussionsbeitrag‹, »trieb bereits Anton Ackermann in die Selbstkritik.«
Diese Worte erregten Piecks Zorn. Seine Augen funkelten, als er mich erregt fragte: »Und du, du würdest nicht vor die Partei hintreten und deine Fehler bekennen?«
»Ackermann machte ›seine Fehler‹ im Auftrage der Parteiführung, damals noch der KPD. In wessen Auftrage er sie jetzt bekannte, wird uns sicher nicht gesagt werden. Das sind die Methoden der ›Partei neuen Typus‹. Das ist aber nicht die Partei, zu der ich einmal ›ja‹ gesagt habe«, erwiderte ich.
»Das kann nicht dein letztes Wort sein«, beharrte Pieck. »Alles, was du da über Ulbricht sagst, ist nicht richtig gesehen. Er hat seine Aufgaben, wie jeder von uns seine Aufgaben hat. Er kann schlecht aus seiner Haut heraus.«
»Aber ›seine Aufgaben‹ sehe ich doch richtig?« fragte ich.
»Das braucht dich aber doch nicht zu tangieren. Wenn du willst, kannst du Aufgaben übernehmen, die dich von Ulbricht ganz unabhängig machen.«
»Da hast du recht«, entgegnete ich, »und genau das habe ich gerade vor. Im sowjetischen Machtbereich, und dazu gehört nun mal auch ihre Besatzungszone, gibt es keine von Ulbricht unabhängige Funktion mehr. Nach allem, was sich inzwischen zugetragen hat, bin ich zu der Ansicht gelangt, daß man nur außerhalb der SED ein guter Sozialist bleiben kann.«
»Nur den ersten Schritt tut man frei. Beim zweiten ist man schon wieder gebunden«, gab Pieck zu bedenken.
»Nun, dann werde ich es beim ›ersten Schritt‹ lassen. Ich kann aber nur tun, was ich vor meinem Gewissen verantworten kann.«
»Was willst du nun tun?« erkundigte er sich.
»Ich habe noch keinen festen Plan. Zunächst werde ich wahrscheinlich eine Reise machen, alte Freunde aufsuchen und mich mit ihnen aussprechen. Danach wird sich ergeben, ob und wo ich einen politischen Standort finde oder ob ich aus der Politik ausscheide, um mich nicht wieder binden zu müssen. Es gibt Leute, die Politik machen müssen. Ich gehöre nicht dazu.«

»Aber das geht doch alles nicht so, wie du dir das denkst.« Pieck war ganz verzweifelt. »Wir müssen das alles noch einmal überschlafen. Wohnst du jetzt in deiner Wohnung in Zehlendorf?«
»Nein, ich bin nicht dorthin gegangen, um keine Gerüchte aufkommen zu lassen. Ich wohne bei einer Verwandten in Wannsee.«
»In der nächsten Woche müssen wir noch einmal zusammenkommen. Bis dahin werden wir alle das Ganze noch einmal richtig überdenken. Wir werden bestimmt einen gemeinsamen Weg finden«, erklärte Pieck.
Zum ersten Mal äußerte sich jetzt Grotewohl. Er fragte: »Hältst du unsere Politik für falsch?«
»Um darauf eine klare Antwort zu sagen«, erwiderte ich, »müßte man erst einmal die Frage untersuchen: Was ist bei der aufgezeigten Parteientwicklung ›unsere Politik‹? ›Unsere Politik‹ hat doch die Fehlentwicklung der Partei ausgelöst.«
Noch einmal fragte Pieck: »Bist du damit einverstanden, daß wir uns am Dienstagabend wieder hier treffen? Wir müssen die Fragen noch einmal durchsprechen. Vielleicht finden wir einen Weg, der die angestauten Gegensätze wieder auflöst.«
»Ich habe es nicht eilig«, erklärte ich, »wir können uns gern noch einmal aussprechen.«
Wir verabschiedeten uns sozusagen in bester Freundschaft. An der Haustür wandte Grotewohl sich noch einmal um und drückte mir stumm die Hand.

Meine Flucht in den Westen

Mit diesem letzten Händedruck war ich zum »Gegner«, zum »Renegaten« und zum »Diversanten« geworden. Die Unterredung hatte bis 22.30 Uhr gedauert.
Am folgenden Morgen, dem 30. Oktober 1948, fuhren mein Sohn und mein Schwiegersohn noch einmal nach Glienicke-Aue, um einen versehentlich zurückgelassenen Karton abzuholen. Dort wurden sie von der sowjetzonalen Polizei in Empfang genommen und in das Gefängnis nach Potsdam gebracht. Als die beiden nicht wieder zurückkehrten, rief ich in meiner Glienicker Wohnung an. Meinen Namen nannte ich nicht. Am Apparat meldeten sich »Freunde, die zu Besuch da sind«.
Meine Tochter Lilo, die an diesem Vormittag mit Dreharbeiten beschäftigt war, fuhr, da sie von uns immer noch nicht eingeweiht worden war, ahnungslos zum Essen in den Künstlerklub »Die Möwe« in Ostberlin. Als sie den Klubraum betrat, wurde ihr von einigen

Rundfunkleuten zugerufen, gleich würde eine »Sondermeldung« zu hören sein, die sie besonders interessieren dürfte. Unmittelbar darauf ertönte aus dem Lautsprecher die Stimme des Ansagers:
»Eine außerordentliche Tagung des Parteivorstandes der SED am 30. Oktober schloß einstimmig Erich W. Gniffke wegen Parteibetruges aus der Sozialistischen Einheitspartei Deutschlands aus. Gniffke hat ein unehrliches Spiel mit dem Vertrauen der Partei betrieben. Obwohl in der Partei immer wieder starke Zweifel an seiner Parteiverbundenheit geäußert wurden, suchte Gniffke durch Reden und Zeitungsartikel, in denen er eine scheinbare Übereinstimmung mit der Politik der Partei heuchelte, die Partei über seine wahre parteifeindliche und charakterlose Einstellung zu täuschen. Als die Partei ihn immer mehr durchschaute und er die Aussichtslosigkeit eines weiteren Parteibetruges erkannte und auch immer deutlichere Zeichen von Korruption in seinem Geschäftsgebaren hervortraten, hat Gniffke die Flucht in den Westen angetreten.
Der Parteivorstand beauftragt das Zentralsekretariat mit der Untersuchung über die parteiunzulässigen geschäftlichen Manipulationen und über die Verbindungen Gniffkes mit parteifeindlichen Elementen.«
Nach dieser Meldung wurde meine Tochter vom anwesenden Oberstleutnant Dymschitz zu einer Unterredung gebeten. Mit Hilfe von Freunden gelang es ihr jedoch, die »Möwe« vor dieser »Unterredung« zu verlassen und in unser Haus nach Zehlendorf zu fahren. Dort erreichte ich sie telefonisch und bat sie, nach Wannsee zu kommen. Nachdem ich sie über die Lage informiert hatte, fuhr sie nach Pankow in das »Getto«, in dem Grotewohl seine Wohnung hatte. Vom sowjetischen Wachposten wurde sie telefonisch mit Frau Grotewohl verbunden, die ihr mitteilte, daß ihr Mann zu einer außerordentlichen Parteivorstandssitzung ins Parteihaus gefahren sei. Sie rief dann im SED-Parteihaus an und bat um eine Verbindung mit Grotewohl. Zunächst ließ Grotewohl ihr mitteilen, daß er die Sitzung nicht verlassen könne. Auf weiteres Drängen kam er dann doch an den Apparat. Als sie sich bei ihm nach dem Verbleib meines Sohnes erkundigte, sagte er: »Dein Vater hat eine Kurzschlußhandlung begangen. Von deinem Bruder weiß ich noch nichts. Ich werde mich aber um die Angelegenheit kümmern.«
Nachdem mein Sohn Gert von der Fahrt nach Glienicke nicht zurückgekehrt war, bangten wir nun auch noch um meine Tochter. Gegen 11 Uhr abends traf sie jedoch in Wannsee ein. Erst jetzt entschloß ich mich, Mr. Biel anzurufen. Er kam sofort und brachte mich und meine Frau in seine Wohnung. Johannes Stumm, der Westberliner Polizeipräsident, wurde zu der Unterredung hinzugezogen. Wir

kamen überein, daß in mein Haus am Ithweg für die Zeit, in der ich mich noch in Berlin aufzuhalten hatte, ein Polizeiposten gelegt werden sollte.

Drei Wochen brauchten wir für die Auflösung unseres Haushaltes. Die Blockade dauerte noch an. Ein Transport der Möbel nach Westdeutschland war daher nicht möglich. Wir mußten verkaufen, vieles weit unter Wert. Wir standen ohne Mittel da. Die im Ostsektor angelegten Konten waren beschlagnahmt worden, auch das meiner Tochter und meiner Sekretärin.

Ich schrieb an einige meiner Freunde in Westdeutschland. Als erster antwortete Professor Dr. Hermann Brill, damals Staatssekretär und Leiter der Hessischen Staatskanzlei: »Kommt, das Gästehaus der Staatsregierung wartet auf Euch!«

Einige Wochen später saß ich in Wiesbaden mit meiner Frau, meiner Tochter und unserem Enkelkind auf unseren Koffern.

Nach einigen Wochen Aufenthalt in Wiesbaden zog ich vorübergehend nach Frankfurt.

Hier erwarteten wir meinen Sohn mit Frau Wandel, die in den Monaten seiner Haftzeit in ständiger Verbindung mit dem Staatsanwalt Wehner gestanden und einige zusätzliche Lebensmittel in die Zelle dirigiert hatte. Wehner, der sich kurz nach der Freilassung meines Sohnes »abgesetzt« hatte, besuchte mich später in Frankfurt. Er berichtete, daß von sowjetzonaler Seite eine Anzeige wegen »Autodiebstahl« gegen mich erstattet worden war, deren Haltlosigkeit schon nach wenigen Tagen feststand.

Nachwort
von Gert Gniffke

Mit dem Bericht über seine Flucht bricht das Manuskript meines Vaters ab. In einem letzten Kapitel wollte er die Motive seines Handelns darlegen und die Zeitspanne nach seiner Flucht in den Westen schildern. Das war ihm nicht mehr vergönnt. Am 4. September 1964 ereilte ihn der Tod. Im gleichen Monat starb auch der Mann, mit dem ihn eine lange Zeit seines Lebens persönliche Freundschaft und Gemeinsamkeit der politischen Anschauungen verband: Otto Grotewohl. Mir als dem Sohn und sporadischen Mitarbeiter von Erich W. Gniffke ist nun die Aufgabe zugefallen, den Leser über den weiteren Weg meines Vaters zu informieren.
Die ersten Monate, die Erich W. Gniffke im Westen verbrachte, habe ich nicht miterlebt. Als ich am 30. Oktober 1948, einen Tag nach unserer Flucht, noch einmal in unsere Wohnung in Glienicke fuhr, wurde ich von der sowjetzonalen Polizei verhaftet und in das Polizeigefängnis 2 in Potsdam, das für politische Häftlinge bestimmt war, eingeliefert. Ich wurde von Richard Staimer, dem damaligen Polizeichef des Landes Brandenburg und Schwiegersohn von Wilhelm Pieck, verhört. Fast ein halbes Jahr, bis zum April 1949, verbrachte ich im Potsdamer Polizeigefängnis, abgeschnitten von der Außenwelt. Ob, wie ich später gehört habe, Otto Grotewohl und Max Fechner sich für meine Haftentlassung eingesetzt haben oder nicht, kann ich selber nicht beurteilen. Wie dem auch sei: Im April 1949 wurde ich freigelassen und konnte endlich im Westen meine Familie wiederfinden.
Mein Vater war nach der Ankunft in Frankfurt/Main Ende Oktober 1948 von dem damaligen Ministerpräsidenten des Landes Hessen, Christian Stock, empfangen worden und konnte zunächst im Gästehaus der Staatsregierung in Wiesbaden wohnen. Mehrere Monate verbrachte er anschließend in Weilburg, wo er die Unterstützung

des damaligen SPD-Kreisvorsitzenden Jungeblodt fand. Hier traf ich meinen Vater und meine Mutter. Im Herbst 1949 zogen wir dann nach Frankfurt/Main, wo mein Vater für die Deutsche Presse-Agentur (dpa) tätig war, indem er die Vorgänge in der Zone analysierte. Schon zu jener Zeit begann er mit der Niederschrift seiner Erlebnisse und Erfahrungen, um diese einmal zu einem Buch auszuarbeiten.
Im Herbst 1950 traf uns ein schwerer Schlag. Meine Mutter, Lisbeth Gniffke, durch die Gestapo-Haft im Jahre 1939 und die Belastung während der Hitler-Diktatur gesundheitlich geschwächt, starb am 2. September 1950. In dieser Zeit ergaben sich für meinen Vater politisch aufreibende Differenzen und Auseinandersetzungen. Es ging dabei vor allem um seine in diesem Buch beschriebene Tätigkeit von 1945 bis 1948. Mein Vater war selbst während seiner Funktion in der SED-Führung, als sich sein politischer Weg von dem vieler seiner Freunde vorübergehend trennte, stets der Auffassung gewesen, daß er mit diesen Freunden weiter Freund bleiben könnte. Solche Freundschaft verband ihn mit Gustav Dahrendorf und Hermann Brill.
Der deutschen Öffentlichkeit war kaum bekannt, welche und wie schwere innere Auseinandersetzungen in jenen Jahren innerhalb der SED ausgetragen wurden. Nicht wenige seiner Parteifreunde, die die komplizierten Verhältnisse und Probleme der Jahre 1945–1948 in der Zone nur indirekt bzw. von einer eigenen, andersgearteten Kampfposition betrachteten und über die Kämpfe und Auseinandersetzungen innerhalb der SED nur unzulänglich unterrichtet waren, fällten damals mitunter pauschal negative Urteile, die meinem Vater manche Sorge und manche Enttäuschung bereiteten. Gleichzeitig setzte ein wahres Trommelfeuer der sowjetzonalen Propaganda gegen ihn ein. Ihm wurde vorgeworfen, ein »Handlanger der Amerikaner« gewesen zu sein! In einer sowjetzonalen Veröffentlichung wurde behauptet, die »amerikanischen Besatzungsbehörden« hätten geplant, »eine sogenannte Unabhängige Sozialdemokratische Partei zu schaffen«. Für diese Partei hätten sie »mit amerikanischen Dollars Leute« geworben, darunter auch »Erich Gniffke, den die Amerikaner als Führer der neuen Partei der Sozial-Verräter vorgesehen haben«. Wilhelm Pieck warf den Jugoslawen – die damals als Hauptangriffsziel Moskaus und der SED herhalten mußten – vor, mit meinem Vater im Bunde zu sein: »Jugoslawische Generale haben sich mit dem Renegaten Gniffke getroffen, um gemeinsam ein Komplott gegen die in der Sowjetzone geeinte Arbeiterklasse zu schmieden.«
Das Eintreten meines Vaters für eine innerparteiliche Demokratie in der SED, für die Beibehaltung der demokratischen Tradition und gegen die von Ulbricht vorgenommene »Stalinisierung« wurde ihm nun von den SED-Führern in der üblichen diffamierenden Verfäl-

schung vorgeworfen. So erklärte Otto Grotewohl, »gewisse führende Funktionäre der Partei, wie Gniffke, Thape und andere«, hätten versucht, »aus der Sozialistischen Einheitspartei Deutschlands eine opportunistische Partei nach dem Muster des westlichen Reformismus zu machen. Gniffke selbst hat ja seinen westlichen Freunden versichert, er sei bemüht, den geistigen Schwerpunkt der marxistischen Weltbewegung von Moskau nach Berlin zu verlagern, ihn also zu verwestlichen.« Ähnlich äußerte sich das Politbüro-Mitglied Franz Dahlem: »Verkappte Opportunisten in unserer Partei hatten die Illusion gepflegt, sie könnten die SED zum Sozialdemokratismus nach westlichem Muster zurückentwickeln. Das war die Mission, die auch Erich W. Gniffke in unserer Partei erfüllen sollte, der von langer Hand her, wie es sich immer klarer herausstellt, gestützt auf geheime Verbindungen im Westen, auf dieses Ziel lossteuerte.«
Am schärfsten zog natürlich Walter Ulbricht gegen meinen Vater zu Felde: »Nach Meinung dieser parteifeindlichen Gruppe müsse das Zentrum des Marxismus von Moskau ausgerechnet nach Berlin verlegt werden. Die Opportunisten wollten einen sogenannten ›Marxismus‹ ohne Leninismus. Diese Gruppe baute systematisch feindliche Kräfte in den Apparat der Partei und Massenorganisationen ein, sabotierte die Heranziehung und Entwicklung jüngerer Kräfte und vertrat die Organisationsprinzipien des sozialdemokratischen Wahlvereins. Wie zu erwarten war, sind die Gniffke und Konsorten, die niemals mit der Partei verbunden waren, zu den Amerikanern gegangen. Die nationalistische, anti-sowjetische, reaktionäre Position Gniffkes erwies sich als der ›besondere Weg‹ ins Lager der amerikanischen imperialistischen Agentur.«
Diese Schmähungen haben meinen Vater, der, nachdem die zuvor erwähnten Schwierigkeiten und Mißverständnisse beseitigt waren, wieder in seiner alten politischen Heimat, der deutschen Sozialdemokratie, wirkte, nicht erschüttern oder verbittern können.
Nicht nur als Chronist, sondern auch als Sohn meines Vaters will ich einiger Personen gedenken, die sich auch in diesen Jahren der Freundschaft mit Erich W. Gniffke nicht schämten und sich dafür einsetzten, dem Manne zu helfen, an dessen Aufrichtigkeit und Standhaftigkeit in schwierigen Situationen sie nicht zweifelten. Da war Fritz Sänger, der damals als Chef der Deutschen Presse-Agentur meinem Vater mit Analysen der Vorgänge in der Zone Beschäftigung und Verdienstmöglichkeit gab, Professor Hermann Brill, der mit Nachdruck für die politische Rehabilitierung meines Vaters eintrat, und Professor Dr. Rudolf Paul, der sich nach seiner Flucht aus der sowjetischen Besatzungszone als Rechtsanwalt in Frankfurt niedergelassen hatte und ihn juristisch beriet.

Die vielleicht wirksamste Unterstützung erhielt mein Vater von Gustav Dahrendorf, damals Präsident der GEG (Großeinkaufsgesellschaft deutscher Konsumgenossenschaften). Ihm gelang es, die wirtschaftliche Notlage unserer Familie zu beheben, indem er sich für die Einstellung seines Freundes bei einer Seifenfabrik der GEG verwandte. Da mein Vater eine lange und erfolgreiche kaufmännische Arbeit nachzuweisen hatte, konnte Gustav Dahrendorf seinen Kandidaten ohne Vorbehalt empfehlen, als im Oktober 1950 die Möglichkeit bestand, meinen Vater in einem unter Treuhandschaft Dahrendorfs stehendes bundeseigenes Unternehmen, die Generator-Kraft-AG, einzusetzen. Später wurde Erich W. Gniffke Vorstandsmitglied dieser Gesellschaft, bis 1953 die Privatisierung begann.

Eine Tochtergesellschaft dieses Unternehmens, die »Delabau GmbH« in der Eifel, die Baustoffe aus Lava herstellt, wurde mit Hilfe der Vereinigten Bauhütten von meinem Vater übernommen. Die Vereinigten Bauhütten betrieben ein gleichartiges Unternehmen in der Eifel. Für beide Betriebe sollte mein Vater als Geschäftsführer tätig werden. Später übernahm er das Tochterunternehmen in eigener Regie. Auch der Betrieb der Vereinigten Bauhütten, die zum Gewerkschaftsvermögen gehörten, wurde von ihm käuflich erworben. Ein Mann, der sein ganzes Leben in den Dienst der sozialistischen Arbeiterbewegung gestellt hatte, war auf seine alten Tage zum Unternehmer und – nach marxistischer Terminologie – zum »Kapitalisten« geworden. Ein Witz, den sich das Schicksal mit ihm erlaubt hatte.

In all diesen Jahren im Westen war die Aktivität meines Vaters nie lediglich auf seinen Beruf beschränkt, sondern erfaßte auch den politischen Bereich. Auch die unerwartete Wendung seines Lebens, die ihn Unternehmer werden ließ, brachte keine Wandlung seiner tief verwurzelten sozialdemokratischen Einstellung. Nachdem er Frankfurt verlassen hatte und Ende 1955 in die Eifel gezogen war, wirkte er politisch als Kreisvorsitzender der SPD im Kreise Daun und als SPD-Fraktionsvorsitzender im Dauner Kreistag. Im Partei-Bezirk Rheinland/Hessen/Nassau und als Mitglied des SPD-Unterbezirks Trier erwarb er sich durch seine fundierte Kenntnis kommunaler, politischer und wirtschaftlicher Vorgänge und Notwendigkeiten Wertschätzung auch bei politisch Andersdenkenden. Seine politische Wirksamkeit beschränkte sich jedoch nicht nur auf den Eifelraum. Er nahm an Kreis-, Landes- und Bundesparteitagen teil und war in der »Bundes-Arbeitsgemeinschaft Selbständig Schaffender in der SPD« tätig.

Am 1. Februar 1962 konnte Erich W. Gniffke auf eine fünfzigjährige Mitgliedschaft in der deutschen Sozialdemokratie zurückblicken. Die Ehrennadel, die ihm aus diesem Anlaß feierlich überreicht wurde, hat ihm mehr bedeutet, als sich manches junge Mitglied seiner

Partei vorzustellen vermag. Es war ein weiter Weg, den er zurückgelegt hatte: Im Jahre 1895 geboren, Anfang 1912 der deutschen Sozialdemokratie beigetreten, hatte Erich W. Gniffke den Ersten Weltkrieg erlebt und war in den zwanziger Jahren Bezirksleiter des Zentralverbandes der Angestellten (ZdA) und Gauvorsitzender des Reichsbanners Schwarz-Rot-Gold in Braunschweig gewesen – zur gleichen Zeit, als Otto Grotewohl Braunschweiger SPD-Vorsitzender war.
Im Sommer 1938 wurden mein Vater und Otto Grotewohl unter dem Verdacht der Vorbereitung des Hochverrats in Berlin verhaftet und an eine Kette gefesselt in das braunschweigische Gefängnis Rennelberg transportiert. Dort verbrachte mein Vater sieben Monate in Einzelhaft. Auch nach seiner Haftentlassung stand er unter ständiger Polizeiaufsicht, die sich vor allem nach dem 20. Juli 1944 verschärfte. Die Jahre 1945–1948 sind in diesem Buch beschrieben. Sein Widerstand gegen die Sowjetisierung und den Ulbricht-Kurs führten zu seiner Flucht in den Westen.
All das hatte er überdacht, als er nun, in der Abgeschiedenheit seines Häuschens bei Trittscheid in der Eifel, unter Mitarbeit seiner zweiten Frau, Lisbeth, einer Kusine meiner Mutter, seine Erinnerungen an die bewegten Jahre 1945–1948 niederschrieb. Hinweise und Ergänzungen wurden ihm dabei von Ernst Lemmer, Heinrich Krone und Artur Lieutenant zuteil. In besonders enger Verbindung stand er mit Wolfgang Leonhard, dem Autor des Buches »Die Revolution entläßt ihre Kinder«, mit dem er die einzelnen Etappen der Entwicklung in der sowjetischen Besatzungszone diskutierte und der wesentlichen Anteil an der übersichtlichen Gliederung des Werkes hat. Frau Renate Ilgner ist für die einfühlsame stilistische Bearbeitung zu danken.
Am 4. September 1964 starb mein Vater im Alter von 69 Jahren an einem Herzinfarkt in Bad Kissingen. Sein Wunsch, das Erscheinen seines Buches zu erleben, blieb unerfüllt. Nun liegt es vor und dürfte in seiner Art Auskunft über manche Ereignisse und Zusammenhänge geben, die den Verlauf der politischen Entwicklung der ersten Nachkriegsjahre und die Spaltung Deutschlands bestimmten. Demokratie, Toleranz, soziale Gerechtigkeit und die Wiedervereinigung Deutschlands waren für meinen Vater Werte und Ziele. Darin wurzelten zweifellos auch die Motive seines Handelns. Als er erkennen mußte, daß der Druck der sowjetischen Besatzungsmacht jede freiheitliche und demokratische Regung in ihrer Besatzungszone zunichte machte, zog er daraus die Konsequenz. Der Partei »neuen Typus« konnte und wollte er nicht dienen.

August 1966

Anhang

*An die
Partei neuen Typus, vorm.
Sozialistische Einheitspartei Deutschlands*

Berlin NO
Lothringerstr. 1

28. Oktober 1948

Freunde der Einheit, werte Genossen!

Die Politik der SED bewegte sich bis zur 11., 12. und 13. Partei-Vorstandssitzung zweigleisig. Erst hier erfolgte die Weichenstellung und die Umrangierung der bisherigen offiziellen Parteipolitik auf das Gleis der bisher inoffiziellen Ulbrichtpolitik, um von nun an die Fahrt der kominformierten Politik eingleisig in die östliche Isolierung fortzusetzen.
Seit dem Winter 1947/48 wurde mehr und mehr erkennbar, daß sich für die SED der offizielle Kurswechsel vorbereitet und daß es Walter Ulbricht dabei gelingen kann, seinen Kurs der Partei, dem Parteienblock und dem »Deutschen Volksrat« aufzuzwingen. Es war die größte Ironie der kurzen Parteigeschichte, mich in der Frage der Einheit Deutschlands paritätisch mit Walter Ulbricht koppeln zu wollen, zumal den meisten der Mitglieder des Zentralsekretariats bekannt war, daß Ulbrichts Politik von Beginn an auf Separatismus abgestellt war. Meine Antwort: »Für meine Person lehne ich jede paritätische Zusammenarbeit mit Ulbricht für die Gegenwart und in aller Zukunft ab«, die ich in der Nachtsitzung des Zentralsekretariats am 18. März d. J. abgab, war unmißverständlich. Mir war aber auch klar, daß sich mit der Abgabe dieser Erklärung zwischen mir und dem unter der Führung Ulbrichts einzuleitenden neuen offiziellen Kurs ein Riß auf-

getan, ein definitiver Bruch mit der kommenden »Partei neuen Typus« bereits vollzogen hatte.
Auf die Gründe, warum ich nicht schon damals meinen Austritt aus der SED vollzogen habe, gehe ich noch ein. In dem Zusammenhang dieser Einleitung interessiert zunächst die Erläuterung und Gegenüberstellung der ostzonalen zweigleisigen Politik. Es ist dies die Politik der Vernunft und der Realitäten, die bereits 1945 auf einem der Gleise die Fahrt in eine »parlamentarisch-demokratische Republik« antrat, während auf einem zweiten Gleis eine »revolutionäre Politik« mit dem Endziel der Spaltung Deutschlands ebenfalls die Fahrt antrat.
Vertreter der »Politik der Vernunft« gab es nicht allein bei allen politischen Parteien, sondern auch bei der Sowjetischen Militäradministration. Der hervorragendste Vertreter dieser Politik war der erste Chef der Administration, der Marschall der Sowjetunion Grigorij K. Shukow, der in weiser Voraussicht noch rechtzeitig dem Zentralausschuß der Sozialdemokratischen Partei über Otto Grotewohl das Angebot machte, auf Anfordern der SPD Ulbricht aus der Führung der KPD noch vor der Vereinigung herausnehmen zu lassen. Leider hat es Grotewohl unterlassen, dem Zentralausschuß hiervon Kenntnis zu geben, und hat es Ulbricht damit ermöglicht, seine Nebenpolitik zum Erfolg zu führen. Ich selbst erhielt erst in diesem Sommer Kenntnis von dem Shukow-Angebot.
Vertreter der revolutionären Politik und Stütze Ulbrichts war der Vertreter der KPdSU (B) bei der Administration, Oberst Sergej Tulpanow, der mir darum auch im Mai d. J. die Warnung erteilte, ich müsse daran denken, er sei ein Bolschewik, er sei der Revolutionär!

Der Weg zur Vernunft

Auf diesem Wege trafen sich im Sommer 1945 die Sozialdemokratie mit den Kommunisten und den beiden neuen antifaschistisch-demokratischen bürgerlichen Parteien. Otto Grotewohl hat dann namens der SED mit Recht zwei Fragen in den Vordergrund der zukünftigen Deutschlandpolitik gerückt:
1. *Werden die gegenwärtigen bürgerlichen Parteien Deutschlands etwa allein von der Sowjetunion als die berufenen Vertreter des deutschen Volkes gewertet werden?*
2. *Wird die Kommunistische Partei Deutschlands etwa allein von den westlichen Mächten als die Gesamtvertretung der deutschen Arbeiterklasse und des deutschen Volkes gewertet werden?*

Das ZK der Kommunistischen Partei wertete die Lage, aus der heraus der Weg zur Einheit Deutschlands führte, in gleicher Weise wie die SPD, indem es bereits programmatisch erklärt hatte:

>*Wir sind der Auffassung, daß der Weg, Deutschland das Sowjetsystem aufzuzwingen, falsch wäre, denn es entspricht nicht den Entwicklungsbedingungen Deutschlands... für Deutschland den Weg der Aufrichtung eines antifaschistischen, demokratischen Regimes, einer parlamentarischen demokratischen Republik mit allen demokratischen Rechten und Freiheiten für das Volk!«*

Der Ulbrichtsche Nebenkurs störte und beeinträchtigte die Realpolitik sehr. Niemand traute, niemand glaubte ihm. Grotewohl versuchte zu erklären:

>*Wir verkennen die Schwierigkeiten nicht, die unsere Freunde aus dem ZK der KPD haben, um den letzten Mann und die letzte Frau davon zu überzeugen, daß die Erkenntnis von der Anwendung der Demokratie eine geschichtliche Notwendigkeit geworden ist.«*

Die »besondere« Lage Deutschlands war die, daß Deutschland in vier Zonen aufgespalten war und daß der überwiegend größte Teil nicht sowjetisch, sondern durch die westlichen Demokratien besetzt war. Alle Teile drängten wieder zueinander, was realpolitisch nur zu erreichen war, wenn in allen Zonen die Voraussetzungen für eine sogenannte bürgerliche Demokratie geschaffen wurden.

Die kommunistische Realpolitik sprach darum auch von einem »besonderen deutschen Weg zum Sozialismus«, und die SED bekannte sich in ihren »Grundsätzen und Zielen« zu dem Prinzip der Unabhängigkeit, die aus der besonderen Lage heraus durch Grotewohl interpretiert wurde:

>*Unsere Aufgabe besteht darin, ein gutes und reibungsloses Verhältnis zu allen Besatzungsmächten herbeizuführen...«*

Was aber die ideologische Fundierung der SED betrifft, herrschte bei der Mehrheit der Funktionäre beider Parteien die Überzeugung, daß »aus These und Antithese die Synthese auf höherer sachlicher Ebene« gefunden werden müsse. Ja, ich befand mich mit einer Anzahl ehemals kommunistischer Genossen in Übereinstimmung, als ich anläßlich eines Empfanges der Parteivertreter durch eine Delegation des britischen Abgeordnetenhauses am 22.7.46 im Lancaster-House parteioffiziös erklärte, daß die SED als eine sozialistische Partei nicht eine Richtung im Sinne der aufgelösten 3. Internationale nimmt, sondern bestrebt sein wird, mit den Parteien, die der 2. Internationale angehörten, in engere Verbindung zu kommen.

Zu dieser Zeit war selbst Franz Dahlem noch der Auffassung, daß

*beispielsweise die Kommunistische Partei Englands neben der Labour
Party eine höchst überflüssige Angelegenheit sei und sich im Interesse
der Einheit auflösen sollte.
Nicht zuletzt an die Adresse der kommunistischen Quertreiber der
Verständigung erklärte ich auf dem 2. Parteitag:
»In der sowjetisch besetzten Zone brauchen wir keine sozialdemokratische, aber auch keine kommunistische Partei.«
Als ich im vorigen Jahr, nach Oberst Tulpanow, im Haus der Sowjetkultur auf die historische Tatsache hinwies, daß die Sozialdemokratische Partei Deutschlands die »Mutter« der sozialistischen Bewegung
ist und die Einheit der Arbeiterklasse verkörpert hat, so wurde ich
hernach zwar zum »Reformisten« gestempelt, hatte aber nichts anderes getan, als den »besonderen« Weg, wie er sich aus der deutschen
Lage ergab, konsequent fortgesetzt.*

Der revolutionäre »volksdemokratische« Weg

»Ausgangspunkt ist« – erklärte Grotewohl am 14. 9. 45 namens der
SPD –, *»Deutschland als ein Ganzes zu behandeln. Die Erhaltung der
Einheit des deutschen Volkes muß der Ausgangspunkt unserer Überlegungen sein. Wer in dieser Situation innerhalb Deutschlands separatistische Gedankengänge verfolgt und sie zu verwirklichen trach-
tet, ist*

ein politischer Totengräber.«

*Ohne Zweifel sind separatistische Handlungen solche, die von einer
allgemeinen Regelung fortführen. Eine allgemeine Regelung für
Deutschland kann realpolitisch nur eine bürgerliche Demokratie sein.
Daran ändert keine Wunschbrille etwas. Auch in einer bürgerlichen
Demokratie kann sich eine einheitliche sozialistische Bewegung kraft-
voll auswirken.
Im Gegensatz zu der Verständigungsbereitschaft der Sozialdemokraten und dem Verständigungswillen einer Mehrheit im ZK der KPD
versuchte Ulbricht schon im Jahre 1945 eine heranreifende Verständigung zu torpedieren und die Unterwerfung der Sozialdemokratie
einzuleiten. Seine Konzeption war, frühzeitig revolutionäre fertige
Tatsachen zu schaffen. Er besetzte fast alle Positionen in Berlin und
in der Zone mit Alt-, aber noch mehr mit Neukommunisten, schaltete
seine Kader dazwischen und belegte jeden Sozialdemokraten, der ihm
nicht paßte, mit dem Bannfluch: »Agent!« Immer deutlicher trat seine
politische Konzeption hervor: Vernichtung der Sozialdemokratie und
ihrer traditionellen freiheitlichen Tendenzen, Vernichtung der unab-*

hängigen politischen Kräfte in den bürgerlichen Parteien, Errichtung der Diktatur des Ulbricht-Apparates über eine ostzonale, sogenannte »Volksdemokratie«.

Eine solche Entwicklung mußte zwangsläufig von einer gesamtdeutschen Regelung fort die Spaltung und einen ostzonalen Separatismus herbeiführen.

Erst nach der Vereinigung haben wir das ganze Ausmaß der Meinungskämpfe im ZK der KPD erfahren können. Es muß zur Ehre einer damals vorhandenen Mehrheit gesagt werden, daß sie nicht kampflos die Totengräberpolitik Ulbrichts hingenommen hat. Zwar vollzogen sich die Meinungskämpfe sehr intern, doch merkte auch die Gesamtpartei, daß es Ulbricht und sein wachsender Apparat ist, der der ostzonalen Politik den Stempel der Unehrlichkeit aufdrückt. Auf dem 2. Parteitag gab sie ihm die Quittung, indem Ulbricht eine so geringe Stimmenzahl bei der Vorstandssitzung erhielt, daß die Bekanntgabe der Stimmzahl unterblieb. Aber Ulbricht kehrte sich nicht danach.

Die Satzung der SED sieht keinen 2. und keinen stellvertretenden Vorsitzenden vor. Aber bereits in der ersten ZS-Sitzung bewarb sich Ulbricht für sich und paritätisch für Max Fechner um die Vertretungsbefugnis im Behinderungsfall der Vorsitzenden. Beschlossen wurde dies als interne Regelung. Aber sogleich ließ Ulbricht sich als stellv. bzw. 2. Vorsitzenden plakatieren, Max Fechner jedoch drängte er nach und nach aus allen paritätischen Aufgaben hinaus. Schließlich vereinigte er in seinem Machtbereich: Wirtschaft und Polizei, Landes- und Kommunalpolitik und nicht zuletzt die Abt. Verwaltung. Die Abteilung mit diesem harmlosen Namen aber – ist sein Apparat.

Erinnern wir uns, daß wir Sozialdemokraten bei der Vereinigung von alten Kommunisten gebeten wurden, mit ihnen zusammen alles zu tun, um zu verhindern, daß sich wieder wie vor 1935 der »Apparat« neben der Partei auftut!

Und Anton Ackermann wird seinen Grund dafür gehabt haben, als er erklärte, eher nach Sibirien geschickt zu werden, als daß er zulasse, daß Ulbricht seinen Machtapparat aufbaut und das Politbüro geschaffen wird.

Trotzdem vollzog sich revolutionär »volksdemokratisch« der Weg des Separatismus, in dem der »Klassenkampf« in die Blockparteien, in die ganze Zone bis zum letzten Dorf getragen wurde.

»Volksdemokratisch« wurden fortgesetzt die »reaktionären« Kräfte in den bürgerlichen Parteien von diesen absorbiert. Vorgestern waren es Hermes und Schreiber, gestern Jakob Kaiser und Ernst Lemmer, und heute sind die nächsten, sind schließlich alle daran, die selbständig denken wollen und sich nicht korrumpieren lassen.

»Volksdemokratisch« werden mit kommunistischen Kadern neue Parteien gebildet, die jede Art Demokratie, auch eine volksdemokratische, zu einer Farce machen.
»Volksdemokratisch« wurde alles zusammengeschoben, angefangen von den Gewerkschaften bis zu dem »Deutschen Volksrat«, so daß immer eine kommunistische Mehrheit dabei herauskam. Eine solche »Volksdemokratie« kann bei der Gesamtlage Deutschlands nur Spaltung und Separatismus bedeuten.
Es ist das die Totengräberpolitik, die, von langer Hand vorbereitet, seit 1945 von Ulbricht an die Weichenstellung der Partei herangeführt wird.

Meine Entscheidung

Seit dem Frühjahr d. J. gelangten an meine Adresse nicht nur viele Warnungen, Zurechtweisungen, Polemiken, Erklärungen zu »meinem Schutz«, sondern auch genügend Anwürfe und Unterwassertorpedos. Wenn ich mich trotz alledem erst heute entschließe, meinen Austritt zu vollziehen, so aus dem Grunde, weil ich mich an Hand der erwarteten schnellen Entwicklung gewissenhaft kontrollieren wollte, ob mein Austritt zu einer Notwendigkeit heranreift. Schließlich bin ich ja lange genug mit der Arbeiterbewegung verbunden, um einen solchen Schritt nicht übereilt zu tun. Andererseits hatte ich mir auch noch einige Aufgaben gestellt, so auch, im Interesse einer zukünftigen Einheit das Symbol deutscher Einheit auch in der sowjetisch besetzten Zone anerkannt zu wissen. Darum auch meine Hartnäckigkeit, noch zum 20. Mai d. J. den Beschluß herbeizuführen: Die Farben der Deutschen Republik sind »Schwarz-Rot-Gold«.
Aber nach der entscheidenden Aussprache mit Oberst Tulpanow im Mai d. J. mit der ganzen Blütenlese meiner »Verfehlungen« war bei mir auch so ein Gemisch von Gefühlen entstanden, das mich bis heute noch beherrscht. Das Gemisch ist entstanden aus Scham, Haß, Verbundenheit, Neugierde und einem komischen Verlangen nach irgendeiner Genugtuung.
Ich will offen bekennen, heute fällt mir der Entschluß leichter als vor einem halben Jahr. Damals hätte ich austreten müssen aus der SED, heute trete ich aus aus der »Partei neuen Typus«, richtiger, aus der Ulbrichtschen KPD 1932. Denn das ist der Wandel, wie wir beides in den genannten drei Parteivorstandssitzungen erlebt haben. Nur ein Unterschied ist geblieben: Die KPD 1932 kämpfte unter der Führung Ulbrichts gegen eine demokratische Polizei, die »Partei neuen Typus« kämpft dagegen unter der gleichen Führung mit einer »Volks«-Polizei für die Vernichtung aller demokratischen Rechte.

Meine Verfehlungen und meine Antwort

Meine »Verfehlungen« wurden mir so beschrieben: Fraktionsbildung, hartnäckiges Einsetzen für entlassene »Reformisten« und wegen »Sabotage« Verhafteter.
Es ist jammerschade, daß wir in einigen entscheidenden Fragen mit den Kollegen aus der sowjetischen Emigration auf keinen Nenner kommen konnten.
Ich habe auch diesmal nur erklären können, daß ich es für meine vornehmste Aufgabe ansehen muß, mich für die Opfer einer fremden Mentalität oder auch gar der Justiz einzusetzen, solange ich von einer Schuld nicht überzeugt bin.
Unsere Emigrantenkollegen haben nie die Wirkung der Furcht begriffen, die das Hitler-Regime über das deutsche Volk verhängt hat. Es hätte aber die Mission der SED sein können, dem Volk endlich den Alpdruck zu nehmen. Sie hätte sich damit eine Volksmehrheit gesichert. Bis heute wird in der Partei noch immer nicht begriffen, daß der Kampf um die Befreiung der Arbeiterklasse – wenn er ehrlich geführt wird – nicht allein ein ökonomischer, sondern auch ein psychologischer ist. Denn gerade der Arbeiter hat ein gutes Gefühl für Recht. Für den Arbeiter hört der Klassenkampf da auf, wo es um die physische Existenz, um die physische Persönlichkeit geht.
Weil aber dem Volk die Furcht erhalten blieb, lösten auch die fortschrittlichen Reformen selbst in der Arbeiterschaft nicht das Glücksgefühl einer neu heranbrechenden Zeit aus, fanden sie nicht die notwendige Resonanz.
In der »Partei neuen Typus« werden alle lebensfrohen Gedanken durch Gezeter und Skandale – die vorbeugend hätten vermieden werden können – ersetzt, um »Klassenbewußtsein« zu erzeugen. Mit dogmatischer Intoleranz und Parteifanatismus glaubt man, neues Leben entfachen zu können, obwohl jeder Psychologe weiß, daß Kälte kein neues Leben erzeugt.
Stier blicken aber heute schon wieder die Fanatiker auf die neue politische Generallinie, registrieren die »Abweichungen« und entlarven Reformisten, Opportunisten und »Linke«.
Meine Antwort darauf habe ich schon in meinem Artikel: »Kritik und Selbstkritik« gegeben. Ich bin mehr für eine sozialistische Volkspartei.

Der große Irrtum

Die doktrinären Grundlagen der Ostpolitik sind starr. Sie erlauben nur die Betrachtung der Weltpolitik unter dem Gesichtswinkel einer revolutionären Dynamik. Dabei gibt es gar keine revolutionäre Welt-

situation, sondern ein Weltsehnen nach Frieden und Erholung von den Verwüstungen des letzten Krieges. Was als »revolutionär« deklariert wird, ist lediglich ein expansives Machtstreben, das derzeitig die Welt nicht zur Ruhe kommen lassen will.
Den besten Beweis liefert Deutschland, insbesondere die Ostzone. Der dort angestrebten Herrschaft fehlt die dynamische Kraft, die die Massen erfassen muß, um die Führung zu tragen. Heute verharren die Massen in dumpfem Groll. Sie glauben – trotz Parteischulung – nicht an das ihnen verkündete Dogma. Sie vernehmen die Parteisprache und den Ton. Beides ist ihnen neu und nicht verständlich.
Und die Situation im Westen Deutschlands wird uns seit Jahren durch die kommunistischen Berichterstatter immer anders dargestellt, als sie in Wirklichkeit ist. Ja, sie muß anders dargestellt werden, weil sie durch eine Wunschbrille gesehen werden muß und weil keiner der Berichterstatter, sei es Reimann, Müller, Ledwohn u. a., in Ungnade fallen will.
Übersehen wird immer, daß selbst der Kommunismus, je weiter er sich geographisch von Moskau entfernt, andere Probleme gestellt bekommt, sich zwangsläufig auch anders entwickeln muß, wenn er nicht die dogmatischen Scheuklappen und Daumenschrauben angelegt bekommt.
Was die SED-Politik angeht, so hätte sie sich in der besonderen Lage Deutschlands ebenfalls zwangsläufig anders entwickeln müssen, wenn sie nicht zwangsweise in die östliche Machtkonstellation überführt worden wäre. Damit ist die SED-Politik zu einer akuten Gefahr für Deutschland und für den Frieden geworden. Es geht in diesem Zusammenhang gar nicht um die Frage der Antisowjetpropaganda und »Hetze«. Der westliche Sozialismus muß, seitdem es ein weltrevolutionäres Schimpflexikon gibt, ganz andere Belastungen ertragen, als solche vom Standpunkt der westlichen Zivilisation den Repräsentanten der östlichen Weltanschauung zugemutet wird. Mit Schulung und Drill schlägt man keine Bresche in den Antisowjetismus, noch weniger mit Intoleranz in die starr gewordenen Begriffsfronten. Hier hilft nur Überzeugung und Toleranz.
Das größte Verdienst hätte sich die Sowjetunion erworben, wenn sie den ausgezeichneten Deutschland-Erklärungen Molotows auch die Tat hätte folgen lassen. Denn sie hatte es ja in der Hand, die sowjetisch besetzte Zone aus der »revolutionären« Machtsphäre herauszulassen.
Die Machtkämpfe des »Kalten Krieges« fordern von den führenden SED-Funktionären aber immer weitere Provokationen, die nicht der Sache des Friedens dienen. Wir wissen doch, wie Ulbricht als Agent-Provokateur immer weiter vorwärts drängt und – wenn es seinem

Auftrag entspricht – bis zu einem neuen Aggressionskrieg. Denn die Aggression liegt weniger in offiziellen Erklärungen von Staatsmännern als in den Propagandareden der Ulbrichtianer aller Länder.
Sich von solchen Provokationen abzusetzen, erfordert die Sache des Friedens und nicht zuletzt auch die Selbstachtung.

Mein Abschied

Die Definition meiner Gefühle, die meinen Austritt immer wieder hinausgeschoben haben, gab ich schon.
Tatsache ist, daß ich diesen Prozeß mit mir allein durchgestanden und mich bis zum heutigen Tage loyal verhalten habe. Ich schämte mich vor meinen alten SPD-Freunden, die – mit Recht oder Unrecht, das lasse ich dahingestellt – sagen werden: Daß es so kommen wird, haben wir gewußt. Schlimmer ist die Enttäuschung, die alle erfassen muß, die aus der besonderen Lage Deutschlands an die Notwendigkeit der Verständigung und Einigung glaubten.
Geschämt habe ich mich am meisten wegen der Opportunisten im SED-Lager, die im Laufe des Sommers, einer nach dem anderen, die neue Generallinie beschworen haben. Geschämt habe ich mich wegen der Selbstaufgabe der Persönlichkeit, Selbstaufgabe bis zur Selbstkasteiung.
Mich interessiert heute nicht mehr, was zu alledem in der Ulbrichtschen Sudelküche fabriziert werden wird. Mich interessiert diese Sorte »Berufsrevolutionäre«, die ihr »revolutionäres« Wohlleben meist unter falschem Namen, mit falschen Frauen und mit falschen Argumenten führen, überhaupt nicht mehr.
Darum richtet sich mein Haß auch nicht gegen irgendeine Person, sondern nur gegen eine Politik des Selbstbetruges und des Betruges gegenüber anderen.
Meine innere Verbundenheit mit vielen Genossen der Zone und Berlins bleibt bestehen in der Hoffnung, daß eine verfehlte Politik auch wieder einmal korrigiert und dann die Einheit Deutschlands doch hergestellt werden kann.
Lebt darum wohl!
Zurück lasse ich die Einheit in der neuen Koordinierung:
Vater, Sohn und böser Geist!
Bei einer wahrhaft demokratischen Erneuerung wird das deutsche Volk schließlich mit allen bösen Geistern fertig werden.

Freundliche Grüße

Erich W. Gniffke

Personenregister

Acker, Dr. V. 213
Ackermann, Anton 32 ff., 52, 56, 79 f., 102, 112, 121 f., 126, 129 f., 148, 155 f., 162, 164, 175 f., 181, 183, 186, 189, 192, 203 f., 207, 223, 233, 237, 256 f., 264, 281, 292, 299, 302, 325 f., 341, 345, 349, 355, 368
Adenauer, Dr. Konrad 234 ff., 267, 274
Agartz, Dr. Victor 247
Albo 322
Appelt, Rudolf 257
Arendsee, Martha 57 f.
Arnold, Karl 252
Attlee, Clement Earl 63
Aussner, Gerhard 322

Bach, Otto 21, 47, 64
Baganz, Wilhelm 165
Bartel, Walter 291
Baumann, Edith 326
Bebel, August 71, 131, 156, 354 f.
Becher, Johannes R. 56 f.
Beling, Walter 256 ff., 287, 302, 338
Benecker 282
Benedikt, Prof. Bernhard 56
Benesch, Dr. Eduard 288 f., 291
Berija, Lawrentij P. 236, 250
Bernstein 257 f.
Bersarin, Generaloberst 17, 23, 31
Bevin, Ernest 234, 248
Bidault, Georges 205, 248
Biel 288, 357
Bockler, Dr. 118 f.
Böhm, Gustav 158
Böhme, Kurt 294 f., 306, 332 f.

Bokow, Generalleutnant 40, 42 f., 45 f., 53, 63, 82, 88 ff., 129 f., 190
Bollmann, Minna 131, 260
Bollmann, Stadtrat 131, 260
Böttge, Bruno 81, 110, 142
Brack, Gustav 84, 158, 338 f.
Brandes, Alwin 20, 165
Brass, Otto 38
Bredel, Willi 310
Breitscheid, Dr. Rudolf 29
Brill, Dr. Hermann 42 f., 53 f., 61, 82–85, 117, 120, 157 f., 358, 360 f.
Brillke, Erwin 257
Buch, Willi 67, 97
Bucharin, Nikolai 177 f.
Buchholz, Prälat 49
Büchner, Otto 165
Buchwitz, Otto 79, 122 f., 140, 142 f., 244, 246, 260, 288, 292, 310
Budde, Rudolf 165
Buschmann, Dr. 64, 201 ff.
Byrnes, James F. 240

Churchill, Winston 63, 173 f.
Chwalek, Roman 38, 216, 315, 344
Clay, Lucius D. 226, 247
Clementis, Vladimir 188

Dahlem, Franz 52, 98 f., 101, 106, 112, 122, 129, 148, 162 ff., 175, 177 f., 180 f., 183, 186, 203, 210, 219 f., 225, 227, 246, 250 f., 255–258, 262 f., 279, 293, 299, 302, 326 f., 339, 349, 360 ff., 366
Dahrendorf, Gustav 26, 28 ff., 32, 41, 52, 56 f., 64, 70, 80, 96 f., 99, 102, 104 ff., 109, 115 f., 120,

Dahrendorf 122, 129, 136–140, 145, 147–151, 154, 212 f., 247
Daub 339
Demidow, Major 110, 132, 287
Dertinger, Georg 296
Dieckmann, Johannes 302
Dietz, J. H. W. 227
Dilschneider, Pfarrer 56 f.
Djilas, Milovan 325
Dovifat, Dr. Emil 100
Dymschitz, Oberstleutnant 357

Ebert, Fritz 21, 46, 89, 103, 243, 256 ff., 281, 293, 303, 307, 317, 325
Eggerath, Werner 83, 133
Ehard, Dr. Hans 236–239, 241
Eich, Dr. Wilhelm 49 f.
Engel, Paul 49
Engel, Rudolf 326
Engels, Friedrich 44, 89, 116, 147, 163, 293
Erhard, Dr. Ludwig 314
Ernst, Eugen 165
Eulenburg u. Hertefeld, Fürst Philipp zu 169

Fechner, Max 26, 30 f., 41, 45, 69 f., 88, 96 f., 99, 106, 109, 116 f., 119, 122, 126, 128 f., 135 ff., 140, 142, 146, 148, 151 f., 154, 158, 164, 166, 178, 181 f., 207, 210 f., 213, 216, 223, 229, 238 f., 243, 250 f., 256, 259, 262 f., 279, 286, 288 ff., 294 f., 299, 303, 305 ff., 317, 325, 327, 330, 332, 336 ff., 342, 359, 368
Feist 336 f.

Fierlinger, Zdenek 289
Fischer, Kurt 61, 79 f., 240, 242, 245 f., 276, 295, 305
Frank, Max 167
Freisler, Dr. Roland 139
Freund 202 f.
Friedensburg, Dr. Ferdinand 50, 56, 75, 100, 202, 213, 242, 268
Friedrichs, Dr. Rudolf 42, 61, 79 f., 237 f., 240, 244, 246
Fröhlich, August 133 f.
Fuchs, Dr. Klaus 175

Gäbler 246
Gärtner, Dr. Alfons 297, 302
Geiler, Prof. 268
Germer, Karl 26, 29, 141, 154, 160, 322
Geschke, Ottomar 32, 57, 342
Gleitze, Dr. Bruno 64, 100, 282
Gniffke, Gert 103, 352 f., 356 ff.
Gniffke, Lisbeth 360
Goebbels, Dr. Joseph 15, 44, 109
Goerdeler, Dr. Karl Friedrich 97
Gomulka, Wladislaw 340
Gorbatow, Alexander 54
Göring, Bernhard 20, 26, 37 f., 147, 190, 216 f., 343 ff., 347
Göring, Hermann 61
Gosse, Fritz 310
Gottwald, Klement 188, 289 ff.
Graf, Engelbert 21 f., 24 f., 87
Grändorf 18
Grotewohl, Otto 8, 18 ff., 22, 26, 28-34, 39, 41, 44 ff., 48, 52, 56, 66-71, 83 f., 88, 96 f., 99, 103 bis 112, 114-117, 119 bis 123, 127, 129 f., 132 f., 136-141, 144 f., 147 ff., 151 f., 154, 156-162, 164, 166 f., 170, 176, 178, 180, 184 ff., 191, 203 ff., 210 f., 216, 222 f., 234 f., 237 ff., 241, 243 f., 250 f., 253 bis 259, 263, 265-275, 278 f., 285 ff., 292, 295-299, 302, 305 f., 311 ff., 316 ff., 321, 323-327, 333, 336, 338, 347-349, 350, 354, 356 f., 359, 361, 363, 365 ff.

Grüber, Propst Heinrich 49, 270
Grumbach, Salomon 152
Grunwald, 111, 121
Gundelach, Gustav 338
Gute, Herbert 326
Gyptner, Richard 178 f., 183

Haase, Hugo 354
Harnisch, Hermann 26, 39, 143
Haufe, Arno 79
Heimann, Ernst 165
Heinrich, Karl 189 f.
Hennecke, Adolf 346, 349 f.
Hentschke 339
Hermes, Dr. Andreas 22, 48 f., 52, 66, 73 ff., 100, 368
Herrnstadt, Rudolf 46, 326
Herwegen 75
Hiekmann 75
Hindenburg, Paul von 72
Hitler, Adolf 15 f., 18, 21, 37, 43 f., 47, 67, 72, 90 f., 108, 115, 136, 144, 188, 190
Hoccotz, Dr. 107, 138 f.
Hoccotz, Irene 107
Höcker, Wilhelm 42, 60 f., 77, 241 f.
Hoegner, Dr. Wilhelm 242
Hoffmann, Heinrich 83, 133, 142 f., 157 f., 229
Hoffmann, Karl 54 f.
Hoffmann, Dr. Paul 49
Hofmann 245
Honecker, Erich 58
Hones, Walter 166
Hübener, Prof. Dr. Friedrich 61, 219, 238, 270

Jacobsen, Dr. 203
Jelisarow, Oberst 62, 161, 190, 300\
Jendretzky, Hans 26, 32, 37, 146, 343-346

Kähler, Luise 165
Kaiser, Jakob 38, 49, 52, 74 f., 146, 208, 234 ff., 252, 267 ff., 272-275, 296, 312, 368
Kappus, Franz Xaver 49 f.
Kardelj, Edvard 325
Karl, Xaver 114
Karsten, August 21, 26, 28, 39, 46, 71, 102, 140 f., 157, 164, 182, 203 f., 210, 223, 256-259, 303, 325
Kastner, Prof. Dr. 270, 302, 349

Katz, Otto, s. Simone, André
Keilson, Grete 174 f., 177, 202, 327
Kellermann, Bernhard 57
Kern, Käte 26, 47, 164, 182, 210, 219, 223, 256, 307, 317, 318
Kiaulehn 322
Kleinkamp 29
Klingelhöfer, Gustav 21, 29, 47, 64, 66, 100, 106, 116, 120 f., 124 f., 314, 322
Koch, Dr. Waldemar 49 f., 52
Koenen, Wilhelm 246
Köhler, Bruno 188 f., 290 f.
Kolesnitschenko, General, 85 f., 133, 265, 302
König, Sepp 17, 257
Konitzer, Dr. 64, 251
Kops, Erich 310
Kotikow, Alexander 81, 86, 110, 114, 161 f., 287, 300, 315, 342
Kowal 198, 222
Krankemann, Rolf 259
Kreibich, Karl 188
Kriedemann, Herbert 177 ff.
Krone, Dr. Heinrich 49, 254, 363
Kühn, Lotte 41 f., 184 f., 188 f., 276
Kühne, Otto 286
Külz, Dr. Wilhelm 49 f., 52, 66, 243, 254, 268, 270, 277, 297, 299, 301
Külz jun., Dr. 277, 302
Künstler, Franz 166
Kutscherenko 202

Lade 115
Lamprecht, Gerhard 353
Lauschmann, Bogumil 289 f.
Leber, Annedore, 47, 58
Leber, Julius 29, 47
Legal, Ernst 56
Lehmann, Helmuth 20, 26, 29 f., 32, 52, 64, 97 f., 122, 130, 136, 155 f., 164, 181, 208, 210, 217, 223, 256, 279, 292 f., 307, 317 f., 330, 337
Leibknecht 111
Leipart, Theodor 20, 165
Lemmer, Ernst 38, 49, 52, 74 f., 146, 234 ff., 252, 254, 267, 269, 271-275, 296, 312, 363, 368
Lenin, Wladimir Iljitsch 28, 86, 89 f., 134, 147, 163, 176, 348

Lepinski, Franz 84, 132 f., 158
Leonhard,Wolfgang 104, 363
Leuschner, Bruno 100, 124 f. 281 f.
Leuschner, Wilhelm 29 f., 52, 139
Liebknecht, Karl 297
Lieutenant, Artur 49 f., 52, 277, 300, 302, 363
Litke, Karl 21, 26, 166, 341, 343
Lobedanz 75
Löbe, Paul 71, 99, 126, 236
Lohagen, Ernst 336 f.
Lohrenz, Wilhelm 316 f., 321, 324
Lortzing, Albert 168
Lösche, Alexander 174, 202, 327, 339
Lübbe, Erich 47, 103
Lüdemann, Hermann 76, 212
Luft, Werner 21
Luxemburg, Rosa 297

MacDonald, J. Ramsey 89
Mahle, Hans 326
Markgraf, Paul 190
Maron, Karl 23 f., 50
Marshall, George C. 248 f., 270
Marx, Karl 9, 44, 89, 116, 147, 155, 163, 293 f.
Masaryk, Dr. Jan 290 f., 333
Matern, Hermann 79, 136, 164, 244, 256, 278 f., 292 f., 313, 315, 325, 328, 331, 338, 341 ff.
Matern, Jenny 331, 333, 338
Mau, Johannes 63
Mayer, Daniel 166
Mehring, Franz 22
Meier, Otto 21, 25 f., 32, 34, 40 f., 44, 52, 56, 83 f., 87, 98, 103, 116, 129, 136, 141, 152, 164, 170, 181, 190 f., 203 f., 207, 210, 227, 236, 241, 256, 259, 265, 287, 292, 295, 299, 307, 315, 317 f., 325, 336 f., 343 f.
Meissner, Wilhelm 261
Menzel, Dr. Walter 21, 88
Merker, Paul 148, 164, 181, 210, 217, 223, 237, 256, 292 f., 299
Mewes 322
Meyer, Albert Willi 49 f.
Mielke, Erich 276, 315
Mikojan, Anastas 58, 178
Mischler, Dr. 64, 100, 282

Mitzenheim, Landesbischof 270
Molotow, Wjatscheslaw 86, 205 f., 224, 230, 248, 250, 270, 275, 372
Moltmann, Carl 42, 53, 76 f., 103, 140, 142 f., 309 f., 324 f.
Morosow, Oberst 80, 86
Morris 288, 322
Müller, Joseph 235, 371
Murphy, Botschafter 70
Mussolini, Benito 47

Nasarow, Oberstleutnant 74, 301
Nemitz, Anna 165
Nenni, Pietro 36
Neubecker, Fritz 26, 141, 145
Neumann, Paul 165
Niekisch, Ernst 47, 116
Nierich, Max 87
Norden, Albert 300
Nosek, Václav 289 f.
Noske, Gustav 154
Nuschke, Otto 49 f., 75, 270, 272, 274 f., 296 f., 299, 312

Oelßner, Alfred 203, 314
Oelßner, Fred 46, 341
Offenbach, Jacques 168
Oldenburg-Januschau, von 72
Ollenhauer, Erich 96
Opitz, Polizeipräsident 245
Orlopp, Josef 22 f., 26
Ostrowski, Dr. O. 21, 46, 213

Paul, Dr. Rudolf 61, 158, 165, 219, 241 f., 301
Pfitzner, Dr. Wilhelm 64, 282, 286
Pieck, Arthur 22, 24 f., 183
Pieck, Lore 60, 62, 182, 259
Pieck, Wilhelm 22, 24 f., 28, 46, 50 ff., 65 f., 73, 76, 99 f., 102, 104, 106 f., 112, 114, 119–122, 124, 126–130, 133, 135, 137, 146, 148, 156, 160, 162, 164, 167 f., 170, 175 f., 178, 180 f., 184 ff., 190 f., 203 ff., 208, 210, 216, 222 f., 234 f., 241, 243, 249 f., 253 f., 256, 258, 264, 267–270, 286 f., 290 ff., 297 ff., 302–306, 311 f., 320 f., 325, 331, 335–338, 343, 348 ff., 354 ff., 359 f.

Popow 76 ff., 107
Pospelow, Pjotr 253
Prchala, General 291
Prübenau 229
Pustet, Friedrich 67

Ranković 325
Rau, Heinrich 281, 350
Reger, Erik 322
Reimann 62
Reimann, Max 270, 371
Renner 336
Reuss, Captain 96, 154
Reuter, Prof. Ernst 239, 271, 314
Robertson, General 247
Romm, Major 55, 62, 74, 116
Roosevelt, Franklin D. 112
Rossmann, Erich 117, 228
Ryneck, Elfriede 165

Sänger, Fritz 361
Saragat, Giuseppe 36
Sauerbruch, Prof. Dr. Ferdinand 22, 49
Scheele, Dr. Günter 69, 128, 182, 259
Scheidemann, Philipp 71, 204
Schiffer, Dr. Eugen 49, 52
Schiller, Friedrich v. 137
Schirmer, Prof. Dr. 57
Schlimme, Hermann 20, 26, 37 f., 147, 216, 344 f.
Schmidt, Elli 57, 148, 164, 182 f., 210 f., 223, 237, 256, 322
Schmidt, Kurt 47
Schneppenhorst, Ernst 52
Schöpflin, Georg 165
Schoettle, Erwin 228
Schreiber, Fritz 47, 74 f., 179, 316 ff., 323, 325, 368
Schreiber, Walther 49, 52
Schroeder, Louise 47, 58, 213, 254, 342
Schulz, Klaus-Peter 322
Schumacher, Dr. Kurt 7, 9 f., 95–98, 116–119, 128, 134, 138–141, 151–156, 159, 164, 213, 234 ff., 267 f., 274, 309, 316, 322
Schumann, Robert 304
Seigewasser, Hans 181, 262
Selbmann, Fritz 244 f., 282
Semjonow, Wladimir 41, 43, 123, 184, 223, 272, 273, 298
Severing, Carl 21
Seydewitz, Max 181, 270
Shdanow, Andrej 178, 250, 264, 273

375

Shelakowski, General 63
Shukow, Grigorij K. 17, 26, 43 ff., 50, 60, 137, 184 f., 197, 365
Silver 322
Simone, André 188
Skamon 288
Skosyrew, General M. A. 76 f., 86
Sobottka, Gustav 77
Sokolowski, Wassilij D. 185, 191, 202, 203, 222, 277, 300
Solf von Zahn-Harnack, Hanna 49 f.
Spencer 287
Spranger, Dr. Eduard 56 f.
Staimer, Richard 359
Stalin, Josef W. 43, 63, 86, 90, 112, 123, 163, 173 f., 176, 206, 249 f., 340, 348
Stammler, Dr. Hellmut 351
Steidle, Luitpold 270, 272, 300
Stein, Vizepräsident 64
Steinhoff, Dr. Karl 42, 60, 241
Stelling, Johannes 29
Steltzer, Theodor 49, 52
Stock, Christian 359
Stolzenberg, Freiherr v. 302
Strauß, Johann 168
Stumm, Johannes 357
Suhr, Dr. Otto 20, 64, 227, 254, 315, 322
Suslow, Michail 250
Swolinzky, Kurt 159, 322

Thälmann, Ernst 51
Thape, Ernst 83, 361
Thierfelder, Cäsar 54
Tito, Josip B. 325, 340, 345
Trabalski 229
Trojan, Hermann 87
Trotzki, Leo 177
Truman, Harry S. 63, 173, 224
Tulpanow, Oberst Sergej 42 f., 45, 55, 67, 74 f., 85, 107 ff., 116, 123, 129 f., 147, 161, 173, 184 f., 203 ff., 223, 227 bis 230, 252, 255, 272, 291-294, 298, 300, 308 bis 311, 317, 327, 346, 365, 367, 369

Ufermann, Paul 87
Ulbricht, Walter 23 ff., 27 f., 32-35, 38, 41, 52, 76, 79 f., 99 f., 106, 112 ff., 122, 124-127, 129, 135, 137, 143 f., 146 ff., 162, 164, 174 f., 177 f., 180-189, 191, 198, 201, 203, 208, 210 ff., 216, 219, 222 f., 233 f., 236-241, 243 ff., 250, 252 f., 255 ff., 262 bis 265, 268, 274 ff., 279, 281 f., 285 ff., 294 f., 297 ff., 302 f., 305 f., 308 bis 313, 316, 318-321, 325 f., 328 ff., 332 f., 335, 337, 339-342, 344 f., 347, 349, 351, 355, 361, 364 f., 368 f., 371

Vasmer, Prof. 57
Vogel, Hans 95 f.
Volmershaus, Carl 20, 47

Wachtel, Ingo 259, 261, 275 f.
Wandel, Lisbeth 353, 358
Wangenheim, Gustav 56
Warncke, Johannes 77
Warnke, Herbert 216
Weber, Prof. 268
Wegner, Paul 56 f.
Wehner, Herbert 12
Wehner, Staatsanwalt 358
Weidauer 306
Weimann, Richard 26, 143
Weinert, Erich 168, 183
Wende, Richard 20
Wendland 18, 20
Werner, Dr. Arthur 23, 25, 127
Werner, Georg 165
Wiegler, Paul 270
Wiesner 322
Wilhelm II. 51
Winzer, Otto 24, 32, 52, 56, 326, 331, 335
Witte, Dr. Siegfried 297
Wittgenstein 17, 56
Wohlgemuth, Toni 21, 25 f., 47, 58
Wuschick, Adolf 165

Zapotocki, Antonin 290
Ziegler 18, 28
Zilliacus 226
Zinke, G. 220
Zinne 332
Zuckermann, Leo 305 f.